Windows 10 Pannenhilfe XL

Das Praxisbuch

Wolfram Gieseke

Markt+Technik

ISBN 978-3-95982-099-8

Produktmanagement Christian Braun, Burkhardt Lühr
Herstellung Jutta Brunemann
Korrektorat Alexandra Müller
Covergestaltung David Haberkamp
Coverfotos © kirill_makarov, Viktor Gmyria – stock.adobe.com
Satz inpunkt[w]o, Haiger (www.inpunktwo.de)
Druck mediaprint solutions GmbH, Paderborn
Printed in Germany

Vorwort

In meinen Windows-Büchern bemühe ich mich immer, nicht nur zu zeigen, wie Windows funktionieren »sollte«, sondern ich gehe auch auf typische Probleme und Fehler ein, durch die eben nicht immer alles rundläuft. Leider ist der Platz für solche Problemlösungen und Sofortmaßnahmen nur begrenzt, und so hatte ich vor einiger Zeit die Idee, ein Buch speziell zu diesem Thema zu veröffentlichen. Die »Windows-10-Pannenhilfe« ging auf die typischen Problembereiche eines Windows-PCs ein, beschrieb Werkzeuge zur Analyse und Fehlersuche und zeigte konkrete Lösungen für häufige Probleme mit Hardware, Software, Updates, Windows-Start, BIOS/UEFI und manchem mehr.

Immer noch aber gab es Fragen und Themenbereiche, die das Buch nicht abdecken konnte. So entstand nach zwei erfolgreichen Auflagen die Idee, die nächste Auflage als »Pannenhilfe XXL« in wesentlich erweitertem Umfang herauszubringen. Dieser nun vorliegende Titel umfasst noch mehr Problemlösungen und zusätzlich ganz neue Themenschwerpunkte wie Netzwerk und WLAN, Anwendungen und Apps, Aktivierung und Windows-Lizenz oder Sofortmaßnahmen bei einem Erpressungstrojaner. Auch vorbeugenden Maßnahmen für den Ernstfall und hilfreichen Werkzeugen zur Analyse und Problemlösung konnte nun endlich mehr Platz eingeräumt werden. So finden sich nun hoffentlich für alle Windows-Störfälle hilfreiche Lösungsansätze, Tipps und Informationen.

In meinem Blog unter www.gieseke-buch.de informiere ich über neue Entwicklungen, gehe auf aktuelle Probleme ein und beantworte auch gern Fragen meiner Leser. Es dient als ständige Aktualisierung und Ergänzung meiner Bücher. Ebenso können Sie hier mit mir in persönlichen Kontakt treten, um Ihre Fragen oder Anregungen loszuwerden.

Jetzt wünsche ich Ihnen aber erst mal viel Spaß und spannende Erkenntnisse beim Lesen dieses Buches und hoffe, dass es Ihnen beim Lösen Ihrer Probleme mit Windows eine wertvolle Hilfe sein kann.

Wolfram Gieseke

Inhaltsverzeichnis

1. Allgemeines Vorgehen im Problemfall

Für alle in diesem Buch beschriebenen Szenarien gibt es einige allgemeingültige Hinweise und Verhaltensregeln, mit denen Sie sich das Leben leichter machen bzw. den Ursachen Ihres Problems schneller und einfacher auf die Spur kommen können. Diese habe ich deshalb an den Anfang dieses Ratgebers gestellt. Auch wenn Sie bereits im »Notfallmodus« sind, sollten Sie dieses Kapitel zumindest überfliegen. So können Sie Fehler vermeiden, die am Ende unnötige Umstände und Mehraufwand verursachen können.

1.1 Dokumentieren Sie Fehlermeldungen

Sofern ein Fehler sich auf dem Bildschirm durch eine Fehlermeldung oder irgendwie anders bemerkbar macht, sollten Sie dieses Verhalten dokumentieren. Insbesondere wenn ein Fehler nur sporadisch auftritt und sich nicht jederzeit reproduzieren lässt, ist dies eine gute Hilfe. Im einfachsten Fall genügt dafür die [Druck]-Taste, die es noch immer auf den meisten Tastaturen gibt. Sie fügt ein Abbild des aktuellen Bildschirminhalts in die Zwischenablage ein. Von dort können Sie es in ein beliebiges Bildbearbeitungsprogramm einfügen und als Datei speichern.

Mit Bordmitteln lässt sich dies beispielsweise so lösen:

1. In dem Moment, in dem der Fehler auftritt, drücken Sie die [Druck]-Taste Ihrer Tastatur. Hinweis: Bei einigen Notebooks müssen Sie dazu eine Kombination mit der Funktionstaste [Fn] unten links verwenden.
2. Drücken Sie die [⊞]-Taste, und tippen Sie im Startmenü *paint* ein. Sie bekommen dann das Paint-Programm aus dem Lieferumfang von Windows als Suchergebnis angeboten. Drücken Sie [↵], um es zu starten.
3. In Paint drücken Sie [Strg]+[V], um den Inhalt der Zwischenablage einzufügen. Alternativ geht dies auch über das Menü mit *Start/Einfügen*. Nun sollten Sie den zuvor gesicherten Bildschirminhalt in Paint sehen.
4. Verwenden Sie dann *Datei/Speichern unter*, um diese Abbildung in einer Datei zu speichern. Als platzsparendes Format, das man beispielsweise auch per E-Mail versenden kann, bietet sich PNG an.

1.2 Zeichnen Sie fehlerhafte Abläufe auf

Wenn ein Fehler nur unter bestimmten Umständen bzw. nur am Ende einer bestimmten Kette von Aktionen auftritt, ist die Schrittaufzeichnung von Windows das richtige Mittel, um den Ablauf zu dokumentieren. Sie reiht automatisch mehrere Bildschirmfotos aneinander und ergänzt dazu die Aktionen, die vom Benutzer durchgeführt wurden. Für sich selbst müssen Sie diesen Aufwand nicht unbedingt betreiben. Aber wenn Sie beispielsweise Hilfe vom Kundenservice eines Herstellers in Anspruch nehmen möchten, ist die Schrittaufzeichnung eine wertvolle Hilfe und kann Ihnen umständliche Schilderungen und Rückfragen bei der Service-Hotline ersparen.

1. Um eine fehlerhafte Situation aufzuzeichnen, geben Sie im Startmenü *Schritt* ein, sodass Ihnen das Programm *Schrittaufzeichnung* angeboten wird, und drücken dann ↵.
2. Klicken Sie im Programm oben auf *Aufzeichnung starten*, um den Mitschnitt Ihrer Bedienschritte zu beginnen. Machen Sie das am besten erst kurz vor dem Auftreten des Fehlers, wenn sich dieser exakt reproduzieren lässt, damit die Aufzeichnung nicht zu umfangreich wird.

3. Führen Sie einfach exakt die Schritte durch, die zu der problematischen Situation führen.
4. Wollen Sie zusätzliche Anmerkungen machen, klicken Sie jeweils auf die Schaltfläche *Kommentar hinzufügen*. Sie können dann den Bereich des Bildschirms, auf den sich Ihr Kommentar bezieht, markieren. Den Text tippen Sie in dem dafür eingeblendeten Dialog ein.

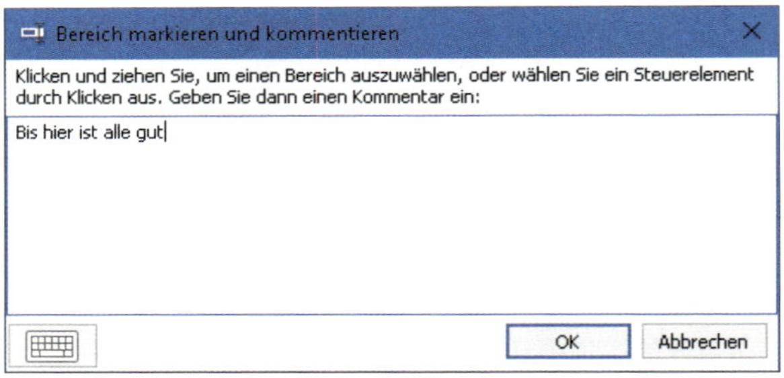

5. Haben Sie alles Notwendige aufgezeichnet, klicken Sie im Fenster der Schrittaufzeichnung auf *Aufzeichnung beenden*.

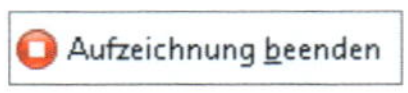

6. Nun geben Sie an, wo und unter welchem Namen der Rekorder die Aufzeichnung speichern soll.

Als Ergebnis erhalten Sie ein ZIP-Archiv (um den Datenumfang möglichst gering zu halten). In diesem Archiv befindet sich eine MHTML-Datei, die neben dem HTML-Code auch die erstellten Bildschirmfotos enthält. Der Edge-Browser kann den Inhalt dieser Datei darstellen (ebenso einige andere, aber nicht alle Webbrowser). Ein entsprechender Hinweis kann ratsam sein, wenn Sie diese Datei z. B. an andere weitergeben.

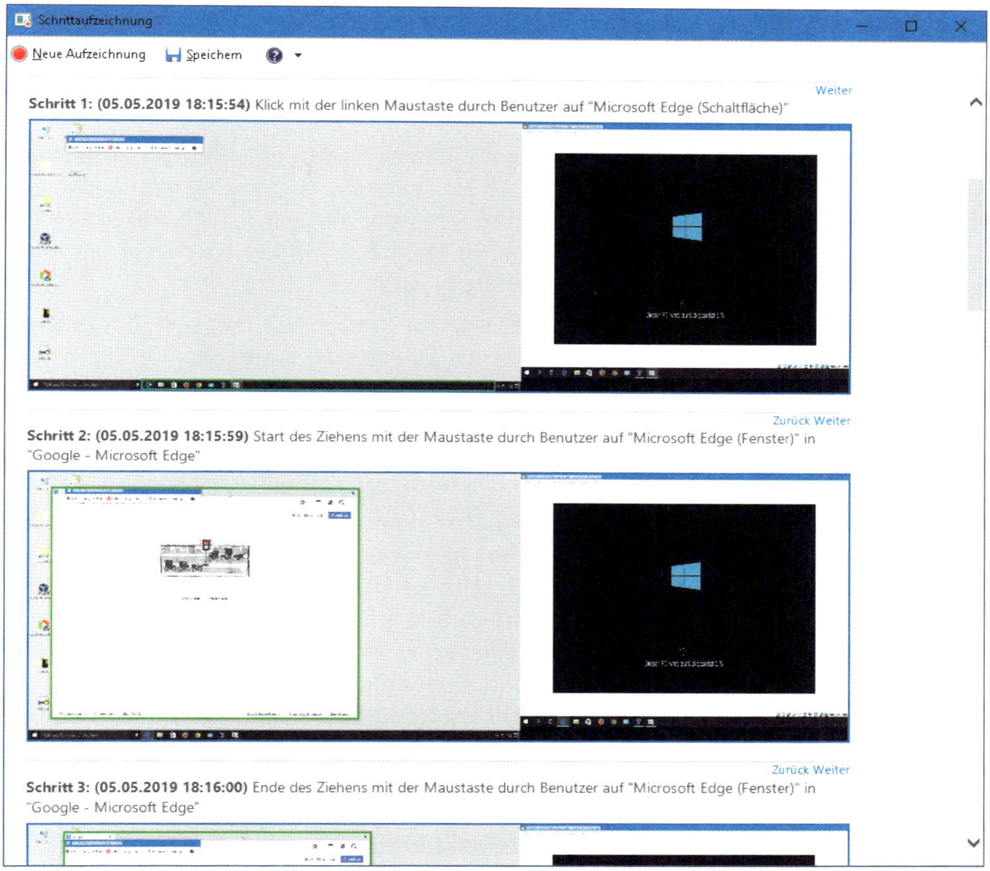

1.3 Fragen Sie Google nach der Fehlermeldung

Wenn sich ein Problem durch eine Fehlermeldung äußert, ist das im Grunde genommen eine gute Sache. Dadurch hat man die Chance, der Ursache schnell auf den Grund zu gehen und Abhilfe zu schaffen. Leider sprechen solche Fehlermeldungen selten Klartext. Stattdessen hat man es mit (womöglich noch englischem) Technik-Kauderwelsch oder auch nur nichtssagenden Fehlercodes zu tun. Hier kommt Google ins Spiel: Meine erste Maßnahme bei solchen Fehlermeldungen ist es immer, den Fehlercode oder auch die genaue Fehlermeldung an die Google-Suche zu verfüttern. Dazu folgende Tipps:

- **Fehlerdialoge kopieren:** Wenn unter Windows Fehlermeldungen in eigenen Fenstern »aufpoppen«, lassen sich diese oft auf einfache Weise kopieren. Wenn die Fehlermeldung hervorgehoben ist, drücken Sie Strg+C. Dann wird der Textinhalt des Dialogs in die Zwischenablage kopiert. Von dort können Sie ihn etwa in das Suchformular des

Webbrowsers einfügen (Strg+V). Meist muss der Text zwar noch bearbeitet werden, weil beispielsweise auch der Fenstertitel etc. enthalten ist. Aber auch die komplette Fehlermeldung bzw. der exakte Fehlercode finden sich darin und können ohne Tipparbeit und -fehler übernommen werden.

- **Fehlermeldungen im exakten Wortlaut suchen:** Textfehlermeldungen sollten Sie zunächst in Anführungszeichen setzen. So wird nach dem genauen Wortlaut gesucht, was schnell zu exakten Ergebnissen führt. Erst wenn Google auf diese Weise nichts Sinnvolles liefert, sollten Sie die Anführungszeichen entfernen oder nicht relevante Füllwörter am Anfang und/oder am Ende weglassen.
- **Nach Fehlercodes suchen:** Fehlercodes sind fast noch besser, weil sie sehr präzises Suchen ermöglichen. Vor allem aber ist ein Fehlercode »international«, Sie finden damit also sowohl deutschsprachige als auch englische Informationen. Gerade bei exotischen Fehlern ist die Chance wesentlich größer, auf englischen Websites hilfreiche Informationen zu finden – wenn Sie denn selbst des Englischen so weit mächtig sind, um die Erklärungen oder Lösungsvorschläge nachvollziehen zu können.
- **Die Suche auf relevante Webseiten beschränken:** Gerade bei eher unspezifischen bzw. häufig auftretenden Fehlern kann man von Fundstellen im Web geradezu erschlagen werden. Da kann es hilfreich sein, die Suche von vornherein auf eine bestimmte üblicherweise hilfreiche Website zu beschränken. Das geht bei Google recht einfach mit dem Suchparameter *site:<Adresse der Webseite>*. Für Windows-Probleme bietet Microsoft selbst eigene Foren und eine umfangreiche Wissensdatenbank an. Mit der folgenden Suchanfrage berücksichtigt Google nur Seiten von Microsoft selbst, die Informationen zu dem angegebenen Fehlercode enthalten: *0xc004c003 site:microsoft.com*. Wenn Sie gute Erfahrungen mit einer anderen Website gemacht haben oder Informationen zu einem Produkt eines anderen Herstellers suchen, können Sie die Suche in der gleichen Weise auf deren Webseiten beschränken.

1.4 Erinnern Sie sich an kürzliche Veränderungen

Eine Frage sollten Sie sich bei einem plötzlich auftretenden Problem immer als Erstes stellen: Wurden in letzter Zeit (das können Stunden, Tage oder auch Wochen sein) irgendwelche Änderungen an der Konfiguration vorgenommen? Klingt erst mal einfach, kann aber durchaus kompliziert sein, da die Abhängigkeiten nicht immer auf den ersten Blick ersichtlich sind. Wenn direkt nach der Installation eines neuen Grafikkartentreibers der Monitor flackert und die falsche Auflösung zeigt, ist der Zusammenhang noch recht naheliegend. Wenn man aber kürzlich beim Großreinemachen den PC an eine etwas andere Stelle gerückt hat, kommt man vielleicht nicht unbedingt darauf, dass die Kühlung nun nicht mehr richtig funktioniert, der Prozessor als Reaktion darauf bei stärkerer Beanspruchung zu heiß wird und als Schutzmaßnahme seinen Takt deutlich reduziert, was sich für den Benutzer als langsames und immer wieder plötzlich träges System manifestiert.

Führen Sie ein PC-Tagebuch

Es kann hilfreich sein, ein PC-Tagebuch zu führen. Darin notieren Sie sich mit Datum und Stichpunkten, wenn Sie beispielsweise neue Software installieren, Programme oder Treiber aktualisieren, Windows-Updates einspielen oder neue Hardware erstmals anschließen.

Deshalb sollten Sie sich im Falle eines Fehlers ruhig mal hinsetzen, über Veränderungen in der jüngsten Vergangenheit nachdenken und sich diese notieren. Vielleicht können Sie bald darauf zurückgreifen. Auch wenn Sie einen Fachmann zurate ziehen möchten, ist es gut, wenn Sie ihm sagen können, was in letzter Zeit passiert ist. Der kann meist schnell aussortieren, was davon belanglos ist und was tatsächlich eine Ursache sein kann.

1.5 Dokumentieren Sie den Ist-Zustand, bevor Sie aktiv werden

Bevor Sie in die aktuelle Konfiguration Ihres PCs eingreifen, sollten Sie immer den Ist-Zustand genau dokumentieren. Das gilt sowohl für Software (Änderung von Einstellungen) als auch Hardware (Entfernen von Kabeln, Austausch von Komponenten etc.). Der Grund ist einfach: Solange man auf der Suche nach einer Fehlerursache ist, fischt man oft ein wenig im Trüben und probiert verschiedene Ansätze aus. Dabei ist es nicht immer einfach, den Überblick zu behalten. Im besten Fall löst man das Problem, weiß aber nicht, welcher Schritt nun genau der entscheidende war und welche anderen man zurücknehmen kann. Im schlimmsten Fall kommt man nicht voran, handelt sich aber noch weitere Probleme ein, weil Dinge nun nicht mehr oder nicht mehr so wie vorher funktionieren. Dann ist es wichtig, den Ausgangszustand zuverlässig wiederherstellen zu können.

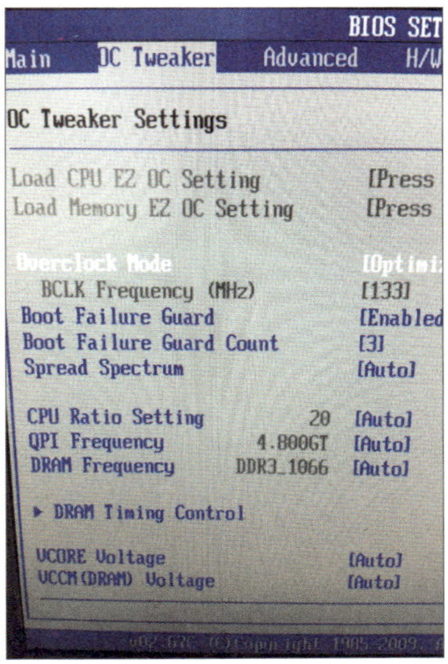

Ist-Zustand dokumentieren – das hört sich erst mal aufwendig und nervig an. Man kann es sich aber einfach machen. Fast jeder hat heute eine Digitalkamera oder ein Smartphone mit Kamerafunktion, mit dem man sehr einfach dokumentieren kann. So können der Zustand der Hardware im Überblick und wichtige Stellen in Großaufnahme festgehalten werden.

Auch Softwareeinstellungen lassen sich auf diese Weise schnell und einfach erfassen, indem Sie die Kamera einfach auf den Bildschirm richten. Die so entstehenden Bilder gewinnen zwar keinen Schönheitspreis, erfüllen aber ihren Zweck. Sie können Kamera bzw. Smartphone jederzeit wieder zur Hand nehmen und ggf. auch in die Bilder hineinzoomen, um Details zu erkennen. Durch den Zeitstempel der Aufnahmen lässt sich auch der zeitliche Verlauf festhalten – also was Sie zuerst verändert haben, was danach etc. Ist die ganze Operation erfolgreich abgeschlossen, können Sie die Bilder einfach wieder löschen.

1.6 Selbsthilfe im Reparaturcafé

Noch ein Tipp, wenn Sie ein Problem nicht selbst lösen können bzw. sich insbesondere Eingriffe in die Hardware nicht selbst zutrauen: Nicht nur in größeren Städten gibt es mittlerweile immer häufiger Reparaturcafés, entweder als feste Einrichtung oder als regelmäßiges Treffen von Gleichgesinnten. Hier treffen Sie zum einen auf Leidensgenossen, zum anderen auf erfahrene IT-Kenner, die zum Helfen bereit sind. Die nehmen Ihnen zwar nicht alle Arbeit ab, geben aber Anleitung und Hilfestellung, leihen Ihnen ggf. benötigtes Werkzeug und vermitteln idealerweise das nötige Selbstvertrauen, um sich eben doch selbst dranzusetzen. Gute Anlaufstellen sind das internationale Onlineverzeichnis repaircafe.org oder reparatur-initiativen.de mit dem Schwerpunkt auf dem deutschsprachigen Raum. Hier können Sie per Karte oder Ortsname/PLZ nach Reparaturcafés in Ihrer Nähe suchen.

2. Startprobleme des PCs beheben

Für viele Benutzer ist es wohl der größte anzunehmende PC-Unfall: Man schaltet den Rechner wie immer ein, und es passiert einfach nichts. Das kann auf ein größeres Hardwareproblem hindeuten, muss es aber nicht. Deshalb sollte man zunächst systematisch die üblichen Verdächtigen ausschließen. Die folgenden Maßnahmen sind sortiert von schnell und einfach bis hin zu aufwendiger und komplexer und sollten am besten in dieser Reihenfolge durchgeführt werden.

2.1 Äußere Anschlüsse des PCs kontrollieren

Wenn der PC beim Einschalten irgendwelche Lebenszeichen von sich gibt, wie etwa Lichter, Lüfter oder startende Laufwerke, kann man von einer stabilen externen Stromversorgung ausgehen. Wenn sich beim Einschalten aber wirklich gar nichts tut, sollten Sie zunächst den Stromanschluss des PCs kontrollieren:

- **Stromkabel:** Ist das Netzkabel an beiden Enden fest eingesteckt? Der Anschluss am PC kann sich durch Vibrationen der Lüfter im Laufe der Zeit lockern. Den Netzstecker hat eventuell jemand aus der Steckdose oder Steckerleiste gezogen und nicht wieder eingesteckt.
- **Steckdose:** Auch eine beliebte Fehlerquelle ist eine Steckdose, die einfach keine Spannung (mehr) hat. Vielleicht ist eine Sicherung rausgeflogen, jemand hat eine Leitung angebohrt, oder ein Wackelkontakt hat zugeschlagen. Stecken Sie dazu einfach einen anderen Verbraucher (beispielsweise eine Lampe) in diese Dose ein, und testen Sie ihn. Wackeln Sie dabei auch ein wenig am Stecker, um einen Wackelkontakt auszuschließen.
- **Externes Netzteil:** Verfügt der PC über ein externes Netzteil wie etwa bei Notebooks, gibt es zwei Kabel zwischen Steckdose und Rechner und somit zusätzliche Kabel, Anschlüsse und Fehlerquellen. Kabel vom externen Netzteil zum PC führen weniger Spannung und sind deshalb dünner und weniger geschützt. Dadurch sind sie empfindlicher gegen Knicke und Quetschungen und sollten daraufhin geprüft werden. Auf den Netzteilen ist in der Regel die (sekundäre) Ausgangsspannung vermerkt. Mit einem handelsüblichen Multimeter für wenige Euro kann man diese ggf. nachmessen. Alternativ gibt es eine einfache Testmethode: Ein eingestecktes externes Netzteil sollte

nach einiger Zeit fühlbar wärmer werden. Ansonsten wäre das zumindest ein Indiz für einen Defekt. Immerhin kann man für ein defektes externes Netzteil meist problemlos Ersatz beschaffen.

Ist die externe Stromversorgung funktionsfähig und es rührt sich trotzdem absolut nichts, gerät als Nächstes das Netzteil des PCs in den Fokus. Bei der internen Variante kommt man dabei um das Öffnen des Gehäuses nicht herum.

2.2 Das Gehäuse des PCs ohne Gefahr öffnen

Für die weiteren Schritte muss das Gehäuse des PCs geöffnet werden. Vorher aber ein wichtiger Schritt:

Ziehen Sie unbedingt das Netzkabel! Am besten an beiden Enden, als zusätzliche Absicherung gegen Schusseligkeit. Zum einen besteht beim Öffnen des PCs und beim Hantieren mit den Komponenten darin die Gefahr eines Stromschlags. Zum anderen kann man bei vorhandener Spannung durch einen Schraubenzieher oder ähnliches Werkzeug leicht Kurzschlüsse oder Fehlströme erzeugen, die die empfindlichen Komponenten dauerhaft beschädigen.

Bei der genauen Vorgehensweise zum Öffnen gibt es Unterschiede. Mittlerweile lassen sich viele Gehäuse ohne Werkzeug öffnen, entweder durch eine Mechanik oder durch einfache Rändelschrauben an der Rückseite. Oftmals reicht es, die Schrauben auf einer Seite zu lösen und diese Seitenwand zu entfernen, um Zugriff auf das Gehäuseinnere zu erlangen. Nur bei älteren PCs oder Billigstexemplaren besteht das ganze Gehäuse noch aus einem einzigen gefalteten Blech, das komplett entfernt werden muss.

Bevor Sie an die Arbeit gehen, noch folgende Hinweise:

- Es reicht immer, das PC-Gehäuse hinten zu öffnen. An die Vorderseite mit Schaltern, Anzeigen und Laufwerken muss man nur ran, wenn dort etwas konkret defekt ist. Während man hinten nicht viel kaputtmachen kann, bricht vorne schnell etwas, reißen Kabel ab usw. Werden Sie deshalb dort nur tätig, wenn es unumgänglich ist.
- PC-Gehäuse bestehen vielfach aus geschnittenem und gefaltetem Blech. Wenn dieses nicht sauber entgratet wurde, kann es scharfe Kanten aufweisen, an denen man sich üble Schnitte und Kratzer holen kann. Erkunden Sie nach dem Öffnen also erst mal vorsichtig, wie die Verarbeitungsqualität bei Ihrem Exemplar ist. Generell ist es kein Fehler, bei dieser Arbeit dünne Handschuhe zu tragen, um schmerzhaften Verletzungen vorzubeugen.
- Was ich selbst auf die harte Tour gelernt habe: Stellen Sie am besten vorher ein kleines Schälchen o. Ä. bereit, in dem Sie Schrauben und sonstige Kleinteile sammeln. So kann nichts verloren gehen, und Sie ersparen sich Suchaktionen beim späteren Zusammenbau.

- Bei schwierigeren Konstruktionen ist es hilfreich, vor dem Demontieren ein Bild mit Digitalkamera oder Smartphone zu machen. Das kann man dann später beim Zusammenbau als Orientierungshilfe verwenden, was wo hingehört.

2.3 Den PC säubern und Fremdteile entfernen

Wenn der PC schon mal geöffnet ist, sollten Sie die Gelegenheit nutzen und ihn reinigen und ggf. von Fremdkörpern befreien. Beides kann auch eine Ursache für Fehlfunktionen sein. Staub und Flusen setzen Lüftungsschlitze zu und vermindern so die Leistung des Kühlsystems. Kleine Metallteile wie etwa gelöste Schrauben können an ungünstige Stellen fallen und Kurzschlüsse verursachen. Ich habe auch schon mal Kleingeld in einem Rechner gefunden (es war keiner von meinen, und ich habe auch nicht weiter gefragt).

Lose Kleinteile erkennt man am besten, wenn man den PC anhebt (vorher alle Kabel entfernen) und dann vorsichtig hin und her schwenkt (nicht »schütteln«!). Dabei hört man, wenn etwas im Gehäuse herumrutscht. Das sollte man orten und entfernen. Im Extremfall kann man das Gehäuse vorsichtig über Kopf stellen und so »ausleeren«. Ein gut verarbeiteter PC sollte das aushalten. Das erfordert etwas Fingerspitzengefühl, denn insbesondere Prozessorlüfter können kopflastig sein und zu heftige Bewegungen übelnehmen.

Es ist kaum zu glauben, wie viel **Staub und Flusen** sich auch in einem reinlichen Haushalt in einem PC-Gehäuse ansammeln können. Die konkrete Belastung hängt von der »Wohnsituation« ab, aber beispielsweise die Kombination von langflorigem Teppich und Tierhaaren kann einem PC durchaus so zusetzen, dass dies allein der Grund für Probleme ist. Zum Reinigen eines geöffneten PCs kann man Druckluft verwenden. Dafür braucht es keinen Kompressor, man kann auch Druckluftspray in Dosen für wenige Euro erwerben.

Ein handelsüblicher Staubsauger tut es aber auch, wenn Sie ein paar Dinge beachten:

- Sie sollten sicherstellen, dass alles so gut befestigt ist, dass der Staubsauger nichts abreißen und verschlucken kann.
- Beginnen Sie erst mal mit einer niedrigen Saugstufe. Steigern Sie diese nur, wenn sie nicht zum Reinigen ausreicht.
- Nehmen Sie den kleinstmöglichen Aufsatz für den Staubsauger, und verwenden Sie keinesfalls Druck, um diesen in den letzten Winkel zu bekommen. Es lauern überall kleine Bauteile, Kontakte, Kabel und Plastiknasen, von denen schnell etwas abgerissen ist. Erhöhen Sie ggf. die Drehzahl des Staubsaugers, um die letzten Ecken durch eine höhere Saugleistung zu erreichen.
- Wenn Sie den Sauger in die Nähe eines Lüfters bringen, kann dieser anfangen zu rotieren. Das ist **keine** gute Idee! Die Lüfter sind auf einen gewissen Drehzahlbereich ausgelegt. Rotieren sie schneller, besteht die Gefahr eines Lagerschadens. Der äußert sich nicht sofort, kann aber in der Folgezeit zu verschiedenen negativen Effekten füh-

ren (Geräuschentwicklung, verminderte Kühlung, verringerte Leistung etc.). Dermaßen beschädigte Lüfter müssen über kurz oder lang ersetzt werden.
Deshalb: Fixieren Sie den Lüfter mit der Hand oder einem Hilfsmittel vorsichtig, während der Sauger in der Nähe ist. So wird er sauber ohne das Risiko einer Beschädigung.

Durch gründliches Reinigen der PC-Innereien wird man keine Defekte beseitigen. Doch Schmutz bremst den Luftfluss und beeinträchtigt so die Kühlleistung. Werden Komponenten nicht ausreichend gekühlt und deshalb zu warm, erfassen integrierte Sensoren das und regeln den Takt dieser Komponenten herunter, damit sie nicht den Hitzetod sterben. Dieser sinnvolle Schutzmechanismus führt dazu, dass die Leistung des PCs regelmäßig nach einiger Zeit einbricht und er spürbar langsamer wird. Wenn Sie solche Phänomene bemerken, ist eine gründliche Reinigung also eine sinnvolle und leicht umzusetzende Maßnahme. In Kapitel 10 über Hardwareprobleme beschreibe ich, wie Sie die Temperatur von Hardwarekomponenten überwachen und solchen Phänomenen auf die Spur kommen können.

Nach defekten Bauteilen suchen

Während der Reinigung des Gehäuseinneren sollten Sie gleich aufmerksam nach Spuren von elektronischen Defekten Ausschau halten. Eventuell entdecken Sie Bauteile mit Schmorspuren? Besonderes Augenmerk verdienen die üblicherweise in Form von kleinen blauen Bechern verbauten Elektrolytkondensatoren. Diese haben am oberen Ende eine Sollbruchstelle in Form eines eingeritzten Kreuzes. Ist diese Fläche stark nach außen gewölbt oder gar aufgeplatzt, ist dieser Kondensator defekt. Leider wurden in den letzten Jahren zunehmend minderwertige Kondensatoren verbaut, sodass dies gar kein so exotisches Fehlerbild ist. Die gute Nachricht: Ein solcher Fehler lässt sich durch eine Fachwerkstatt relativ schnell und preisgünstig beheben. Wer mit einem Feinlötkolben vertraut ist, kann sich sogar selbst daran versuchen.

2.4 Kabelverbindungen überprüfen

Der PC ist geöffnet und gereinigt. Nun können Sie ihn einer gründlichen Inspektion unterziehen. Dazu gehört es vor allem, alles zu testen, was festgesteckt ist bzw. zu sein scheint. Das gilt sowohl für die zahlreichen Kabel als auch für Grafikkarten und ähnliche Steckkomponenten. »Normalerweise« löst sich nichts von allein. Aber zum einen ist das Gehäuse durch Lüfter und Co. ständigen Vibrationen ausgesetzt. Zum anderen hat ja vielleicht irgendetwas durch nachlässige Montage noch nie ganz richtig »dringesteckt«?

Der erste Schritt ist es deshalb, alle **Steckverbindungen** durch gefühlvolles Wackeln zu testen. Wenn etwas sich locker anfühlt oder Sie den Stecker beim vorsichtigen Wackeln plötzlich in der Hand halten, dann ist das ein guter Kandidat für eine Fehlerquelle. Stecken Sie das entsprechende Teil in diesem Fall wieder richtig und fest auf. Üblicherweise lassen sich Stecker nur auf die eine richtige Weise einstecken, sodass Fehler durch Verpolung o. Ä. nicht möglich sind. Auch wenn Sie auf diese Art eine mögliche Fehlerquelle entdecken, würde ich trotzdem alles andere ebenfalls überprüfen, bevor ich das Gehäuse wieder zusammenbaue und den PC testweise einschalte.

Sind Komponenten durch **Kabel** miteinander verbunden, sollten auch diese zumindest einer Sichtprüfung unterzogen werden. Besondere Beachtung verdienen deutliche Knicke und Kabel in der Nähe von scharfen Metallkanten und beweglichen Teilen wie Lüftern. In einem gut aufgebauten PC sollten solche Schwachstellen durch geschicktes Verlegen und den großzügigen Einsatz von Kabelbindern und ähnlichen Sicherungssystemen ausgeschlossen sein. Ist an den Kabeln so nichts Verdächtiges zu erkennen, sollten Sie den Sitz der Kabelenden in den Steckern überprüfen. Auch hier ist wieder Fingerspitzengefühl gefragt, um nicht erst selbst einen Schaden anzurichten.

2.5 Lüfter überprüfen und instand setzen

Eine wichtige Rolle für die Stabilität und Leistungsfähigkeit eines PCs spielt die Lüftung. Sie wird in den meisten Fällen durch einen oder mehrere Lüfter sichergestellt. Fällt ein Lüfter aus oder arbeitet nur noch mit geringer Leistung, kann das verschiedene Folgen haben:

- Im Extremfall können Komponenten überhitzen und dadurch nachhaltig beschädigt werden, also zu einem Ausfall des Rechners führen.
- Halbwegs aktuelle Hardware stirbt allerdings selten den Hitzetod. Prozessoren, Grafikkarten und Mainboards verfügen heute über Temperatursensoren an wichtigen Punkten. Übersteigen die gemessenen Werte eine festgelegte Schwelle, wird die Taktfrequenz der dazugehörenden Komponente automatisch reduziert, bis die Temperatur wieder im grünen Bereich ist. Darunter leidet aber die Leistungsfähigkeit der Komponente und damit letztlich des gesamten Systems. Ein ausgefallener Lüfter legt den PC also nicht zwangsläufig lahm, sondern sorgt dafür, dass er einfach nur wesentlich langsamer arbeitet.
- Manche Mainboards kontrollieren aber auch die Drehzahl der angeschlossenen Lüfter und verweigern die Arbeit, wenn die Sensoren nicht die richtigen Werte liefern. So kann ein defekter oder nicht korrekt angeschlossener Lüfter auch dazu führen, dass der PC gar nicht erst startet.

Wenn der PC einmal geöffnet ist, sollten Sie deshalb in jedem Fall die Funktionsfähigkeit der Lüfter überprüfen. In den meisten Fällen finden Sie Lüfter an folgenden Stellen:

- am bzw. im Netzteil
- direkt auf dem Prozessor

- ggf. an der Grafikkarte
- ggf. zusätzliche Lüfter auf dem Mainboard

Im Prinzip können alle diese Komponenten auch passiv gekühlt sein. Das Fehlen eines Lüfters ist also kein Grund zur Beunruhigung, sofern der PC in dieser Konfiguration bereits problemlos lief und Sie beim Öffnen und Reinigen des PCs nicht mögliche Überreste eines Lüfters entdeckt haben.

Die Gängigkeit eines Lüfters können Sie prüfen, indem Sie ihn selbst in Drehung versetzen. Das können Sie vorsichtig mit einem stumpfen Werkzeug oder einer Fingerspitze machen. Oder Sie pusten den Lüfter kräftig an. Haben Sie den Lüfter einmal in Bewegung versetzt, sollte er locker weiterlaufen und nur allmählich langsamer werden und zum Stillstand kommen. Reduziert sich die Drehgeschwindigkeit nach einem Impuls sehr schnell und deutlich, sodass der Lüfter fast unmittelbar wieder zum Stillstand kommt, ist dies ein Indiz für Schwergängigkeit. Die Drehzahl von Lüftern kann auch im laufenden Betrieb mit speziellen Programmen überprüft werden (siehe Kapitel 10 zur Hardware). Diese Information ist allerdings nur hilfreich, wenn man den ermittelten Ist-Wert mit einem Soll-Wert vergleichen kann.

Lüfter ölen

Wenn ein Lüfter quietscht, andere Geräusche von sich gibt oder einfach nur etwas »zäh« läuft, können Sie ihm mit einem Tropfen Öl auf die Sprünge helfen, bevor Sie gleich zum Austausch schreiten. Sinnvoll ist dies aber nur, wenn die Lüfternabe ohne Weiteres zugänglich ist. Meist versteckt sie sich unter einem Aufkleber. Diesen sollten Sie sorgfältig und ohne Beschädigung abziehen, bis darunter der Nabenkopf sichtbar wird. Hier können Sie vorsichtig einen Tropfen nicht harzendes und säurefreies Öl einbringen (beispielsweise Silikon- oder Nähmaschinenöl). Anschließend muss die Öffnung mit dem Aufkleber wieder gut verschlossen werden, damit kein Staub ins Lager eindringen kann. Das Öl kriecht im Betrieb dann von allein an die richtigen Stellen. Mit etwas Glück versieht der Lüfter nun wieder leise und flott seinen Dienst. Bei Modellen ohne einen gut sichtbaren Aufkleber über der Nabe oder Schrauben für die Demontage sollten Sie jedoch von solchen Versuchen absehen und lieber gleich einen passenden Ersatz besorgen.

Besteht grundlegender Zweifel an der Funktionstüchtigkeit eines Lüfters, können Sie mit viel Vorsicht den PC vorübergehend ohne Gehäuse bzw. mit geöffneter Seitenwand in Betrieb nehmen. Dann sollte klar erkennbar sein, welche Lüfter sich drehen und welche nicht. Ein nicht drehender Lüfter muss aber nicht zwangsläufig auf ein Problem hindeuten. Dynamische Regelungen sorgen dafür, dass Lüfter sich nur in dem Maße drehen, wie Kühlung benötigt wird. So werden etwa bei Grafikkarten teilweise Lüfter nur aktiviert, wenn man von der üblichen 2D-Darstellung des Windows-Desktops zu einem 3D-Spiel oder zur Full-HD-Videowiedergabe wechselt. Sorgen Sie bei diesem Test also dafür, dass Ihr PC tüchtig zu tun hat, um sicher zu sein.

2.6 PC-Komponenten überprüfen und Kontakt sicherstellen

Ein PC besteht prinzipiell aus einem Mainboard, auf dem verschiedene Komponenten wie Prozessor, Speichermodule, Grafikkarte etc. aufgesteckt sind. Ähnlich wie bei Steckern sollte man den festen und sicheren Kontakt zwischen diesen Elementen sicherstellen. Zwar gibt es in der Regel mechanische Sicherungen, diese bieten aber keine absolute Sicherheit bzw. sind unter Umständen beim Einbau nicht korrekt verwendet worden. Es kann durchaus sinnvoll sein, solche Komponenten einmal komplett auszubauen, die Kontakte prophylaktisch zu reinigen und sie dann wieder fest einzusetzen. Beachten Sie dazu den Hinweis aus dem ersten Kapitel, den ursprünglichen Zustand beispielsweise mit einer Kamera zu dokumentieren, um im Zweifelsfall eine Referenz für den korrekten Wiedereinbau zu haben.

Sind mehrere Speichermodule eingesetzt, können Sie einzelne davon entfernen und anschließend durchtauschen. Beachten Sie dabei, dass immer mindestens ein Speichermodul eingesteckt sein muss, und zwar meist im ersten Steckplatz (der gern auch mit der Zahl 0 beziffert ist).

Stehen Ihnen andere PCs zur Verfügung, können Sie einzelne Komponenten des fehlerhaften PCs aus- und testweise in einen anderen PC einbauen. Versehen sie dort ihren Dienst, kann ein Defekt dieser Komponente ausgeschlossen werden. So lassen sich die möglichen Fehlerkandidaten weiter eingrenzen. Umgekehrt können Sie auch beispielsweise Speichermodule aus einem anderen PC, die offensichtlich korrekt funktionieren, testweise in den Problem-PC einsetzen. Ändert sich dadurch nichts, können Sie den Speicher als Fehlerquelle ausschließen.

2.7 Fehlerursache durch die Minimalkonfiguration einkreisen

Wenn die gründliche Inspektion des PCs keine Hinweise ergibt und ein Aus- und Wiedereinbauen von Komponenten am Fehlerbild nichts ändert, empfiehlt es sich, zur weiteren Eingrenzung eine Minimalkonfiguration herzustellen. Dazu baut man alle Komponenten aus bzw. steckt sie aus, die für den Betrieb nicht notwendig sind. Übrig bleiben:

- Netzteil und Mainboard
- Prozessor
- ein einzelnes Speichermodul im ersten Speichersteckplatz

- wenn das Mainboard keine interne Grafik aufweist, eine Grafikkarte
- Monitor
- eine direkt an das Mainboard angeschlossene Tastatur (PS/2 oder USB-Anschluss)

Startet der PC in einer solchen Minimalkonfiguration nicht, liegt der Fehler vermutlich bei Netzteil, Mainboard oder Prozessor. Dann wird die Lage schwierig, aber nicht hoffnungslos. Das Netzteil etwa kann durch das Netzteil eines anderen PCs ausgetauscht werden, um seine Funktionstüchtigkeit zu überprüfen. Dabei müssen allerdings die Leistungsdaten (siehe Aufschrift) sowie die Anschlüsse in etwa übereinstimmen. Alternativ können Sie sich vom Hersteller die genauen Spezifikationen des Netzteils insbesondere in Bezug auf die verschiedenen Ausgangsspannungen und -leistungen herunterladen und diese mit einem geeigneten Multimeter durchmessen. Das erfordert allerdings geeignete Ausrüstung, etwas praktische Erfahrung und angemessene Vorsicht, denn immerhin liegen am Eingang des Netzteils 230 Volt an.

2.8 Prozessor und Kühler fachgerecht ausbauen und prüfen

Konnten Sie den Fehler auf Mainboard und/oder Prozessor einengen, bleibt für Sie dann noch die Möglichkeit, den Prozessor auszubauen, den korrekten Sitz und die optimale Kühlung sicherzustellen bzw. den Prozessor auszutauschen. Eine Operation, die etwas Vorsicht und Geschick, aber keine fundierten Kenntnisse erfordert. Voraussetzung für den (Wieder-)Einbau ist aber frische Wärmeleitpaste, die Sie im Fachhandel oder online für kleines Geld besorgen können. Mein persönlicher Tipp: Schauen Sie sich vorher bei youtube.de ein Video dieses Vorgangs an. Suchen Sie dabei ruhig nach einem Beispiel mit Ihrem konkreten Prozessormodell. Die Chancen, etwas Passendes zu finden, sind groß. So können Sie sich schon mal mit den Gegebenheiten und dem Ablauf vertraut machen.

Fest verbaute Prozessoren

Üblicherweise sind Prozessoren gesockelt, sitzen also mit ihren zahlreichen Kontaktstiften in einem Sockel, aus dem sie entfernt werden können. Teilweise – insbesondere bei kompakten Geräten wie Notebooks oder Tablet-PCs – sind die Kontakte allerdings fest verlötet. Dies erkennt man daran, dass ein klassischer Sockel und ein Entriegelungsmechanismus für den Prozessor fehlen. In diesem Fall ist ein Ausbau bzw. Tausch des Prozessors nicht vorgesehen bzw. wäre so aufwendig, dass ein Ersatz-Mainboard mit neuem Prozessor günstiger ist.

1. Am besten bauen Sie das Mainboard aus, wenn Sie das Gehäuse nicht so gut öffnen können, dass Sie rundherum ungehinderten Zugriff auf den Prozessor haben.
2. Dokumentieren Sie die bestehende Konfiguration von Lüfter, Kühlkörper, Prozessor und Sockel mittels Fotos. Auf diesen sollte erkennbar sein, was wo in welcher Ausrichtung eingebaut und angeschlossen werden muss.
3. Stecken Sie die Stromversorgungskabel des Prozessorlüfters aus.
4. Bauen Sie dann den Kühlkörper mit dem Lüfter aus. Diese bilden üblicherweise eine Einheit, die man nicht trennen muss oder kann. Entfernen Sie zunächst mechanische Befestigungen wie Schrauben oder Sicherungsbügel. Der Kühlkörper klebt durch getrocknete Wärmeleitpaste auf dem Prozessor. Durch gefühlvolles Drehen oder ggf. mit einem Kunststoffspatel sollten beide sich trennen lassen.
5. Entfernen Sie nun die Reste der alten Wärmeleitpaste vom Kühlkörper und vom Prozessorrücken. Ein Tropfen Reinigungsbenzin kann dabei helfen.
6. Nun kann die Fassung des Prozessors entriegelt und dieser entnommen werden. Dabei ist Fingerspitzengefühl gefragt, denn die winzigen Kontaktbeinchen dürfen nicht verbiegen oder gar abbrechen. Achten Sie auch darauf, dass keine Schmutzpartikel in die kleinen Öffnungen des Sockels fallen, die später einen sicheren Kontakt verhindern könnten.
7. Nun halten Sie das Herzstück Ihres PCs in der Hand. Sichtbare Beschädigungen sind hier aber nicht zu erwarten. Sie können aber nun einen anderen (passenden) Prozessor als Ersatz einbauen oder den freigelegten Prozessor in ein anderes (passendes) Mainboard einsetzen. Oder Sie bauen den Prozessor wieder ein und achten auf eine korrekte Montage des Kühlkörpers, um thermische Probleme als Ursache für Instabilität oder mangelnde Leistung auszuschließen.
8. Gehen Sie dazu in umgekehrter Reihenfolge vor. Setzen Sie den Prozessor sehr behutsam in den Sockel, und üben Sie beim Verwenden des Verriegelungsmechanismus allenfalls behutsam Druck aus. Keinesfalls darf der Prozessor schief eingesetzt werden und verkanten. Bevor Sie den Kühlkörper einsetzen, versehen Sie die Rückseite des Prozessors mit einem Klecks frischer Wärmeleitpaste. Sie sollte so bemessen sein, dass eine möglichst dünne Schicht die komplette Kontaktfläche zwischen Prozessor und Kühlkörper bedeckt.
9. Die Paste sorgt für flächendeckenden und gleichmäßigen Kontakt zwischen den Flächen, gleicht vorhandene minimale Unebenheiten aus und sorgt so für perfekte Wärmeableitung. Sie wird nach dem Motto »so viel wie nötig, so wenig wie möglich« aufgetragen. Ich weiß, das ist etwas unspezifisch, aber genauer lässt es sich nicht beschreiben. Beim ersten Mal neigt man allerdings erfahrungsgemäß dazu, zu viel Paste aufzutragen. Versuchen Sie es ggf. mehrmals, und entfernen Sie überflüssige Paste einfach wieder. Selbst eine kleine Tube reicht üblicherweise für viele Versuche.

3. Probleme mit BIOS/UEFI beheben

Bevor ein PC das Windows-Betriebssystem ausführt, wird zunächst das BIOS bzw. UEFI aktiv. Solange alles rundläuft, bekommt man davon nicht viel zu sehen. Während des Starts taucht es allenfalls wenige Sekunden am Bildschirm auf, und wenn man nicht schnell ist, hat man den Zeitpunkt zum Drücken der richtigen Taste für den Zugang zu den Einstellungen (meist [Entf] oder [F2]) schon verpasst.

Wenn aber etwas schiefläuft, machen sich BIOS oder UEFI nachhaltiger bemerkbar. Tritt ein schwerwiegender Fehler auf, der einen ordnungsgemäßen Start des PCs verhindert, meldet es sich – je nach Möglichkeit – entweder mit einer Klartext-Fehlermeldung oder mit schwarzem Bildschirm und Pieptönen.

BIOS vs. UEFI

Das **B**asic **I**nput **O**utput **S**ystem, kurz BIOS, ist das grundlegende Softwaresystem jedes PCs. Es steuert alle Ein- und Ausgabefunktionen sowie den Transport der Bits und Bytes zwischen den verschiedenen Komponenten wie Prozessor, Arbeitsspeicher und Grafikkarte. Außerdem stellt es die Zugriffsmöglichkeiten auf diese Komponenten für das eigentliche Betriebssystem (Windows) bereit. Das BIOS wird nicht wie andere Anwendungen von einer Festplatte geladen. Es befindet sich auf einem speziellen Speicherbaustein, der es auch im abgeschalteten Zustand bewahrt und von dem es beim Einschalten des PCs direkt ausgeführt werden kann.

Das **U**nified **E**xtensible **F**irmware **I**nterface, kurz UEFI, ist der modernere Nachfolger des BIOS und wird mittlerweile von praktisch allen neuen PCs verwendet. Es erfüllt dieselben Aufgaben, ist dabei aber schneller, optisch ansprechender, per Maus bedienbar und bringt eine integrierte Update-Funktion sowie Unterstützung für 64 Bit und wesentlich mehr und größere Partitionen mit. Vereinheitlichte Standards ermöglichen es dem Betriebssystem, stärker mit UEFI zu interagieren, als dies beim BIOS der Fall war.

3.1 UEFI-Zugang in den Windows-10-Einstellungen

Bei neueren PCs mit UEFI können Sie sich das rechtzeitige Drücken von Tasten beim PC-Start ersparen. Nutzen Sie stattdessen die Windows-10-Einstellungen, um die UEFI-Oberfläche auf den Bildschirm zu holen:

1. Öffnen Sie in den Windows-Einstellungen die Rubrik *Update und Sicherheit/Wiederherstellung*.
2. Klicken Sie rechts im Abschnitt *Erweiterter Start* auf *Jetzt neu starten*.

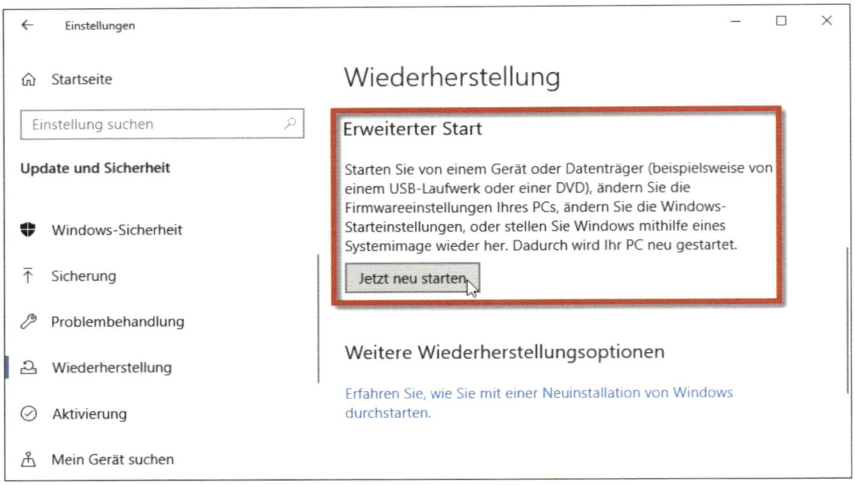

3. Warten Sie kurz ab, und wählen Sie dann nacheinander die Optionen *Problembehandlung/Erweiterte Optionen/UEFI-Firmwareeinstellungen*.
4. Klicken Sie schließlich auf *Neu starten*, um den PC neu zu starten und dabei direkt in die UEFI-Einstellungen zu gelangen.

3.2 Fehlermeldungen richtig deuten

Wenn das BIOS/UEFI so weit starten kann, dass eine Bildschirmausgabe möglich ist, gibt es bei Problemen eine (englische) Fehlermeldung aus. Diese gibt in der Regel einen Hinweis auf die Komponente oder Funktion, die den Fehler verursacht. Manche Fehlermeldungen weisen auf leicht behebbare Probleme hin, manche sind aber auch Symptome für schwerwiegende Defekte. Die folgende Tabelle führt einige typische Fehlermeldungen auf und gibt ggf. Tipps zur Problemlösung. Beachten Sie, dass der exakte Wortlaut der Meldungen bei den verschiedenen BIOS-Typen abweichen kann.

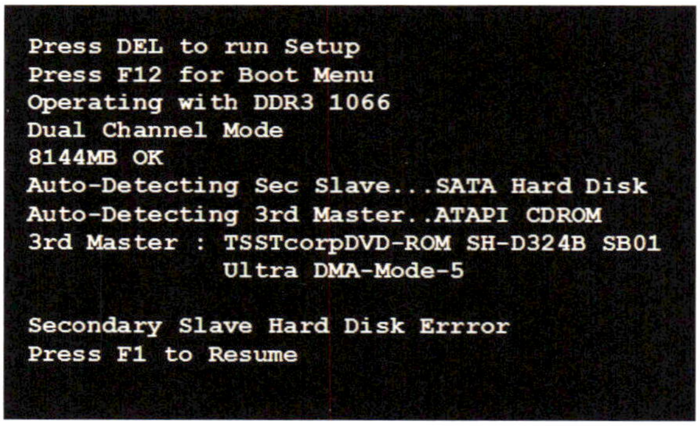

Fehlermeldung	Bedeutung/Abhilfe
BIOS ROM Checksum Error-System halted	Die Prüfsumme des BIOS-Codes stimmt nicht. Dieser Fehler kann nach einem missglückten BIOS-Update auftreten. Andernfalls ist der BIOS-Chip defekt.
CMOS Battery State low oder *CMOS Battery failed*	Die Pufferbatterie der Hauptplatine ist schwach oder leer und muss ausgetauscht werden.
CMOS Checksum Failure oder *CMOS Checksum Error*	Die Prüfsumme der BIOS-Daten stimmt nicht. In der Regel lädt das BIOS dann automatisch die Standardeinstellungen. Ursachen können elektrostatische Aufladung, eine schwache Pufferbatterie oder ein defekter CMOS-Baustein sein.
CMOS Display Type Mismatch	Der im BIOS angegebene und der im System festgestellte Videotyp stimmen nicht überein. Das kann z. B. nach einem Wechsel der Grafikkarte auftreten. Nach einem weiteren Hardware-Reset wird die richtige Karte meist erkannt, sonst müssen Sie das ggf. von Hand ändern.
CMOS Memory Size Mismatch	Der vorhandene physikalische Speicher stimmt nicht mit dem im BIOS eingestellten Wert überein. Kann z. B. nach Speichererweiterungen oder -austausch auftreten. Nach einem weiteren Hardware-Reset wird der Speicher meist richtig erkannt, sonst müssen Sie das ggf. von Hand ändern.
CMOS System Options not set	Die im BIOS gespeicherten Konfigurationsdaten sind nicht auswertbar oder gar nicht vorhanden. Kann beim ersten Start einer neuen Hauptplatine auftreten. Weitere mögliche Ursache ist eine schwache oder defekte Batterie.
CMOS Time and Date not set	Zeit und Datum der internen Uhr sind nicht eingestellt. Kann bei einer neuen Hauptplatine auftreten, dann einfach Zeit und Datum im BIOS oder unter DOS bzw. Windows einstellen. Tritt der Fehler scheinbar unmotiviert auf, ist das wiederum ein Hinweis auf eine schwache Batterie.
HDD Controller Failure	Die Kommunikation mit dem Festplatten-Controller klappt nicht. Prüfen Sie alle Kabelverbindungen und Festplatteneinstellungen. Ansonsten liegt ein Defekt des Controllers vor.
HARD DISK initializing. Please wait a moment	Die Festplatte(n) werden initialisiert.
Invalid Boot Disk	Die eingelegte Startdiskette enthält keine gültigen Bootdaten.
Keyboard Error	Die angeschlossene Tastatur ist defekt, oder es ist gar keine angeschlossen (Stecker prüfen). Manchmal liegt auch nur ein Gegenstand auf der Tastatur und drückt eine Taste herunter. Ansonsten kann die Ursache auch ein Defekt im Tastatur-Controller sein, was sich nur durch Austausch dieses Controllers bzw. der Hauptplatine beheben lässt.

Fehlermeldung	Bedeutung/Abhilfe
KB/Interface Error	Es liegt ein Fehler am Tastaturstecker bzw. der entsprechenden Buchse am PC-Gehäuse vor (Stift verbogen?). Eventuell kann auch ein zu langes Tastaturkabel die Ursache sein.
Memory mismatch, run Setup	Der vorhandene physikalische Speicher stimmt nicht mit dem im BIOS eingestellten Wert überein. Kann z. B. nach Speichererweiterungen oder -austausch auftreten. Nach einem weiteren Hardware-Reset wird der Speicher automatisch richtig erkannt.
Memory Parity Error oder *Parity Error*	Der Speicher ist defekt.
No boot device available – strike F1 to retry boot oder *No boot sector on hard disk – strike F1 to retry boot*	Auf der Festplatte oder Diskette befinden sich keine gültigen Bootdaten. Entnehmen Sie die Diskette, bzw. tauschen Sie sie aus. Überprüfen Sie bei einer Festplatte Anschlüsse und Formatierung.
No time tick	Die interne Uhr der Hauptplatine ist defekt.
Press TAB to show POST screen	Bei manchen BIOS-Versionen werden viele BIOS-Meldungen standardmäßig nicht angezeigt. Dann [Tab] drücken, um die volle Ausgabe zu sehen.
Primary Controller Resource Conflict	Ressourcenkonflikt zwischen dem primären Festplatten-Controller und einer anderen Komponente
Primary Master Hard Disk Error	Fehler bei der Festplatte am Master-Kanal des primären Festplatten-Controllers
Primary Memory Conflict	Zwei PCI-Geräte beanspruchen den gleichen primären Speicherbereich.
Primary Slave Hard Disk Error	Fehler bei der Festplatte am Slave-Kanal des primären Festplatten-Controllers
Real time clock error	Die interne Uhr der Hauptplatine ist defekt.
Secondary Controller Resource Conflict	Ressourcenkonflikt zwischen dem sekundären Festplatten-Controller und einer anderen Komponente
Secondary Master Hard Disk Error	Fehler bei der Festplatte am Master-Kanal des sekundären Festplatten-Controllers
Secondary Slave Hard Disk Error	Fehler bei der Festplatte am Slave-Kanal des sekundären Festplatten-Controllers
System battery is dead oder *System battery failed*	Die Pufferbatterie der Hauptplatine ist schwach oder leer und muss ausgetauscht werden.

3.3 Beepcodes ohne Bildschirmausgabe verstehen

Die oben beschriebenen Fehlermeldungen haben zumindest den positiven Aspekt, dass das BIOS immerhin noch den Bildschirm ansteuern und eine entsprechende Ausgabe erzeugen kann. Es gibt aber auch sehr schwerwiegende Fehler, bei denen nicht mal mehr das gelingt. Dann bleibt der Bildschirm schwarz. Auch in diesem Fall kann sich das BIOS aber unter Umständen noch bemerkbar machen, indem es einen Lautsprecher ansteuert und durch eine Abfolge von langen und kurzen Pieptönen (Beepcodes) zu erkennen gibt, was für eine Art von Problem vorliegt. Die genaue Bedeutung dieser Beepcodes hängt vom Hersteller des PCs bzw. BIOS ab. Wenn bei Ihrem PC der Bildschirm schwarz bleibt und er nur noch piept, sollten Sie deshalb die Dokumentation Ihres Mainboards befragen (ggf. beim Hersteller herunterladen). Dort sind die Codes erläutert, oder es sollte sich zumindest ein Link auf eine entsprechende Onlineübersicht finden.

3.4 Einstellungen zurücksetzen

Wenn der PC bis zum BIOS-Start kommt, dann aber hängen bleibt, sollten Sie die BIOS-Konfiguration zurücksetzen. Möglicherweise haben sich hier Fehler eingeschlichen, die den Start verhindern. Dies gilt vor allem nach Änderungen an der Hardwarekonfiguration oder auch beim Herstellen der Minimalkonfiguration (siehe Seite 25). Erfahrungsgemäß kann es aber auch ohne äußeren Anlass zu Konfigurationsfehlern kommen. Diese lassen sich durch Zurücksetzen der Einstellungen beheben. Das BIOS startet dann mit konservativen Einstellungen, was etwa Taktfrequenzen und Timings angeht. Außerdem werden dabei viele Parameter passend zur Hardware neu ermittelt. In der Regel ist ein Zurücksetzen der Einstellungen unproblematisch. Eventuell verliert der PC etwas Leistung, wenn speziell optimierte Timings dadurch verschwinden. Dafür läuft er aber wieder, und die Optimierungen lassen sich anschließend ggf. wiederherstellen. Problematisch können RAID-Controller sein, die den Zugriff auf die gespeicherten Daten nur mit der korrekten Konfiguration erlauben. In einem solchen Fall sollten Sie diesen Eingriff besser einem Fachmann überlassen, um keine Datenverluste zu riskieren.

Wenn BIOS-Meldungen auf dem Bildschirm angezeigt werden, können Sie in der Regel auch die dort angegebene Taste drücken, um in die BIOS-Einstellungen zu gelangen. Folgen Sie dort den Anweisungen, um die Einstellungen auf den Werksstandard zurückzusetzen. Vorher ist es aber sicher keine schlechte Idee, die aktuelle Konfiguration des BIOS zu dokumentieren, beispielsweise indem Sie einfach mit dem Smartphone den Bildschirminhalt der verschiedenen Dialoge knipsen.

Der Vorgang des Zurücksetzens besteht in der Regel aus zwei Schritten:

1. Laden der Standardkonfiguration (englisch meist als »Default« oder »Fail-Safe« bezeichnet).
2. Speichern der so geänderten BIOS-Einstellungen mit anschließendem Neustart.

Sollte der Zugang zum BIOS nicht möglich sein, können Sie die Einstellungen auch per Hardware zurücksetzen. Die folgenden Abschnitte beschreiben zwei verschiedene Möglichkeiten, dies zu erreichen.

3.5 Die Speicherbatterie des Mainboards entfernen

Damit die BIOS-Konfiguration dauerhaft gespeichert werden kann, benötigt der BIOS-Speicher elektrischen Strom. Wenn der PC ausgeschaltet und vom Stromnetz getrennt ist, kommt diese Energie aus einer Knopfbatterie oder einem Kondensator auf der Hauptplatine, die z. B. auch die interne Uhr des Rechners antreiben.

Wenn diese Batterie leer ist, gehen die gespeicherten Informationen verloren, und die BIOS-Konfiguration wird beim nächsten Start auf die Werkseinstellungen zurückgesetzt. Das kommt während der durchschnittlichen Lebenszeit eines PCs zwar kaum noch vor, kann aber künstlich erzwungen werden. Daraufhin wird das gesamte BIOS auf die Werkseinstellungen zurückgesetzt. Wenn Ihr PC über eine austauschbare Batterie verfügt, können Sie diese entfernen, wie im Folgenden beschrieben.

1. Um die Batterie zu entnehmen, müssen Sie das Gehäuse des PCs öffnen. Deshalb sollte die Stromversorgung aus Sicherheitsgründen ohnehin unterbrochen sein. Es ist aber auch so für die folgenden Schritte wichtig, dass das Mainboard nicht mehr extern mit Strom versorgt wird.
2. Suchen Sie auf dem Mainboard nach der Batterie. Dabei handelt es sich beispielsweise um eine Knopfzellenbatterie, wie man sie (in kleinerer Form) auch aus Armbanduhren kennt. Ziehen Sie ggf. die Dokumentation des PCs hinzu, um die Position der Batterie ausfindig zu machen.
3. Merken Sie sich die Position der Batterie ggf. mit einem Foto. Dann wissen Sie später genau, welche Seite nach oben muss. Hebeln Sie die Zelle dann vorsichtig aus der Fassung, und entnehmen Sie sie. Lassen Sie die Hauptplatine nun eine Weile ohne Stromversorgung ruhen. In der Regel reichen wenige Minuten aus. Längstens eine halbe Stunde sollte allemal genügen.
4. Setzen Sie die Batterie anschließend vorsichtig wieder in die Fassung ein, und bauen Sie den Rechner wieder zusammen. Beim anschließenden Start merkt das BIOS ggf. an, dass die Werkseinstellung durchgeführt wird. Eventuell müssen Sie dies durch Drücken einer Taste bestätigen.

3.6 Das Mainboard per Jumper zurücksetzen

Ist bei Ihrem Mainboard ein Kondensator fest eingebaut, verfügt es aber immer über eine Reset-Funktion für das BIOS (nicht zu verwechseln mit der Reset-Taste am Gehäuse!). Dabei handelt es sich um eine Schutzfunktion, die den PC unter allen Umständen wieder zum Leben erwecken soll, selbst wenn die BIOS-Einstellungen z. B. durch ein fehlerhaftes Update oder einen technischen Defekt vermurkst sind. Die genaue Umsetzung dieser Reset-Funktion ist je nach Hersteller und Modell unterschiedlich. Meist handelt es sich um einen Mikroschalter oder eine offene Steckbrücke, die für einen kurzen Zeitraum geschlossen werden muss, um das Zurücksetzen zu bewirken. Lesen Sie am besten in der Dokumentation Ihres Mainboards nach, ob eine solche Funktion vorhanden ist und wie sie genutzt werden kann.

1. Sollten Sie über keinerlei Dokumentation verfügen, können Sie auf einer gut beschrifteten Hauptplatine nach einer Steckbrücke oder einem Schalter mit der Beschriftung *Clear CMOS* oder ähnlich suchen.

2. Haben Sie die Reset-Funktion lokalisiert, drücken Sie den Schalter bzw. verbinden die beiden Kontakte für einige Sekunden mit einem Metallwerkzeug. Dadurch wird der CMOS-Speicherbaustein des BIOS von der Stromversorgung getrennt und somit gelöscht.
3. Beim nächsten Start des PCs werden die gelöschten Einstellungen automatisch durch die Werkseinstellungen ersetzt.

Kein Wechsel BIOS zu UEFI

Ein Stolperstein beim Zurücksetzen von UEFI-Mainboards kann der Bootmodus sein. Viele können alternativ in einen abwärtskompatiblen BIOS-Modus versetzt werden. Windows startet aber nur in dem Modus, mit dem es ursprünglich installiert wurde. Wurde Windows auf einem UEFI-Mainboard im BIOS-Modus installiert, und dieser wird durch das Zurücksetzen deaktiviert, verweigert Windows anschließend das Laden. In dem Fall sollten Sie in den UEFI-Einstellungen testweise auf den BIOS-Modus umschalten und es erneut versuchen.

4. Windows-Startprobleme beheben

Der PC an sich scheint zu laufen, aber Windows verweigert den Dienst? Gibt es eine Fehlermeldung am Bildschirm, hat man zumindest einen Hinweis auf die mögliche Ursache. Der Windows-Start kann aber auch mal ganz kommentarlos »stehen bleiben«, der Bildschirm bleibt unverändert, oder die animierte Grafik läuft endlos vor sich hin.

Die folgenden Anleitungen sind nach den Kriterien Komplexität und negative Seiteneffekte sortiert und sollten am besten in dieser Reihenfolge angegangen werden. So kommen zunächst einfache, schnell durchzuführende Maßnahmen, die das Problem im Erfolgsfall ohne Datenverluste beheben. Erst am Ende werden Maßnahmen vorgestellt, die hartnäckige Probleme zwar beheben, dabei aber den Verlust von Einstellungen oder aktuellen Dateiversionen in Kauf nehmen.

Einfach mal neu starten

Ein vereinzelter schiefgegangener Windows-Start muss kein Grund zur Beunruhigung sein. Tritt dies erstmalig oder nur selten auf, schalten Sie einfach den PC aus (Ein-/Ausschaltknopf länger gedrückt halten, bis der PC abgeschaltet wird) und beginnen dann von vorne. Wenn dann alles klappt und Windows startet (es kann wegen des harten Ausschaltens etwas länger als gewohnt dauern), ist alles in Ordnung, und Sie können das zumindest vorläufig als einmaligen Ausrutscher abhaken.

4.1 Windows vollständig neu starten

Einige Probleme entstehen aufgrund der Tatsache, dass Windows nicht mehr wirklich neu startet, sondern standardmäßig einen Schnellstartmodus verwendet. Beim Beenden werden nur die Anwendungen des Benutzers und oberflächliche Hintergrunddienste beendet. Vom eigentlichen Betriebssystemkern wird der aktuelle Zustand »eingefroren« und als Datei auf der Festplatte abgelegt. Beim nächsten Start wird er von dort wieder geladen, was schneller geht, als alle Komponenten und Dienste einzeln von der Festplatte zu laden und zu starten. Diese Methode spart Zeit, kann aber Nebenwirkungen haben, denn dadurch werden die diversen Dienste des Systems nicht regelmäßig initialisiert.

Wenn erst mal etwas schiefläuft, dann läuft es einfach weiter schief. Deshalb ist es manchmal eine einfache Lösung, Windows einmal wirklich herunterzufahren und neu zu starten. Das geht ganz einfach, indem Sie wie gewohnt beispielsweise über die Taskleiste die Funktion zum Herunterfahren aufrufen, während des Klicks auf *Herunterfahren* aber ⇧ gedrückt halten. Herunterfahren und neu starten dauert dabei etwas länger als gewohnt.

Wollen Sie ganz sicher sein, dass Windows vollständig neu startet, können Sie alternativ [Win]+[R] drücken, um den *Ausführen*-Dialog zu öffnen. Dort tippen Sie den Befehl `shutdown /s /f /t 0` ein.

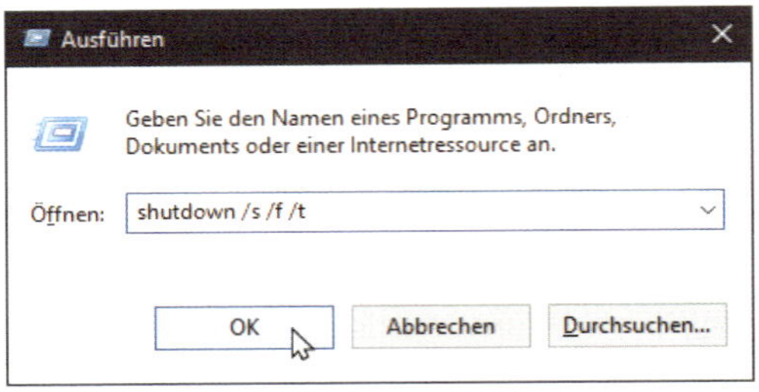

4.2 Den Schnellstartmodus deaktivieren

Sollte der Schnellstartmodus regelmäßig für Probleme sorgen, können Sie ihn auch dauerhaft deaktivieren. Dann wird Windows bei jedem Beenden auch wirklich vollständig heruntergefahren, sodass negative Seiteneffekte ausbleiben. Der Preis dafür ist allerdings eine längere Startdauer bei jedem Einschalten. Bei einem zeitgemäßen PC kann die zusätzliche Wartezeit bis zu einer Minute betragen.

1. Öffnen Sie in der Systemsteuerung das Modul *Energieoptionen*.
2. Klicken Sie in der Navigationsleiste am linken Rand auf *Auswählen, was beim Drücken von Netzschaltern geschehen soll*.
3. Klicken Sie dann auf den Link *Einige Einstellungen sind momentan nicht verfügbar*, um alle Optionen in diesem Dialog verändern zu können.
4. Nun können Sie unten im Bereich *Einstellungen für das Herunterfahren* die Option *Schnellstart aktivieren (empfohlen)* ausschalten.

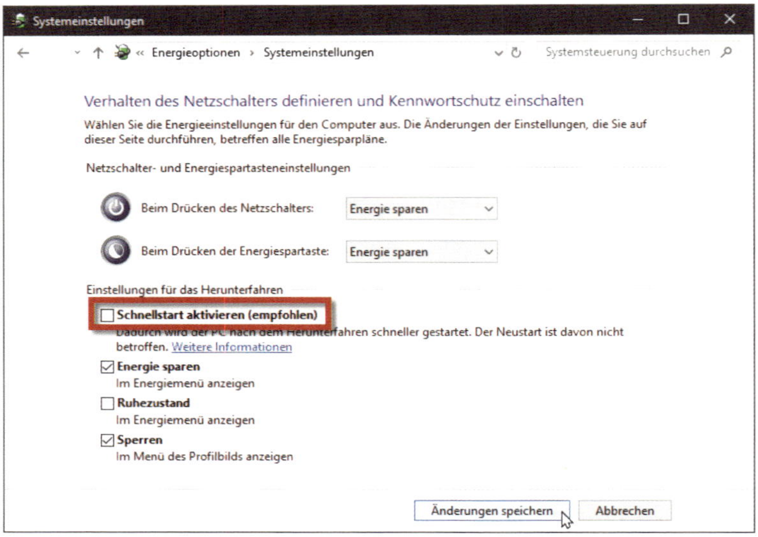

5. Übernehmen Sie die neue Einstellung mit *Änderungen speichern*.

4.3 Im abgesicherten Modus repariert Windows sich selbst

Wann immer Windows nicht starten will oder sich anderweitig nachhaltig störrisch zeigt, ist mein erster Tipp immer ein Start im abgesicherten Modus. Meiner Erfahrung nach kann dies »Wunder bewirken« und manches unspezifische Problem wie von selbst beheben. Zudem bietet der abgesicherte Modus Möglichkeiten zur Reparatur des Systems und zum Zugriff auf Daten, wenn der reguläre Start nicht möglich ist.

1. Wenn Sie eine Startkonfiguration mit mehreren Windows-Installationen haben, wird diese bei jedem Start angezeigt. Andernfalls drücken Sie während des Startvorgangs nach Abschluss der BIOS-Meldungen [F8], bis der Bootmanager erscheint.
2. Wählen Sie anstelle einer Startkonfiguration unten *Standardeinstellungen ändern oder andere Optionen auswählen*.

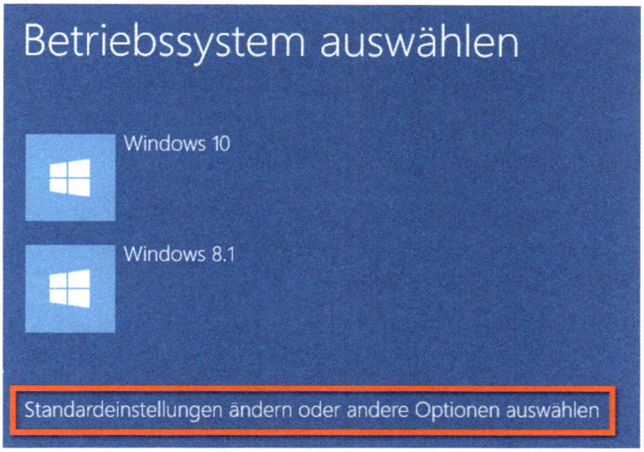

3. Entscheiden Sie sich nun in den Optionen ganz unten für *Weitere Optionen auswählen*.

4. Als Nächstes klicken Sie auf die Option *Problembehandlung*.

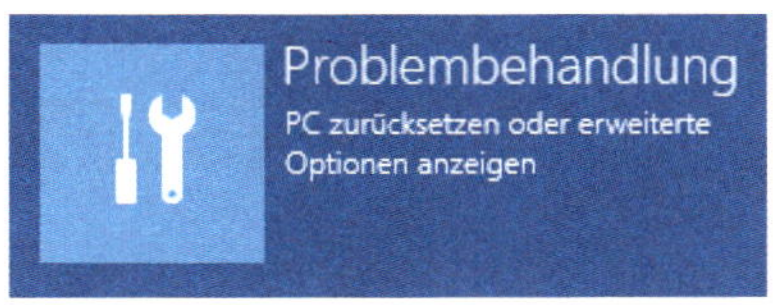

Problembehandlung, wenn Windows noch startet

Solange Ihr Windows sich noch starten lässt, können Sie die Problembehandlung auch über die Windows-Einstellungen erreichen: Wählen Sie dazu *Update und Sicherheit/Wiederherstellung/Jetzt neu starten*, dann nach kurzer Wartezeit *Problembehandlung*.

5. Danach folgt ein Klick auf *Erweiterte Optionen*.

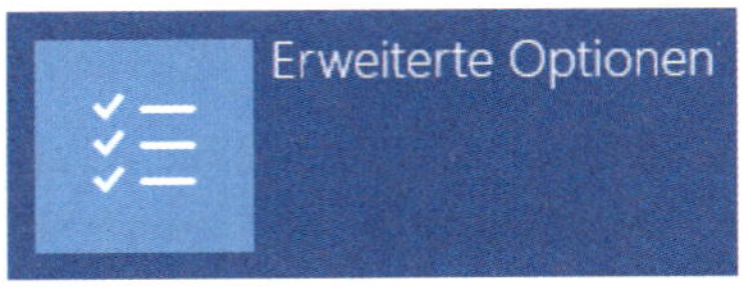

6. Schließlich klicken Sie noch auf *Starteinstellungen*.

7. Das war es leider immer noch nicht. Klicken Sie auf dem folgenden Bildschirm unten rechts auf *Neu starten*, um einen Neustart des PCs einzuleiten.

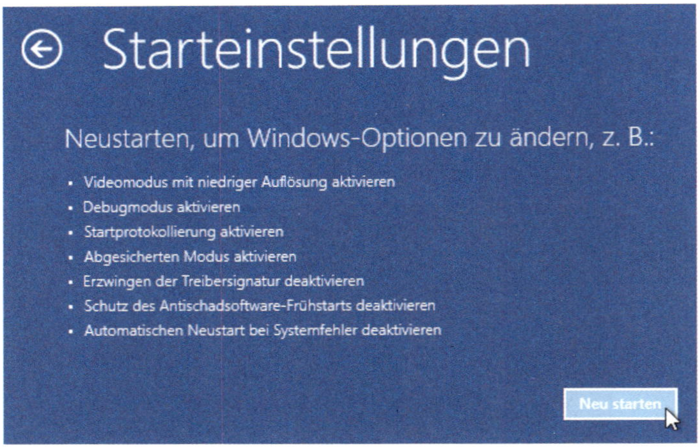

8. Bei diesem Start wird nun ein Auswahlmenü angezeigt, das in etwa dem erweiterten Startmenü früherer Windows-Versionen entspricht. Allerdings bietet es im Vergleich dazu sogar noch mehr Auswahlmöglichkeiten.

   Um Windows im »klassischen« abgesicherten Modus zu starten, drücken Sie die 4 bzw. die 5 für einen abgesicherten Start mit Netzverbindung. Sollten Sie an dieser Stelle doch lieber normal starten wollen, drücken Sie einfach ↵.

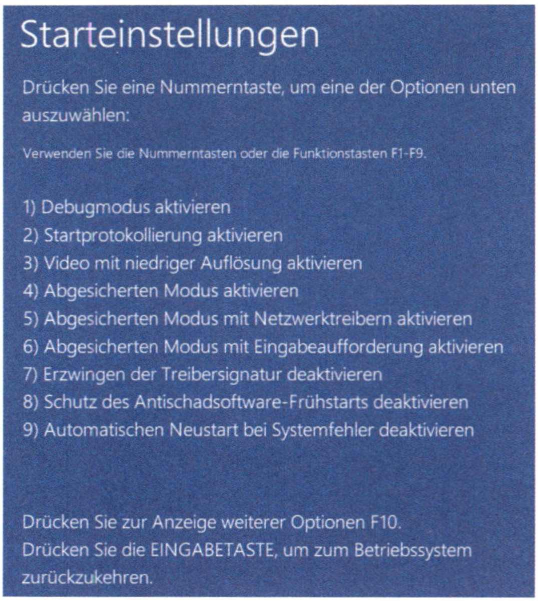

Abgesicherter Modus im Bootmenü

Sie können den abgesicherten Modus als eigenen Menüpunkt in der Auswahlliste des Bootmanagers verankern, sodass er im Ernstfall schnell und unkompliziert zugänglich ist. Die Vorgehensweise dazu ist auf Seite 291 beschrieben.

Im abgesicherten Modus werden nur die Kerntreiber geladen und die üblichen Autostartprogramme nicht aktiviert. Dadurch entfallen viele Fehlerquellen, die den regulären Start verhindern können. Sie sind automatisch mit Administratorrechten angemeldet und haben Zugriff auf alle Einstellungen und Kernfunktionen von Windows. Dadurch können Sie nun viele der in diesem Buch beschriebenen Reparatur- und Wiederherstellungsmaßnahmen durchführen, selbst wenn Windows nicht mehr regulär startet. Ist der abgesicherte Start abgeschlossen, können Sie Windows einfach auch direkt wieder herunterfahren und regulär neu starten. Oftmals reicht das schon, um kleine Stolpersteine zu beseitigen, und der anschließende normale Start klappt wieder.

Windows lässt sich zur Problemlösung im abgesicherten Modus ausführen.

Erweiterter Start über das Einstellungsmenü

Falls Ihnen das Hantieren mit Zusatztasten zu umständlich ist oder Sie beispielsweise bei einem Tablet keine Tastatur zur Verfügung haben, können Sie den erweiterten Start auch bequem über die *Einstellungen* abrufen:

1. Öffnen Sie in den *Einstellungen* die Rubrik *Update und Sicherheit* und darin die Kategorie *Wiederherstellung*.
2. Klicken oder tippen Sie dort auf der rechten Seite unter *Erweiterter Start* auf die Schaltfläche *Jetzt neu starten*.

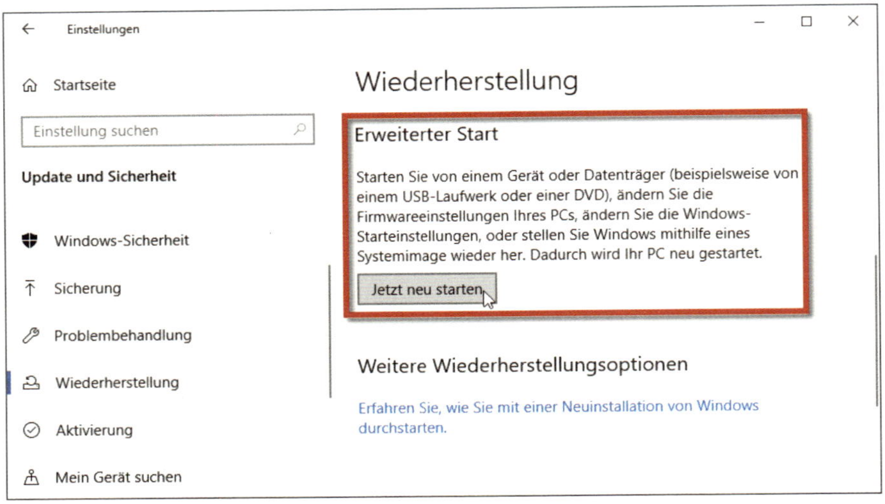

3. Auf diese Weise gelangen Sie ebenfalls in die oben beschriebenen Optionen und können dort einen vollständigen Neustart oder mit *Problembehandlung* die erweiterten Optionen zum Beheben von Startschwierigkeiten abrufen.

4.4 Startprobleme mit der Problembehandlung beseitigen

Windows bringt ab Werk eine Starthilfe mit, die typische Probleme während des Startvorgangs erkennen und beheben kann. Sie überprüft auf Wunsch die Systempartition auf typische Fehler, die einen reibungslosen Start verhindern könnten. Dazu gehören z. B. beschädigte oder versehentlich überschriebene Bootsektoren oder aber auch schiefgelaufene »Optimierungen« an den Startoptionen von Windows. Außerdem wertet das Programm die Ereignisprotokolle vom letzten Startversuch aus, um dem Problem auf die Spur zu kommen. Im Detail führt die Systemstartreparatur folgende Tests und ggf. Reparaturen durch:

- Test des Systemdatenträgers
- Fehlerdiagnose des Datenträgers
- Test der Datenträger-Metadaten
- Test des Zielbetriebssystems
- Überprüfen des Volumeninhalts
- Diagnose des Start-Managers
- Diagnose des Ereignisprotokolls
- Erkennen und Ersetzen wichtiger Systemdateien
- Test des Startstatus

Wie auch beim abgesicherten Start sind die erweiterten Startoptionen der Ausgangspunkt für die Startproblembehandlung. Wenn der Bootmanager nicht ohnehin beim Start angezeigt wird, drücken Sie während des Startvorgangs nach Abschluss der BIOS-Meldungen [F8], bis der Bootmanager erscheint.

1. Wählen Sie anstelle einer Startkonfiguration unten *Standardeinstellungen ändern oder andere Optionen auswählen*.

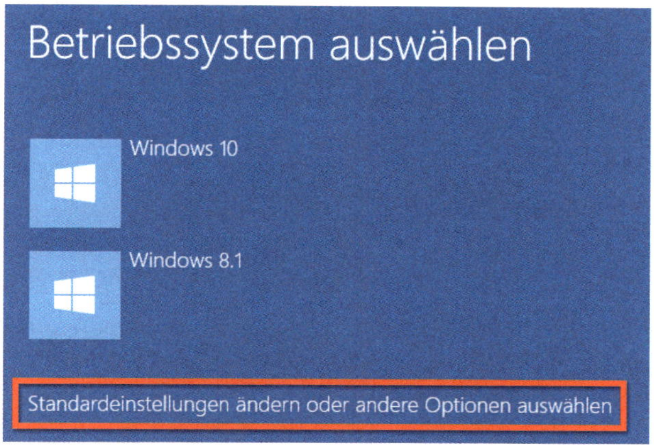

2. Entscheiden Sie sich in den Optionen ganz unten für *Weitere Optionen auswählen*.
3. Als Nächstes klicken Sie auf *Problembehandlung*.
4. Danach folgt ein Klick auf *Erweiterte Optionen*.
5. Wählen Sie in den erweiterten Optionen schließlich *Starthilfe*.

6. Windows startet daraufhin neu und bereitet die automatische Reparatur vor. Wählen Sie dazu zunächst Ihr Benutzerkonto auf dem zu reparierenden System aus, und geben Sie das dazugehörige Kennwort ein.
7. Nun prüft der Assistent, ob sich das System starten lässt, bzw. versucht ggf. zu ermitteln, warum es sich eben nicht starten lässt. Eine Reihe typischer Probleme wie defekte Bootinformationen oder fehlerhafte Partitionsdaten kann der Assistent so selbstständig erkennen und beheben.

4.5 Die Starthilfe vom Installationsmedium aus nutzen

Auch wenn Ihr PC nicht mehr bis zum Bootmanager kommt (genauer gesagt: gerade dann), können und sollten Sie die Starthilfe verwenden. Dazu benötigen Sie einen Wiederherstellungsdatenträger (siehe Seite 258). Alternativ können Sie einen Installationsdatenträger verwenden, der zur installierten Windows-Version passt. Dieser kann beispielsweise als DVD oder UBS-Stick vorliegen.

1. Legen Sie das Medium ein, und starten Sie den PC neu. Wenn die Startpartition beschädigt ist, sollte er ohnehin von einer DVD bzw. einem USB-Stick starten. Andernfalls müssen Sie ggf. mithilfe des BIOS dafür sorgen, dass der Rechner von dem gewünschten Medium bootet.
2. Warten Sie, bis das Fenster mit den Installationseinstellungen angezeigt wird, und klicken Sie dann im Fenster unten rechts auf *Weiter*.

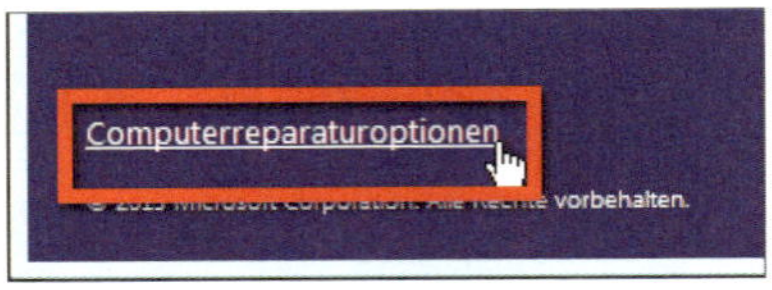

3. Klicken Sie im nächsten Schritt dann anstelle von *Jetzt installieren* unten links auf *Computerreparaturoptionen*.

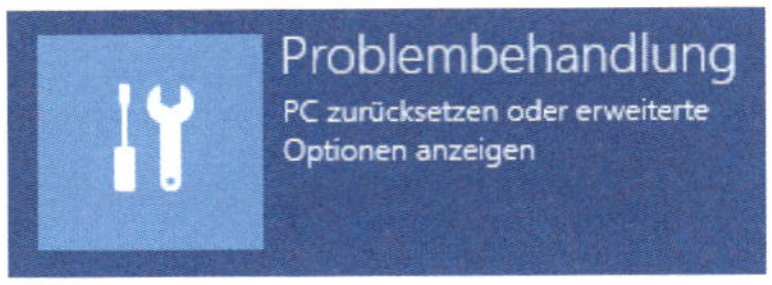

4. Damit gelangen Sie zu Schritt 3 des oben beschriebenen Ablaufs. Wählen Sie hier nun wieder *Problembehandlung*, dann *Erweiterte Optionen* und schließlich *Starthilfe*.

5. Hier zeigt sich ggf. ein Unterschied: Wenn Sie mehrere Windows-Systeme parallel auf Ihrem PC installiert haben sollten, wählen Sie das Windows-System aus, das Sie reparieren möchten. Ab da läuft der Vorgang wieder ab, wie oben beschrieben.

Ältere Windows-Versionen reparieren

Wenn Sie eine ältere Windows-Version auf diese Weise zu reparieren versuchen, werden Sie eventuell eine Meldung erhalten, dass diese nicht unterstützt würde. Das ist auch korrekt. Es gibt aber eine einfache Lösung: Gehen Sie genau wie beschrieben vor, legen Sie dabei aber jeweils das Installationsmedium der zu reparierenden Windows-Version ein. Also eine Windows-8-DVD, um Windows 8 zu reparieren, eine Windows-7-DVD, um Windows 7 zu reparieren etc.

4.6 Direkter Zugriff per Eingabeaufforderung

Sollten die automatischen bzw. assistentengestützten Funktionen der Starthilfe nicht zum Erfolg führen, bleibt noch eine weitere Option. Mit der Eingabeaufforderung erlangen Sie direkten Zugriff auf das Dateisystem. Allerdings eben nicht in einer komfortablen Windows-Umgebung mit Mausnutzung, sondern mittels einer spartanischen Eingabeaufforderung, die Sie in den erweiterten Optionen der Problembehandlung finden. Diese bietet Ihnen zum einen die Möglichkeit, manuelle Eingriffe an wichtigen System- und Konfigurationsdateien vorzunehmen, um Windows wieder zu reparieren. Zum anderen erlaubt sie es Ihnen, im Falle eines Falles zumindest wichtige Ordner und Dokumente von dem beschädigten System zu retten, bevor Sie z. B. eine Neuinstallation vornehmen oder etwa eine beschädigte Festplatte ersetzen.

So greifen Sie direkt auf die Daten eines bootunfähigen Systems zu

Die letzte Möglichkeit der Systemwiederherstellungsoptionen gibt Ihnen gleichzeitig die größtmögliche Freiheit zur manuellen Korrektur von Fehlern.

1. Wählen Sie dazu in den *Erweiterten Optionen* (siehe Seite 43) den Punkt *Eingabeaufforderung*.

2. Wählen Sie anschließend das Benutzerkonto aus, mit dessen Rechten Sie auf die Daten zugreifen möchten. In der Regel empfiehlt sich dafür ein Konto mit Administratorrechten.

3. Und auch das zu dem Benutzerkonto gehörende Passwort muss eingegeben werden. Beachten Sie, dass Anmeldevarianten wie PIN oder Bildcode an dieser Stelle nicht verwendet werden können.

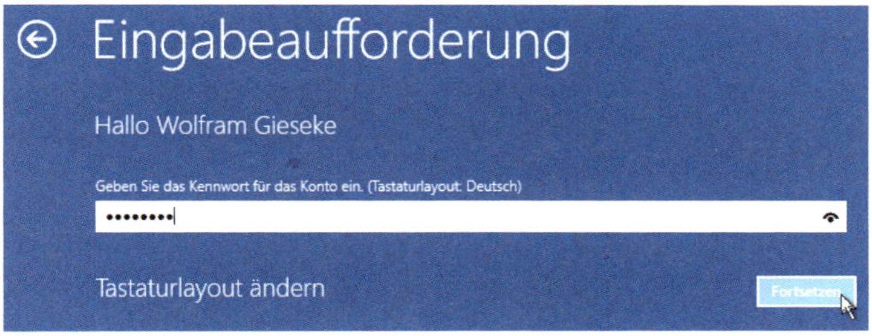

4. Damit erhalten Sie Zugang zu einer Eingabeaufforderung mit Administratorrechten für den Zugriff auf die Laufwerke des PCs. Dieser erlaubt Ihnen praktisch unbegrenz-

ten Zugriff auf Ihre Dateien sowie das Ausführen beliebiger Systemkommandos und Anwendungen.

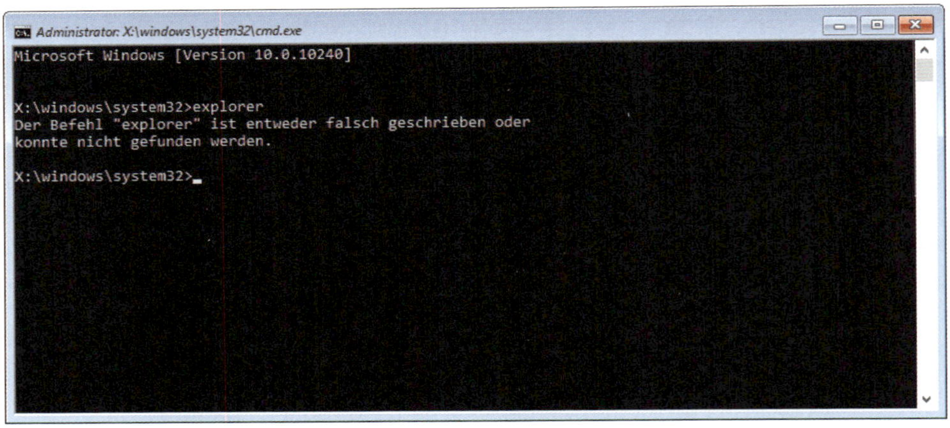

Damit können Sie beispielsweise Hilfsprogramme wie etwa Antivirenscanner starten oder eine fatale Fehlkonfiguration rückgängig machen. Der Umgang mit der Eingabeaufforderung verlangt einige erweiterte Kenntnisse. Wer die Eingabeaufforderung unter Windows noch nie genutzt hat, sollte im Fall eines schwerwiegenden Problems vielleicht nicht gerade damit anfangen. Wem diese Befehlskonsole vertraut ist, dem bietet sie aber zahlreiche Möglichkeiten, das System wiederherzustellen oder zumindest wichtige Daten zu retten.

Die wichtigsten Kommandos für Systemcheck und -reparatur

Die Wiederherstellungskonsole stellt eine ganze Sammlung von Befehlen zur Verfügung, die zur Diagnose und Reparatur des Systems eingesetzt werden können. Die folgende Tabelle stellt Ihnen einige der nützlichsten und erfolgversprechendsten Befehle vor. Beachten Sie dabei, dass diese Befehle unter Umgehung der sonst bei Windows üblichen Schutzmechanismen ausgeführt werden. Sie können damit also ohne Weiteres auch wichtige Systemdateien verändern oder löschen (was ja teilweise auch beabsichtigt ist). Andererseits können unbedacht ausgeführte Befehle auch leicht zu irreparablen Schäden führen.

Befehl	Funktion
chkdsk	Überprüft den Datenträger auf Fehler in der Dateistruktur oder in den Datensektoren. Bei mehreren Festplatten kann zusätzlich ein Laufwerkbuchstabe angegeben werden. Standardmäßig meldet *chkdsk* nur erkannte Probleme. Mit den Optionen */f* und */r* repariert *chkdsk* erkannte Fehler sofort automatisch. *chkdsk* kann hilfreich sein, wenn wichtige Systemdateien oder -ordner durch Fehler beschädigt wurden. Findet *chkdsk* eine sehr große Anzahl von Fehlern, weist dies auf ein schwerwiegendes Problem mit der Festplatte hin.

Befehl	Funktion
bootrec	Dieses Tool kann die Startkonfiguration von Windows verändern und wiederherstellen. Wenn sich keine Version mehr starten lässt, sollten Sie damit überprüfen, ob eventuell eine fehlerhafte Konfiguration vorliegt. Ohne Parameter aufgerufen, liefert der Befehl eine Übersicht über seine Möglichkeiten: *bootrec /FixMBR* erneuert den **M**aster **B**oot **R**ecord der Systempartition. *bootrec /FixBoot* erneuert den Startsektor der Systempartition. *bootrec /ScanOS* durchsucht die Datenträger nach Windows-Installationen. *bootrec /RebuildBcd* erstellt interaktiv einen neuen Bootmanager.
diskpart	Mit diesem Programm lassen sich die Zuordnungen der Festplatte überprüfen. Es arbeitet in einem interaktiven Kommandozeilenmodus. Eine Übersicht über die Befehle erhalten Sie durch Eintippen von *?*. Für Informationszwecke eignet sich der Befehl *list*. Er macht Angaben zu den vorhandenen Festplatten (*disk*), Partitionen (*partition*) und Laufwerken (*volume*). Wenn hier Partitionen oder gar ganze Laufwerke fehlen, sollten Sie sich zunächst auf die entsprechenden Hardwarekomponenten konzentrieren.
format	Formatiert einen leeren Datenträger.
copy, dir, del, ren, rmdir	Befehle zum Bearbeiten und Löschen von Dateien und Ordnern. Diese »Grundausbildung« sollten Sie möglichst haben, wenn Sie mit der Wiederherstellungskonsole umfangreichere Operationen durchführen wollen.
xcopy	Alternatives Kopierprogramm, das sich besonders zum Kopieren größerer Datenmengen und komplexer Verzeichnisstrukturen eignet. *xcopy /?* verrät die Details.

4.7 Automatische Reparatur beim Start deaktivieren

Windows verfügt über eine Funktion zur automatischen Reparatur typischer Probleme. Das ist eine gute Sache, die normalerweise ganz unauffällig ihren Dienst verrichtet, sodass man als Benutzer davon gar nichts mitbekommt. Es kann aber auch vorkommen, dass eben diese automatische Reparatur Probleme verursacht, weil sie beim Start ein Problem erkennt, die automatische Behebung aber mit einem Neustart abgebrochen wird. Im Extremfall gelangt Windows dadurch in eine Endlosschleife von neuen Starts. Man erkennt dies daran, dass auf dem Bildschirm während des Startvorgangs *Automatische Reparatur wird vorbereitet* steht.

Tritt dies regelmäßig auf, lässt sich diese Funktion deaktivieren. Gelingt der Windows-Start zwischendurch noch, können Sie dazu den folgenden Befehl in einer Eingabeaufforderung mit Administratorrechten eingeben:

```
bcdedit /set recoveryenabled NO
```

Befindet Windows sich schon in einer Dauerschleife von Neustarts, müssen Sie dazu wie oben beschrieben die Startoptionen öffnen und erhalten dort mit *Weitere Optionen aus-*

wählen/Problembehandlung/Erweiterte Optionen/Eingabeaufforderung die Möglichkeit, die erforderlichen Befehle abzusetzen.

Noch ein Hinweis: Da das automatische Reparieren an sich eine sinnvolle und hilfreiche Funktion ist, sollte das Deaktivieren nur eine kurzfristige Sofortmaßnahme und keine Dauerlösung sein. Es empfiehlt sich deshalb in dieser Situation, das eigentlich zugrunde liegende Problem zu beheben und die automatische Reparatur anschließend mit dem folgenden Befehl wieder zu aktivieren:

```
bcdedit /set recoveryenabled YES
```

Alternative mit fsutil

Sollte die beschriebene Methode mit *bcdedit* zu einer Fehlermeldung führen, können Sie alternativ das Kommandozeilenprogramm *fsutil* verwenden: Mit `fsutil repair set c: 0` deaktivieren Sie das automatische Reparieren für Laufwerk *C:*. Zum Reaktivieren verwenden Sie `fsutil repair set C: 1`.

4.8 Den Windows-Bootsektor reparieren

Eine Beschädigung des Bootsektors auf der Festplatte verhindert den Windows-Start sehr effektiv. Ganz von allein passiert das eher selten. Aber es kann schnell vorkommen, wenn man selbst an den Einstellungen experimentiert oder ein weiteres Betriebssystem parallel installieren will. Auch Trojaner oder andere Schadsoftware manipulieren an dieser Stelle gern. Liegt kein Hardwareproblem mit der Festplatte vor, lässt sich der Bootsektor aber mit wenigen Schritten reparieren.

1. Starten Sie zunächst den PC, wie in den vorangegangenen Anleitungen beschrieben, von einem Wiederherstellungsdatenträger, und hangeln Sie sich durch die erweiterten Startoptionen, bis Sie zur Eingabeaufforderung gelangen (*Weitere Optionen auswählen/Problembehandlung/Erweiterte Optionen/Eingabeaufforderung*).
2. Nach dem Start der Eingabeaufforderung geben Sie hier zunächst den folgenden Befehl ein. Dieser erstellt den **M**aster **B**oot **R**ecord (MBR) neu und überschreibt dabei eventuell beschädigte Daten. Die Partitionstabelle wird dabei nicht angefasst, sodass Sie diesen Befehl jederzeit bedenkenlos einsetzen können.

   ```
   bootrec /fixmbr
   ```

3. Dasselbe Programm kann ebenso den Startsektor der Systempartition neu schreiben und dadurch eventuelle Beschädigungen des Bootsektors beheben. Geben Sie dazu diesen zweiten Befehl ein, und probieren Sie dann aus, ob Windows sich nun wieder starten lässt:

   ```
   bootrec /fixboot
   ```

4. Das *bootrec*-Programm kann auch helfen, aus dem Bootmanager verschwundene Einträge wiederherzustellen. Der folgende Befehl durchsucht alle Datenträger nach Windows-Installationen, listet aber nur diejenigen auf, für die derzeit kein Eintrag im Bootmanager zu finden ist. Hinweis: Wird ein System mit *windows.old* im Pfad gefunden, handelt es sich dabei um eine alte Version, die durch ein Upgrade aktualisiert wurde. Diese kann also ignoriert werden.

   ```
   bootrec /ScanOs
   ```

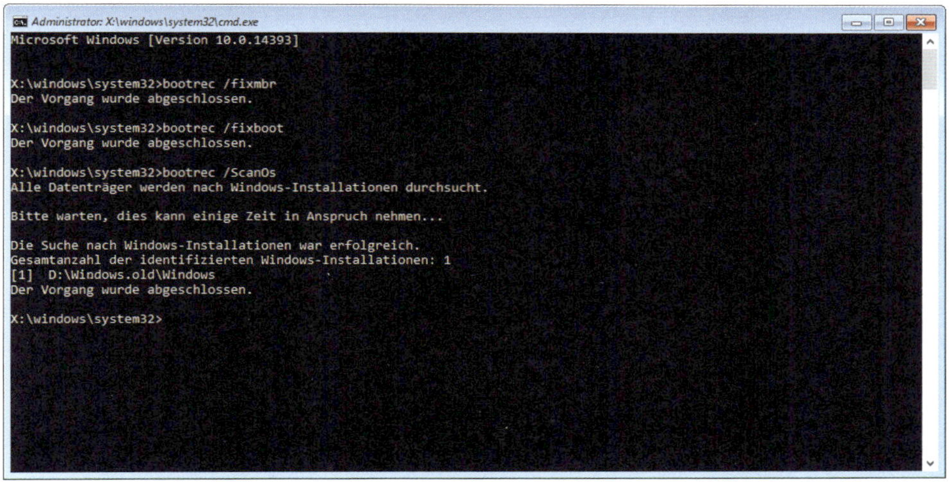

5. Finden Sie mit der Scan-Funktion fehlende Installationen, können Sie diese dem Bootmanager wieder hinzufügen. Verwenden Sie dazu den folgenden Befehl. Sie können dann jeweils interaktiv entscheiden, ob eine gefundene Installation im Bootmanager angezeigt werden soll oder nicht.

   ```
   bootrec /RebuildBcd
   ```

4.9 Daten aus einer beschädigten Windows-Installation sichern

Sollten alle Versuche scheitern, eine nicht mehr startende Windows-Installation ohne Datenverluste zu reparieren, besteht immer die Möglichkeit, wichtige gespeicherte Dateien zu retten, bevor Sie beispielsweise ein früheres Systemabbild wiederherstellen. Sie benötigen dafür eine zusätzliche Festplatte. Ist keine zweite intakte Platte in den PC eingebaut, schließen Sie eine externe USB-Festplatte (oder ggf. einen ausreichend großen USB-Stick) an.

Die notwendigen Schritte nehmen Sie in der Eingabekonsole der Wiederherstellungsumgebung vor. Lässt diese sich noch über die erweiterten Startoptionen der defekten

Windows-Installation auswählen, können Sie diesen Weg gehen und sich dann mit Ihrem Benutzerkonto anmelden. Ansonsten starten Sie den PC, wie in den vorangegangenen Anleitungen beschrieben, von einem Wiederherstellungsdatenträger und hangeln sich durch die erweiterten Startoptionen, bis Sie zur Eingabeaufforderung gelangen (*Weitere Optionen auswählen/Problembehandlung/Erweiterte Optionen/Eingabeaufforderung*).

1. Um festzustellen, welche Laufwerkbuchstaben Sie verwenden müssen, geben Sie `diskpart`, gefolgt von `list volume` ein. An der Ausgabe können Sie ablesen, welchen Buchstaben das Windows-Laufwerk hat und welchen das externe Sicherungslaufwerk. Das folgende Beispiel geht davon aus, dass Windows auf *D:* installiert ist und ein externes USB-Laufwerk mit dem Buchstaben *E:* bereitsteht. Passen Sie diese Buchstaben bei den weiteren Schritten jeweils an. Verlassen Sie das *diskpart*-Programm mit *exit*.
2. Wechseln Sie dann auf das Windows-Laufwerk:

```
d:
```

3. Wechseln Sie dort in Ihren Benutzerordner:

```
cd d:\Users\<Benutzername>
```

4. Sollte es hinsichtlich des Ordnernamens Unklarheiten geben, listen Sie so alle Benutzerordner auf:

```
dir d:\Users
```

5. Listen Sie dann den Inhalt des Benutzerordners auf. Hier dürften insbesondere Ordner wie *Documents* (Dokumente), *Pictures* (Bilder) oder *Desktop* von Interesse sein.

```
dir
```

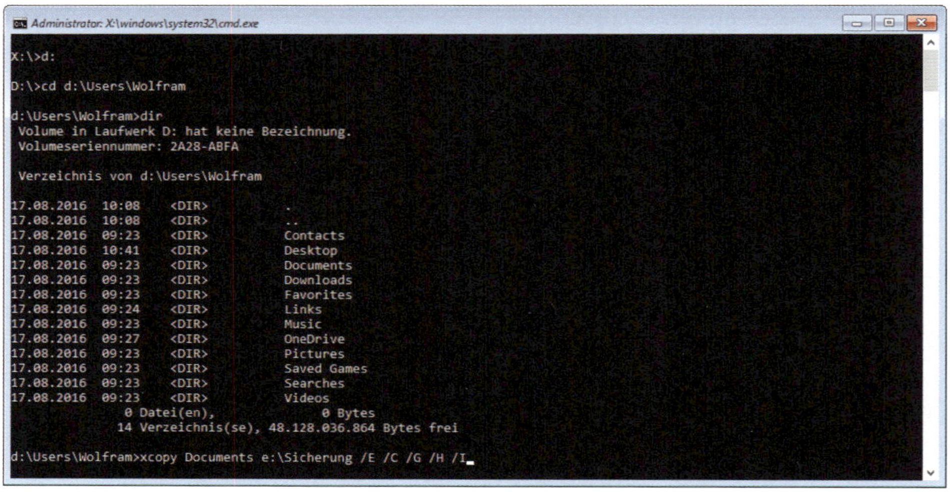

6. Um einen dieser Ordner mitsamt Unterverzeichnissen und Dateien zu sichern, verwenden Sie das in Windows enthaltene Befehlszeilenprogramm *xcopy*:

```
xcopy Documents e:\Sicherung /E /C /G /H /I
```

Auf diese Weise können Sie auch die Ordner anderer Benutzer bzw. ganz andere Bereiche der Festplatte sichern. Es empfiehlt sich allerdings, dabei möglichst selektiv vorzugehen. Prinzipiell kann man auch die komplette Festplatte mit `xcopy d:\*.*` etc. sichern. Eine typische Windows-Installation mit Nutzerdaten umfasst aber viele GByte. Deshalb benötigt man dafür nicht nur eine große Festplatte, sondern insbesondere bei einem externen USB-Laufwerk sehr viel Zeit.

4.10 Einen funktionierenden Systemstatus wiederherstellen

Sollte es Ihnen mit den bislang beschriebenen Methoden nicht gelungen sein, Ihr Windows wieder zum Starten zu bewegen, empfiehlt sich als nächster Schritt die Rückkehr zum letzten Wiederherstellungspunkt (vor dem ersten Auftreten des Problems). Das geht auch, wenn kein Systemstart mehr möglich ist, denn Sie können diese Funktion auch in den erweiterten Startoptionen nutzen. Die Wiederherstellungsfunktion wird auf Seite 251 ausführlich beschrieben. Nachteil dieser Vorgehensweise: Alle Änderungen an der Systemkonfiguration, die seit dem Anlegen dieses Wiederherstellungspunktes vorgenommen wurden, gehen dadurch verloren. Auch Anwendungen, die seitdem installiert wurden, müssen anschließend ggf. neu installiert werden, da die dazugehörenden Registry-Informationen beim Wiederherstellen verloren gehen. Änderungen an Ihren persönlichen Dateien bleiben aber erhalten.

1. Starten Sie den PC, wie in den vorangegangenen Anleitungen beschrieben, von einem Wiederherstellungsdatenträger, und hangeln Sie sich durch die erweiterten Startoptionen, bis Sie *System wiederherstellen* als Option auswählen können (*Problembehandlung/Erweiterte Optionen*).
2. Windows startet nur kurz neu und aktiviert die Wiederherstellungsumgebung. Wählen Sie Ihr Benutzerkonto (mit Administratorrechten) aus, und geben Sie das dazugehörende Kennwort an.
3. Nun startet in der Wiederherstellungsumgebung der Assistent zum Wiederherstellen von Systemdateien und -einstellungen. Er unterscheidet sich nur optisch von seinem Pendant, das Sie bei einem laufenden Windows jederzeit aufrufen können.
4. Wählen Sie einen Wiederherstellungspunkt aus der Liste aus. Idealerweise haben Sie mehrere zur Auswahl, von denen Sie denjenigen auswählen sollten, der als letzter vor dem ersten Auftreten der Startprobleme liegt.
5. Der Assistent zeigt dann eine Zusammenfassung der Wiederherstellung an. Hier können Sie mit *Nach betroffenen Programmen suchen* überprüfen, auf welche Anwendungen das Wiederherstellen möglicherweise Auswirkungen haben könnte.

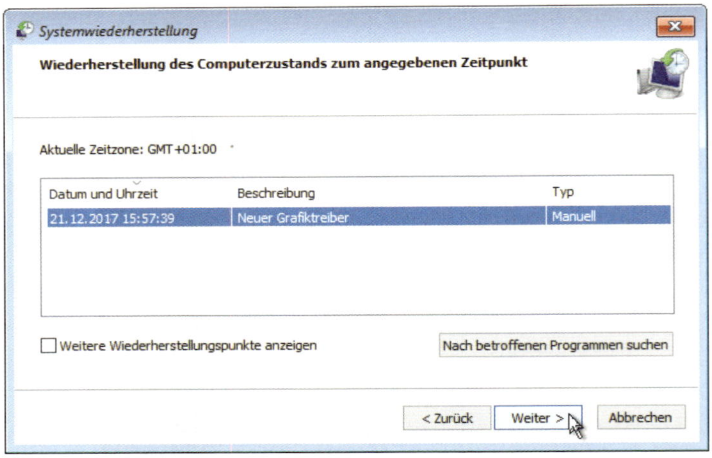

6. Klicken Sie dann unten auf *Fertig stellen*. Der Assistent stellt die Daten wieder her und startet dann in diesem Zustand neu.

4.11 Systemdateien eines nicht mehr startenden Windows reparieren

Das Programm *System File Checker* (SFC) gehört zum Lieferumfang von Windows und überprüft alle Windows-Systemdateien auf Integrität. Es kann in Windows jederzeit per Eingabeaufforderung genutzt werden (siehe Seite 295). Lässt sich Windows gar nicht mehr starten, kann es auch von einem Wiederherstellungsdatenträger ausgeführt werden. Wichtig dabei: Der Wiederherstellungsdatenträger muss zur aktuellen Windows-Version passen, und zwar idealerweise zur aktuell verwendeten Upgrade-Version von Windows 10. Das ist einer der Gründe, warum es sinnvoll ist, nach einem Windows-Upgrade jeweils einen aktuellen Wiederherstellungsdatenträger zu erstellen. Andernfalls kann SFC als beschädigt erkannte Dateien nicht ersetzen, da es nicht über die aktuelle Version verfügt.

1. Starten Sie zunächst den PC, wie in den vorangegangenen Anleitungen beschrieben, von einem Wiederherstellungsdatenträger, und hangeln Sie sich durch die erweiterten Startoptionen, bis Sie zur Eingabeaufforderung gelangen (*Weitere Optionen auswählen/Problembehandlung/Erweiterte Optionen/Eingabeaufforderung*).
2. Um das SFC-Programm für das richtige Laufwerk ausführen zu können, müssen Sie den Laufwerkbuchstaben kennen. Da dieser nicht notwendigerweise mit dem üblichen übereinstimmt, sollten Sie nachsehen. Geben Sie dazu den Befehl `diskpart` ein, warten Sie kurz, und geben Sie dann `list volume` ein. Das Programm zeigt eine Liste mit allen Laufwerken an. Aus den Bezeichnungen und Größenangaben können Sie das richtige Laufwerk ermitteln. In der Spalte *Bst* finden Sie den zugeordneten Laufwerkbuchstaben. Notieren Sie sich den Buchstaben des Windows-Laufwerks sowie – falls

davon abweichend – der Startpartition mit den Bootinformationen. Verlassen Sie das *diskpart*-Programm dann mit dem Befehl `exit`.

```
X:\windows\system32>diskpart

Microsoft DiskPart-Version 10.0.14393.0

Copyright (C) 1999-2013 Microsoft Corporation.
Auf Computer: MININT-T8RJ5TT

DISKPART> list volume

  Volume ###  Bst  Bezeichnung  DS     Typ         Größe    Status     Info
  ----------  ---  -----------  -----  ----------  -------  ---------  --------
  Volume 0     E   VBOXADDITIO  CDFS   CD            55 MB  Fehlerfre
  Volume 1     C   System-rese  NTFS   Partition    500 MB  Fehlerfre
  Volume 2     D                NTFS   Partition     66 GB  Fehlerfre

DISKPART> exit

Datenträgerpartitionierung wird beendet...

X:\windows\system32>_
```

3. Mit den ermittelten Laufwerkbuchstaben können Sie nun das SFC-Programm starten. Dabei geben Sie bei `offbootdir=` den Laufwerkbuchstaben der Startpartition an. Dies ist in der Regel die nur wenige Hundert MByte große und für das System reservierte Partition. Bei `offwindir=` geben Sie den vollständigen Pfad zur Windows-Partition auf dem entsprechenden Laufwerk an.

```
sfc /offbootdir=D:\ /offwindir=C:\windows /scannow
```

4. Das SFC-Programm überprüft nun die Dateien auf dem angegebenen Windows-Systemlaufwerk. Dies nimmt einige Zeit in Anspruch. Stellt das Programm beschädigte Systemdateien fest, versucht es unmittelbar, sie durch intakte Kopien zu ersetzen. Auf Seite 87 ist der Ablauf ausführlicher und mit weiterführenden Informationen beschrieben. Hier deshalb nur die Kurzfassung.
5. Meldet das Programm, dass keine beschädigten Dateien gefunden wurden, ist alles in Ordnung. Meldet das Programm, dass Daten erfolgreich repariert wurden, wiederholen Sie den Vorgang, bis keine beschädigten Dateien mehr gemeldet werden.

4.12 Ein gesichertes Systemabbild wiederherstellen

Sollte auch das Zurückgreifen auf einen Wiederherstellungspunkt keine Lösung bringen, bleibt als nächste Eskalationsstufe das Einspielen des zuletzt angefertigten Systemabbilds. Dies hat den Nachteil, dass alle Änderungen an System, Anwendungen und Dateien seit dem Erstellen dieses Abbilds verloren gehen. Wenn Sie aber wichtige persönliche Dateien zusätzlich aktuell gesichert haben und anschließend von dort wiederherstellen können, ist dies eine sinnvolle Option. Denn nach dem Wiederherstellen des Systemabbilds sollten Sie in jedem Fall wieder ein lauffähiges Windows haben.

Auffrischen statt Wiederherstellen

Im nächsten Abschnitt stelle ich Ihnen als Alternative zum Wiederherstellen eines Systemabbilds die Auffrischen-Funktion vor. Diese setzt das Windows-System mit allen Einstellungen in den Auslieferungszustand zurück. Auch Apps und Anwendungen müssen anschließend neu installiert und eingestellt werden. Aber – und das ist der wesentliche Unterschied – die persönlichen Dateien des Benutzers bleiben dabei unangetastet. Wenn Sie also seit dem letzten Systemabbild viel an Ihren Dokumenten gearbeitet oder beispielsweise anderweitig unwiederbringliche Bilder auf dem PC gespeichert haben, die beim Wiederherstellen verloren gehen würden, dann ist das Auffrischen möglicherweise die bessere Alternative.

Sicherungen per Wiederherstellungsumgebung einspielen

Das Wiederherstellen einer Komplettsicherung kann nicht im laufenden Windows erfolgen. Schließlich wird dabei die gesamte Systempartition überschrieben, womit dem laufenden System sozusagen der Boden unter den Füßen weggezogen würde. Stattdessen gibt es eine spezielle Wiederherstellungsumgebung, die direkt beim Systemstart aktiviert werden kann:

1. Öffnen Sie die erweiterten Starteinstellungen, und wählen Sie dort *Problembehandlung*, dann *Erweiterte Optionen* und schließlich *Systemimage-Wiederherstellung*.
2. Der PC startet dann neu, was etwas länger als gewohnt dauern kann.
3. Anschließend befinden Sie sich im Systemimage-Wiederherstellungsmodus. Wählen Sie zunächst aus, welches Benutzerkonto für die Wiederherstellung genutzt werden soll (also in der Regel Ihr eigenes). Geben Sie anschließend das dazugehörige Kennwort an.

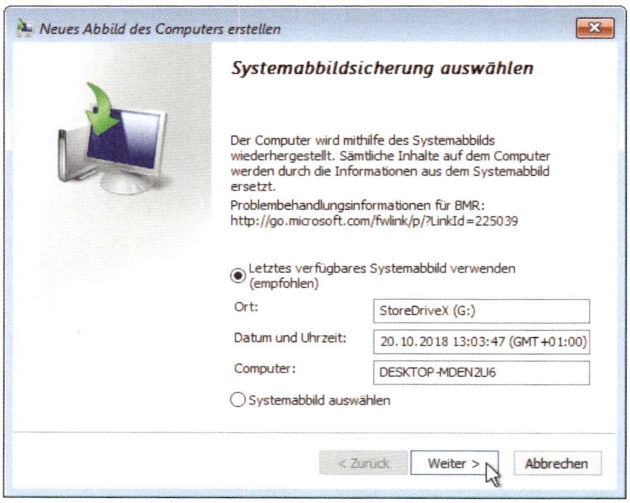

4. Ein Assistent sucht dann nach Komplettsicherungen, die für diese Windows-Installation vorhanden sind, und bietet Ihnen automatisch an, die neueste davon wiederherzustellen. Sollten Sie auf einen älteren Stand zurückgreifen wollen, wählen Sie unten *Systemabbild auswählen*.
5. Anschließend können Sie mit der gleichnamigen Option den Datenträger formatieren und neu partitionieren lassen. Dies ist wichtig, wenn Sie für das Wiederherstellen des Systems eine neue Festplatte eingebaut haben, die noch nicht formatiert ist. Aber auch wenn Sie seit dem Erstellen der Komplettsicherung die Partitionierung des Systems verändert haben, sollten Sie diese Option wählen; andernfalls kann es beim Wiederherstellen Probleme geben. Haben Sie an den Laufwerken gar nichts verändert, können Sie auf die Option verzichten und die Wiederherstellung so etwas beschleunigen.
6. Im anschließenden Schritt können Sie die gewählten Wiederherstellungsdaten noch einmal überprüfen. Klicken Sie dann unten auf *Fertig stellen*.
7. Nun folgen noch einmal ein Hinweis und eine Rückfrage, ob Sie auch wirklich die Systemwiederherstellung durchführen und dabei die vorhandenen Daten löschen wollen. Bestätigen Sie mit *Ja*.
8. Nun wird das Systemimage endgültig wiederhergestellt. Aufgrund des Umfangs der dabei bewegten Dateien (mindestens einige GByte) wird dieser Vorgang eine Weile dauern. Sie können den PC solange aber ruhig sich selbst überlassen. Weitere Benutzereingaben sind bis zum Ende der Wiederherstellung nicht notwendig.
9. Nachdem das System vollständig wiederhergestellt wurde, ist ein Neustart fällig, den der Assistent nach einer Wartepause selbst veranlasst. Mit einem Klick auf *Jetzt neu starten* können Sie den Vorgang verkürzen. Denken Sie daran, eventuelle Änderungen in den Booteinstellungen des BIOS an dieser Stelle rückgängig zu machen, sodass der PC wieder von der Festplatte bootet. Anschließend startet die wiederhergestellte Windows-Installation ganz normal.

Systemwiederherstellung von einem Reparatur- oder Installationsdatenträger

Sollte die Beeinträchtigung Ihres PCs so nachhaltig sein, dass sich die Wiederherstellungsumgebung nicht mehr starten lässt, ist die oben beschriebene Vorgehensweise nicht möglich. In diesem Fall können Sie ein Installationsmedium (DVD oder USB-Stick) bzw. einen Wiederherstellungsdatenträger verwenden.

1. Legen Sie diesen Datenträger ein, und sorgen Sie dafür, dass der Rechner von diesem bootet. Je nach Rechner müssen Sie dazu die Bootreihenfolge im BIOS verändern oder aber einfach während des Startvorgangs eine Taste drücken.
2. Beim Start von einem Installationsmedium wird zunächst wie bei einer Neuinstallation ein Fenster zur Sprachauswahl angezeigt. Übernehmen Sie die meist korrekten Standardeinstellungen, oder passen Sie diese ggf. an. Klicken Sie dann unten rechts auf *Weiter*.

3. Wichtig: Anstelle von *Jetzt installieren* klicken Sie im nächsten Schritt unten links auf *Computerreparaturoptionen*.
4. Sie gelangen so zu dem in der vorangegangenen Anleitung beschriebenen Schritt 3 und können dann vorgehen, wie dort geschildert.

4.13 Windows mit dem eingebauten Reset auffrischen

Wenn nichts mehr geht, ist das Auffrischen von Windows eine sinnvolle Option. Sofern kein Hardwaredefekt vorliegt, garantiert sie im Prinzip ein lauffähiges System, denn Windows wird dadurch quasi auf die Werkseinstellungen zurückgesetzt. Das bedeutet allerdings nicht zwangsläufig den Auslieferungszustand, sondern den Zustand nach der Installation des letzten Windows-Feature-Updates. Das Auffrischen wird auf Seite 94 ausführlich beschrieben. Sie können aber auch ein nicht mehr startendes Windows auffrischen und so retten. Halten Sie dazu am besten einen aktuellen Installationsdatenträger bereit, da dieser ggf. benötigt wird.

1. Wählen Sie in den erweiterten Starteinstellungen *Weitere Optionen auswählen*, dann *Problembehandlung* und schließlich *Diesen PC zurücksetzen*.
2. Im anschließenden Schritt entscheiden Sie sich für die Variante *Eigene Daten beibehalten*, damit Ihre persönlichen Daten das Auffrischen überleben.
3. Wählen Sie ggf. ein Benutzerkonto, und geben Sie das Kennwort dazu an. Der Auffrischungsassistent informiert Sie noch mal kurz über die Details. Starten Sie den Vorgang dann mit *Zurücksetzen*.

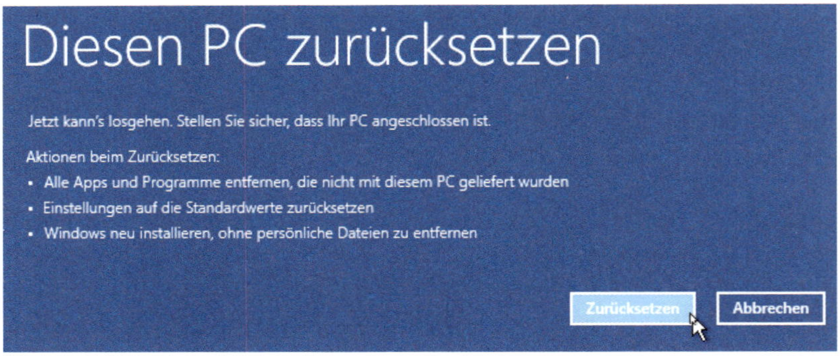

4. Windows startet daraufhin neu und führt das Auffrischen der Installation durch. Dies sollte üblicherweise nur einige wenige Minuten in Anspruch nehmen. Neustarts sind in dieser Phase nichts Beunruhigendes. Überlassen Sie den PC einfach sich selbst.

Nach dem letzten Neustart wird der PC im nun aufgefrischten Zustand gestartet, und Grundeinstellungen werden vorgenommen. Anschließend steht Ihnen das zurückgesetzte Windows zur Verfügung. In den Bibliotheken finden Sie Ihre Dokumente und Dateien genau wie vor dem Auffrischen wieder. Apps und Anwendungen aber müssen Sie anschließend neu installieren.

4.14 Ein vergessenes Windows-Kennwort zurücksetzen

Ein Startproblem der etwas anderen Art kann sein, dass das Passwort für die Windows-Anmeldung etwa bei einem länger nicht mehr genutzten Rechner nicht mehr bekannt ist. Solange es noch einen anderen Benutzer mit Administratorrechten gibt, kann dieser das Passwort zurücksetzen. Wenn das vergessene Konto aber das einzige ist, wird es etwas komplizierter. Es gibt verschiedene Methoden, die folgende kommt ohne zusätzliche Software aus. Sie benötigen dafür nur ein bootfähiges Windows-Image auf DVD oder USB.

1. Starten Sie den PC vom Windows-Image, und beginnen Sie die Installation mit *Jetzt installieren* (keine Angst, es wird nicht wirklich etwas installiert).
2. Drücken Sie nun die Tastenkombination ⇧+F10. Damit öffnen Sie eine Eingabeaufforderung.
3. Starten Sie hier mit dem Befehl *regedit* den Registry-Editor.
4. Wählen Sie darin den Schlüssel *HKEY_LOCAL_MACHINE* aus, und klicken Sie dann auf *Datei/Struktur laden*.
5. Navigieren Sie im *Öffnen*-Dialog zum Windows-Laufwerk, dort zum Pfad *\Windows \System32 \config* und in diesem Ordner zur Datei *Software*.
6. Nun möchte der Registry-Editor wissen, wohin er die Struktur laden soll. Geben Sie hier einen beliebigen Namen an, den Sie sich nur merken sollten, beispielsweise *passwort*.
7. Navigieren Sie nun im Registry-Editor zum Schlüssel *HKEY_LOCAL_MACHINE \passwort \Microsoft \Windows NT \CurrentVersion \Image File Execution Options*. Verwenden Sie dabei anstelle von *passwort* ggf. den von Ihnen in Schritt 6 gewählten Namen.
8. Legen Sie in diesem Schlüssel auf der rechten Seite mit *Bearbeiten/Neu/Schlüssel* einen neuen Unterschlüssel namens *utilman.exe* an.

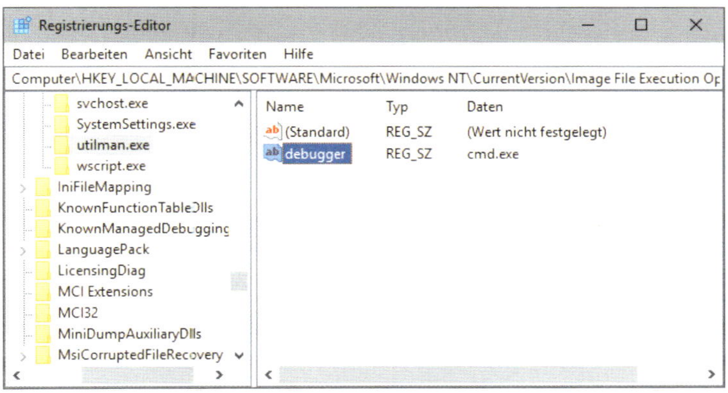

9. Darin legen Sie wiederum mit *Bearbeiten/Neu/Zeichenfolge* eine Zeichenfolge namens *debugger* an. Öffnen Sie diese zum Bearbeiten, und geben Sie ihr den Wert *cmd.exe*.
10. Wählen Sie nun im Registry-Editor den Schlüssel *HKEY_LOCAL_MACHINE\passwort* (ggf. durch die von Ihnen gewählte Bezeichnung ersetzt) aus, und klicken Sie auf *Datei/Struktur entfernen*.
11. Starten Sie nun den PC neu, wobei Sie wieder regulär und nicht vom Windows-Image booten. Wenn der Anmeldebildschirm angezeigt wird, drücken Sie [Win]+[U].
12. Dadurch erhalten Sie auf dem Anmeldebildschirm eine Eingabeaufforderung mit Administratorrechten. Tippen Sie hier den folgenden Befehl ein, wobei Sie *<Kontoname>* durch den Namen des Benutzers mit dem vergessenen Passwort ersetzen:

```
net user <Kontoname> *
```

13. Geben Sie dann ein neues Passwort an (zweimal). Damit können Sie sich ab sofort bei diesem Benutzerkonto anmelden.

Sicherheitslücke wieder schließen

Der hier verwendete Trick reißt eine Sicherheitslücke in Ihren PC, die theoretisch jeder nutzen kann, der physischen Zugang zum Rechner hat. Deshalb sollten Sie diese Lücke nach erfolgreichem Passwortwechsel umgehend wieder schließen. Öffnen Sie nach der Anmeldung wiederum den Registry-Editor (einfach *regedit* im Suchfeld des Startmenüs eintippen), navigieren Sie zum Schlüssel *HKEY_LOCAL_MACHINE \SOFTWARE \Microsoft \ Windows NT \CurrentVersion \Image File Execution Options \utilman.exe*, und löschen Sie diesen Schlüssel mitsamt Inhalt wieder.

5. Bremsen beim Windows-Start aufspüren

Eine Erfahrung, die wohl jeder Windows-Anwender irgendwann einmal machen wird: Wie aus heiterem Himmel dauert der Windows-Start plötzlich dreimal so lange. Handelt es sich nur um ein isoliertes Ereignis, besteht nicht immer gleich Handlungsbedarf. Möglicherweise wurde einfach nur ein größeres Update installiert. Tritt dieser Zustand aber regelmäßig oder dauerhaft ein, verleidet er einem schnell jeden Spaß am PC.

5.1 Hardware als Bremsklötze ausschließen

Ein Hinweis vorneweg: Ein langsamer PC kann auch durch Hardware verursacht werden. Infrage kommen dabei alle Komponenten, die gekühlt werden müssen, weil zu hohe Temperaturen schnell zu einem Defekt führen würden. Solche Elemente verfügen meist über Temperatursensoren und eine Schutzschaltung: Übersteigen die gemessenen Werte bestimmte Grenzen, wird der Takt automatisch heruntergesetzt. Das reduziert die elektrische Leistung und damit auch die Temperatur. Sinkt diese dann wieder in den grünen Bereich, taktet das System wieder hoch.

Arbeitet die Kühlung also nicht effizient genug, kann es immer wieder zum zeitweisen Absenken des Takts kommen. Das wirkt sich unmittelbar auf die Arbeitsgeschwindigkeit des PCs aus. Sinkt diese also immer wieder zeitweise ab – insbesondere wenn der PC schon ein Weilchen läuft –, sollten Sie die Effektivität der Kühlung überprüfen. Einige Möglichkeiten, dies per Software zu kontrollieren, sind in Kapitel 10 zur Hardware beschrieben. Wie Sie den PC öffnen, säubern und die Lüfter auf Gängigkeit überprüfen, lesen Sie auf Seite 20.

5.2 Auffällige Autostarts suchen

Bei jedem Windows-Start werden neben dem System selbst eine ganze Reihe von Diensten und Hintergrundanwendungen aktiviert. Das kostet Zeit und verlängert den Startvorgang.

Wenn Ihnen Windows zu langsam startet, sollten Sie deshalb zunächst überprüfen, was alles mitgestartet wird und ob das alles wirklich nötig und in Ihrem Sinne ist. Der Task-Manager ermöglicht es Ihnen, den Autostart von Programmen gezielt zu überwachen und so die wesentlichen Bremsen für eine kurze Startzeit zu ermitteln.

1. Öffnen Sie dazu den Task-Manager (beispielsweise per Rechtsklick auf die Taskleiste und dann *Task-Manager*).
2. Schalten Sie im Task-Manager ggf. zunächst unten links *Mehr Details* ein, und wechseln Sie in die Kategorie *Autostart*. Hier werden alle Programme aufgelistet, die während des Windows-Starts automatisch aktiviert werden.
3. Besonders interessant dabei ist die Spalte *Startauswirkungen*. Hier nimmt Windows eine Schätzung vor, wie stark sich das jeweilige Programm auf das Startverhalten auswirkt. Besonders bei Programmen mit dem Vermerk *Hoch* lohnt es sich, zu überlegen, ob diese wirklich jedes Mal aktiviert werden müssen.
4. Um die Autostartfunktion eines Programms vorübergehend zu deaktivieren, wählen Sie es in der Liste aus und klicken unten rechts auf *Deaktivieren*.

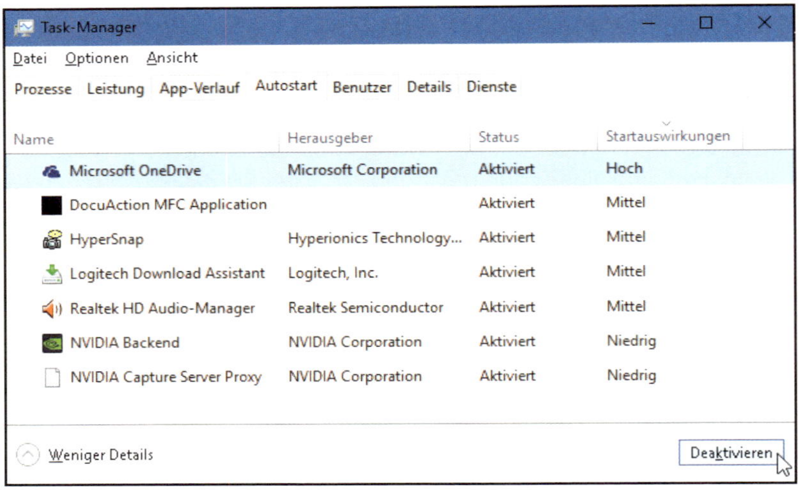

5. Wenn Sie mit der rechten Maustaste auf einen Eintrag klicken, finden Sie weitere Funktionen, etwa die Eigenschaften der Datei aufzurufen oder den Hintergrund dieses Programms im Web zu recherchieren.

5.3 Alle Autostarts im Detail überprüfen

Der Task-Manager zeigt Ihnen allerdings nur einen Teil der Wahrheit – und zwar nur einen sehr kleinen. Tatsächlich passiert bei jedem Windows-Start noch wesentlich mehr. Was das im Detail ist, verrät Ihnen das Programm *Autoruns* aus der Sysinternals-Werkzeugsammlung (siehe Seite 314). Es listet nach kurzer Analyse wirklich alles auf, was während des Starts geladen wird. Ausgenommen sind standardmäßig Komponenten von Windows selbst, aber auch diese können Sie durch Entfernen des Häkchens bei *Options/Hide Windows Entries* mit anzeigen lassen.

Die Gefahr, von der Menge der Informationen erschlagen zu werden, ist erst mal recht groß. Aber die Liste lässt sich strukturieren, indem Sie oben in der Leiste einzelne Bereiche wie etwa Services (Hintergrunddienste), Explorer oder Codes anwählen und die Liste so filtern.

Achten Sie in der Liste auf alle Fälle auf gelb unterlegte Einträge. Diese verweisen auf Elemente, die nicht mehr gefunden werden. Nur in seltenen Fällen ist das ein Problem, aber wenn es sehr viele solcher Zombie-Einträge gibt, kann sich das in der Startzeit durchaus bemerkbar machen.

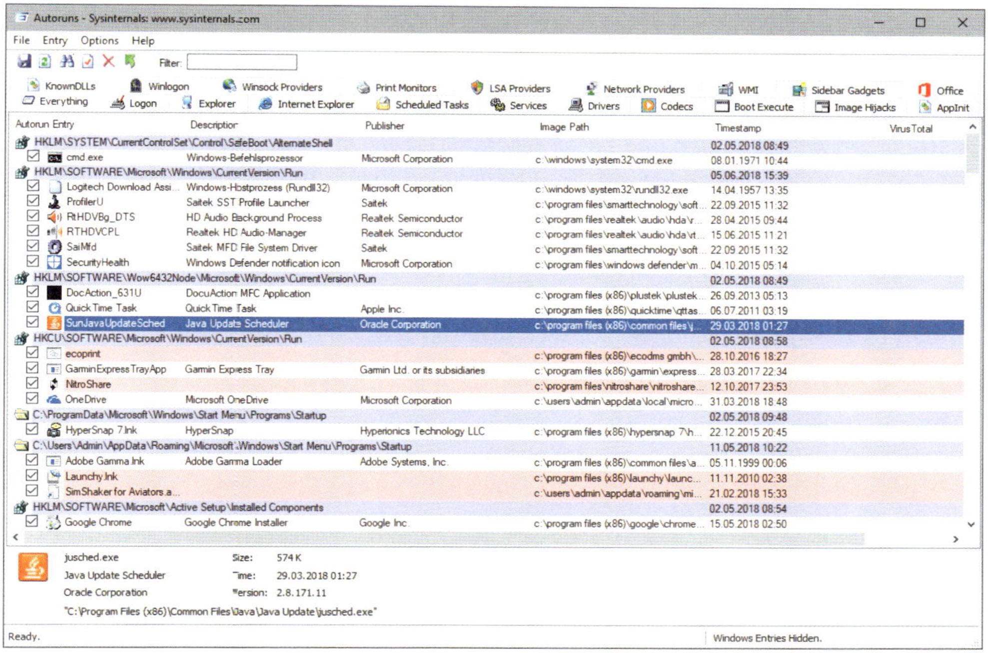

Vorsicht bei Eingriffen

Wie alle Sysinternals-Tools zeigt *Autoruns* nicht nur sehr umfangreich und detailliert Informationen an, sondern erlaubt auch umfassende Eingriffe ohne zwischengeschaltete Warnhinweise und Rückfragen. Überlegen Sie sich deshalb gut, welche Einträge Sie bearbeiten oder gar entfernen.

Wenn sich Einträge einer bestimmten Anwendung zuordnen lassen, ist es sinnvoller, diese Anwendung zu deinstallieren bzw. in ihren Einstellungen zu prüfen, ob sich Autostartfunktionen abschalten lassen.

Ansonsten sollten Sie die Liste in Ruhe durchschauen und nach Einträgen suchen, die Ihnen überflüssig erscheinen. Vielleicht stöbern Sie so Reste von Anwendungen auf, die Sie eigentlich längst deaktiviert haben. Oder Sie werden auf Programme aufmerksam, die sich im Startprozess breitgemacht haben, obwohl Sie sie gar nicht mehr unbedingt benötigen, also deinstallieren könnten. Auch die Rubrik *Codec* ist ein Kandidat, bei dem man oft einiges wegräumen kann, was nicht mehr benötigt wird.

5.4 Den Windows-Start vollständig analysieren

Um hartnäckigen Startbremsen auf die Spur zu kommen, muss man leider etwas mehr Aufwand betreiben. Hilfreich ist dabei das Windows Performance Toolkit, das Microsoft kostenlos zur Verfügung stellt. Es kann – unter anderem – den Startvorgang von Windows bis ins letzte Detail erfassen und protokollieren. Dabei fallen zwar eine Menge Daten an, aber mit etwas Geschick kann man die entscheidenden Informationen herausfiltern.

Das Windows Performance Toolkit

Um das Windows Performance Toolkit zu installieren, laden Sie zunächst von dev.windows.com/en-us/downloads/windows-10-sdk den Setup-Assistenten herunter.

Starten Sie ihn, und wählen Sie *Install the Windows Software Development Kit ... to this computer*. Bestätigen Sie die nächsten Schritte, bis Sie zur Auswahl der zu installierenden Features gelangen. Lassen Sie hier nur das Häkchen bei *Windows Performance Toolkit* stehen – alle anderen können Sie entfernen, um Downloadzeit und Speicherplatz zu sparen.

Alle Kenndaten des Windows-Starts erfassen

Ist das Windows Performance Toolkit installiert, verwenden Sie den Windows Performance Recorder (*wprui.exe*) zum Aufzeichnen der Daten.

1. Um ihn zu starten, geben Sie im Windows-Startmenü *wprui* ein und drücken dann [↵].
2. Nach dem Start des Programms lassen Sie sich zunächst mit *More options* unten links alle Einstellungen anzeigen.
3. Wählen Sie dann rechts bei *Performance scenario* den Eintrag *Boot* aus, damit der Recorder den Startvorgang protokolliert.
4. Bei *Number of iterations* geben Sie an, wie viele Startvorgänge ausgewertet werden sollen. Für eine aussagekräftige Datenbasis ist die Standardvorgabe *3* sinnvoll. Sie haben dann mehrere Datensätze, die Sie miteinander vergleichen können. So lassen sich einmalige Ausreißer leicht von Regelmäßigkeiten unterscheiden. Für einen ersten Test können Sie sich aber auch auf einen Start beschränken.
5. Klicken Sie dann oben auf *Start*.

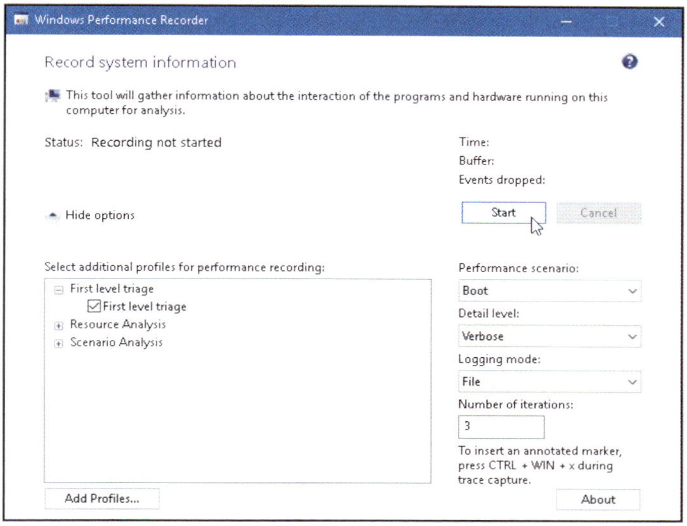

6. Im nächsten Schritt können Sie angeben, wo die zu erstellende Protokolldatei gespeichert werden soll. Standardmäßig legt der Recorder dafür einen eigenen Ordner in Ihren Dokumenten an. Sie können die Datei aber für einen schnellen Zugriff beispielsweise auch direkt auf dem Desktop speichern lassen.
7. Bevor Sie den Vorgang nun mit *OK* starten, lesen Sie sich bitte den folgenden Abschnitt zum weiteren Ablauf durch.

Ist die Aufzeichnung einmal aktiviert, wird der Recorder Windows herunterfahren und dann neu starten. Die dabei anfallenden Daten werden erfasst und aufbereitet. Lassen Sie den PC solange ungestört arbeiten. Haben Sie mehr als einen Startdurchgang zur Datenerhebung vorgegeben, wird der Recorder den ganzen Vorgang mehrmals automatisch wiederholen. Greifen Sie möglichst nicht ein, sondern warten Sie, bis der Recorder abschließend Vollzug meldet. Sie haben dann die Möglichkeit, die erfassten Daten direkt im Analyzer zu betrachten (mehr darüber erfahren Sie im folgenden Abschnitt).

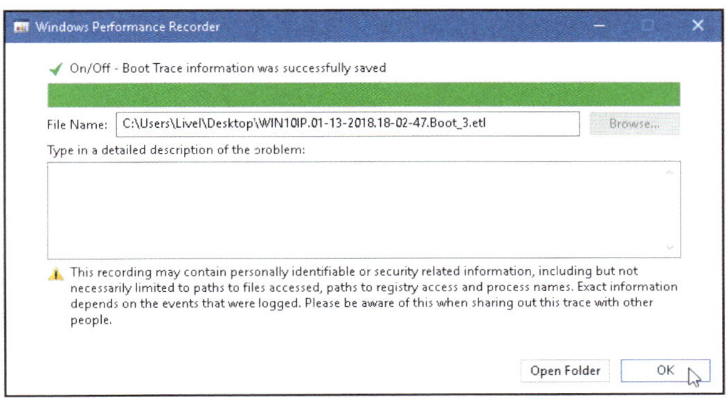

Aufgezeichnete Kennzahlen analysieren

Für das Auswerten der zuvor ermittelten Daten ist das ebenfalls zum Windows Performance Toolkit gehörende Programm Windows Performance Analyzer (*wpa.exe*) zuständig. Zum Abschluss einer Aufzeichnung bietet Ihnen der Recorder jeweils an, die erfassten Daten direkt im Analyzer zu öffnen.

Alternativ können Sie die Datei mit den gespeicherten Daten auch per Doppelklick öffnen oder den Analyzer mit dem Befehl *wpa* im Suchfeld des Startmenüs aufrufen. Haben Sie gleich mehrere Startvorgänge nacheinander erfasst, starten Sie den Analyzer und öffnen dann alle dabei erstellten Dateien gleichzeitig.

Bootphasen zur Orientierung einblenden

Um den Bootablauf zu strukturieren und besser nachvollziehbar zu machen, klicken Sie links in der Navigationsleiste zunächst auf den kleinen Pfeil vor *System Activity*, um diesen Bereich auszuklappen. Ziehen Sie dann den Eintrag *Boot Phases* von dort nach rechts in den Analysebereich.

So haben Sie oben eine Übersicht der verschiedenen Phasen zur Orientierung, wo Verzögerungen auftreten.

Um in der Unmenge von Daten Prozesse zu finden, die ungewöhnlich viel Rechenzeit beansprucht haben, gehen Sie folgendermaßen vor:

1. Wählen Sie zunächst links in der Navigationsleiste das Thema *Computation*, und klappen Sie dieses aus.
2. Ziehen Sie dann den Unterbereich *CPU Usage (Attributed)* von dort nach rechts in den Analysebereich.
3. Sie erhalten dann eine grafische Übersicht, wann welche Prozesse wie viel Prozessorkapazität beansprucht haben. Diese Darstellung ist recht anschaulich, da man größere Ressourcenverbraucher so auf einen Blick ausmachen kann.
4. Wenn Sie den Mauszeiger auf einem dieser größeren Blöcke verharren lassen, werden ausführlichere Informationen zu dem Prozess angezeigt, insbesondere welcher Anwendung er zugeordnet ist. Mit Strg+⇧+C können Sie den Text der Anzeige in die Zwischenablage kopieren, etwa um den Anwendungsnamen in den Webbrowser zu übertragen und dort danach zu suchen.
5. Wenn Sie einen Block anklicken, wird er an allen anderen Stellen des Analysebereichs ebenfalls hervorgehoben. So erhalten Sie einen guten Überblick, wie stark sich dieser Prozess auf den gesamten Startvorgang auswirkt.

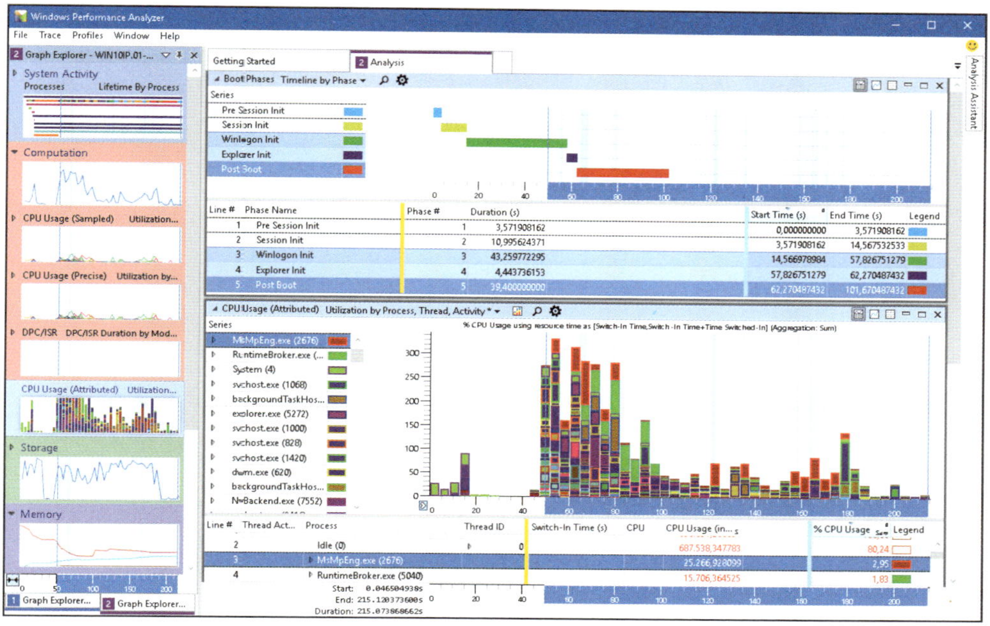

In dieser Weise können Sie weitere Aspekte wie den Speicherverbrauch oder den Festplattenzugriff während des Startvorgangs überprüfen. Angesichts der komplexen Daten wird es leider selten eine einfache und präzise Antwort geben. Stattdessen muss man die Informationen aufmerksam auswerten und interpretieren.

Es ist aber in jedem Fall ein guter Ansatz, bei auffälligen Bremsklötzen den Namen des dahinterstehenden Prozesses zu recherchieren, um zu verstehen, welche Anwendungen den Startvorgang mehr verlängern als andere.

6. Windows-Fehler oder -Abstürze beseitigen

Kaum etwas ist frustrierender, als wenn Windows wie aus heiterem Himmel Fehler meldet, bestimmte Funktionen verweigert oder womöglich sogar komplett abstürzt. Ein Grund zur Verzweiflung ist es aber nicht, denn Windows bringt selbst verschiedene Funktionen zum Erkennen, Analysieren und Beseitigen von Fehlern mit. Kern dieser Funktionen ist das umfassende Überwachen und Protokollieren aller Abläufe. Aus diesen Protokollen lassen sich regelmäßig auftretende Fehler erkennen und im Idealfall auch gleich Lösungen dafür ableiten. Und diese Daten erlauben nicht nur allgemeine Aussagen über die Stabilität und Integrität des Systems, sondern auch konkrete Angaben zu den Komponenten und/oder Programmen, die für Instabilitäten sorgen.

Probleme einfach per Neustart lösen

Ich habe an anderer Stelle bereits darauf hingewiesen, wiederhole es hier aber bewusst noch mal: Für gelegentlich auftretende Probleme ist manchmal ein gründlicher Neustart schon die Lösung. Vielleicht hängt nur ein bestimmter Systemdienst, oder durch ein Update wurden bestimmte Komponenten vorübergehend deaktiviert. Ein Neustart lässt solche Hindernisse ganz einfach und schnell verschwinden (siehe Seite 37). Reicht das nicht, probieren Sie ruhig auch die erweiterte Form, Windows einmal im abgesicherten Modus (siehe Seite 39) und anschließend wieder regulär zu starten.

6.1 Falls der PC gar nicht mehr reagiert

In extremen Situationen kann es passieren, dass Windows gar nicht mehr reagiert und sich der PC nicht mal mehr herunterfahren lässt, egal, wie lange man wartet. Wenn dann nicht mal mehr eine Reaktion auf die Ein-/Aus-Taste erfolgt bzw. diese den PC allenfalls in den Stand-by-Modus schickt, ist die Lösung naheliegend: Wenn es gar nicht anders geht, kann man nur noch »den Stecker ziehen«. Das müssen Sie aber nicht unbedingt im wörtlichen Sinn nehmen. Denn oftmals ist ein Anschluss für das Netzteil gar nicht oder nur an der Rückseite vorhanden, und auch das Stromkabel verschwindet irgendwo schwer zugänglich unter dem Schreibtisch.

PC über Hardwarefunktion immer ausschalten

Es gibt in solchen Fällen aber eine einfache Lösung, die bei fast jedem PC funktioniert, aber nicht allen Benutzern bekannt ist: Halten Sie den Ein-/Aus-Schalter an der Vorderseite des PC-Gehäuses so lange gedrückt, bis der Rechner sich abschaltet. Dies ist eine direkte Hardwarefunktion des Mainboards, die von Windows nicht kontrolliert wird. Deshalb funktioniert sie auch, wenn Windows abgestürzt ist. Hält man die Taste lange genug gedrückt, unterbricht das Mainboard seine eigene Stromversorgung.

Anschließend kann der PC – ggf. nach einer kurzen Wartepause – durch erneutes kurzes Drücken der Einschalttaste einfach wieder gestartet werden. Meist bemerkt Windows sogar, dass es auf diese unsanfte Tour beendet wurde. Das ist aber durchaus positiv, denn dann werden beim Start einige zusätzliche Tests durchgeführt, die sicher nicht schaden können.

6.2 Windows kann sich bei Problemen selbst helfen

Windows kann bestehende Probleme erkennen und beheben oder zumindest konkrete Hinweise und Hilfestellungen dazu geben. Dazu gibt es ein eigenes Modul *Problembehandlung* in der Systemsteuerung, in den modernen Windows-Einstellungen mittlerweile auch zu finden unter *Update und Sicherheit/Problembehandlung*.

Aber auch an vielen anderen Stellen finden Sie Verweise auf diese Funktion, z. B. bei Fehlermeldungen. So können Sie die entsprechenden Funktionen direkt aufrufen.

1. Wenn es etwa Probleme mit der Netzwerkverbindung gibt, können Sie direkt im Kontextmenü des zuständigen Symbols im Infobereich die spezifische Problembehandlung dafür aufrufen.

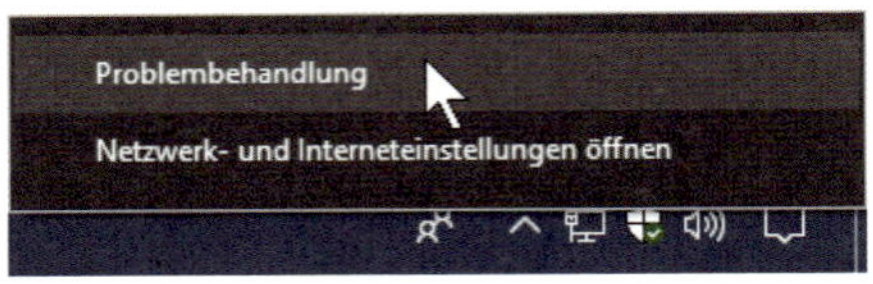

2. Windows analysiert nun die bestehende bzw. gestörte Verbindung und versucht, das Problem zu erkennen.

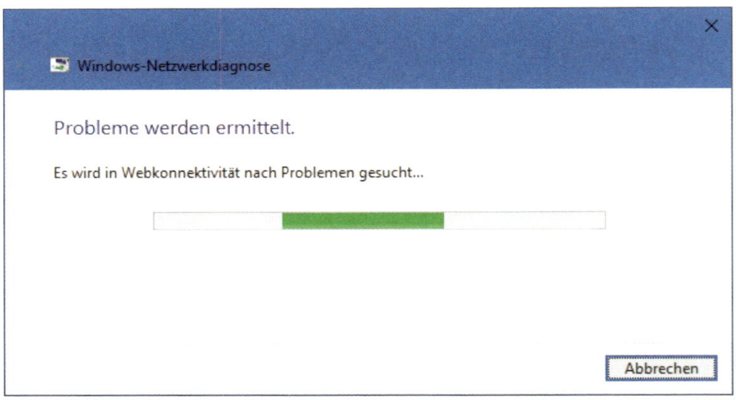

3. Wurde eine Ursache gefunden, die Windows selbst beheben kann, bietet es Ihnen an, die Reparatur mit Administratorrechten vorzunehmen. Klicken Sie dazu auf *Diese Reparaturen als Administrator ausführen*.

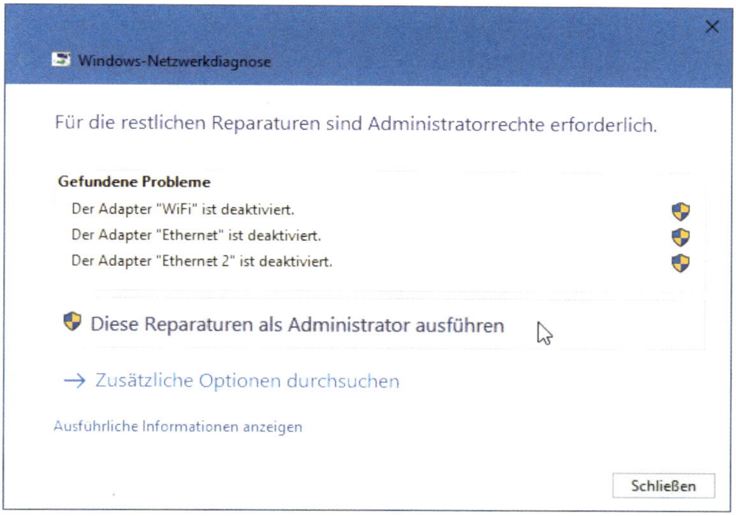

4. Manchmal erkennt die Problembehandlung auch einfache äußere Ursachen wie ein nicht ordnungsgemäß eingestecktes Kabel. Dann bittet sie den Benutzer um Mithilfe bei der Lösung.

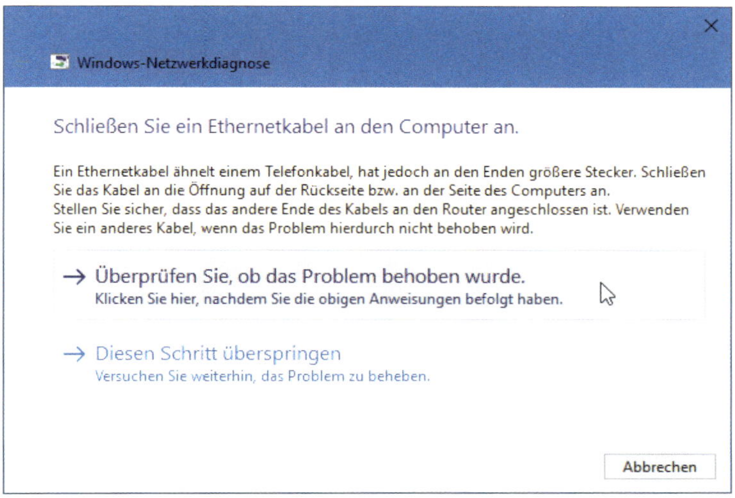

5. Im Allgemeinen führt der Assistent die erforderlichen Schritte aber selbst durch und meldet anschließend, ob das Problem behoben werden konnte. Beenden Sie den Vorgang dann mit *Problembehandlung schließen*.

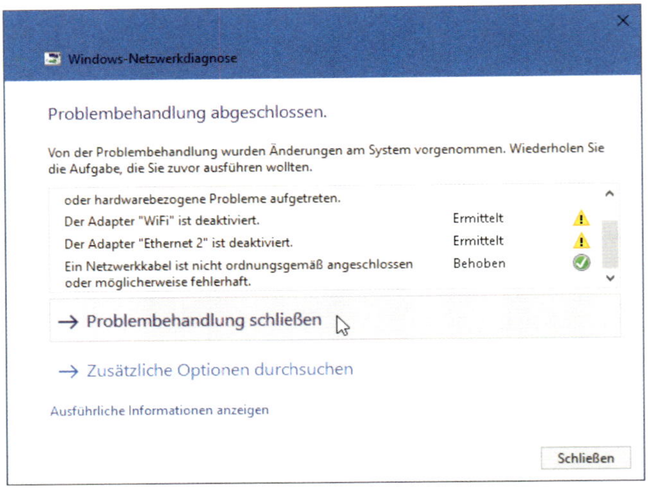

Problembehandlung nach Bedarf durchführen

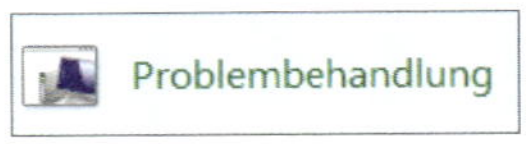

Sie können die *Problembehandlung* auch jederzeit selbst anstoßen, auch wenn Windows gerade nicht mittels Schaltfläche, Menüeintrag oder Link darauf hinweist. Öffnen Sie dazu in der Systemsteuerung das gleichnamige Modul.

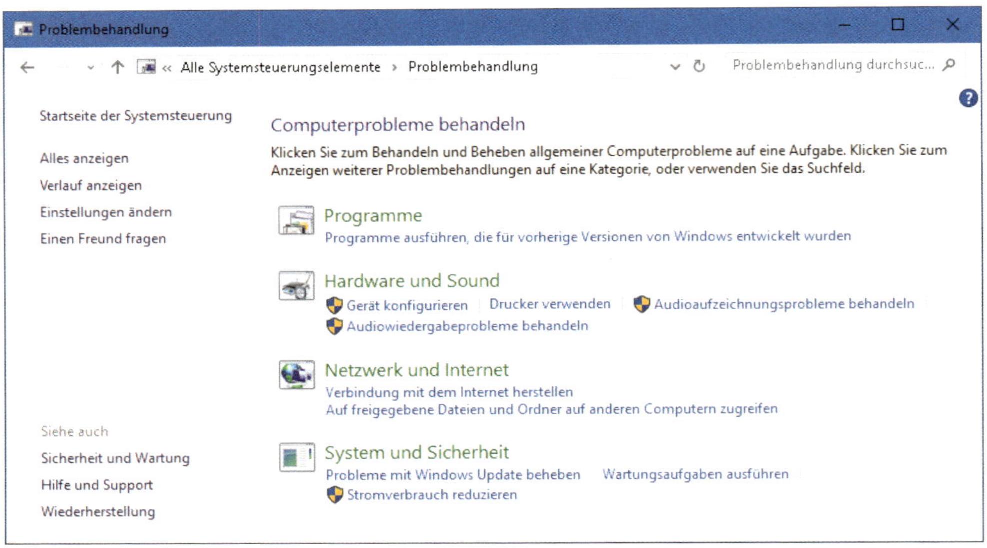

- Achten Sie hier zunächst ganz oben auf eventuell farblich hervorgehobene Warnmeldungen zu aktuellen Problemen. Diese werden aber nur angezeigt, wenn Windows sie automatisch erkennen konnte. Sie können dann in der Regel auch direkt dort behoben werden.
- Erkennt Windows Ihr Problem nicht automatisch, können Sie die angezeigten Aufgabenkategorien nutzen, um Ihr Problem möglichst genau einzukreisen. Jede Kategorie enthält ihrerseits weitere Unterrubriken, die letztlich alle Funktionsbereiche des PCs umfassen.

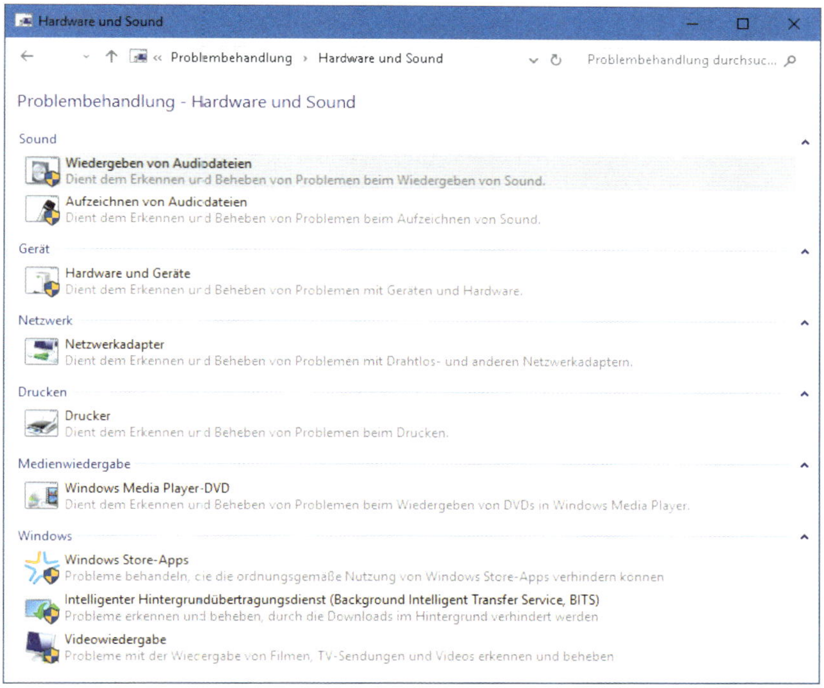

- Haben Sie einen möglichst passenden Problemlösungsassistenten gefunden, rufen Sie ihn einfach per Mausklick auf. Ab dann ist der Ablauf in etwa so wie bei der oben beschriebenen Problemlösung. Allerdings unterscheidet sich jede Lösung immer ein wenig von der anderen.

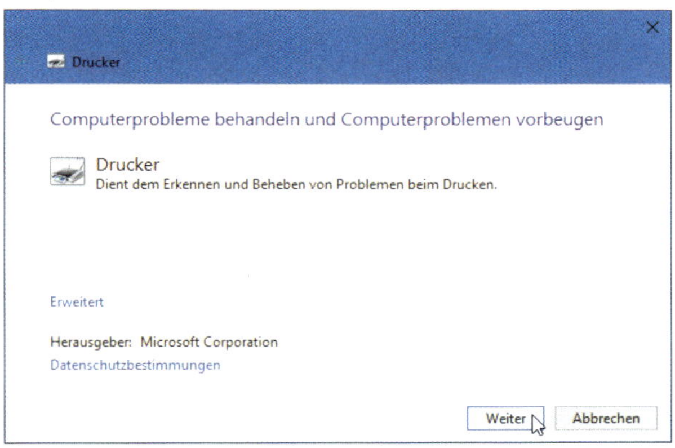

Empfohlene Problembehandlung

Eine interessante Funktion unter der Haube hat Microsoft unter der Bezeichnung *Empfohlene Problembehandlung* entwickelt. Im Gegensatz zu den bereits beschriebenen Problembehandlungen arbeitet diese selbstständig und kann automatisch typische Probleme erkennen und oft auch beheben oder den Anwender zumindest darauf aufmerksam machen. So wird beispielsweise das Abstürzen von wichtigen Systemdiensten erkannt, und diese werden automatisch wieder reaktiviert.

Das Ganze geschieht von allein im Hintergrund. Allerdings gibt es eine Option, mit der Sie steuern können, wie gründlich und unauffällig die Funktion vorgehen soll oder darf. So lässt sie sich beispielsweise auf kritische Probleme beschränken oder ergreift grundsätzlich nur nach Rückfrage Maßnahmen zur Korrektur.

1. Microsoft hat diese Option an einer etwas ungewöhnlichen Stelle in die *Einstellungen* integriert, nämlich unter *Datenschutz/Diagnose und Feedback*.
2. Hier finden Sie rechts ganz unten nun den Abschnitt *Empfohlene Problembehandlung*.
3. Er umfasst nur eine Option, die vier Auswahlmöglichkeiten bietet:

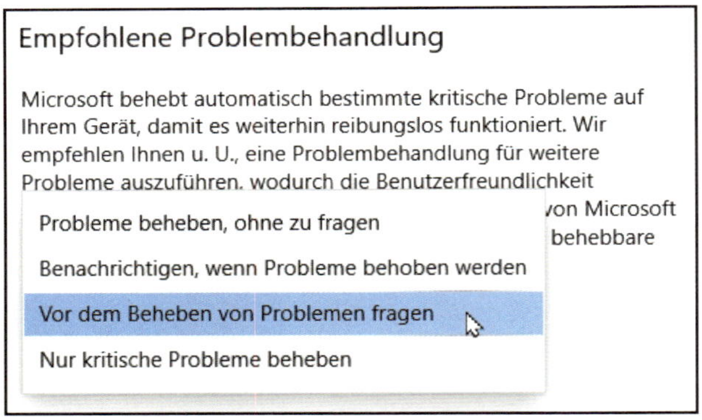

- *Probleme beheben, ohne zu fragen*: Wenn Sie PCs von anderen, weniger versierten Benutzern betreuen, ist das eine praktische Wahl, denn die Problembehandlung erledigt ihre Aufgaben dann im Zweifelsfall ohne Rückfragen.
- *Benachrichtigen, wenn Probleme behoben werden*: Wollen Sie zumindest verfolgen, wann und wie die Problembehandlung eingreift, werden Sie mit dieser Wahl über Maßnahmen benachrichtigt, die diese Funktion ergriffen hat.
- *Vor dem Beheben von Problemen fragen*: Wer noch mehr Kontrolle will, der kann sich hier über erkannte Probleme informieren lassen und jeweils entscheiden, ob die Problembehandlung eingreifen soll.
- *Nur kritische Probleme beheben*: Mit dieser Option beschränkt sich die Problembehandlung auf kritische Fälle, die die Sicherheit und Stabilität des Systems akut bedrohen.

6.3 Der Systemintegritätsbericht verschafft den Überblick

Im Systemintegritätsbericht fasst Windows alle Informationen zu Leistung, Stabilität und Fehlern Ihres PCs übersichtlich zusammen. Das ist hilfreich, wenn der Status des PCs unklar ist oder wenn Sie sich schnell einen Überblick verschaffen wollen. Ebenso kann der Bericht nützlich sein, wenn Sie bei speziellen Problemen externe Hilfe benötigen. Erstellen Sie einen aktuellen Systemintegritätsbericht, und senden Sie diesen z. B. per E-Mail an den Kundendienst oder technischen Support des Herstellers, mit dessen Produkt es Probleme gibt. Dieser findet im Bericht alle wesentlichen Informationen zu Ihrem PC.

1. Öffnen Sie eine Eingabeaufforderung, und tippen Sie darin ein:

   ```
   perfmon /report
   ```

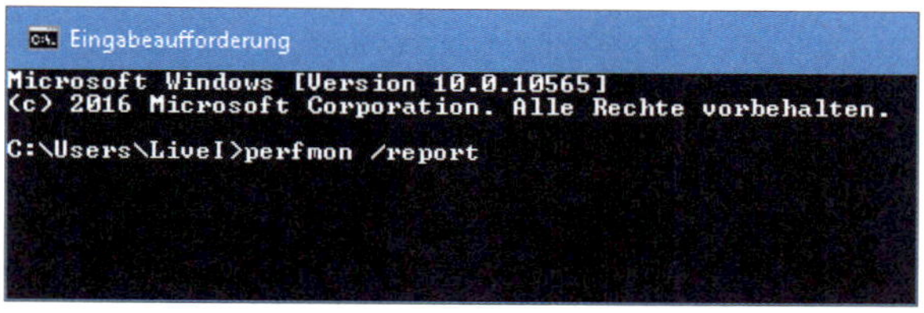

2. Windows erfasst nun für 60 Sekunden alle relevanten Daten und Informationen und stellt daraus einen umfassenden Bericht zusammen. Lassen Sie den PC in dieser Phase möglichst unbehelligt vor sich hinarbeiten. Anschließend wird der fertige Bericht automatisch angezeigt.

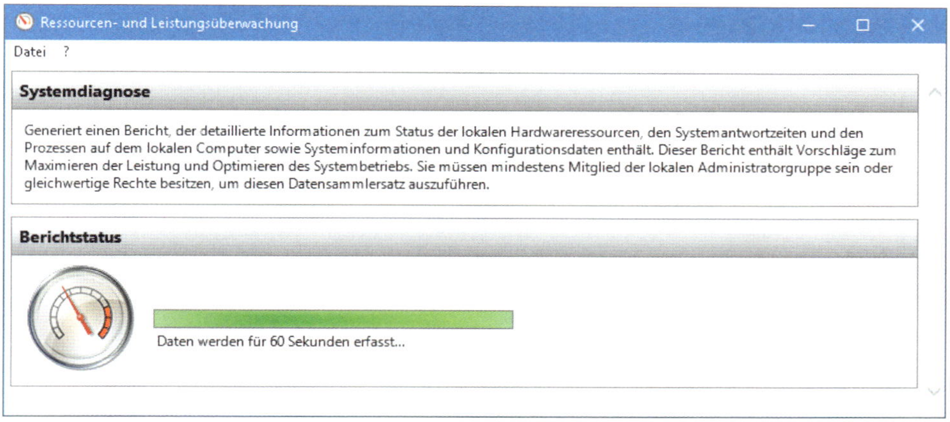

3. Im Bericht finden Sie oben im Bereich *Diagnoseergebnisse* zunächst die interessantesten Details. Hier sind Fehler, Warnungen und Informationen aufgeführt, die die Stabilität und Performance des Systems gefährden bzw. beeinträchtigen. Praktischerweise werden dabei meistens auch gleich Vorschläge zur Lösung des Problems gemacht, an denen Sie sich orientieren können.
4. Darunter finden Sie Angaben und Prüfergebnisse zu den einzelnen Systemkomponenten und Ressourcen. Achten Sie hier auf rote Warnsymbole und Angaben wie *Fehlgeschlagen* oder *Fehler*, um weitere Problembereiche zu erkennen.

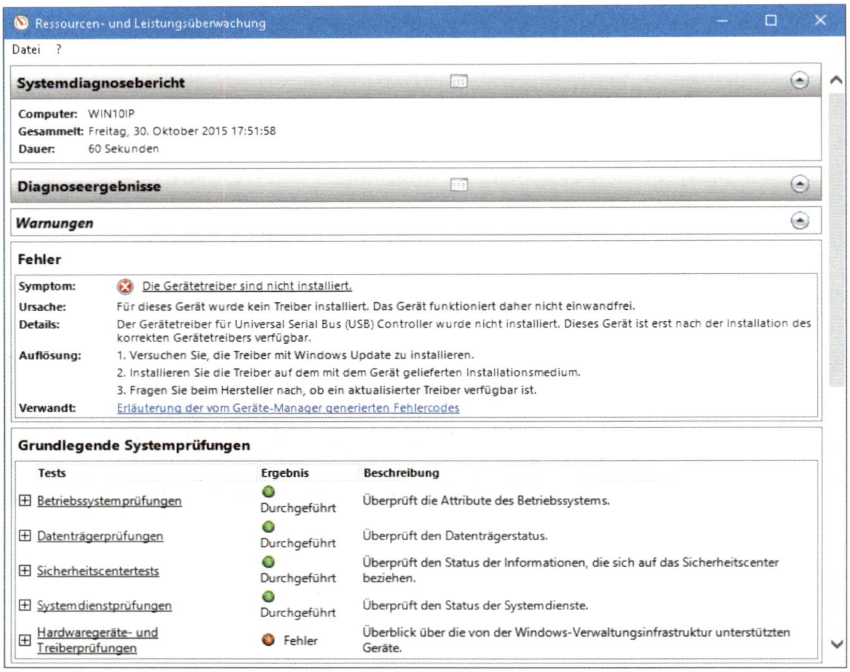

5. Ganz unten folgen schließlich Detailinformationen zu einzelnen Systemkomponenten. Diese sind allerdings so speziell und technisch, dass sie meist nur dem Experten auf Anhieb etwas sagen.

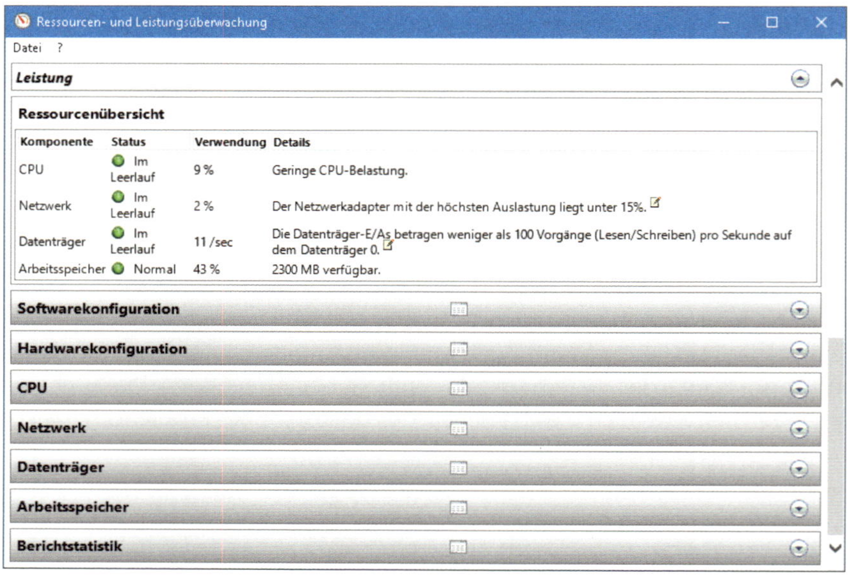

Um die Ergebnisse des Berichts aufzubewahren bzw. an jemanden weiterzuleiten, stehen Ihnen im *Datei*-Menü verschiedene Funktionen zur Verfügung. So können Sie den Inhalt mit *Senden an* per E-Mail verschicken, mit *Speichern unter* als HTML-Datei sichern oder auch mit *Drucken* auf Papier ausgeben.

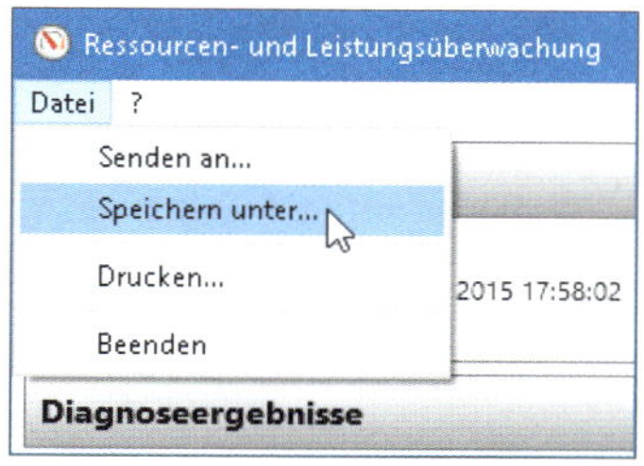

6.4 Der Zuverlässigkeitsverlauf macht Probleme deutlich

Zum Aufspüren von Problemen und deren Ursache bietet Windows eine sehr praktische Hilfe: Die Zuverlässigkeitsüberwachung protokolliert die System-Performance dauerhaft und vermerkt alle ungewöhnlichen Ereignisse. Die aufgezeichneten Daten lassen sich in einem Systemstabilitätsdiagramm anschaulich darstellen. Dieses eignet sich besonders, um Problemen schnell auf die Schliche zu kommen. Außerdem ist es ein gutes Mittel, um Muster bei regelmäßig auftretenden Fehlern zu erkennen.

1. Öffnen Sie eine Eingabeaufforderung, und tippen Sie darin ein:

   `perfmon /rel`

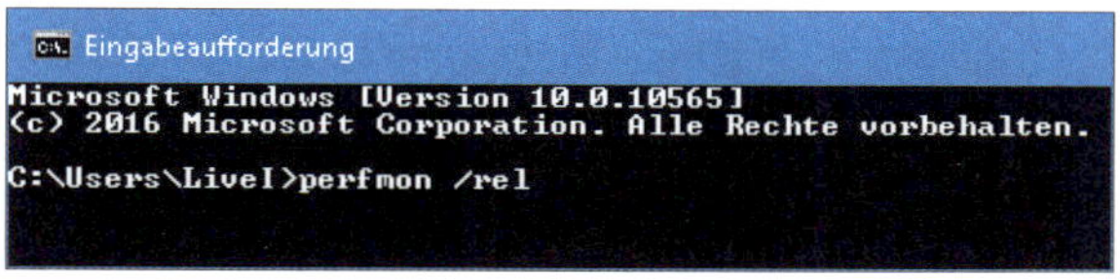

2. Damit rufen Sie den Zuverlässigkeits- und Problemverlauf Ihres PCs auf. Der zeigt im oberen Bereich einen grafischen Stabilitätsindex an. Dieser verrät auf den ersten Blick, wie konstant die Stabilität ist und ob es in letzter Zeit Probleme gegeben hat.

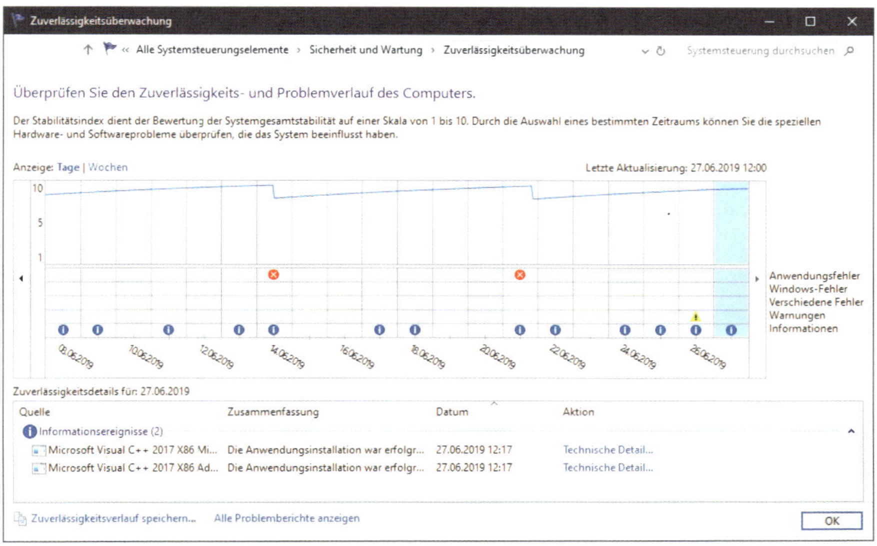

3. Der Bereich darunter enthält mehrere Zeilen für verschiedene Arten von Systemereignissen. In diesen Zeilen finden Sie Symbole an den Terminen, an denen sich Nennenswertes ereignet hat. Das können einfache Informationssymbole sein, etwa wenn Software installiert wurde. Es gibt aber auch gelbe Warnhinweise und rote Fehlersymbole. Sie weisen auf Ereignisse hin, die näher betrachtet werden sollten.

Die gesamte Stabilitätshistorie betrachten

Beachten Sie die schlanken Symbole links und rechts neben dem Diagramm. Damit können Sie die Anzeige nach links verschieben und so auch ältere Daten betrachten und abrufen. Die Daten werden seit dem allerersten Start Ihres Windows-Systems aufgezeichnet. So lassen sich auch weiter zurückliegende Informationen abrufen. Außerdem können Sie so die Angaben in den verschiedenen Bereichen mit dem früheren Status vergleichen.

4. Um ein Ereignis detailliert zu betrachten, klicken Sie mit der linken Maustaste einfach auf das entsprechende Datum im Systemstabilitätsdiagramm. Unterhalb des Diagramms sehen Sie dann die Zuverlässigkeitsdetails für diesen Tag. Darin sind automatisch die Bereiche aufgeklappt, für die Ereignisse vorliegen.

Quelle	Zusammenfassung	Datum	Aktion
Kritische Ereignisse			
Desktop Window Manager	Nicht mehr funktionsfähig	14.06.2019 11:41	Technische Details anzeigen
Informationsereignisse (7)			
Rift Sensor	Erfolgreiche Treiberinstallation	14.06.2019 11:33	Technische Details anzeigen
Rift Sensor	Erfolgreiche Treiberinstallation	14.06.2019 11:33	Technische Details anzeigen
Oculus Virtual Gamepad Emulatio...	Erfolgreiche Treiberinstallation	14.06.2019 11:33	Technische Details anzeigen
Oculus VR Headset	Erfolgreiche Treiberinstallation	14.06.2019 11:33	Technische Details anzeigen
9PGGJ4LF6SPV-Microsoft.Window...	Windows Update war erfolgreich.	14.06.2019 15:08	Technische Details anzeigen
Definitionsupdate für Windows De...	Windows Update war erfolgreich.	14.06.2019 15:22	Technische Details anzeigen

5. Mit dem kleinen Pfeilsymbol ganz rechts können Sie die Bereiche auf- bzw. einklappen, um sich auf die für Sie wichtigen Informationen zu konzentrieren.

Informationen aus dem Zuverlässigkeitsbericht auswerten

Die Angaben aus dem Systemstabilitätsbericht sind immer dann interessant, wenn Sie selbst nicht wissen oder sich nicht sicher sind, wodurch ein Problem verursacht wird. Wenn also Ihr PC beispielsweise unvermittelt einfriert oder neu startet, kann ein anschließender Blick in den Stabilitätsbericht helfen, die Ursache zu ermitteln. Der Stabilitätsbericht ist auch nützlich, wenn Sie Störenfriede finden wollen, etwa instabile Programme oder Treiber. Schauen Sie, ob eine bestimmte Komponente regelmäßig im Bericht negativ auffällt. Sehr interessant ist auch, dass der Bericht genau vermerkt, welche Software wann installiert wurde. Ein bestimmtes Problem tritt seit zwei Wochen immer wieder auf? Dann schauen Sie doch mal, welches Programm vor 14 Tagen installiert wurde.

6.5 Die Windows-Ereignisprotokolle zeichnen Fehler auf

Windows führt automatisch ein umfangreiches Protokoll über alles, was mit dem System passiert: wann das Betriebssystem gestartet und beendet wird, wann Software installiert, Treiber aktualisiert oder System-Updates eingespielt wurden. Diese Informationen können Ihnen nicht nur als Gedächtnisstütze dienen. Vor allem, wenn es darum geht, die Ursache für ein bestimmtes Problem einzugrenzen, können die Angaben aus dem Ereignisprotokoll hilfreich sein.

1. Öffnen Sie in der Systemsteuerung das Modul *Verwaltung*. In der aufgabenbasierten Ansicht der Systemsteuerung finden Sie es unter *System und Sicherheit* ganz unten.
2. In der Übersicht über die Verwaltungsfunktionen doppelklicken Sie auf den Eintrag *Ereignisanzeige*.

3. Damit öffnen Sie die *Ereignisanzeige*, die auf den ersten Blick etwas unübersichtlich daherkommt. Die wesentlichen Informationen lassen sich aber schnell finden.

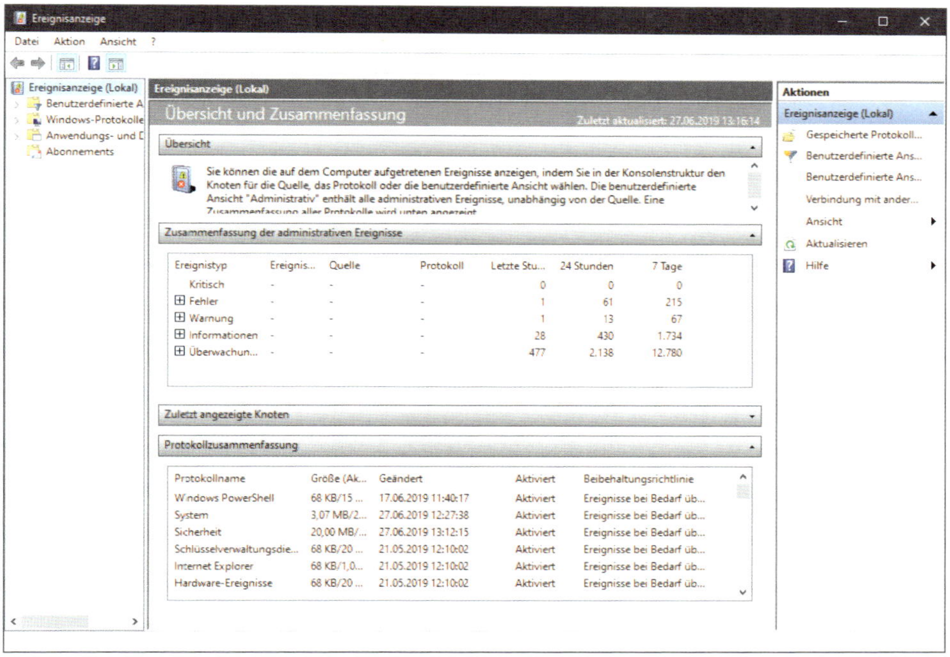

4. Wenden Sie Ihren Blick zunächst etwa in die Mitte des Fensters in den Bereich *Zusammenfassung der administrativen Ereignisse*. Hier sehen Sie, welche Arten von Ereignissen (*Kritisch*, *Fehler*, *Warnung* etc.) in den letzten Stunden, Tagen oder Wochen überhaupt aufgetreten sind.

5. Mit einem Klick auf das Plussymbol ganz links können Sie die jeweilige Kategorie aufklappen und die dort verzeichneten Ereignisse genauer studieren.

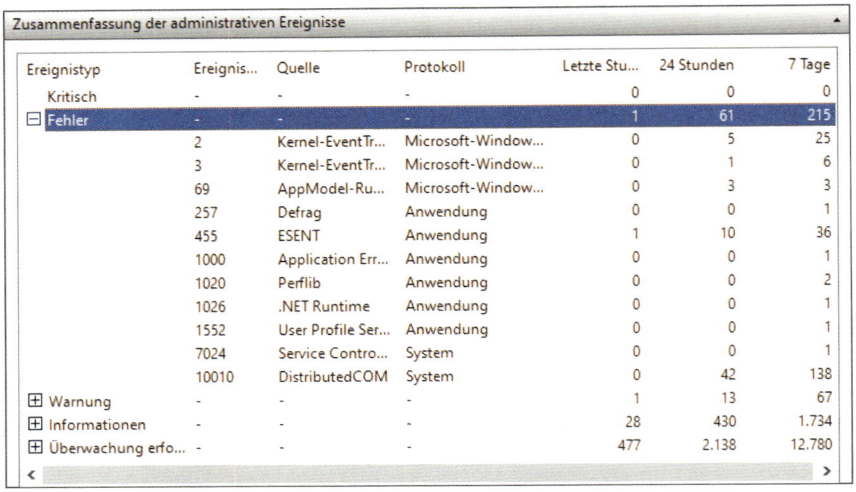

Zusammenfassung der administrativen Ereignisse

Ereignistyp	Ereignis...	Quelle	Protokoll	Letzte Stu...	24 Stunden	7 Tage
Kritisch	-	-	-	0	0	0
⊟ Fehler	-	-	-	1	61	215
	2	Kernel-EventTr...	Microsoft-Window...	0	5	25
	3	Kernel-EventTr...	Microsoft-Window...	0	1	6
	69	AppModel-Ru...	Microsoft-Window...	0	3	3
	257	Defrag	Anwendung	0	0	1
	455	ESENT	Anwendung	1	10	36
	1000	Application Err...	Anwendung	0	0	1
	1020	Perflib	Anwendung	0	0	2
	1026	.NET Runtime	Anwendung	0	0	1
	1552	User Profile Ser...	Anwendung	0	0	1
	7024	Service Contro...	System	0	0	1
	10010	DistributedCOM	System	0	42	138
⊞ Warnung	-	-	-	1	13	67
⊞ Informationen	-	-	-	28	430	1.734
⊞ Überwachung erfo...	-	-	-	477	2.138	12.780

6. Wollen Sie es ganz genau wissen, klicken Sie doppelt auf einen Eintrag, um dessen Details aufzurufen.

7. Mit der Leiste am linken Fensterrand können Sie verschiedene Ereignisprotokolle öffnen. So finden Sie unter *Windows-Protokolle* Informationen zu Themen wie Sicherheit und System.

   Unter *Anwendungs- und Dienstprotokolle* sind Ereignisse rund um Anwendungen und die verschiedenen Windows-Dienste versammelt. Hier finden Sie aber auch Hardwareereignisse.

8. Sehr interessant ist zudem der Unterordner *Anwendungs- und Dienstprotokolle/Microsoft/Windows*. Hier finden Sie eine große Auswahl von Protokollen zu verschiedenen wichtigen Windows-Funktionen, deren detaillierte Besprechung den Rahmen sprengen würde. Wenn Sie aber z. B. Probleme mit einer älteren Anwendung haben, die nicht voll kompatibel ist, sollten Sie mal einen Blick in *UAC-FileVirtualization/Betriebsbereit* werfen. Hier finden Sie alle Ereignisse, bei denen Windows Dateizugriffe virtualisieren musste, weil eine Anwendung sich nicht an die Regeln halten wollte.

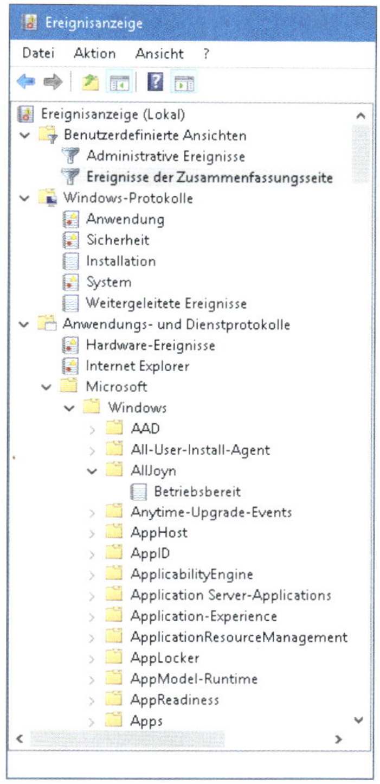

Aus Fehlerinformationen die richtigen Schlüsse ziehen

Wenn Sie mit den Informationen aus den Fehlerdetails erst mal nichts anfangen können, ist das kein Grund zur Beunruhigung. Selbst Profis wissen nur in seltenen Fällen sofort, wo Windows gerade der Schuh drückt. Aber wenn Sie eine Suchmaschine wie Google mit den Angaben zu Fehlercode, Ereignis-ID und Quelle füttern, finden Sie mit ein wenig Glück schnell weiterführende Informationen und optimalerweise auch konkrete Schritte zur Lösung des zugrunde liegenden Problems. Sollte in der Trefferliste eine Seite der Microsoft Knowledge Base enthalten sein, steuern Sie diese am besten an, da sie erfahrungsgemäß oft kompetente Problembeschreibungen und -lösungen sozusagen aus offizieller Quelle bietet.

6.6 Die Verursacher von Bluescreen-Fehlern ermitteln

Bei früheren Windows-Versionen noch häufige Begleiter, sollen sie beim aktuellen Windows eigentlich nicht mehr auftreten: kritische Systemfehler, bei denen sich das Betriebssystem nicht anders als mit einem plötzlichen kompletten Stopp behelfen kann.

Häufig färbt sich der Bildschirm in dieser Situation blau ein und gibt nur noch eine Textfehlermeldung aus. Deshalb hat sich für solche Fehler auch die Bezeichnung Bluescreen oder, noch schlimmer, BSOD, Bluescreen of Death (blauer Todesbildschirm), eingebürgert. Tatsächlich sind solche kritischen Fehler bei Windows 10 meiner Erfahrung nach extrem selten geworden. Aber sie kommen noch immer vor. Handelt es sich um seltene, singuläre Ereignisse, kann man notfalls damit leben. Werden Sie aber von einem solchen Fehler dauerhaft geplagt, muss Abhilfe geschaffen werden. Das ist auch möglich, denn selbst ein blauer Bildschirm ist nicht das Ende aller (Windows-)Dinge.

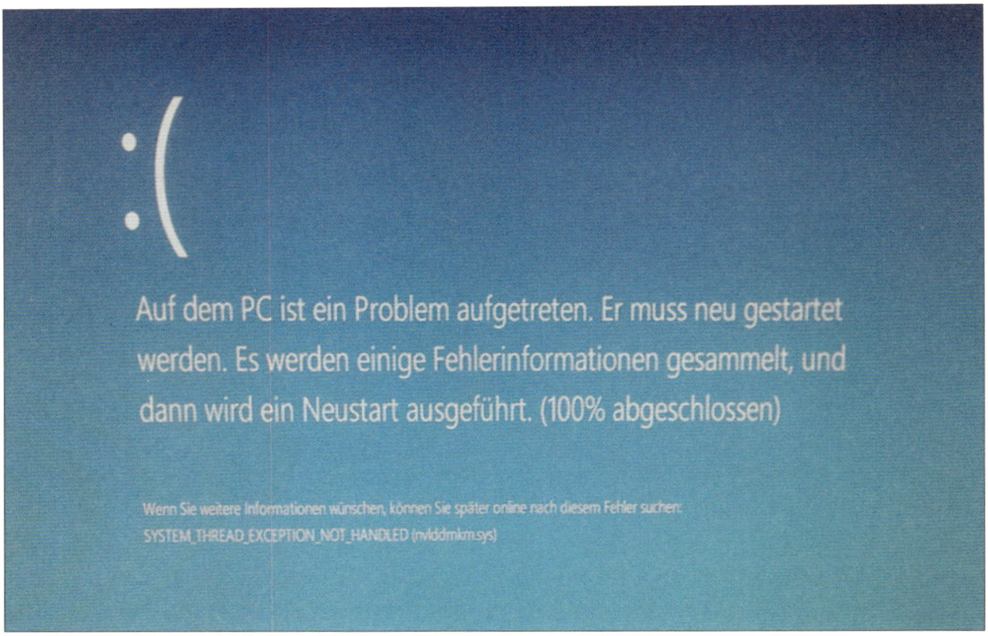

Die Informationen von Bluescreen-Fehlern nutzen

Auch wenn ein Bluescreen mit einer Fehlermeldung zunächst mal keine schöne Erfahrung ist, kann er doch auch hilfreich sein. Der Sinn der Fehlermeldung ist es schließlich, eine Hilfestellung zum Lösen des zugrunde liegenden Problems zu geben. Voraussetzung dafür ist aber, dass Sie die Fehlermeldung überhaupt zu Gesicht bekommen. Standardmäßig versucht Windows nämlich, diese vor dem Benutzer zu verstecken. Das führt dazu, dass das System einfach scheinbar unmotiviert neu startet.

1. Öffnen Sie in der Systemsteuerung das Modul *System*, und klicken Sie hier links auf den Link *Erweiterte Systemeinstellungen*.
2. Bestätigen Sie ggf. die Rückfrage der Benutzerkontensteuerung für den Zugriff auf diese Einstellungen.

3. Klicken Sie im anschließenden Dialog unten im Bereich *Starten und Wiederherstellen* auf die Schaltfläche *Einstellungen*.
4. Deaktivieren Sie im dadurch geöffneten Dialog die Option *Automatisch Neustart durchführen*.
5. Mit dem oberen Auswahlfeld bei *Debuginformationen speichern* steuern Sie den Umfang der Daten, die Windows bei einem Crash erstellt. Das ist vor allem wichtig, wenn Sie diese Daten mit einem Programm auswerten möchten, das ein bestimmtes Format voraussetzt (mehr darüber erfahren Sie im Folgenden).

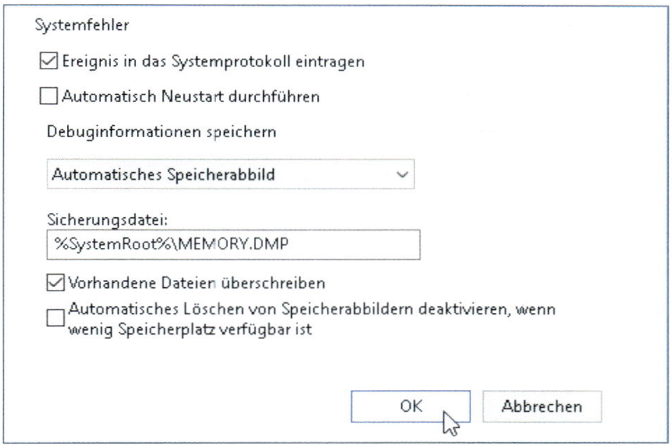

6. Darunter im Feld *Sicherungsdatei* können Sie festlegen, wo Windows eine Datei mit zusätzlichen Informationen zu aufgetretenen Fehlern ablegen soll. Standardmäßig geschieht dies im Systemverzeichnis, also z. B. *C:\Windows*. Sie können aber auch einen anderen, vielleicht etwas übersichtlicheren Ordner dafür wählen.
7. Mit der Option *Vorhandene Dateien überschreiben* ersetzt Windows bei einem Fehler jeweils die bisher vorhandene Datei, was sinnvoll ist, um nicht unnötig Speicherplatz für nutzlose Dateien zu verschwenden. Außerdem ist so sichergestellt, dass sich in der Datei stets Informationen zum zuletzt aufgetretenen Fehler befinden. Wichtig: Wenn Sie diese Option abschalten und regelmäßig Systemcrashes zu verzeichnen haben, sollten Sie die Abbilder unbedingt immer mal wieder manuell bereinigen. Gerade wenn Sie die Option *Vollständiges Speicherabbild* gewählt haben, ist die Festplatte sonst irgendwann randvoll.
8. Die unterste Option *Automatisches Löschen von Speicherabbildern deaktivieren, wenn wenig Speicherplatz verfügbar ist* klingt im ersten Moment widersinnig, hat aber ihre Berechtigung. Standardmäßig ist das Löschen von Speicherabbildern eine der Maßnahmen, mit denen Windows im Bedarfsfall Speicherplatz freigeben kann. Möchten Sie die Speicherabbilder unbedingt davor bewahren, können Sie diesen Mechanismus hier außer Kraft setzen.

Fehlermeldungen auswerten

Wenn nun Meldungen bei Systemfehlern auf dem Bildschirm angezeigt werden, enthalten sie als wichtigste Informationen die Art des Fehlers, wie etwa *DRIVER_IRQL_NOT_LESS_OR_EQUAL*. Dies verrät Ihnen, was für eine Art von Fehler aufgetreten ist, und gibt dadurch Hinweise zur Ursache. Was die verschiedenen Fehlermeldungen genau bedeuten, erfahren Sie weiter unten im Abschnitt »Bluescreen-Fehler-Referenz«. Für weitere Informationen beispielsweise zur auslösenden Datei müssen Sie die erfassten Daten mit zusätzlicher Software auswerten.

Bluescreen-Verursacher identifizieren

Die entscheidende Frage bei einem Bluescreen ist die nach dem Verursacher. Hier hilft BlueScreenView weiter (www.nirsoft.net/utils/blue_screen_view.html). Dieses Programm kann die von Windows bei einem Bluescreen-Fehler erstellten Daten auswerten und verrät sie Ihnen übersichtlich. Dazu gehört auch das Programm, das den Fehler anscheinend verursacht hat. Zwar ist die Wahrheit manchmal etwas komplizierter, aber auf alle Fälle bietet diese Information einen guten Ansatzpunkt, um z. B. im Internet zu recherchieren, ob dieses Problem vielleicht schon bekannt und sogar gelöst ist.

Voraussetzung für BlueScreenView

Das Programm ist für seine Arbeit auf sogenannte Minidumps angewiesen. Diese erstellt Windows standardmäßig leider nicht. Öffnen Sie dazu in der Systemsteuerung das Modul *System*, und klicken Sie dort links auf *Erweiterte Systemeinstellungen*. Im anschließenden Dialog klicken Sie im Bereich *Starten und Wiederherstellen* auf *Einstellungen*. Nun sind Sie bei den richtigen Optionen. Stellen Sie hier im Auswahlfeld *Debuginformationen speichern* die Variante *Kleines Speicherabbild (256 KB)* ein.

1. Entpacken Sie das heruntergeladene Archiv in einen beliebigen Ordner, und starten Sie dort die Anwendung *BlueScreenView*.
2. Diese zeigt Ihnen im Hauptfenster eine Liste der auf dem PC registrierten Bluescreens. Sie reicht allerdings nur so weit zurück, wie Sie die Minidumps (siehe Hinweiskasten) aktiviert haben. Hoffentlich ist die Auswahl also nicht allzu groß. Ansonsten werden in der Spalte *Crash Time* Datum und Uhrzeit des Vorfalls angegeben. Hier können Sie auch entsprechend sortieren, sodass Sie den jüngsten Crash schnell finden können.
3. Im unteren Teil des Programmfensters finden Sie die Dateien aufgelistet, die zu dem oben ausgewählten Bluescreen-Ereignis jeweils im Speicher geladen waren. Dabei sind die Dateien, die besonders »verdächtig« sind, farbig unterlegt. Meist ist das nicht nur eine Datei, denn auch wenn ein Bluescreen-Fehler in einer bestimmten Programm- oder Treiberdatei auftritt, kann die Ursache dafür durchaus in einem anderen Programm liegen.

4. Mit *File/Properties* können Sie jeweils noch genauere Angaben zu den ausgewählten Objekten abrufen.

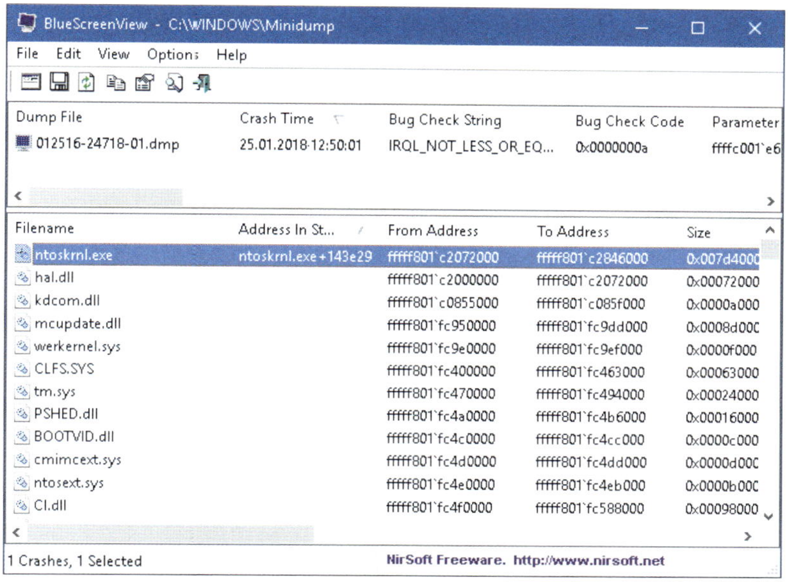

BlueScreenView kann leider auch keine einfachen Antworten geben. Es stellt aber die notwendigen Informationen bereit, um ggf. Antworten zu finden. Wenn ein Bluescreen regelmäßig oder reproduzierbar auftritt, werden Sie hier immer wieder dieselben »üblichen Verdächtigen« antreffen. Dann ist eine Internetrecherche nach eben diesen Dateien der nächste logische Schritt, der hoffentlich neue Erkenntnisse oder sogar eine Lösung bringt.

Systemfehlern auf die Schliche kommen

Ich will hier gar nicht so tun, als ob es ein Leichtes sei, Systemfehlern auf die Spur zu kommen. Meist kommen sie durch das komplexe Zusammenwirken verschiedener Faktoren zustande. Für sich genommen funktioniert jedes Programm, jeder Treiber, jede Hardwarekomponente reibungslos. Aber in einer gewissen Kombination kann unter bestimmten Bedingungen eine Situation eintreten, die zu einem Fehler führt. Diese Konstellation zu ermitteln, ist nicht immer leicht. Aber manchmal reicht es schon, einen der Störer aus dem Spiel zu nehmen, damit es insgesamt wieder rundläuft.

Folgende Maßnahmen können dabei helfen:

- Werten Sie die Fehlerinformationen so weit wie möglich aus. Die als Verursacher angegebene Software muss nicht wirklich fehlerhaft und auch nicht notwendigerweise die »Schuldige« sein. Aber meist ist es doch ein guter Hinweis. Verweist diese Angabe auf eine bestimmte Software oder eine Hardwarekomponente, entfernen Sie diese.

Testen Sie dann, ob das System ohne sie stabil läuft. Bei Treibersoftware kann auch ein Update auf eine neuere Version oder notfalls das Zurückkehren zu einer älteren Version hilfreich sein.

- Oftmals werden Softwarefehler in Wirklichkeit durch fehlerhafte Hardware verursacht. Unterziehen Sie Ihr System einer kritischen Prüfung. Insbesondere Festplatten und Hauptspeicher sollten mit den vorhandenen Bordmitteln gründlich analysiert werden.
- Tritt ein Fehler plötzlich vermehrt auf, stellen Sie sich die Frage: Was hat sich zuvor beim PC verändert? Haben Sie neue Hardware eingebaut, neue Software installiert, Treiber aktualisiert, Updates eingespielt oder BIOS-Einstellungen verändert? Unterziehen Sie diese Maßnahmen einer kritischen Prüfung, und machen Sie sie ggf. rückgängig. So lässt sich feststellen, ob eine dieser Aktionen die Systemstabilität beeinträchtigt hat.
- Kontrollieren Sie die Einstellungen des PC-BIOS, auch wenn Sie in letzter Zeit nichts daran geändert haben. Informieren Sie sich auf der Website des Herstellers über bekannte Probleme und BIOS-Updates. Setzen Sie die BIOS-Einstellungen ggf. auf sichere Standardwerte zurück.

Bluescreen-Fehler-Referenz

Zu jeder Systemfehlermeldung gehört ganz oben eine Angabe zur Art des Fehlers. Sie hilft dabei, den Fehler zu kategorisieren, und gibt damit zumindest grob die Richtung für die Fehlersuche vor. Die folgende Liste erläutert kurz, was sich hinter den kurzen, etwas kryptischen Fehlermeldungen verbirgt:

IRQL_NOT_LESS_OR_EQUAL bzw. DRIVER_IRQL_NOT_LESS_OR_EQUAL

Dieser Fehler wird in der Regel durch fehlerhafte Anwendungen oder Treiber verursacht. Achten Sie weiter unten in der Fehlermeldung darauf, in welcher Software der Fehler aufgetreten ist.

OUT_OF_MEMORY

Der vorhandene Arbeitsspeicher reicht nicht aus, oder – und wahrscheinlicher – ein Speicherriegel ist defekt. Überprüfen Sie den Arbeitsspeicher.

KMODE_EXCEPTION_NOT_HANDLED

Das System ist auf eine unzulässige oder unbekannte Anweisung gestoßen. Dies kann auf fehlerhafte Software, aber auch auf Speicherprobleme hinweisen.

FAT_FILE_SYSTEM oder NTFS_FILE_SYSTEM

Der Fehler trat beim Zugriff auf das Dateisystem auf. Überprüfen Sie die angeschlossenen Festplatten sowohl physikalisch (Anschlüsse) als auch auf Integrität hin (ScanDisk & Co.). Auch Wechsellaufwerke (USB-Sticks etc.) können betroffen sein. Treten solche Fehler zunehmend häufiger auf, könnte dies auf ein baldiges Ende einer Festplatte hindeuten.

PAGE_FAULT_IN_NON_PAGED_AREA

Ein Hardwaretreiber oder ein Systemdienst will im Speicher auf Daten zugreifen, die sich dort nicht befinden. Ursache könnten defekter Speicher oder aber auch Programmfehler sein.

BAD_SYSTEM_CONFIG_INFO

Dieser Fehler weist auf Probleme, aber nicht unbedingt auf Defekte beim Arbeitsspeicher hin. Überprüfen Sie im BIOS die Einstellungen, und setzen Sie diese ggf. zurück. Entfernen Sie eventuell eingebauten Zusatzspeicher.

INACCESSIBLE_BOOT_DEVICE

Das System kann nicht auf die Festplatte zugreifen. Dies liegt meist daran, dass ein spezieller Treiber für den Zugriff nicht (mehr) vorhanden ist. Dieser muss installiert werden. Denkbar wäre auch ein Defekt des Laufwerks.

SYSTEM_THREAD_EXCEPTION_NOT_HANDLED

Es ist eine Ausnahmebedingung aufgetreten, mit der das System nicht umgehen konnte. Dafür gibt es leider eine Vielzahl von möglichen Ursachen: vom fehlenden Speicherplatz bis hin zu Hardwaredefekten.

UNEXPECTED_KERNEL_MODE_TRAP

Die Ursache für diesen Fehler ist meist im Hardwarebereich zu suchen, also defekter Speicher, ein defekter Prozessor o. Ä. Auch Überhitzung durch ausgefallene Lüfter kann ihn verursachen. Er tritt häufiger bei übertakteten Systemen auf.

KERNEL_MODE_EXCEPTION_NOT_HANDLED

Auch diese Fehlermeldung ist leider recht unspezifisch und kann auf eine Vielzahl von Ursachen hinweisen.

PCI_BUS_DRIVER_INTERNAL

Hier gibt es Probleme mit dem PCI-Hardwarebus. Überprüfen Sie die Konfiguration im BIOS. Haben Sie kürzlich Änderungen an den Hardwarekomponenten vorgenommen, machen Sie diese probeweise rückgängig.

BAD_POOL_CALLER

Ein Prozess oder Treiber hat einen unzulässigen Speicherzugriff versucht. In der Regel wird dieser Effekt durch Programmfehler verursacht.

THREAD_STUCK_IN_DEVICE_DRIVER

Diese Fehlermeldung weist auf Probleme mit dem Videotreiber der Grafikkarte hin. Entweder ist der Treiber fehlerhaft, oder die Videokarte selbst ist defekt.

UNKNOWN_HARD_ERROR

Ein Teil der Registry kann beim Start nicht geladen werden. Dies weist auf Probleme beim Dateizugriff hin. Ein abgesicherter Start oder eine Wiederherstellung eines Systemsicherungspunktes können das Problem eventuell beheben. Allerdings sollten Festplattendefekte als Ursache ausgeschlossen werden.

CRITICAL_PROCESS_DIED

Ein wichtiger Prozess des Betriebssystemkerns wurde beendet, ohne den das Betriebssystem nicht fortgesetzt werden konnte. Hier ist es empfehlenswert, nach Name und Adresse in dieser Kombination bei Google & Co. zu suchen, um vielleicht Tipps zu Ursachen und Lösungen zu finden.

STATUS_SYSTEM_PROCESS_TERMINATED

Ein wichtiger Systemprozess wurde unterbrochen. In der Fehlermeldung wird in der Regel angegeben, welcher Prozess betroffen ist. Handelt es sich um den Prozess `winlogon`, könnte die Ursache auch eine Vireninfektion sein.

UNABLE_TO_LOAD_DEVICE_DRIVER

Ein bestimmter Gerätetreiber konnte beim Start nicht geladen werden. Die Fehlermeldung gibt an, welches Gerät betroffen ist. Der Treiber kann durch einen Festplattendefekt beschädigt worden sein.

6.7 Fehler beim Arbeitsspeicher ausschließen

Eine Quelle für unvermittelte Totalabstürze sind Defekte im Arbeitsspeicher. Sie kommen heute zwar deutlich seltener vor als in früheren Jahren, aber wenn, dann haben sie fatale Folgen. Windows bringt ein Programm zum Testen des Arbeitsspeichers mit, das allerdings nicht zur Laufzeit ausgeführt werden kann. Stattdessen wird der PC neu gestartet, der Test ausgeführt, und anschließend meldet sich Windows mit dem Ergebnis zurück. Das Ganze nimmt nur wenige Minuten Zeit in Anspruch.

1. Öffnen Sie die Systemsteuerung, und geben Sie oben rechts im Suchfeld *Arbeitsspeicher* ein.
2. Die Systemsteuerung bietet Ihnen daraufhin unter dem Stichwort *Verwaltung* den Menüpunkt *Arbeitsspeicher des Computers diagnostizieren* an.
3. Sie können nun wählen, ob der Test sofort ausgeführt und der PC dazu neu gestartet werden soll oder ob der Test beim nächsten regulären Neustart erledigt werden soll.
4. Der eigentliche Test wird dann im Anschluss an einen Neustart automatisch von einem Programm in der Windows-Startumgebung ausgeführt. Eine Fortschrittsanzeige hält Sie auf dem Laufenden. Mit [F1] können Sie zum erweiterten Test wechseln, der länger dauert, aber zusätzliche Prüfungen umfasst. Mit [Esc] können Sie den Test jederzeit beenden.

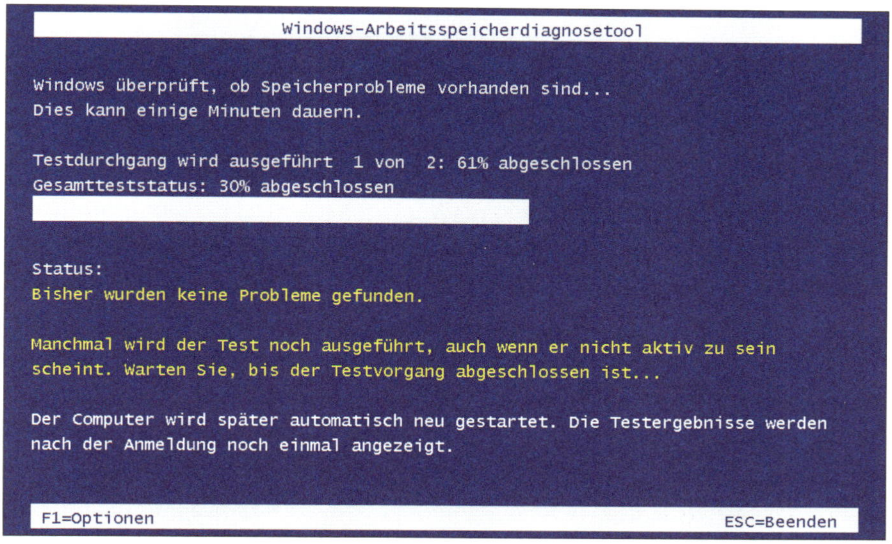

5. Nach dem Abschluss des Tests wird Windows neu gestartet. Kurz nach dem Start erhalten Sie eine Meldung, ob beim Speichertest Probleme erkannt wurden oder nicht.

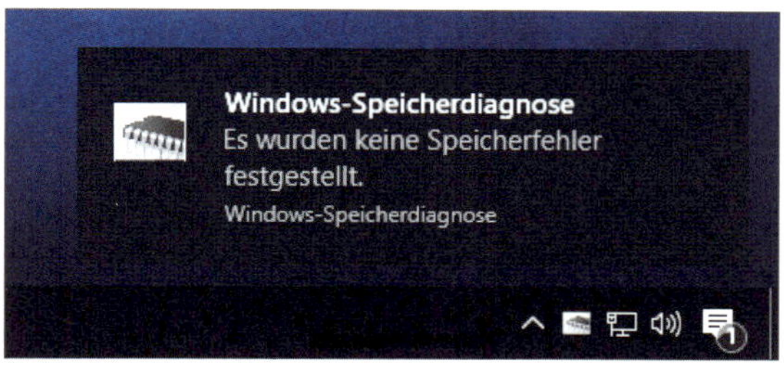

> **Geduld beim Testablauf**
>
> Auch wenn es beim Speichertest mal nicht voranzugehen scheint, warten Sie einfach ab. Insbesondere der erweiterte Test kann etwas länger dauern. Üblicherweise wird der Test aber stets so oder so mit einem Ergebnis abgeschlossen.

6.8 Systemdateien von Windows scannen und reparieren

Windows besteht aus einer riesigen Menge größerer und kleinerer Dateien. Sollte eine dieser Dateien beschädigt sein oder der Zugriff darauf verhindert werden, kann das die verschiedenartigsten Störungen und Beeinträchtigungen nach sich ziehen. Allerdings verfügt Windows über Mechanismen, mit denen man diese Systemdateien überprüfen und ggf. reparieren kann. Dieser Vorgang ist etwas komplizierter und nimmt ein wenig Zeit in Anspruch, lässt dafür aber alle anderen Bereiche wie eigene Dateien und installierte Anwendungen unangetastet.

Die Systemdatei-Überprüfung

Der erste (und oftmals auch schon einzig notwendige) Schritt ist das Überprüfen der Systemdateien. Windows bringt ein Kommandozeilenprogramm mit, das diese Aufgabe erledigt.

In Kapitel 4 zu Windows-Startproblemen beschreibe ich, wie Sie dieses Werkzeug sogar einsetzen können, wenn Windows sich gar nicht mehr starten lässt. Solange das Betriebssystem noch einigermaßen läuft, ist es noch etwas einfacher zu nutzen.

> **Reparaturdienst kann nicht gestartet werden?**
> Sollte sich das SFC-Programm beim Ausführen beschweren, dass der Reparaturdienst nicht gestartet werden könne, dann überprüfen Sie dies: Tippen Sie im Suchfeld des Startmenüs *Dienste* ein, und öffnen Sie dann mit [↵] die gleichnamige Desktop-App. Suchen Sie in der Diensteliste den Eintrag *Windows Modules Installer*, und kontrollieren Sie den *Starttyp*. Er sollte auf *Manuell* stehen, keinesfalls auf *Deaktiviert*.

1. Öffnen Sie eine Eingabeaufforderung mit Administratorrechten.
2. Tippen Sie hier ein:

```
sfc /scannow
```

3. Nun brauchen Sie nur etwas Geduld aufzubringen, während das Programm seine Arbeit erledigt. Es geht alle Windows-Systemdateien der Reihe nach durch und überprüft, ob der Zugriff darauf möglich ist und ob die Dateien intakt sind.

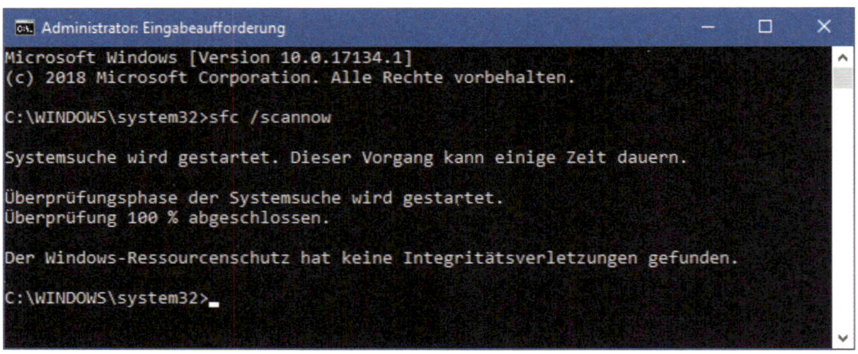

4. Dabei sind drei verschiedene Szenarien möglich:
   - Das Programm findet keine Probleme. Dann können Sie davon ausgehen, dass alle Systemdateien intakt sind. Die Ursache für Störungen müssen Sie in diesem Fall woanders suchen.
   - Das Programm findet Probleme mit einzelnen Dateien, kann diese aber direkt korrigieren. Dazu kann es auf eine Sicherungskopie aller Systemdateien im Windows-Komponentenspeicher zugreifen und daraus defekte Dateien durch intakte Versionen ersetzen. Das ist im Prinzip das beste Szenario, denn in diesem Fall besteht die Hoffnung, dass ein Problem durch diese Reparaturen einfach gelöst werden kann. Tipp: Führen Sie den Befehl in diesem Fall im Anschluss erneut aus, bis das Programm keine Probleme mehr findet.
   - Das Programm findet Probleme bei Systemdateien, kann diese aber nicht reparieren. In diesem Fall können Sie zunächst versuchen, den Befehl mehrmals hintereinander auszuführen, wobei Sie den PC zwischenzeitlich neu starten sollten. Können auch nach mehreren Versuchen nicht alle Fehler beseitigt werden, sind weitere Maßnahmen erforderlich, die im Folgenden beschrieben werden.

Das SFC-Programm schreibt (zusätzlich zu den Bildschirmausgaben) Einträge in die Protokolldatei *C:\Windows\Logs\CBS\CBS.log*. Darin finden sich auch Einträge aus anderen Quellen. Die *sfc*-Einträge sind aber mit dem Kürzel *[SR]* gekennzeichnet. Mit dem folgenden Befehl filtern Sie diese Einträge aus *CBS.log* heraus und schreiben sie in eine separate Datei *sfcprotokoll.txt* auf Ihrem Desktop:

```
findstr /c:"[SR]" %windir%\Logs\CBS\CBS.log↵
 >"%userprofile%\Desktop\sfcprotokoll.txt"
```

Den Windows-Komponentenspeicher reparieren

Wenn der Befehl `sfc /scannow` meldet, dass der Ressourcenschutz beschädigte Dateien gefunden hat, diese aber nicht reparieren konnte, liegt dies möglicherweise daran, dass der Komponentenspeicher, in dem Windows Sicherungskopien seiner Systemdateien aufbewahrt, selbst beschädigt ist. In diesem Fall können Sie versuchen, den Komponentenspeicher zu überprüfen und ggf. zu reparieren.

1. Öffnen Sie eine Eingabeaufforderung mit Administratorrechten.
2. Der folgende Befehl überprüft zunächst nur, ob es Hinweise auf Probleme im Komponentenspeicher gibt, die beispielsweise bei früheren Zugriffen darauf bereits registriert und seitdem nicht repariert wurden. Dies ist einfach nur ein erster schneller Test der Integrität. Werden dabei Fehler gemeldet, sollte in jedem Fall eine Reparatur durchgeführt werden (mehr darüber erfahren Sie im Folgenden).

   ```
   Dism /Online /Cleanup-Image /CheckHealth
   ```

3. Meldet der erste Befehl keine Fehler, bedeutet das nur, dass bislang keine Probleme verzeichnet wurden. In diesem Fall sollten Sie den folgenden Befehl hinterherschicken.

   Damit wird der Komponentenspeicher gründlich geprüft. Das nimmt einige Zeit in Anspruch (typischerweise fünf bis zehn Minuten), wobei ein längeres Verharren bei ca. 20 % Fortschritt nicht ungewöhnlich ist. Sollten Probleme festgestellt werden, wird eine Protokolldatei erstellt.

   ```
   Dism /Online /Cleanup-Image /ScanHealth
   ```

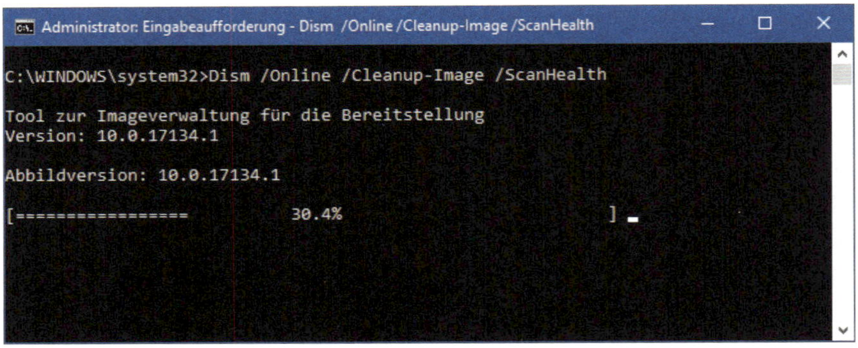

4. Wenn mit dem ersten oder zweiten Befehl Fehler im Komponentenspeicher erkannt wurden, kann Windows versuchen, diese selbst zu reparieren. Dadurch wird der Komponentenspeicher ebenfalls gründlich untersucht. Alle dabei festgestellten Probleme versucht das Programm auch gleich zu korrigieren. Die gefundenen Fehler und die Ergebnisse der Reparaturversuche werden in einer Protokolldatei festgehalten. Der Vorgang dauert typischerweise zehn bis fünfzehn Minuten, kann sich im Falle vieler Fehler aber auch einige Stunden hinziehen. Auch hier ist ein längeres Verharren bei ca. 20 % Fortschritt nicht ungewöhnlich.

   Geben Sie dazu den folgenden Befehl ein:

   ```
   Dism /Online /Cleanup-Image /RestoreHealth
   ```

Wenn alle Fehler im Komponentenspeicher auf diese Weise beseitigt werden konnten, sollten Sie `sfc /scannow` anschließend erneut ausführen und probieren, ob er nun alle defekten Windows-Systemdateien reparieren kann.

Den beschädigten Windows-Komponentenspeicher reparieren

Nicht immer kann Windows seinen Komponentenspeicher direkt selbst in Ordnung bringen, wenn die dafür benötigten Daten beschädigt sind oder fehlen. In einem solchen Fall können Sie auf ein Windows-Image in Form einer DVD, eines USB-Sticks oder einer ISO-Datei zurückgreifen. Wichtig ist dabei, dass dieses Image dieselbe Versions- und Build-

Nummer wie das installierte Windows haben muss. Auch der Systemtyp (32 oder 64 Bit) muss übereinstimmen.

Stellen Sie sicher, dass Windows auf das Installationsmedium zugreifen kann, und ermitteln Sie den Laufwerkbuchstaben des Images. Überprüfen Sie außerdem, ob sich im Ordner *sources* des Images eine Datei *install.wim* oder eine Datei *install.esd* befindet.

Im Fall einer **install.wim** verwenden Sie den folgenden Befehl:

```
Dism /Online /Cleanup-Image /RestoreHealth↵
 /Source:wim:D:\sources\install.wim:1 /limitaccess
```

Das Beispiel verwendet das Laufwerk *D:* für das Image. Fügen Sie hier ggf. den Laufwerkbuchstaben Ihres Images ein. Die Option `/limitaccess` sorgt dafür, dass das Image während des Vorgangs nicht durch Online-Updates aktualisiert wird.

Im Fall einer **install.esd** verwenden Sie den folgenden Befehl:

```
Dism /Online /Cleanup-Image /RestoreHealth↵
 /Source:esd:F:\Sources\Install.esd:1 /limitaccess
```

Das Beispiel verwendet das Laufwerk *F:* für das Image. Fügen Sie hier ggf. den Laufwerkbuchstaben Ihres Images ein.

Beide Varianten reparieren den Komponentenspeicher und übernehmen dafür intakte Versionen von beschädigten Komponenten aus dem spezifizierten Image. Gelingt das Reparieren des Komponentenspeichers auf diese Weise, sollten Sie im Anschluss erneut den Befehl `sfc /scannow` ausführen und sehen, ob nun alle defekten Windows-Systemdateien repariert werden können.

6.9 Windows reparieren, ohne Daten oder Einstellungen zu verlieren

Wenn sich ein Windows-Problem auch durch Reparieren von Systemdateien nicht lösen lässt bzw. wenn diese Reparaturen scheitern, muss Windows insgesamt zurückgesetzt werden. Dazu gibt es verschiedene Möglichkeiten, die im Folgenden beschrieben werden. Die meisten davon haben aber Nebenwirkungen, die auch vor persönlichen Dateien, Einstellungen und/oder installierten Anwendungen und Apps keinen Halt machen.

Eine Möglichkeit ohne diesen Nachteil ist ein In-Place-Upgrade von Windows. Dabei führen Sie im Grunde genommen ein Upgrade des vorhandenen Windows aus, ersetzen es dabei aber durch die Version, die bereits installiert ist.

Der Vorteil dabei: Persönliche Dateien bleiben ebenso erhalten wie viele Einstellungen und alle installierten Anwendungen und Apps. Es wird praktisch nur das Windows-System selbst ausgetauscht und durch Originale ersetzt, die eigentlich keine Beschädigungen aufweisen können.

Voraussetzung dafür ist, dass Sie einen Installationsdatenträger haben, der exakt dem installierten Windows entspricht, also bei Edition, Versionsnummer einschließlich Build-Nummer und dem Sprachtyp (32 oder 64 Bit) genau übereinstimmt.

1. Stellen Sie den Installationsdatenträger im Dateisystem zur Verfügung, entweder als DVD, als USB-Stick oder als ins Dateisystem eingehängtes ISO-Image (rechte Maustaste auf die ISO-Datei und im Kontextmenü *Bereitstellen* wählen).
2. Navigieren Sie dann mit dem Windows-Explorer zum Image, und führen Sie dort im Stammverzeichnis die Datei *setup.exe* aus.
3. Durchlaufen Sie den anschließenden Setup-Assistenten bis zum Schritt *Bereit für die Installation*.
4. Stellen Sie sicher, dass hier die Option *Persönliche Dateien und Apps behalten* ausgewählt ist. Andernfalls klicken Sie auf *Ändern der zu behaltenden Elemente* und passen die Einstellungen entsprechend an.
5. Setzen Sie dann die Upgrade-Installation fort.

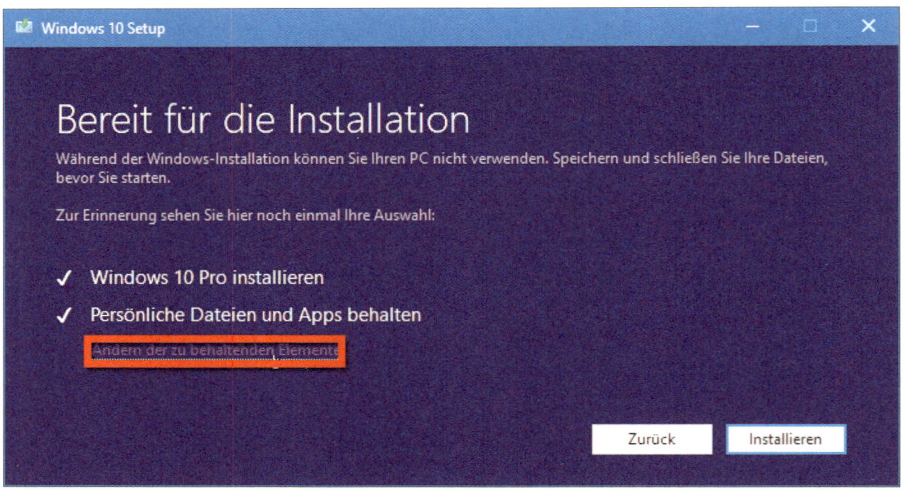

Nach dem Abschluss melden Sie sich mit Ihrem Benutzerkonto an. Wie üblich müssen Sie die Express-Einstellungen bei der ersten Anmeldung nach einer Installation vornehmen.

Davon abgesehen, sollten Sie anschließend ein (nun hoffentlich wieder reibungslos laufendes) Windows mit den vertrauten Dateien, Anwendungen und Einstellungen vorfinden.

6.10 Einen früheren intakten Systemzustand wiederherstellen

Lässt sich Windows nicht mit einer der zuvor beschriebenen Methoden wieder auf die Beine stellen, gibt es eine relativ einfache Methode (mit einem kleinen Haken). Wenn Sie, wie auf Seite 256 beschrieben, die Systemwiederherstellung konfiguriert haben, sollte diese Ihnen einen oder mehrere Wiederherstellungspunkte anbieten, an denen Ihr Betriebssystem noch rundlief. Durch das Zurückkehren zu einem dieser Punkte können Sie die aktuellen Probleme meist schnell und einfach beseitigen.

Der Preis dafür ist, dass alle Konfigurationsänderungen, die Sie seitdem vorgenommen haben, mit dem Wiederherstellen des vorherigen Zustands verschwinden. Das gilt auch für Anwendungen, die seitdem installiert wurden. Der Inhalt Ihrer persönlichen Dateien allerdings ist davon nicht betroffen und bleibt unangetastet auf dem letzten Stand.

1. Öffnen Sie in der Systemsteuerung das Modul *Wiederherstellung*.
2. Klicken Sie dort auf *Systemwiederherstellung öffnen*. Damit starten Sie einen Assistenten, der Sie durch die notwendigen Schritte und Auswahlen begleitet. Bestätigen Sie die Begrüßung mit *Weiter*.
3. Der Assistent schlägt Ihnen dann automatisch den zuletzt erstellten Systemwiederherstellungspunkt vor. Klicken Sie dazu einfach unten rechts auf *Weiter*.

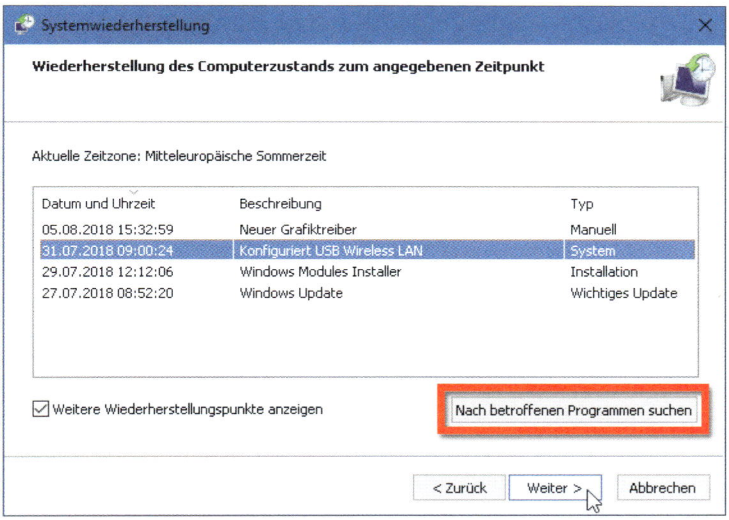

4. Mit der Option *Weitere Wiederherstellungspunkte anzeigen* listet der Assistent Ihnen weitere Wiederherstellungspunkte der jüngeren Vergangenheit auf. Wählen Sie hier ggf. einen besser geeigneten aus. Klicken Sie dann unten auf *Weiter*.

5. Der Assistent zeigt dann eine Zusammenfassung des ausgewählten Wiederherstellungspunktes an und bittet Sie um Bestätigung. Klicken Sie dazu einfach unten auf *Fertig stellen*.
6. Bestätigen Sie auch den anschließenden Warnhinweis bezüglich des folgenden Vorgangs mit *Ja*.
7. Der Assistent bereitet dann die Systemwiederherstellung vor. Dazu kopiert er die erforderlichen Dateien und setzt die veränderten Systemeinstellungen zurück.
8. Anschließend wird Windows heruntergefahren und für die eigentliche Wiederherstellung neu gestartet. Dies ist erforderlich, damit die Systemeinstellungen und -dateien beim Hochfahren aktualisiert werden können.

Nach dem Neustart befindet sich Ihr Windows-System wieder in demselben Zustand wie beim Anlegen des Wiederherstellungspunktes.

Worauf wirkt sich die Wiederherstellung aus?

Wenn Sie seit dem wiederherzustellenden Speicherpunkt Anwendungen installiert haben, sind diese durch die Wiederherstellung möglicherweise betroffen. Das gilt auch für Updates von schon länger vorhandenen Programmen, was aber weniger tragisch ist, da die eingebauten Update-Funktionen das ggf. wieder in Ordnung bringen. Sie können mit der Schaltfläche *Nach betroffenen Programmen suchen* in Erfahrung bringen, welche Anwendungen oder Treiber von einer Wiederherstellung betroffen wären.

6.11 Windows per Auffrischen oder Zurücksetzen reparieren

Zum Beheben grundsätzlicher Probleme und zum Bekämpfen des allmählichen »Alterungsprozesses« einer Windows-Installation hat Microsoft das Zurücksetzen des Betriebssystems entwickelt. Dabei gibt es zwei Varianten:

- Die **Auffrischen**-Funktion installiert das Betriebssystem neu, bewahrt dabei aber die persönlichen Daten der Anwender. Einstellungen werden auf die Standardwerte zurückgesetzt. Windows selbst ist anschließend also wieder wie neu, und eventuelle Probleme oder Fehlkonfigurationen sind effektiv beseitigt. Die persönlichen Dateien sind noch vorhanden, aber ansonsten bleibt noch einiges einzustellen und zu installieren, bis man wieder auf dem alten Stand ist.
- Mit der **Zurücksetzen**-Funktion hingegen lässt sich der PC quasi in den Auslieferungszustand versetzen. Diese Variante empfiehlt sich aber eigentlich nur, wenn man den PC beispielsweise verkaufen, zur Reparatur einreichen oder sonst wie in fremde Hände abgeben möchte.

Auffrischen – Frischzellenkur für zickige PCs

Wenn der PC lahmt oder immer wieder Zicken macht, dürfte die Auffrischen-Funktion interessant werden. Sie installiert Windows im Prinzip einmal neu, bewahrt dabei aber die Benutzerdaten (siehe Tipp).

Auffrischen – was bleibt erhalten, was geht verloren?

Die Auffrischen-Funktion bewahrt grundsätzlich nur die Dateien des Benutzers. Sämtliche installierten Anwendungen einschließlich Apps aus dem Windows Store werden entfernt. Alle Optionen werden auf die Standardeinstellungen zurückgesetzt. Es steht also nach dem Auffrischen etwas Arbeit an, damit wirklich alles wieder so läuft und aussieht wie vorher.

Andererseits vermindert sich dieser Aufwand enorm, wenn Sie ein Microsoft-Konto verwenden. Dabei werden viele Einstellungen mit der Cloud abgeglichen und stehen auch nach dem Auffrischen schnell wieder zur Verfügung. Ähnlich sieht es bei Touch-Apps aus dem Windows Store aus. Anwendungen für den klassischen Desktop hingegen müssen nach wie vor nach dem Auffrischen neu installiert werden.

Wenn Sie ein Auffrischen durchführen, halten Sie – falls vorhanden – den Installationsdatenträger bereit, da dieser ggf. benötigt wird.

1. Um ein Auffrischen durchzuführen, öffnen Sie in den *Einstellungen* den Bereich *Update und Sicherheit/Wiederherstellung*. Klicken Sie dort bei *Diesen PC zurücksetzen* auf *Los geht's*.

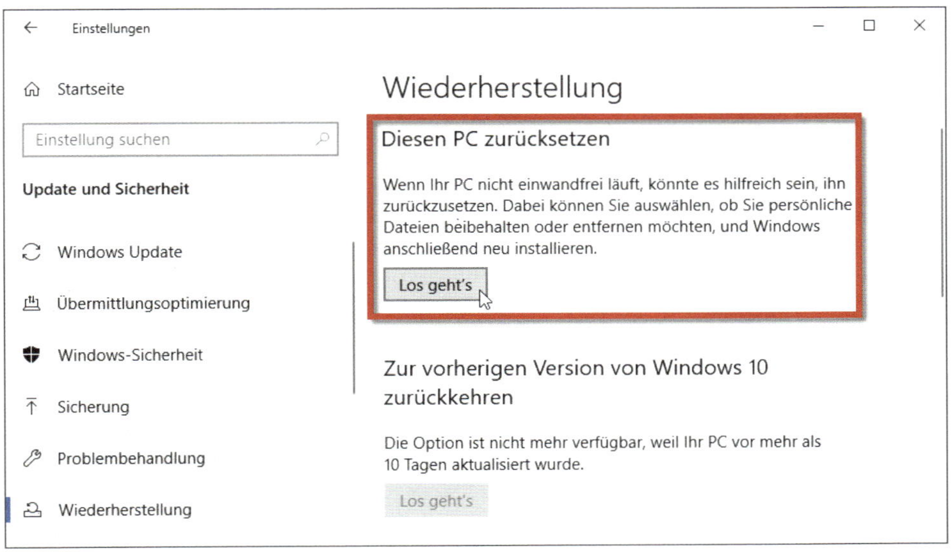

2. Wählen Sie nun die obere Option *Eigene Dateien beibehalten*, damit Ihre persönlichen Daten das Auffrischen überleben.

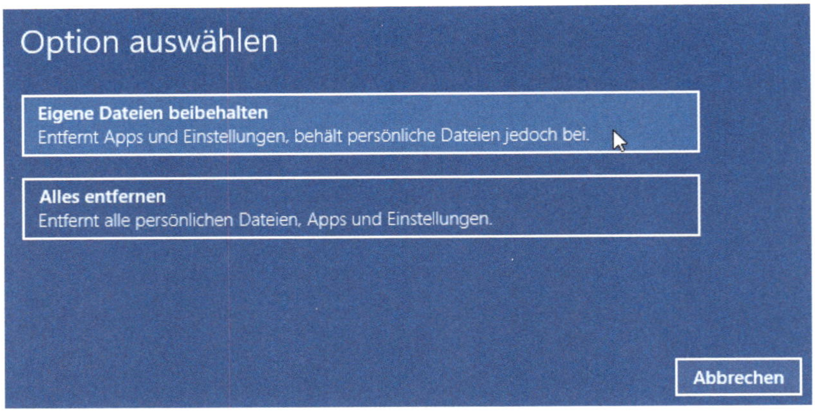

3. Der Auffrischungsassistent informiert Sie noch mal kurz über die Details. Starten Sie den Vorgang dann mit *Zurücksetzen*.

4. Windows startet neu und führt das Auffrischen der Installation durch. Dies sollte üblicherweise nur wenige Minuten Zeit in Anspruch nehmen. Neustarts sind in dieser Phase nichts Beunruhigendes. Überlassen Sie den PC einfach sich selbst.

5. Nach dem letzten Neustart wird der PC im nun aufgefrischten Zustand gestartet, und die Grundeinstellungen werden vorgenommen.

Anschließend steht Ihnen das zurückgesetzte Windows zur Verfügung. In den Bibliotheken finden Sie Ihre Dokumente und Dateien genau wie vor dem Auffrischen wieder.

Per Zurücksetzen gründlich aufräumen

Die Zurücksetzen-Funktion ist beim Lösen von Problemen mit dem PC weniger hilfreich. Sie automatisiert nur, was man bislang auch manuell mit etwas Aufwand erreichen konnte, nämlich ein Zurücksetzen des PCs in den Auslieferungszustand ohne jegliche persönlichen Daten und Einstellungen und ohne irgendwelche zusätzliche Software. Dies kann man nutzen, wenn man ganz von vorne anfangen will.

Vor allem aber ist das interessant, wenn man einen PC aus den Händen geben will oder muss, z. B. wenn er verkauft werden soll, ein geleaster PC zurückgegeben wird oder für eine Reparatur eingeschickt werden muss.

1. Die Zurücksetzen-Funktion finden Sie an derselben Stelle wie das Auffrischen, also in den *Einstellungen* im Bereich *Update und Sicherheit/Wiederherstellung*. Klicken Sie auch diesmal bei *Diesen PC zurücksetzen* auf *Los geht's*.
2. Im nächsten Schritt wählen Sie diesmal aber die Option *Alles entfernen*.

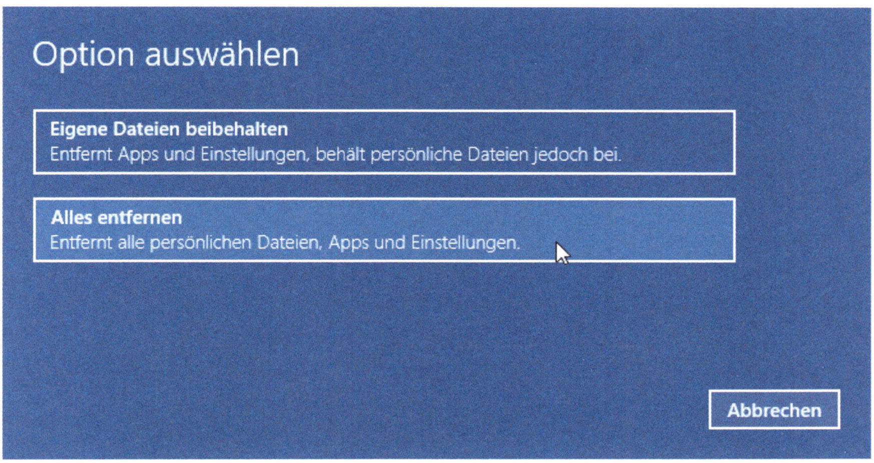

3. Sollte der PC über mehrere Laufwerke verfügen, fragt der Assistent nach, ob Sie alle Laufwerke zurücksetzen wollen oder nur dasjenige, auf dem Windows installiert ist.

   Hier ist Vorsicht geboten, wenn Sie z. B. mehrere Windows-Versionen parallel installiert oder wichtige persönliche Daten auf einem zweiten Laufwerk gespeichert haben.

Um den PC vor dem Weitergeben in fremde Hände zu säubern, sollten Sie aber unbedingt *Alle Laufwerke* wählen.

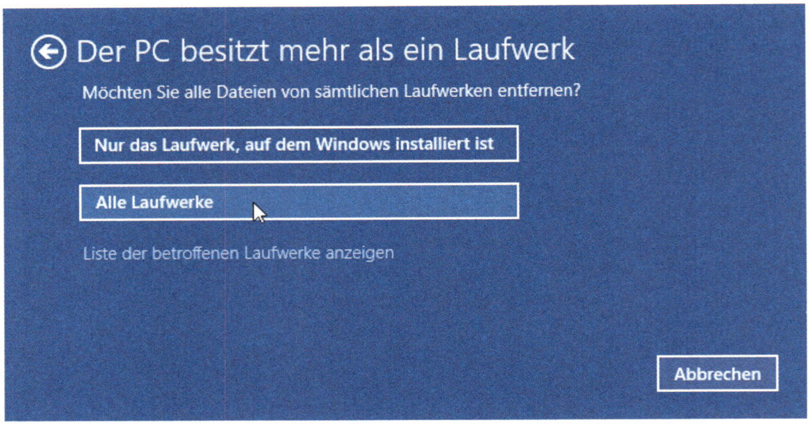

4. Nun lässt der Assistent Ihnen die Wahl, wie gründlich das Zurücksetzen erfolgen soll. Wenn auf Ihrem PC sehr sensible Daten gespeichert waren und es vielleicht sogar gilt, gesetzlichen Datenschutzbestimmungen zu genügen, sollten Sie die gründliche Variante *Dateien entfernen und Laufwerk bereinigen* wählen. Das kann zwar (lange!) dauern, aber die Daten werden dabei so intensiv zerlegt, dass sie nicht wiederherstellbar sind. Für einen privaten PC ohne sensible Daten reicht meist auch die schnelle, weniger gründliche Variante *Nur meine Dateien entfernen*.

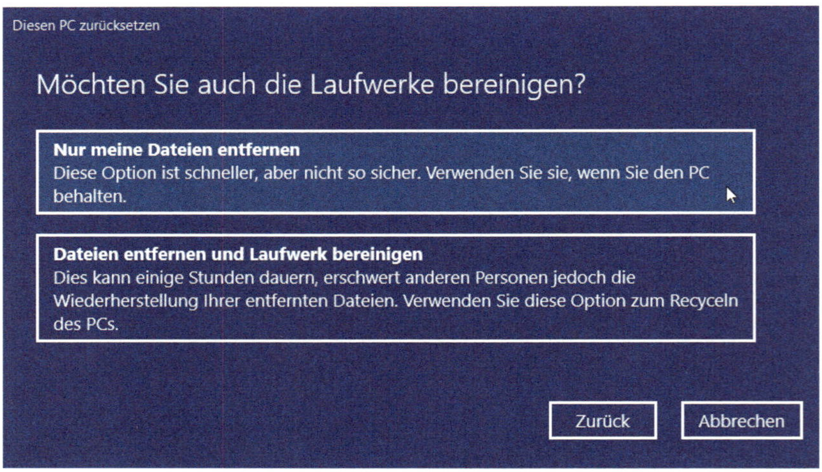

5. Der Zurücksetzen-Assistent informiert Sie dann noch mal kurz über die Folgen (also alle Dateien sind weg und jegliche Optionen auf Werkseinstellungen zurückgesetzt). Wenn Sie das wirklich wollen, starten Sie den Vorgang mit *Zurücksetzen*.

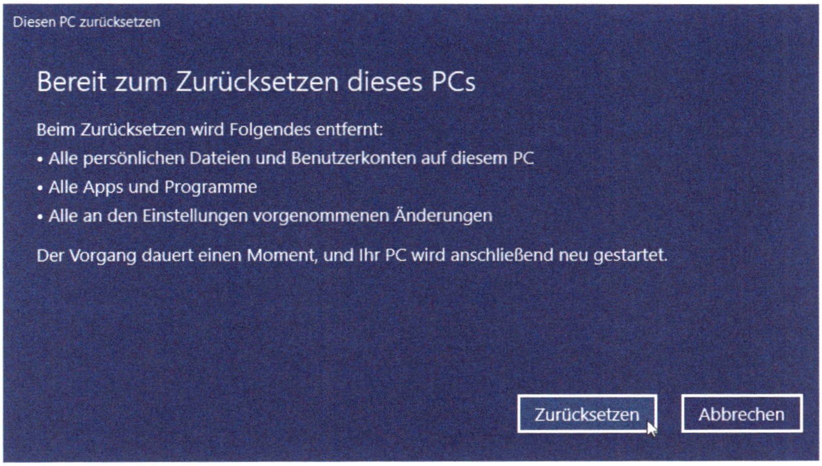

6. Der Assistent macht sich nun an das Zurücksetzen Ihrer Windows-Installation auf die Werkseinstellungen. Dies kann einige Zeit dauern und mehrere Neustarts umfassen.

7. Nach Abschluss des Zurücksetzens fragt Windows zunächst wie bei einer Upgrade-Installation einige grundlegende Dinge ab. Achten Sie hier vor allem auf die Zeitzone, die meistens korrigiert werden muss.

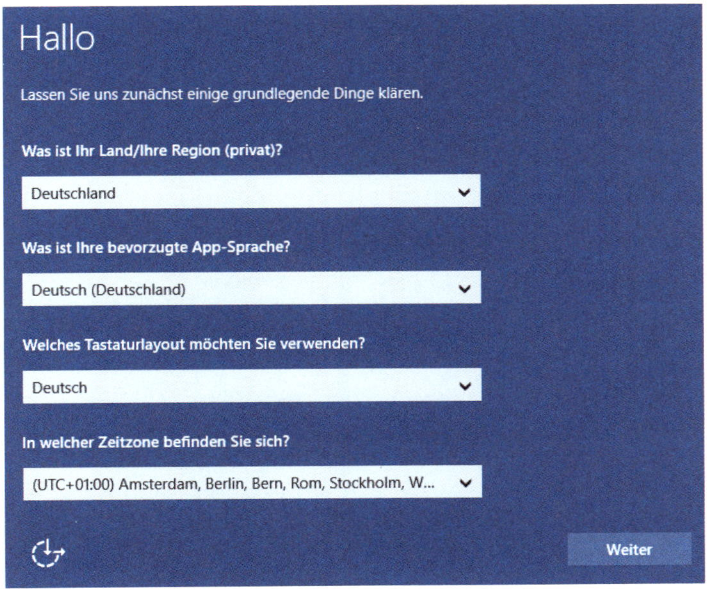

8. Anschließend bestätigen Sie die Lizenzbedingungen, und es beginnen die Grundeinstellungen wie beim ersten Start. Dabei fragt Windows den Produktschlüssel ab, sofern er nicht in der Hardware des PCs hinterlegt ist.

Sollten Sie den gesäuberten PC mit installiertem Windows an jemand anderen weitergeben wollen, schalten Sie ihn einfach bei Schritt 7 aus. Die Einstellungen kann der neue Benutzer dann ja auch selbst vornehmen.

Auffrischen oder Zurücksetzen bei Startproblemen

Zurücksetzen und Auffrischen sind schön und gut. Aber was, wenn die Störung, die Sie damit beseitigen wollen, den regulären Start des PCs verhindert? In solchen Fällen können Sie diese Optionen direkt im Bootmanager aufrufen.

1. Wenn Sie eine Startkonfiguration mit mehreren Windows-Installationen haben, wird diese bei jedem Start automatisch angezeigt. Andernfalls drücken Sie während des Startvorgangs nach Abschluss der BIOS-Meldungen F8, bis der Bootmanager erscheint.

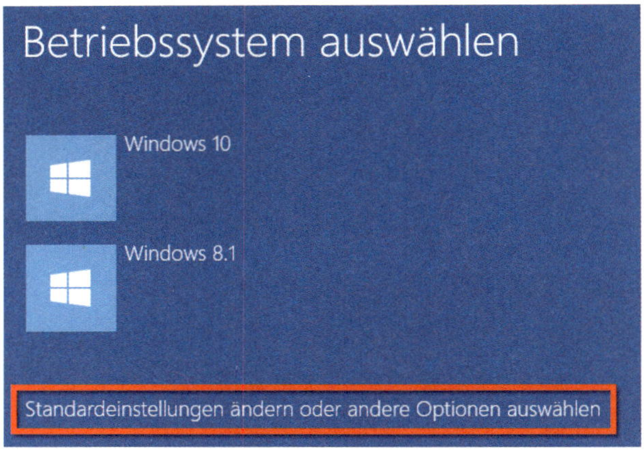

2. Wählen Sie anstelle der angebotenen Startkonfigurationen ganz unten *Standardeinstellungen ändern oder andere Optionen auswählen.*
3. Im anschließenden Menü entscheiden Sie sich für *Weitere Optionen auswählen.*

4. Wählen Sie im nächsten Schritt die Option *Problembehandlung.*

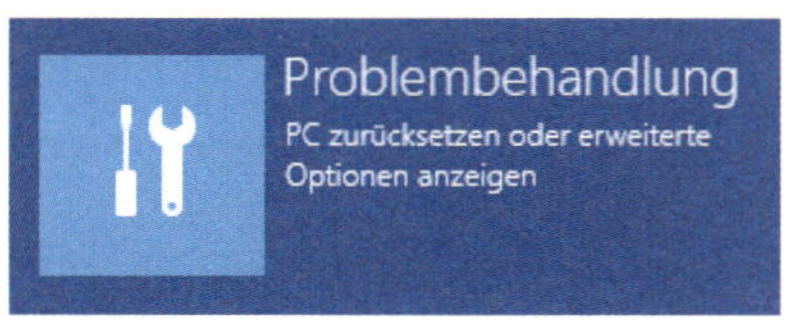

5. Im so geöffneten Menü für *Problembehandlung* verwenden Sie nun die Funktion *Diesen PC zurücksetzen*.

6. Im anschließenden Schritt können Sie dann entscheiden, welche Variante des Zurücksetzens Sie durchführen möchten: *Eigene Daten beibehalten* oder *Alles entfernen*.

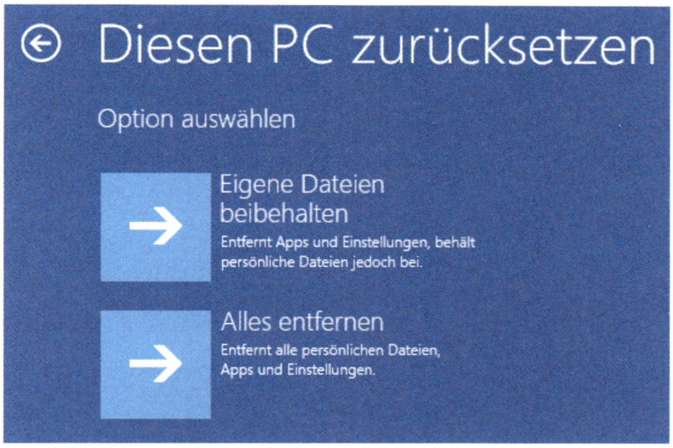

Wenn Sie einen dieser Punkte auswählen, läuft der jeweilige Vorgang dann so ab, wie oben beschrieben.

6.12 Ein gespeichertes Systemabbild wieder einspielen

In Kapitel 15 zum Thema »Vorsorge« empfehle ich, regelmäßig ein Systemabbild mindestens Ihres Windows-Laufwerks zur erstellen. Dies ist auch die letzte Versicherung, falls sich schwerwiegende Windows-Probleme nicht mit einer der anderen hier beschriebenen Methoden in den Griff bekommen lassen.

Der Vorteil: Durch das Einspielen eines solchen Abbilds versetzen Sie den kompletten PC in den Zustand, in dem das Abbild erstellt wurde. Lief der Rechner zu diesem Zeitpunkt noch rund, wird er das nach dem Wiederherstellen erneut tun (es sei denn, es liegt letztlich doch an einem Hardwareproblem).

Der Nachteil: Sie drehen die Zeit an Ihrem PC auf den Moment des Abbild-Erstellens zurück. Alles, was Sie seitdem getan haben, ist erst mal verschwunden. Auch Ihre persönlichen Dateien befinden sich wieder in dem Zustand wie beim Anlegen des Abbilds. Dateien, die erst danach entstanden sind, finden Sie gar nicht wieder. Sie sollten also unbedingt eine aktuelle Sicherung aller wichtigen Dokumente, Bilder, Videos etc. in der Hinterhand haben, sofern Sie diese nicht aus anderen Quellen wiederbeschaffen können.

Sollten Sie zu diesem Schritt greifen wollen, können Sie dazu die Beschreibung auf Seite 53 nutzen.

7. Performance-Probleme von Windows lösen

Wenn Windows im laufenden Betrieb immer wieder spürbare Denkpausen einlegt, ist der Task-Manager die erste Anlaufstelle. Er zeigt im Detail, welche Anwendungen und Prozesse gerade aktiv sind und welche und wie viele Ressourcen sie belegen. Zum schnellen Start des Task-Managers in jeder Situation gibt es verschiedene Möglichkeiten:

- Wenn Sie ein einprägsames Tastenkürzel bevorzugen, gewöhnen Sie sich an Strg+⇧+Esc.
- Mit einem Rechtsklick auf einen freien Bereich der Startleiste können Sie *Task-Manager* im Kontextmenü auswählen.
- Tippen Sie im Startmenü `task` ein. Dann können Sie oben den Eintrag *Task-Manager* direkt auswählen und mit ↵ starten.

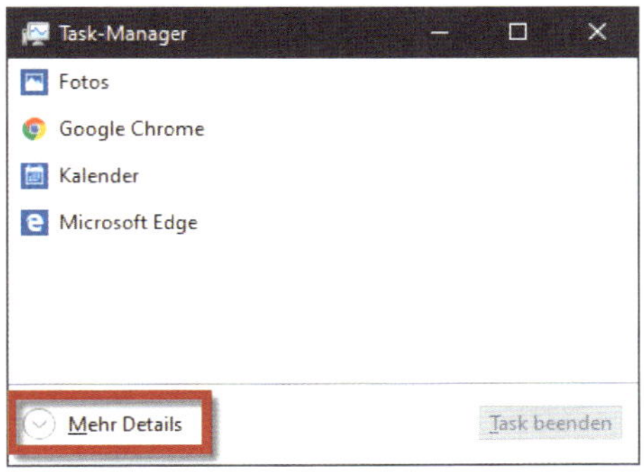

Egal, welche Variante Sie wählen, der Task-Manager präsentiert sich beim allerersten Start zunächst in seiner minimalistischen Variante, in der er einfach nur die laufenden Apps anzeigt, wobei Desktop- und Touch-Apps gleichberechtigt behandelt werden. Hier können Sie nur eine der Apps auswählen, beispielsweise wenn sie nicht mehr auf Eingaben reagiert, und mit der Schaltfläche unten rechts den dazugehörenden *Task beenden*. Um alle Funktionen des Task-Managers nutzen zu können, klicken Sie am besten direkt nach dem (ersten) Start einmal unten links auf *Mehr Details*, damit der Task-Manager sich Ihnen in seiner vollen Pracht erschließt! Das Programm merkt sich diese Einstellung und startet von da an immer in der Detailansicht, solange Sie dies nicht wieder ändern.

Den freien Platz auf der Festplatte prüfen

Angesichts der heute üblichen Festplattengrößen und -preise scheint der Hinweis beinahe nostalgisch: Wenn der PC auf einmal scheinbar grundlos langsamer wird oder Windows andere sonderbare Macken zeigt, prüfen Sie einfach mal den freien Speicherplatz auf dem Systemlaufwerk (auf dem Windows installiert ist). Damit Windows alle seine Aufgaben ungehindert erledigen kann, sollten immer 10 %, besser noch 20 % des Speicherplatzes frei sein. Gerade die mittlerweile immer beliebteren SSDs sind teilweise knapp bemessen und laufen schnell voll, wenn man den Speicherplatz nicht im Blick behält. Ist der Speicher tatsächlich knapp, verschafft Ihnen die Datenträgerbereinigung (klicken Sie in den Eigenschaften des Laufwerks in der Rubrik *Allgemein* auf *Bereinigen*) meist schnell etwas Luft.

7.1 Prozesse als Systembremsen identifizieren

Die Kategorie *Prozesse* des Task-Managers fasst alle derzeit aktiven Anwendungen und Apps, Hintergrundprozesse sowie Systemdienste übersichtlich zusammen und ermöglicht dadurch ein ausgewogenes Bild davon, wo genau die großen Verbraucher von Rechenzeit, Arbeitsspeicher und Festplattenzugriffen sitzen. Die farbige Hervorhebung macht auf einen Blick deutlich, welche Prozesse Sie sich näher anschauen sollten. Zusätzlich können Sie die Anzeige der Daten flexibel nach Ihren eigenen Bedürfnissen gestalten.

Zu jedem laufenden Prozess finden Sie neben dem Status einige wesentliche Angaben, die seinen Ressourcenverbrauch beschreiben:

- *CPU* – die belegte Rechenzeit des Prozessors
- *Arbeitsspeicher* – die Menge an benutztem Arbeitsspeicher
- *Datenträger* – die Menge an Transferkapazität der Festplatte(n)
- *Netzwerk* – die Menge an Transferkapazität der Netzwerkverbindung
- *GPU* – die belegte Rechenzeit der Grafikeinheit

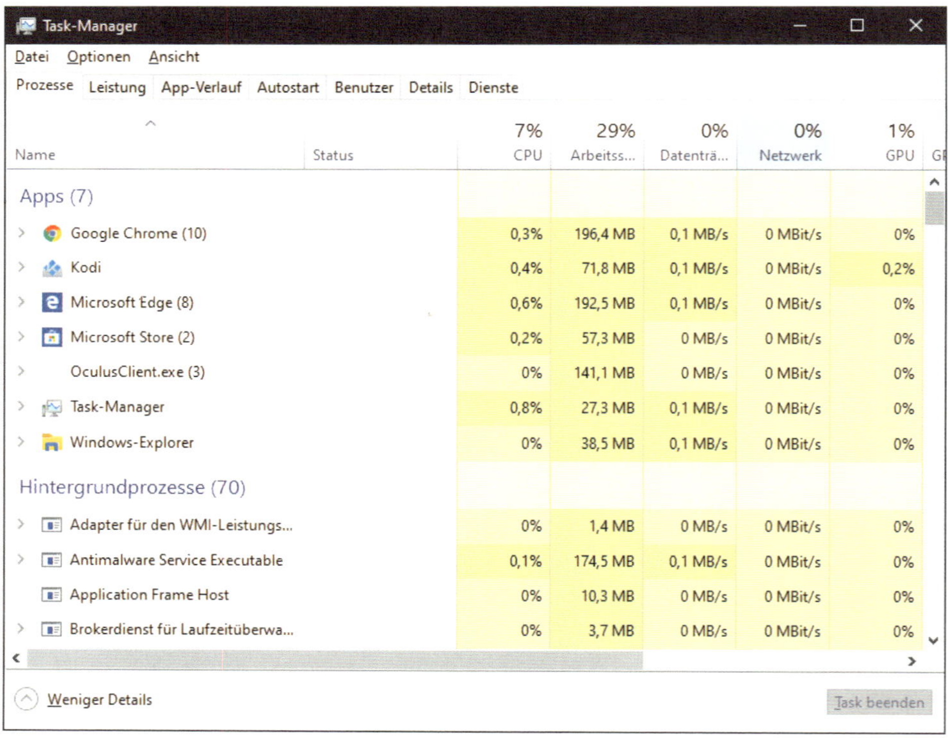

Datenträger misst die Transfer-, nicht die Speicherkapazität

Beachten Sie, dass der Wert bei *Datenträger* nichts mit der Speicherplatzbelegung auf der Festplatte zu tun hat. Es geht vielmehr um die Transferkapazität von der Festplatte in den Arbeitsspeicher, die ebenso ein bremsender Flaschenhals sein kann wie der Prozessor selbst. Ein hoher Wert bei *Datenträger* besagt also, dass dieser Prozess eine große Anzahl an Festplattenzugriffen verursacht, nicht aber notwendigerweise besonders viel Festplattenspeicher belegt.

In der Rubrik *Prozesse* finden Sie seit dem Funktionsupdate 1809 rechts zwei neue Spalten: *Stromverbrauch* gibt den aktuellen Verbrauch der einzelnen Prozesse in umgangssprachlichen Beschreibungen an. *Stromverbrauch (Trend)* mittelt den Verbrauch eines Prozesses über einen längeren Zeitraum, um eine verlässlichere Aussage treffen zu können. Wie alle Spalten können Sie auch diese zum Sortieren der Prozessliste verwenden und erhalten so schnell eine Liste der stromhungrigsten Prozesse Ihres PCs.

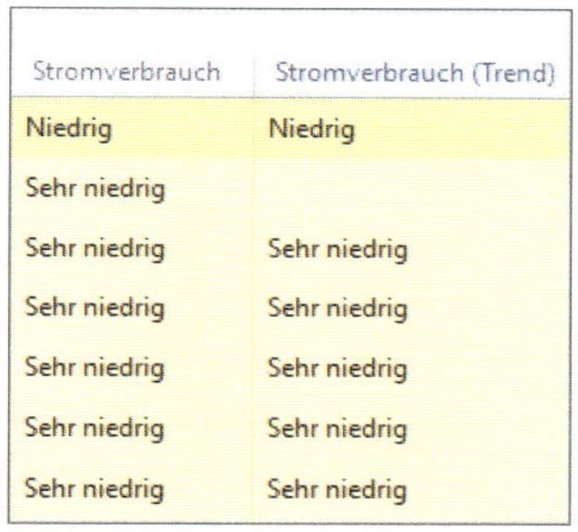

Relative anstelle absoluter Vergleichswerte nutzen

Maßgeblich für zähes Ansprechverhalten des PCs ist in den meisten Fällen die Auslastung des Prozessors. Die Werte dafür werden in der Spalte *CPU* grundsätzlich als Prozentangaben angezeigt. Bei anderen Spalten entscheiden Sie, ob Sie relative oder absolute Werte bevorzugen:

1. Klicken Sie mit der rechten Maustaste irgendwo auf die Prozessliste, und wählen Sie im Menü *Ressourcenwerte*.
2. Im Untermenü wählen Sie die Ressource aus, für die Sie die Angabe der Werte verändern möchten.
3. Wählen Sie dann mit *Prozent* relative oder eben absolute *Werte* aus, je nachdem, was Sie für informativer halten.

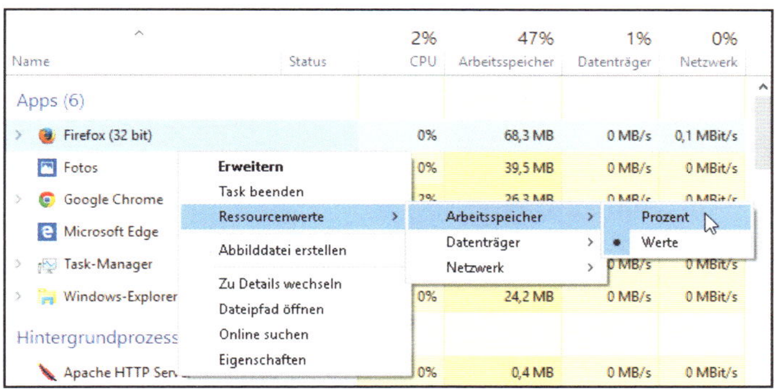

In der Prozessliste wichtige Daten sichtbar machen

Neben den fünf Standardspalten können Sie bei Bedarf weitere Informationen in der Prozesstabelle sichtbar machen und sich so Ihren ganz individuellen Task-Manager zusammenstellen.

1. Klicken Sie dazu mit der rechten Maustaste auf die Tabellenzeile mit den Spaltenüberschriften.
2. Im Kontextmenü finden Sie nun weitere Informationen wie *Typ*, *Herausgeber*, *Prozessname* und *Befehlszeile*. Um eine entsprechende Spalte hinzuzufügen, klicken Sie den Eintrag an und setzen so ein Häkchen davor.
3. Um eine der vorhandenen Spalten auszublenden, entfernen Sie das Häkchen einfach.
4. Um die Reihenfolge der Spalten zu verändern, klicken Sie eine Spaltenüberschrift an und ziehen sie mit gedrückter Maustaste an die gewünschte Position. Die anderen Spalten gruppieren sich dann automatisch passend um.

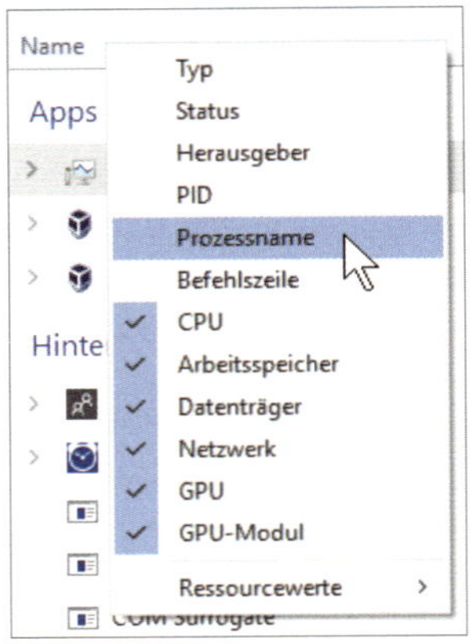

Die Prozessliste nach Bedarf sortieren

Genau wie bei der Detailansicht im Windows-Explorer können Sie die Liste der Prozesse nach Bedarf sortieren. Möchten Sie z. B. wissen, welcher Prozess im Moment die meiste Rechenzeit beansprucht, verwenden Sie die Spalte *CPU* als Sortierkriterium. Dann finden Sie ganz oben in der Liste den aktuell größten Prozessorverbraucher.

Um die Sortierung zu steuern, klicken Sie wie beim Windows-Explorer einfach auf die Überschrift der Spalte, die als Sortierkriterium verwendet werden soll. Der erste Klick sortiert von Groß nach Klein, ein weiterer kehrt die Reihenfolge um.

Die Gruppierung der Prozesse wiederherstellen

Wenn Sie die Sortierung der Prozesse verändern, geht die standardmäßige Gruppierung in Anwendungen, Hintergrundprozesse und Systemdienste verloren. Wollen Sie diese an sich sehr hilfreiche Aufteilung wiederherstellen, wählen Sie die Menüfunktion *Ansicht/Nach Typ gruppieren*.

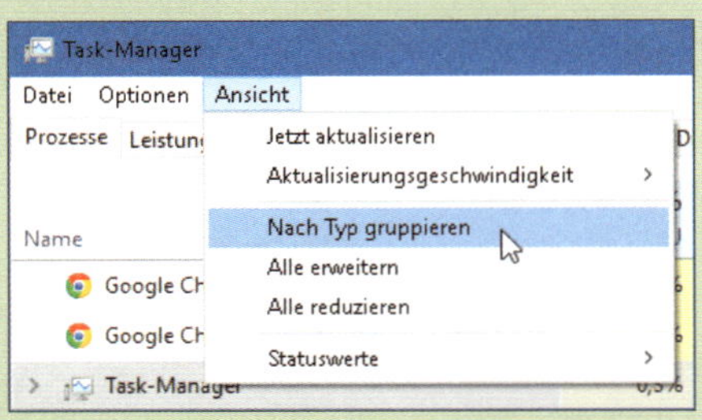

Den Prozess zu einer bestimmten Anwendung ermitteln

Ein Anwendungsname allein ist nicht immer hilfreich. Sie können aber zu jedem laufenden Task den konkreten Prozess ermitteln, der die exakte Bezeichnung der ausgeführten Programmdatei verrät und so ggf. weitere Schritte ermöglicht.

1. Klicken Sie dazu mit der rechten Maustaste auf eine Anwendung, und wählen Sie im Kontextmenü *Zu Details wechseln*.
2. Dadurch gelangen Sie in die Kategorie *Details*, wo Sie eine Liste von Prozessen mit genauen Angaben vorfinden. Besonders praktisch: Der Prozess der im Schritt zuvor gewählten Anwendung ist hier bereits ausgewählt.

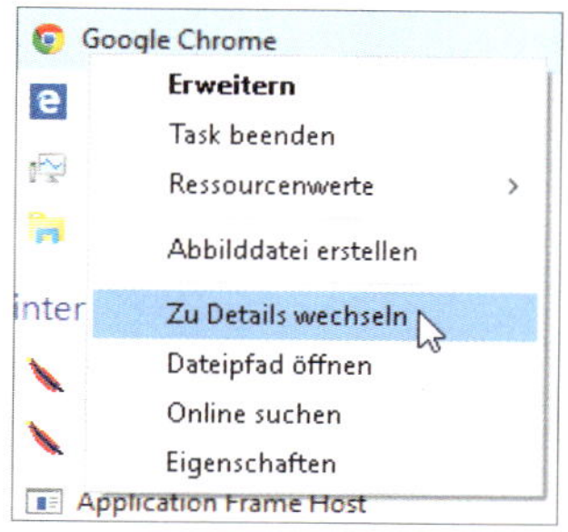

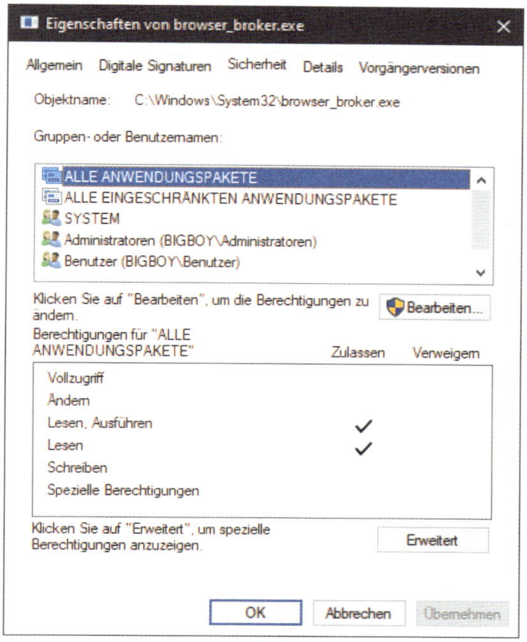

3. Klicken Sie erneut mit der rechten Maustaste darauf, erhalten Sie im Kontextmenü erweiterte Möglichkeiten. Mit *Eigenschaften* öffnen Sie die Eigenschaften der Programmdatei. Hier erfahren Sie den genauen Speicherpfad ebenso wie die Versionsnummer. In der Rubrik *Sicherheit* öffnen Sie mit *Erweitert* die erweiterten Sicherheitseinstellungen, in denen Sie beispielsweise den Besitzer der Datei ablesen können.
4. Handelt es sich um einen Dienst, können Sie über das Kontextmenü mit *Zu Dienst(en) wechseln* direkt in die Rubrik *Dienste* wechseln. Auch hier ist der zum Prozess gehörende Dienst direkt ausgewählt.

Probleme bei einzelnen Prozessen analysieren

Zu den hilfreichen Möglichkeiten des Task-Managers gehört ein tiefer gehender Einblick in die Abläufe und Abhängigkeiten eines Multitasking-Systems mit zahlreichen parallelen und aufeinander aufbauenden Prozessen. Wenn es bei einer Anwendung oder Funktion mal wieder »hängt«, können Sie selbst nachschauen, worin genau die Ursache dafür liegt. Klicken Sie dazu mit der rechten Maustaste auf einen Prozess, und wählen Sie im Kontextmenü *Warteschlange analysieren*. Der daraufhin folgende Dialog verrät Ihnen, ob und worauf der Prozess wartet. Das kann einfach ein anderer Prozess sein oder aber auch eine ganze Kaskade voneinander abhängender Prozesse. Sollte diese Liste leer sein, läuft der Prozess ganz normal bzw. ist im Zweifelsfall für alle »Hänger« selbst verantwortlich.

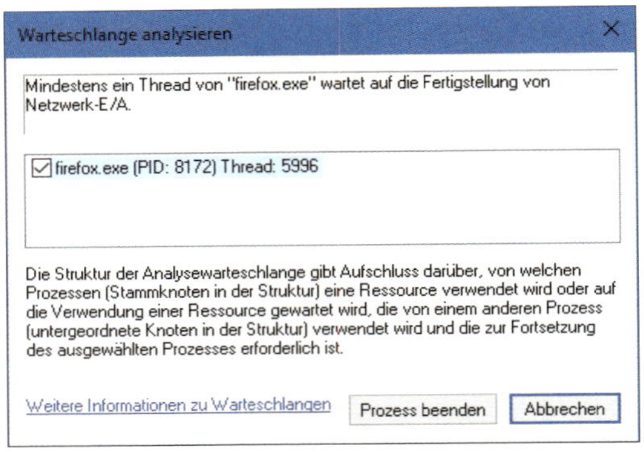

7.2 Problematische Prozesse per Prozessmonitor überwachen

Haben Sie eine Anwendung als konkreten Verursacher von Leistungsproblemen ausgemacht, ist das nur der erste Schritt. Möglicherweise können Sie auf das Programm verzichten und es deinstallieren oder einfach nicht mehr nutzen. Das geht aber nicht immer, und darüber hinaus wäre es ja auch interessant, zu wissen, was genau die Anwendung so langsam macht. Um das herauszufinden, können Sie Programme mit dem Process Monitor aus der Sysinternals-Werkzeugsammlung (siehe Seite 314) überwachen.

1. Starten Sie das Programm *procmon.exe*, und platzieren Sie sein Fenster möglichst platzsparend am Rand des Bildschirms. Stellen Sie sicher, dass im *File*-Menü die Option *Capture Events* aktiv ist.
2. Starten Sie nun die fragliche Anwendung, bzw. führen Sie die Funktion aus, die zu Verzögerungen führt. Warten Sie ggf. ab, bis der störende Effekt eintritt.
3. Wechseln Sie dann wieder zum Process Monitor, und beenden Sie mit *File/Capture Events* das Datensammeln (um die Datenmenge nicht unüberschaubar groß werden zu lassen).

4. Suchen Sie nun in der Liste der vom Process Monitor erfassten Ereignisse eines mit der fraglichen Anwendung heraus. Sie erkennen diese am Namen der Programmdatei in der Spalte *Process Name*.

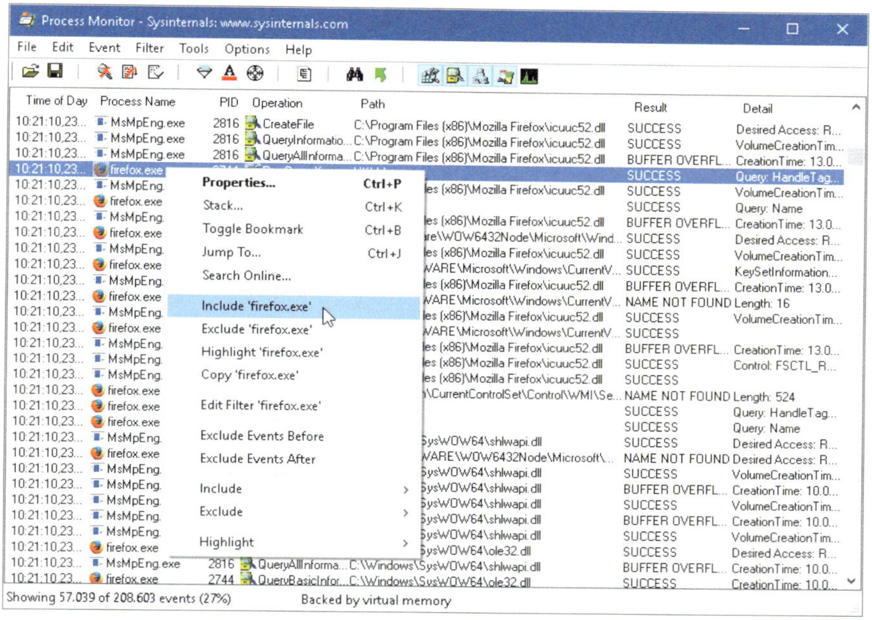

5. Klicken Sie mit der rechten Maustaste auf den Prozessnamen eines solchen Ereignisses, und wählen Sie anschließend im Kontextmenü *Include/'<Prozessname>'*. Damit filtern Sie die Ereignisliste, sodass nur noch Ereignisse dieses Programms angezeigt werden.

Den Filter zurücksetzen und Ereignisse löschen

Mit *Filter/Reset Filter* können Sie den Filter jederzeit auf seine Standardeinstellungen zurücksetzen. Mit *Edit/Clear Display* löschen Sie die aktuelle Ereignisliste, um etwa neue, aktuelle Daten zu erfassen.

Auf diese Weise erhalten Sie eine chronologische Liste aller Ereignisse, die von der Anwendung im Überwachungszeitraum ausgelöst wurden:

- In der Spalte *Operation* können Sie die Art des Ereignisses ablesen, etwa Dateioperationen oder Registry-Zugriffe.
- In der Spalte *Path* wird das Ziel der Operation angegeben, also etwa eine Datei oder ein Registry-Schlüssel.
- Besonders interessant ist die Spalte *Result*. Meist steht hier nur *SUCCESS*, was bedeutet, dass die Operation erfolgreich durchgeführt wurde. Umso spannender sind ande-

re Einträge wie beispielsweise *FILE LOCKED, NAME NOT FOUND* oder *ACCESS DENIED*. Diese Einträge müssen nicht zwangsläufig auf eine Fehlfunktion hinweisen, aber sie können zumindest ein Indiz dafür sein.

Erfolgreiche Events ignorieren
Um die Liste des Process Monitors möglichst übersichtlich zu machen, kann es hilfreich sein, alle Ereignisse mit dem Ergebnis *SUCCESS* wegzufiltern. Dann bleiben nur solche übrig, die potenziell auf Probleme hinweisen. Klicken Sie dazu mit rechts auf ein erfolgreiches Ereignis, und wählen Sie im Kontextmenü *Exclude/Result*.

Das hier beschriebene Szenario ist nur eine von vielen Einsatzmöglichkeiten des Process Monitors. Er kann ebenso genutzt werden, wenn Anwendungen sich nicht wie erwartet verhalten, um bei unspezifischen Fehlermeldungen Klarheit über die tatsächliche Ursache zu erlangen.

7.3 Kerndaten visuell überwachen und Flaschenhälse erkennen

Wenn der PC nur sporadisch langsamer wird, ist es schwierig, den richtigen Moment zu erwischen. Hier hilft die Rubrik *Leistung* des Task-Managers weiter.

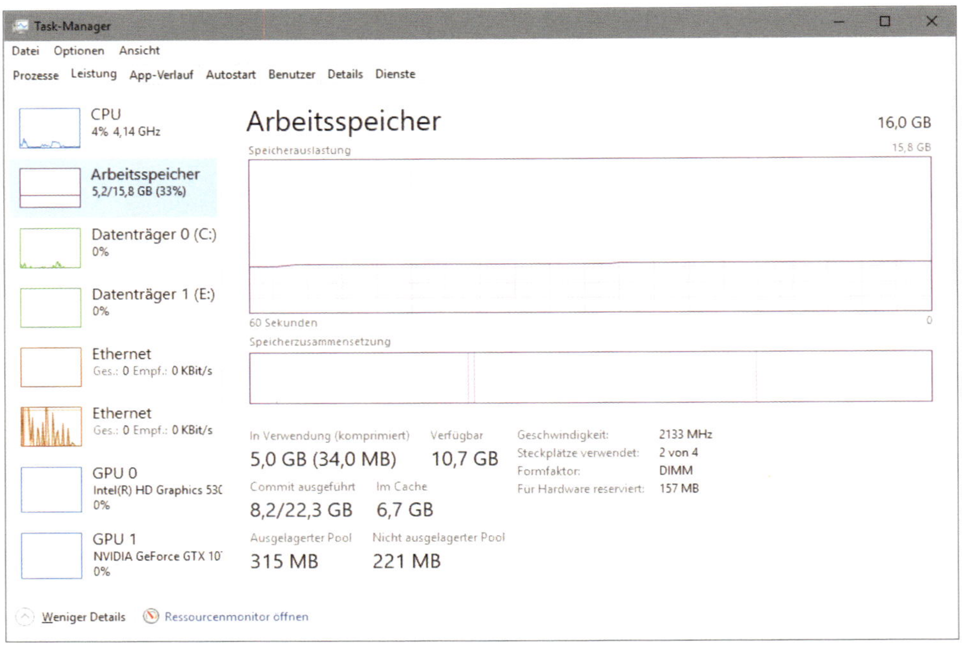

Sie erlaubt es, Kerndaten wie die Auslastung von Prozessor, Speicher oder Netzwerk flexibel zu visualisieren. So können Sie auf einen Blick sehen, ob Wartepausen tatsächlich von der CPU verursacht werden oder ob stattdessen vielleicht Datenträger oder Netzwerk ausgelastet sind und eine Anwendung einfach zu lange auf Daten warten muss. Alle Leistungswerte werden permanent links in der Leiste als Miniatur angezeigt. Dort können Sie auch einen der Werte auswählen, der dann rechts im Hauptbereich detailliert angezeigt wird.

Wichtige Performance-Werte kompakt auf dem Desktop

Wollen Sie in bestimmten Situationen wesentliche Leistungsparameter Ihres PCs ständig im Blick behalten, ist der Task-Manager dafür nur bedingt geeignet. Zwar bleibt er automatisch stets im Vordergrund, aber er nimmt dort eben auch einiges an Platz weg. Es gibt aber ein paar Tricks, wie Sie die Anzeige des Task-Managers auf die Informationen reduzieren können, die im Moment wichtig sind:

- Klicken Sie mit der rechten Maustaste in die linke Hälfte des Fensters, können Sie im Kontextmenü die *Zusammenfassungsansicht aktivieren*. Dann zeigt ein schmales Fenster nur die wesentlichsten Dateien an. Sie können es mit der Maus an den linken oder rechten Rand des Bildschirms verschieben, wo es kaum stört. So behalten Sie die Kerndaten Ihres Systems stets im Blick. Um später wieder das volle Fenster des Task-Managers auszuklappen, doppelklicken Sie an einer beliebigen Stelle auf die Miniversion.
- Noch etwa kompakter wird es, wenn Sie mit der rechten Maustaste klicken und *Diagramme anzeigen* ausschalten. Dann sehen Sie nur noch die reinen Werte. In dieser Ansicht lässt sich das Fenster auf eine minimale Größe zusammenschieben und am Rand platzieren, wo es bei der Arbeit nicht stört.

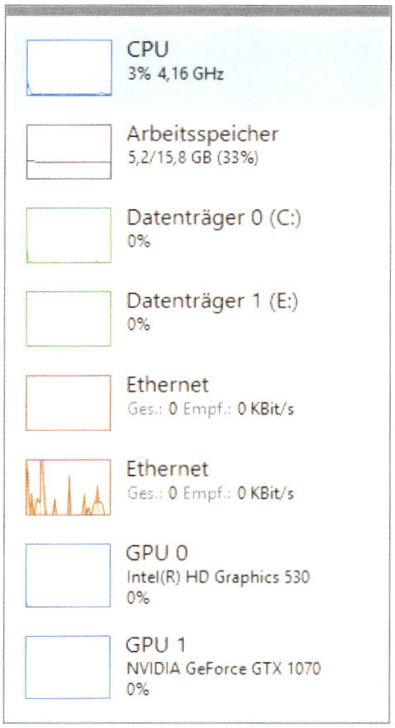

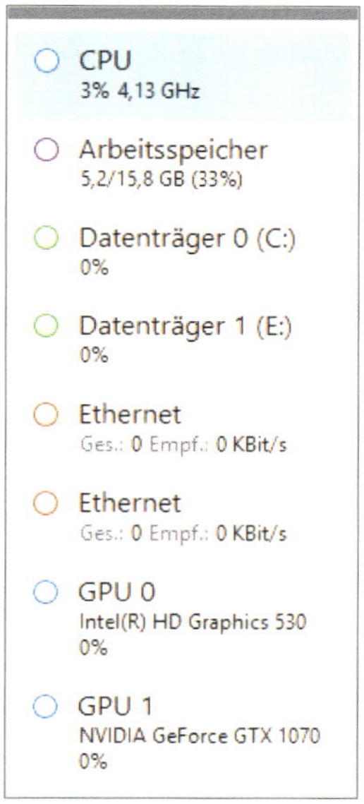

- Eine ähnliche Funktion können Sie nutzen, wenn Sie nur einen bestimmten Wert im Blick behalten möchten, etwa die Auslastung des Arbeitsspeichers. Wählen Sie dazu links diesen Wert aus. Klicken Sie dann in der rechten Fensterhälfte mit der rechten Maustaste, und wählen Sie im Kontextmenü *Diagrammübersichtsansicht*.

  Der Task-Manager zeigt dann nur dieses Diagramm nebst Werten an. Auch dieses Fenster können Sie auf eine beliebige Größe zusammenschieben. Der Inhalt passt sich dem verfügbaren Platz automatisch optimal an.

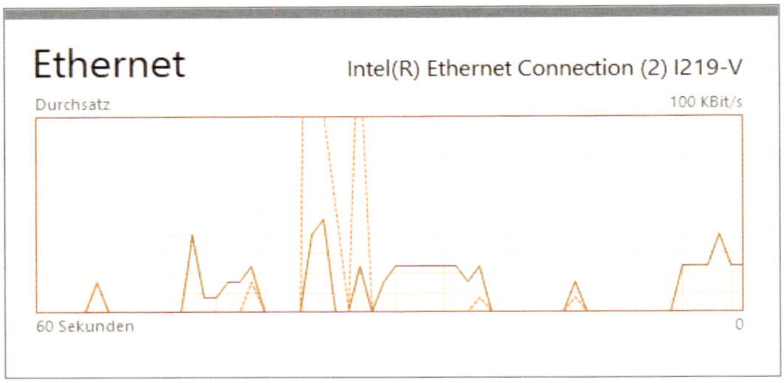

7.4 Der Ressourcenmonitor zeigt den Systemstatus im Detail

Der Task-Manager ist hilfreich für einen ersten Überblick und das Identifizieren von Prozessen, die möglicherweise Systemhänger und Wartepausen verursachen. Wer es genauer wissen möchte, sollte den Ressourcenmonitor zurate ziehen.

Der gibt noch detaillierter Aufschluss darüber, wie stark Prozessor, Arbeitsspeicher, Datenträger und Netzwerk ausgelastet sind. So lässt sich gut erkennen, welche der Komponenten am Rande ihrer Leistungsfähigkeit angelangt ist und das Gesamtsystem ausbremst.

Ebenso können Sie damit aber auch einzelne Prozesse ganz genau unter die Lupe nehmen.

1. Den Ressourcenmonitor finden Sie am einfachsten über den Task-Manager in dessen Rubrik *Leistung*. Klicken Sie dort unten auf *Ressourcenmonitor öffnen*. Alternativ tippen Sie im Startmenü *resmon* ein.
2. Im Ressourcenmonitor sehen Sie rechts eine Ressourcenübersicht. Sie zeigt die derzeitige Auslastung von CPU, Datenträger, Netzwerk und (Arbeits-)Speicher im grafischen Verlauf an. Dies erlaubt einen schnellen Überblick, ob alle Eckpfeiler des Systems reibungslos laufen bzw. wo eventuell ein leistungsbremsender Engpass entstanden ist.

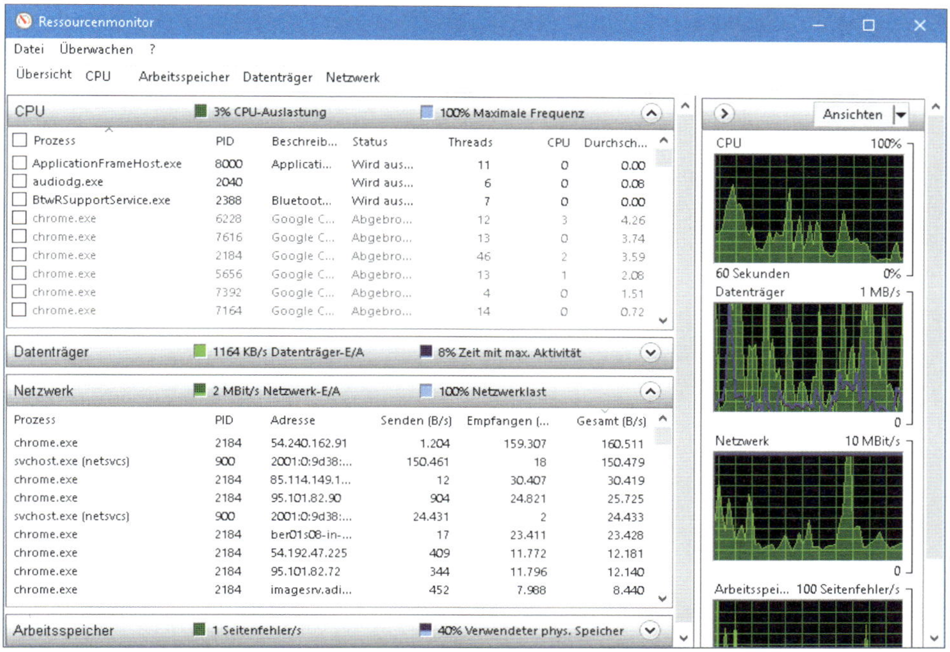

3. Mit den Registern links oben können Sie jeweils ausführlichere Angaben zu einer dieser Systemkomponenten abrufen. Klicken Sie dazu z. B. bei *Netzwerk* ganz rechts auf das Pfeilsymbol, um diesen Balken nach unten aufzuklappen.

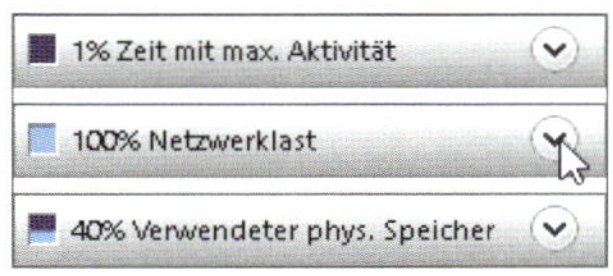

4. Dadurch erweitern Sie die Anzeige um eine genaue Liste der Prozesse und Anwendungen, die zurzeit Ressourcen dieser Art beanspruchen. So können Sie z. B. Programme enttarnen, die im Hintergrund Daten übertragen.

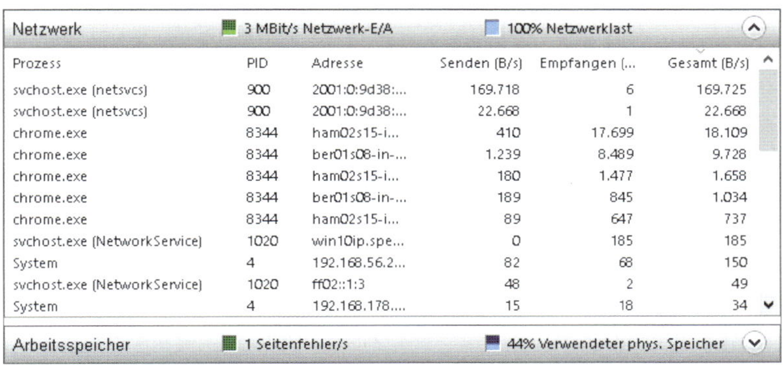

Einzelne Prozesse im Ressourcenmonitor überwachen

Ebenso wie andere Windows-Werkzeuge auch liefert der Ressourcenmonitor zunächst eine schwer zu überblickende Menge an Daten. Sie können die Ausgabe aber filtern und sich nur Einträge anzeigen lassen, die mit einem konkreten Prozess in Verbindung stehen. So lässt sich beispielsweise effektiv erkennen, ob und welche Verbindungen ein bestimmter Prozess übers Netzwerk aufbaut oder auf welche Dateien er zugreift. Jeden dieser Zugriffe können Sie quasi in Echtzeit überwachen und etwa anhand von Datenraten und Antwort- bzw. Latenzzeiten potenzielle Probleme dabei erkennen.

1. Lassen Sie sich dazu am besten zunächst die Rubrik *CPU* anzeigen, da dort alle aktuell laufenden Prozesse angezeigt werden.
2. In der oberen Liste mit diesen Prozessen suchen Sie nun Ihren Störkandidaten und setzen bei seinem Eintrag ganz links das Häkchen. Dadurch werden in allen Bereichen des Ressourcenmonitors nur solche Daten angezeigt, die mit diesem Prozess in Verbindung stehen.

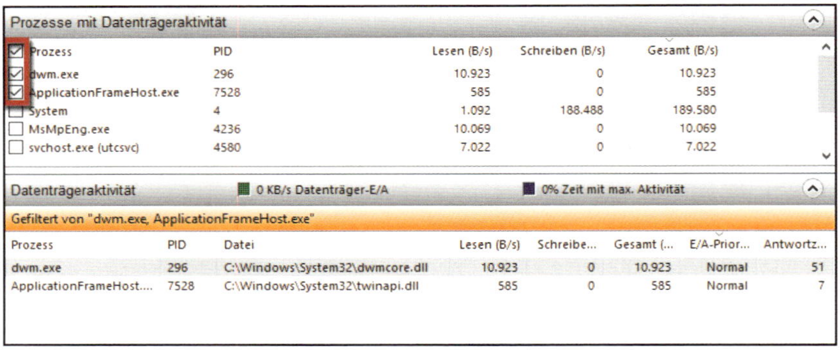

3. Nun können Sie beispielsweise in die Rubrik *Datenträger* wechseln und dort im Bereich *Datenträgeraktivität* die Dateizugriffe durch diesen Prozess beobachten (warten Sie dazu ggf. kurz, falls nur sporadisch auf Dateien zugegriffen wird).
4. Dementsprechend können Sie in der Rubrik *Netzwerk* die Netzwerkzugriffe des Prozesses überwachen. Im Bereich *Netzwerkaktivitäten* finden Sie dazu auch die Adresse der Rechner, mit denen sich der Prozess verbindet, ebenso wie die Menge der gesendeten und empfangenen Daten. Unter *TCP-Verbindungen* finden Sie die dabei verwendeten lokalen und entfernten Portnummern. Interessant sind hier auch die Angaben zur Paketverlust-Rate und zur Latenz (Verzögerung zwischen Absenden und Eintreffen eines Pakets). Letztere sollte üblicherweise im Bereich von zwei- bis dreistelligen Millisekunden liegen.
5. Vor allem wenn Sie mit dem Namen eines Prozesses spontan wenig anfangen können, sollten Sie in der Rubrik *CPU* nachschauen, ob dieser Prozess beispielsweise zu einem bestimmten *Dienst* gehört. Andernfalls helfen ggf. die Pfadangaben bei *Zugeordnete Handles* bzw. *Zugeordnete Module*, um den Prozess einer Anwendung zuzuordnen.

7.5 Noch detailliertere Daten mit der Leistungsüberwachung

Der Ressourcenmonitor gibt einen guten Überblick, beschränkt sich dabei aber auf einige Kerndaten. Wenn Ihnen das nicht reicht, können Sie mit der Leistungsüberwachung noch detaillierter einzelne Aspekte und Kenngrößen kontrollieren.

Das bietet sich an, wenn Sie bereits einen bestimmten Bereich als Verursacher von Problemen identifiziert haben. Dann hilft die Leistungsüberwachung, in diese Bereiche genauer hineinzuschauen und die Abläufe zu verstehen, die zu den Problemen führen.

1. Öffnen Sie in der Systemsteuerung das Modul *Verwaltung* und darin die *Leistungsüberwachung*.

2. Die Leistungsüberwachung bietet Ihnen standardmäßig zunächst wieder an, den Ressourcenmonitor anzuzeigen. Klicken Sie stattdessen links in der Liste auf *Überwachungstools/Leistungsüberwachung*, um die Detailansicht aufzurufen. Diese zeigt Ihnen standardmäßig die CPU-Auslastung Ihres PCs. Dies können Sie aber schnell ändern, um sich die Daten anzeigen zu lassen, die Sie gerade interessieren.

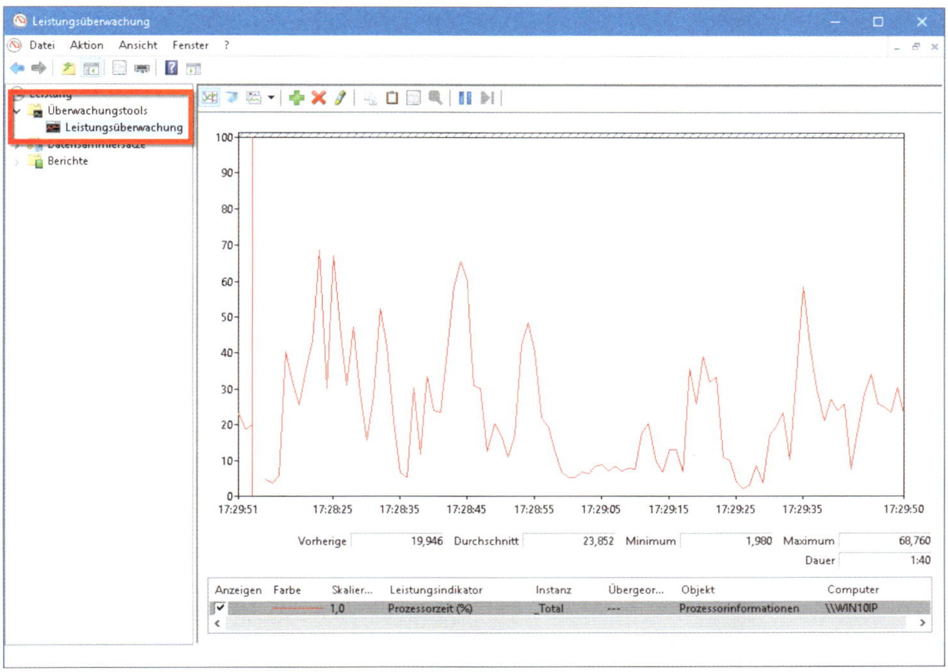

3. Klicken Sie dazu in der Symbolleiste oberhalb der grafischen Anzeigen auf das grüne Plussymbol.

4. Wählen Sie im anschließenden Menü *Leistungsindikatoren hinzufügen* zunächst links den Bereich aus, aus dem Sie detaillierte Leistungsdaten abrufen wollen. Die Auswahl ist recht groß, und manche der Begriffe sind sehr technisch gehalten. Die wichtigen Daten lassen sich aber an Bezeichnungen wie z. B. *Auslagerungsdatei* problemlos erkennen.

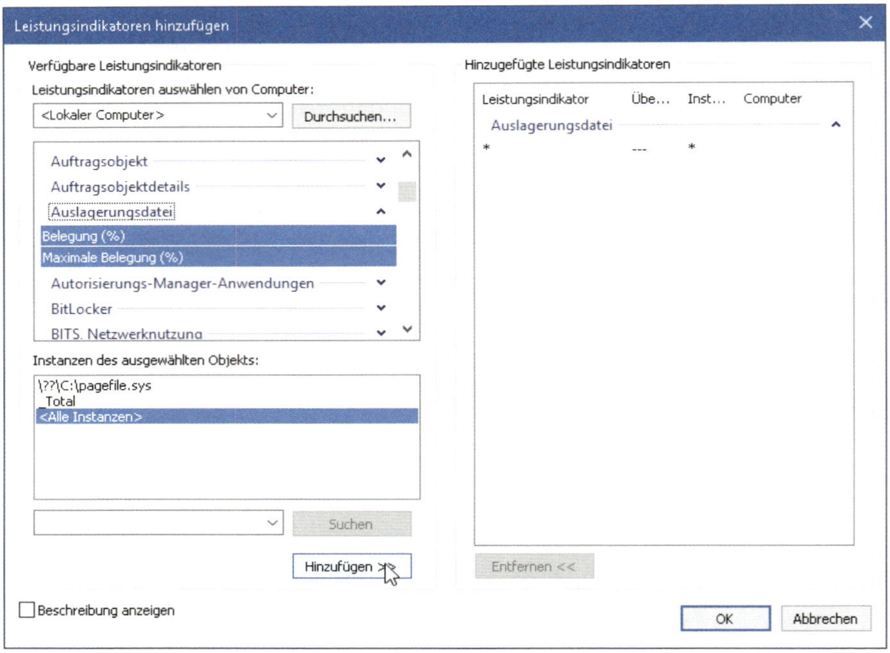

5. Um einen Bereich zu öffnen, klicken Sie rechts neben seiner Bezeichnung auf das kleine Pfeilsymbol. Damit klappen Sie diesen Bereich auf und sehen, welche einzelnen Daten Sie dafür abrufen können.

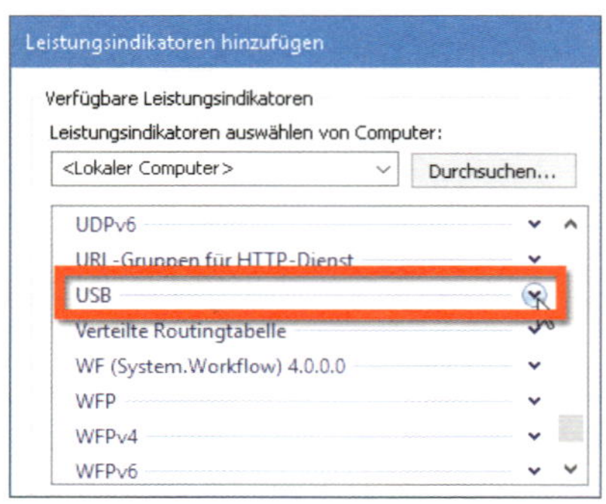

6. Diese können Sie nun durch einfaches Anklicken auswählen. Wollen Sie sich mehrere Daten auf einmal anzeigen lassen, klicken Sie sie nacheinander einfach an, und halten Sie dabei [Strg] gedrückt.

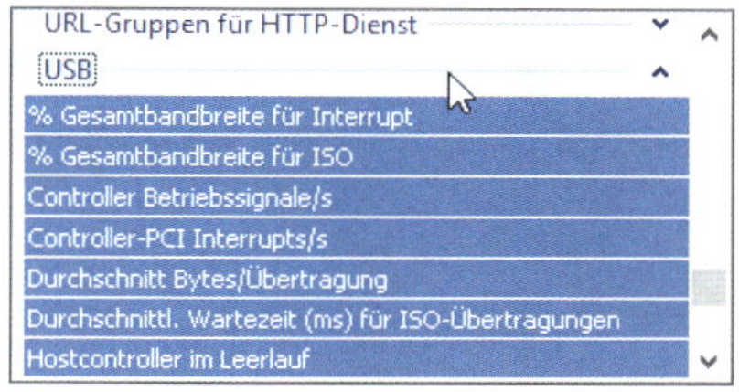

7. Anschließend können Sie ggf. noch wählen, welches konkrete Gerät Sie überwachen wollen. Dazu werden darunter bei *Instanzen des ausgewählten Objekts* alle infrage kommenden Kandidaten aufgeführt. Auch hier können Sie wieder eines der Objekte oder gleich mehrere Objekte auswählen. Mit *<Alle Instanzen>* wählen Sie im Zweifelsfall einfach alles aus.

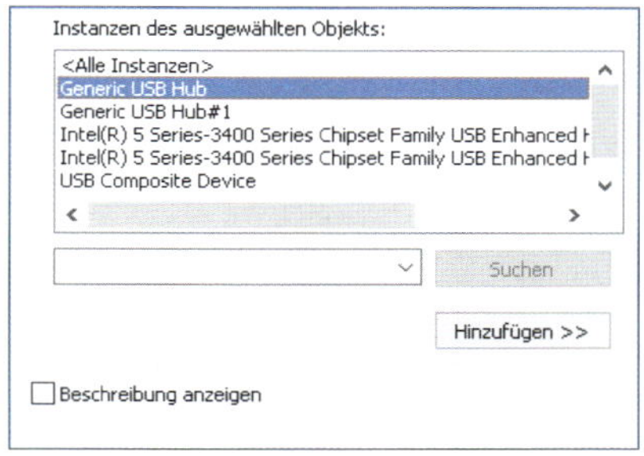

8. Wichtig: Haben Sie die gewünschten Daten ausgewählt, klicken Sie unten auf die *Hinzufügen*-Schaltfläche, um diese Überwachungsdaten auch zu aktivieren. Klicken Sie dann unten rechts auf *OK*, um zur Anzeige der Leistungsüberwachung zurückzukehren.
9. Diese zeigt die ausgewählten Daten umlaufend an. Dadurch können Sie neben den aktuellen Werten auch die Entwicklung verfolgen. Wenn Sie also wie im Beispiel die Belegung der Auslagerungsdatei überwachen, können Sie anhand der Leistungsgrafik genau verfolgen, wie diese sich im Folgenden entwickelt, wenn Sie etwa bestimmte Anwendungen ausführen.

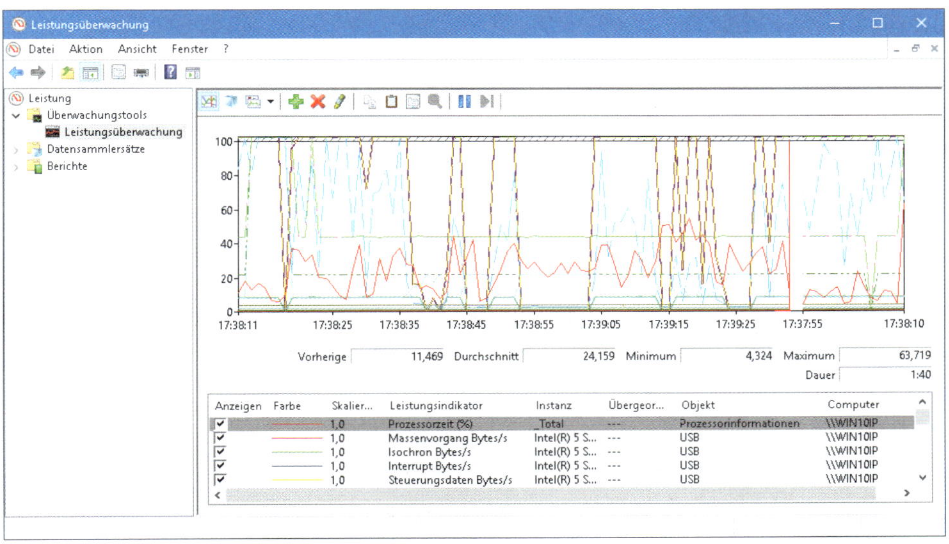

7.6 Die Systemleistung messen, vergleichen und bewerten

Die Informationen von Task-Manager, Ressourcenmonitor und Leistungsüberwachung sind bei konkreten Problemen hilfreich. Sie helfen aber nicht dabei, die Systemleistung grundsätzlich zu bewerten und so beispielsweise die Auswirkungen von Änderungen bei Systemkonfiguration oder Hardware vergleichen und bewerten zu können. Dazu sind die in Windows integrierten Funktionen zum Überwachen und Optimieren der Leistung hilfreich. So kann Windows die vorhandene Hardwareausstattung bewerten und Hinweise geben, ob und wie sich Änderungen bei einzelnen Komponenten auswirken würden.

Kern dieser Performance-Analyse ist die Leistungsbewertung der vorhandenen Hardware. Dazu werden automatisch verschiedene Benchmarktests durchgeführt, die z. B. die Rechenkapazität des Prozessors, die Zugriffsgeschwindigkeit des Arbeitsspeichers, die Leistung der Grafikkarte oder die Datentransferrate der Festplatte(n) messen. Aufgrund der so ermittelten Werte wird das System benotet. Dies ermöglicht die Einschätzung des eigenen Systems im Vergleich mit anderen.

Vor allem aber verrät die Leistungsbewertung, wo die Schwachstellen des Systems liegen und inwiefern die Gesamtleistung durch einzelne Hardware-Updates gesteigert werden kann. Beim aktuellen Windows wurden die bei früheren Versionen recht prominent präsentierten Informationen und Funktionen zur Leistungsbewertung versteckt, sind aber immer noch vorhanden.

Leistungsbewertung mit Bordmitteln

Wer Windows ohne Zusatzsoftware bewertet haben möchte, muss zu Bordmitteln greifen. Es sind aber nur einige wenige Schritte erforderlich, um die gewünschten Angaben zu erhalten.

1. Öffnen Sie eine Eingabeaufforderung mit Administratorrechten (drücken Sie [Windows]+[X], und wählen Sie dann den entsprechenden Menüpunkt).
2. Tippen Sie hier zunächst den Befehl `winsat formal` ein.

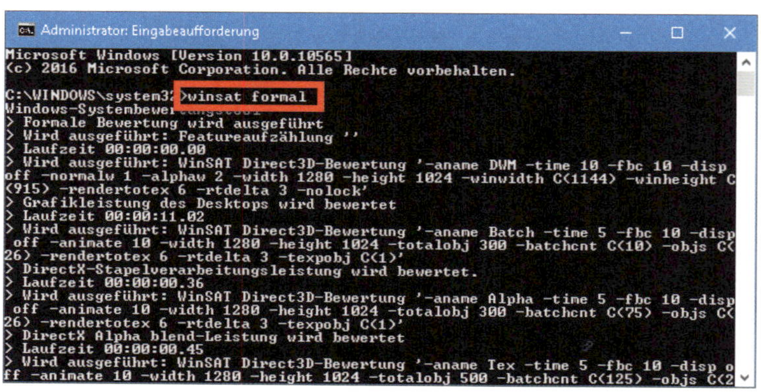

3. Warten Sie nun ein bis zwei Minuten, bis der Befehl abgearbeitet wird. Lassen Sie den PC solange möglichst unangetastet, um die Messwerte nicht zu verfälschen.
4. Wenn Sie wieder etwas eingeben können, tippen Sie den Befehl `powershell` ein.
5. Die PowerShell macht sich nur an einer ganz leicht veränderten Eingabeaufforderung bemerkbar. Tippen Sie hier nun `Get-WmiObject -Class Win32_WinSAT` ein.
6. Damit werden die ermittelten Ergebnisse angezeigt.

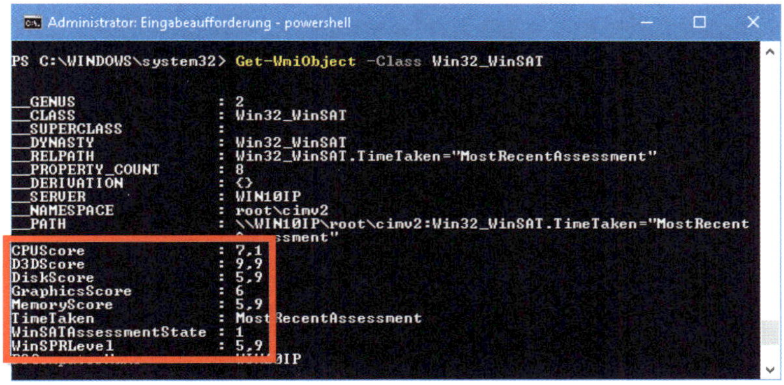

Leistungsbewertung per Zusatztool

Falls Ihnen das Hantieren mit Eingabeaufforderung und PowerShell nicht liegt, können Sie sich eines Zusatztools bedienen, das den Zugang zu diesen Daten fast genau wie bei früheren Windows-Versionen ermöglicht. Empfehlenswert dazu ist ExperienceIndexOK, das Sie unter www.softwareok.de/?Download=ExperienceIndexOK herunterladen können. Die Webseite ist etwas unübersichtlich. Achten Sie darauf, wirklich die Datei *ExperienceIndexOK.zip* herunterzuladen. Sie muss nur entpackt werden, dann kann das Programm ohne Installation direkt ausgeführt werden.

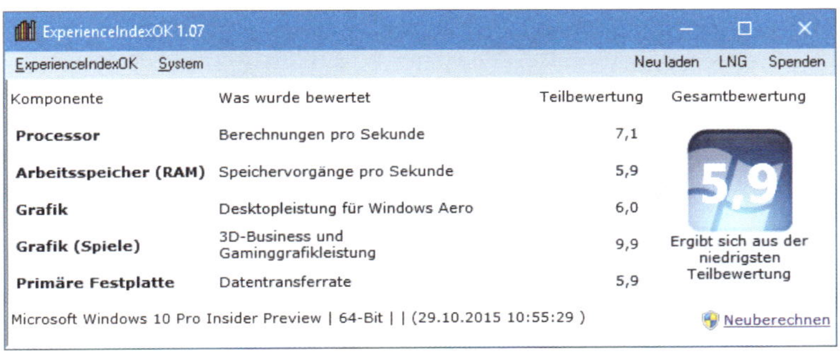

Es zeigt direkt die ermittelten Werte an. Falls hier 0 steht, hat noch keine Bewertung stattgefunden. So oder so sollten Sie die Werte aber mit *Neuberechnen* unten rechts erst mal aktualisieren und den PC dabei unangetastet lassen.

Wie ist die Leistungsbewertung genau zu verstehen?

Die Leistung Ihres PCs wird von Windows mit einer Gesamtnote bewertet, die sich aus verschiedenen Einzelnoten für die verschiedenen Komponenten zusammensetzt:

- *Processor* bzw. *CPUScore* – gibt die Rechenleistung des eingebauten Prozessors an, wobei hier selbstverständlich auch leistungssteigernde Elemente wie interne Cachespeicher berücksichtigt werden.
- *Arbeitsspeicher (RAM)* bzw. *MemoryScore* – bewertet den verbauten Arbeitsspeicher, wobei die Zugriffsgeschwindigkeit auf den RAM-Speicher wesentlich ist, aber auch die Speicherkapazität eine Rolle spielt.
- *Grafik* bzw. *GraphicsScore* – diese Note bezieht sich auf die technischen Fähigkeiten der Grafikkarte, den Windows-10-Desktop mit allen Effekten darzustellen. Die tatsächliche Leistungsfähigkeit spielt dabei eine untergeordnete Rolle.
- *Grafik (Spiele)* bzw. *D3Dscore* – dabei geht es dann absolut um die Leistungsfähigkeit der Grafikkarte, wie sie insbesondere von 3D-Spielen benötigt wird.
- *Primäre Festplatte* bzw. *DiskScore* – entscheidend für die Performance der Festplatte ist die Datentransferrate, also wie schnell Daten vom Arbeitsspeicher auf die Festplatte und umgekehrt übertragen werden können.

Welche Noten können überhaupt erreicht werden?

Derzeit vergibt die Leistungsbewertung Noten zwischen 1 und 9,9. Dabei ist es umgekehrt zu den klassischen Schulnoten: Eine 1 ist die schlechteste Note und bedeutet im Klartext »unbrauchbar«. Die 9,9 ist die beste Note und bedeutet »optimale Ausstattung«. Um der rasanten Entwicklung bei der Hardware zu entsprechen, wird Microsoft die Noten in Zukunft weiter nach oben ausweiten.

Für neue Prozessoren und Grafikkarten, die in Zukunft auf den Markt kommen, werden also höhere Noten vergeben werden, z. B. 10,5 oder 11. An der Bewertung der jetzigen Komponenten wird nichts verändert. Das bedeutet, wenn Sie jetzt eine 6,0-Note erzielen, wird Ihr System dies auch in fünf Jahren noch tun, sofern Sie in der Zwischenzeit nichts aufrüsten. Dies sorgt für eine dauerhafte Vergleichbarkeit der Messwerte z. B. in Bezug auf die Einsetzbarkeit bestimmter Software.

Jeder dieser Teilbereiche wird für sich bewertet und mit einer Note versehen. Die Gesamtnote gibt allerdings nicht den Durchschnitt der Einzelnoten an, wie man meinen könnte. Vielmehr vertritt Windows hier die Theorie, dass ein System immer nur so leistungsfähig wie sein schwächstes Element ist. Das ist auch kein schlechter Ansatz. Denn was nutzt ein super aufgemotzter PC, in dem eine fünf Jahre alte Grafikkarte werkelt, die schon bei einfachen optischen Desktop-Spielereien ins Schwitzen kommt und mit der an 3D-Spiele gar nicht zu denken ist?

Die Gesamtnote entspricht also immer der schlechtesten Einzelnote. Dies bedeutet allerdings auch, dass das Ergebnis immer etwas individuell zu interpretieren ist. Wenn Sie z. B. mit Ihrem PC vor allem produktiv arbeiten und surfen, ganz sicher aber keine 3D-Ballerspiele machen wollen, werden Sie auf eine teure Grafikkarte verzichten. Dementsprechend wird die Bewertung für *Grafik (Spiele)* schwach ausfallen und die Gesamtnote in den Keller ziehen. Daran sollten Sie sich dann einfach nicht stören, wenn die Bewertung aller anderen Komponenten im grünen Bereich liegt.

Die folgende Tabelle gibt einen Überblick über die konkrete Bedeutung der Gesamtbewertung:

Gesamtnote	Bedeutung
1 bis 2	▪ ausreichende Leistung für allgemeine Aufgaben wie Büroanwendungen, Internet, E-Mail ▪ keine oder nur sehr eingeschränkte Multimedia-Fähigkeiten
ab 3	▪ ausreichende Leistung für die meisten Windows-Features, allerdings eventuell mit Einschränkungen ▪ mögliche Beschränkungen bei der Bildschirmauflösung und beim Multimonitorbetrieb ▪ Multimedia einschließlich Digital-TV sind möglich, in der Regel aber kein HDTV
4 und mehr	▪ ausreichende Leistung für sämtliche Windows-Features ohne Einschränkungen ▪ grafikintensive Anwendungen, Multiplayer- und 3D-Spiele, Aufzeichnung und Wiedergabe von HDTV möglich

Konsequenzen aus der Leistungsbewertung ziehen

Zunächst einmal sollten Sie die Noten für Ihre Hardware nicht überbewerten. Entscheidend ist, ob Sie Ihre Aufgaben mit Ihrem PC auf angenehme Art bewältigen können, und zwar ohne lästige Wartepausen oder andere Unannehmlichkeiten. Solange das der Fall ist, können Sie die Noten Noten sein lassen. Wenn Sie allerdings mit der Performance Ihres PCs nicht zufrieden sind, kann die Leistungsbewertung wertvolle Hinweise geben. Sie verrät Ihnen nämlich, wo die Schwachpunkte Ihrer Hardware liegen.

Etwas vereinfacht gesagt: Die Komponente mit der schlechtesten Bewertung bremst den PC am meisten aus. Hat Ihr System in einem der Bereiche eine deutlich schlechtere Note als in den anderen, dann würde eine bessere Ausstattung in diesem Bereich die größte Leistungssteigerung bringen. Freilich keine Regel ohne Ausnahme: In Bezug auf 3D-Spiele etwa werden immer Grafikkarte, Prozessor und Arbeitsspeicher entscheidend sein. Ob die Festplatte nun etwas älter und langsamer ist, spielt dafür hingegen keine große Rolle.

Aus der Sicht verschiedener Anwendungsszenarien lässt sich die Bewertung wie folgt differenzieren:

- Office und Internet: Wenn Sie Ihren PC ausschließlich für Office-Anwendungen wie etwa Textverarbeitung oder aber Internetaufgaben wie E-Mail und Websurfen verwenden, sind die Werte für Prozessor und Arbeitsspeicher entscheidend für eine zufriedenstellende Leistung. Auch mit Werten ab 2 für Grafik und Festplatte sollte die Gesamt-Performance des PCs dann zufriedenstellend sein.
- 3D-Spiele und grafikintensive Anwendungen (z. B. Videoschnitt): Dafür sind hohe Werte bei Arbeitsspeicher, Grafik sowie Grafik (Spiele) erforderlich. Die Noten für Prozessor und Festplatten sollten allerdings auch wenigstens bei 3 liegen.
- Multimedia-Anwendungen: Damit in diesem Bereich echter Spaß aufkommt und z. B. auch HDTV und HD-Video möglich sind, sollten die Noten für Prozessor, Grafik und Festplatte möglichst hoch sein. In den Bereichen Arbeitsspeicher und Grafik (Spiele) dürfte es mit Noten ab 3 keine Probleme geben.

7.7 Sinnvolle Einstellungen für ältere PCs

Auf älteren PCs oder auf den beliebten, aber mit etwas schwachbrüstiger Hardware ausgestatteten Tablets oder Netbooks läuft das neue Windows eventuell nur behäbig. Durch das Optimieren der Systemleistung können Sie aber auch hier eine akzeptable Performance erzielen. Das bedeutet, auf den einen oder anderen visuellen Effekt zu verzichten oder auch eher selten genutzte Funktionen zu deaktivieren. Dafür können Sie aber insgesamt flüssiger und komfortabler arbeiten. Mit ein wenig Selbstversuch lässt sich im Zweifelsfall eine gute Balance zwischen Geschwindigkeit und Komfort finden.

Aufwendige Grafikeffekte reduzieren

Auch wenn die neue Windows-Oberfläche im Vergleich zu den Vorgängern simpler und geradliniger wirkt, sorgen doch viele Funktionen für ein dynamisches und optisch attraktives Erscheinungsbild. Solche Effekte lassen sich aber reduzieren, wenn sie nur schwerfällig ablaufen und die Arbeit eher behindern oder wenn der PC insgesamt zu unterdimensioniert für das Darstellen aller Effekte ist.

1. Öffnen Sie in der klassischen Systemsteuerung den Bereich *System und Sicherheit*, und wählen Sie darin das Modul *System* aus. In der klassischen Ansicht der klassischen Systemsteuerung finden Sie dieses Element direkt.
2. Klicken Sie im *System*-Modul am linken Rand auf *Erweiterte Systemeinstellungen*.

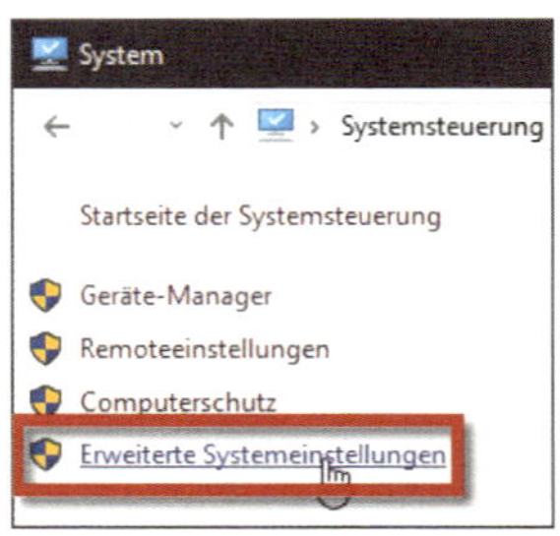

3. Klicken Sie im so geöffneten Menü auf der Registerkarte *Erweitert* oben im Bereich *Leistung* auf die Schaltfläche *Einstellungen*.

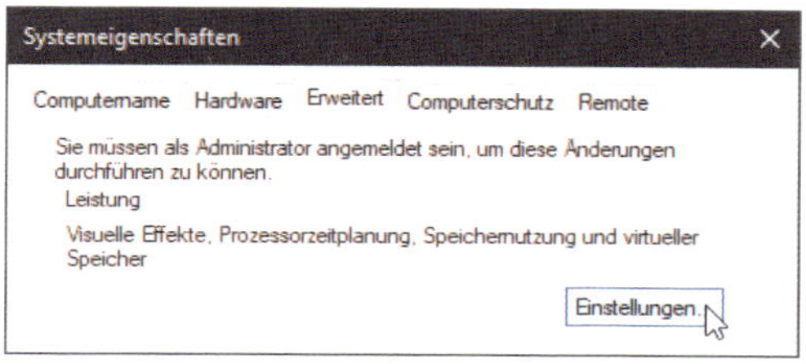

4. Damit öffnen Sie das Menü für die Leistungsoptionen. Hier können Sie auf der Registerkarte *Visuelle Effekte* im oberen Bereich z. B. pauschal *Für optimale Leistung anpassen* auswählen. Damit schalten Sie sämtliche in der Liste aufgeführten visuellen Effekte ab.

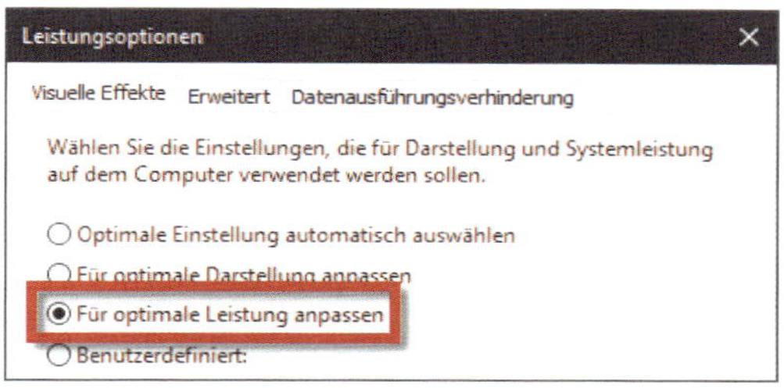

5. Alternativ gehen Sie die Liste aller Optionen durch und suchen sich gezielt diejenigen aus, auf die Sie verzichten können. Die Bezeichnungen sind meist selbsterklärend. Auch hier helfen ein paar Selbstversuche, um festzustellen, welche Funktionen nun einen spürbaren Unterschied in der Leistung bewirken.

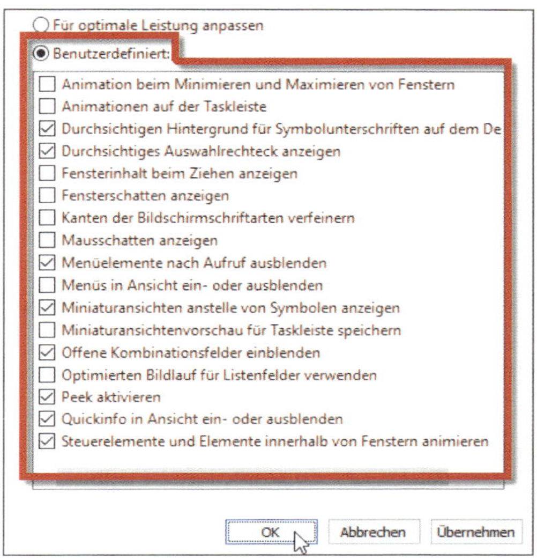

Mehr freien Speicher durch Verzicht auf unnötige Windows-Komponenten

Alle Editionen von Windows bringen eine Vielzahl von Komponenten und Diensten mit, die nicht unbedingt für jeden Benutzer erforderlich sind. Sie alle kosten aber Speicherplatz sowie teilweise auch Startzeit und Performance. Es kann deshalb nicht schaden, die Liste einmal durchzugehen und unnötige Systemkomponenten zu deinstallieren.

1. Öffnen Sie in der klassischen Systemsteuerung das Modul *Programme und Features*. In der Kategorie-Ansicht finden Sie diese Funktion unter *Programme/Programme und Features*.

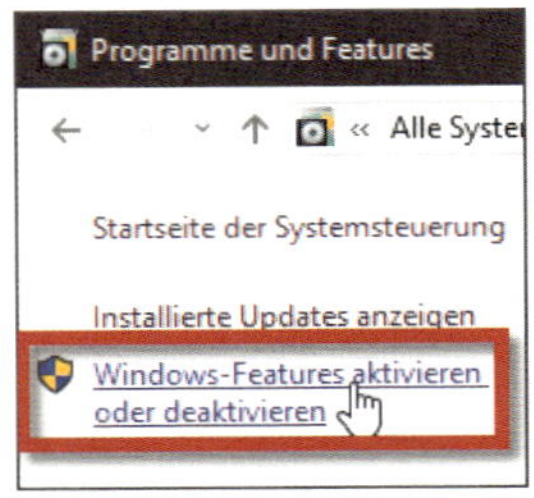

2. Wählen Sie im anschließenden Menü am linken Rand *Windows-Features aktivieren oder deaktivieren*. Warten Sie dann, bis sich das Menü gefüllt hat. Windows überprüft dazu, welche der Optionen bereits installiert sind. Diese werden in der Liste jeweils mit einem Häkchen versehen.
3. Nun können Sie die Liste durchgehen und schauen, welche der installierten Zusatzkomponenten Sie nicht benötigen. Entfernen Sie bei dem entsprechenden Listeneintrag das Häkchen.
4. Haben Sie Ihre Auswahl an zu deinstallierenden Komponenten getroffen, klicken Sie unten auf *OK*. Windows nimmt dann die Änderungen an seiner Konfiguration vor. Je nach Umfang kann dies einige Minuten dauern.

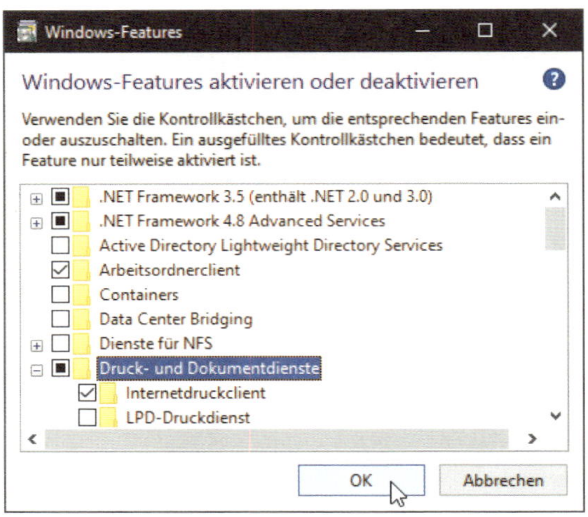

Welche Komponenten sind verzichtbar?

Die meisten privaten Windows-Nutzer können bei *Druck- und Dokumentdienste* auf einen Internetdruckclient verzichten. Hyper-V (sofern vorhanden) ist nur notwendig, wenn Sie Virtualisierungsfunktionen nutzen möchten. Wenn Sie auf den mit Windows ausgelieferten Windows Media Player verzichten können, entfernen Sie das gleichnamige Häkchen unter *Medienfeatures*. Auch die XPS-Funktionen oder die Druckausgabe in PDF wird nicht jedermann benötigen, insbesondere da man dafür auch alternative Software einsetzen kann. Man sollte es mit dem Abspecken aber auch nicht übertreiben: Das .NET-Framework oder die Windows PowerShell verwenden Sie persönlich vielleicht nicht. Es sind aber Umgebungen, die von anderen Programmen oder Setup-Assistenten vorausgesetzt werden. Da könnte das Deinstallieren also zu Problemen führen. Sie können aber ohnehin alle diese Entscheidungen jederzeit rückgängig machen, indem Sie das entsprechende Häkchen einfach wieder setzen.

Den Auslagerungsspeicher richtig konfigurieren

Wenn Sie viele Programme und/oder Dokumente gleichzeitig nutzen, wird der Arbeitsspeicher Ihres PCs eventuell knapp. In solchen Fällen verwendet Windows eine Datei auf der Festplatte als Auslagerungsspeicher: Inhalte des Arbeitsspeichers werden in diese Datei übertragen, um Speicherkapazität zu gewinnen. Soll später wieder auf diese Inhalte zugegriffen werden, holt das System sie von der Festplatte zurück in den Arbeitsspeicher.

Da Festplatten langsamer arbeiten als Arbeitsspeicher, kommt es beim Aus- und Einlagern zu spürbaren Verzögerungen. Vermeiden lässt sich das nicht (außer durch das Einbauen zusätzlichen Speichers). Aber durch optimales Konfigurieren der Auslagerungsdatei können Sie den Bremseffekt vermeiden.

Die beste Therapie: mehr Arbeitsspeicher im PC

Das sinnvollste Mittel gegen zu wenig Arbeitsspeicher ist immer eine reale Speichererweiterung. Sie wird die Systemleistung in fast allen Fällen verbessern, da der beschriebene Auslagerungseffekt verringert wird. Windows benötigt mindestens 1 GByte Arbeitsspeicher (2 GByte für die 64-Bit-Version), mit 2 GByte kann man akzeptabel arbeiten, muss aber mit gelegentlichen Verzögerungen rechnen. Für speicherintensive Anwendungen (Bearbeiten von Bildern, Musik oder Video) und grafikintensive Spiele empfiehlt sich mehr Speicher, wobei die 32-Bit-Versionen nicht mehr als 4 GByte Speicher nutzen können. Ein Ausbau darüber hinaus ist nur bei den 64-Bit-Versionen sinnvoll. Ein zusätzlicher Speicherriegel kostet inzwischen kein Vermögen mehr, aber nicht immer ist eine Erweiterung ohne Weiteres möglich (z. B. bei Notebooks).

1. Öffnen Sie in der Systemsteuerung das Modul *System*, und wählen Sie dort links *Erweiterte Systemeinstellungen*.
2. Der anschließende Dialog zeigt automatisch die Kategorie *Erweitert* an, wo Sie im Bereich *Leistung* auf *Einstellungen* klicken.
3. Wechseln Sie im anschließenden Dialog in die Rubrik *Erweitert*, und klicken Sie dort unten im Bereich *Virtueller Arbeitsspeicher* auf die *Ändern*-Schaltfläche.

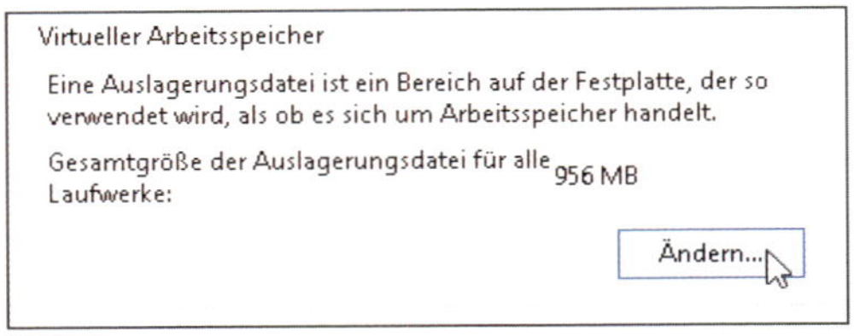

4. Deaktivieren Sie ganz oben die Option *Auslagerungsdateigröße für alle Laufwerke automatisch verwalten*, um in die Einstellungen für die Speicherauslagerung eingreifen zu können.

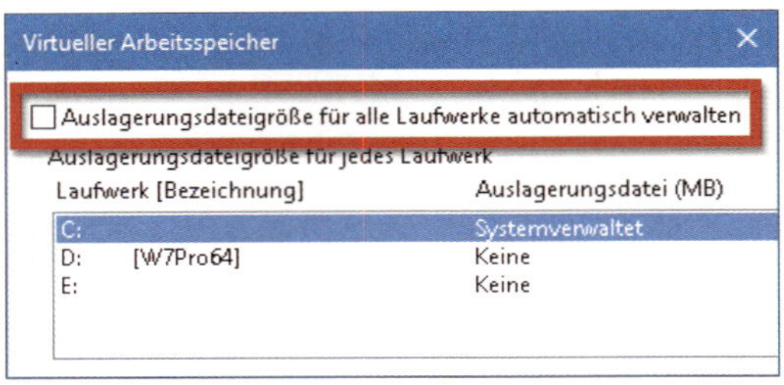

So optimieren Sie den Auslagerungsspeicher

Wie Sie das Auslagern von Speicher optimieren, hängt von den Gegebenheiten ab:

- Haben Sie nur eine Festplatte mit einer Partition in den PC eingebaut, sind die Möglichkeiten begrenzt. In diesem Fall überlassen Sie am besten Windows die automatische Einstellung.
- Bei einer Festplatte mit mehreren Partitionen können Sie immerhin bestimmen, auf welchem Laufwerk die Auslagerungsdatei erstellt werden soll. Bei knappem Platz auf dem Systemlaufwerk können Sie die Auslagerungsdatei verlegen.
- Wenn Sie mehrere Festplatten eingebaut haben, sollten Sie die Auslagerungsdatei vom Systemlaufwerk auf eine andere Festplatte (nicht eine andere Partition auf demselben Laufwerk!) verlegen. So kann der PC parallel auf System- sowie Programmdateien und den Auslagerungsspeicher zugreifen, was den Ablauf beschleunigt.

Wenn Sie die Möglichkeit haben, die Auslagerungsdatei auf eine zweite schnelle Festplatte zu verschieben, gehen Sie dazu wie folgt vor:

1. Um die Auslagerungsdatei zu verlegen, wählen Sie zunächst das Laufwerk aus, auf dem sich die Datei zurzeit befindet (Vermerk *Systemverwaltet* in der Liste). Wählen Sie dann darunter die Option *Keine Auslagerungsdatei*, und klicken Sie dann rechts davon auf *Festlegen*.

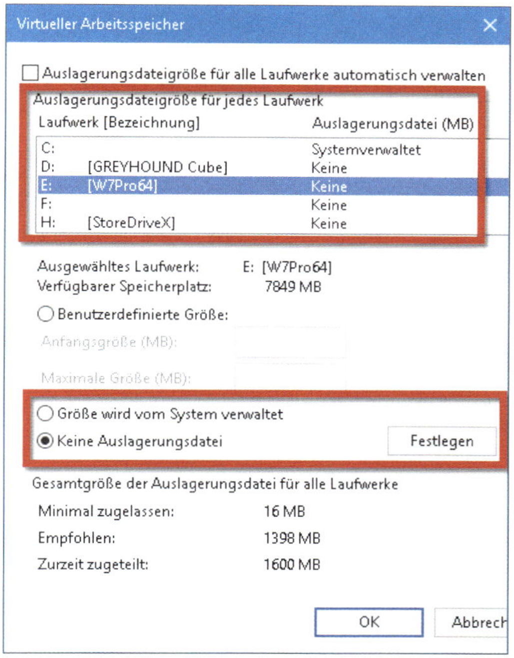

2. Wählen Sie nun oben das Laufwerk aus, auf das in Zukunft ausgelagert werden soll. Aktivieren Sie dann die Option *Größe wird vom System verwaltet*, und klicken Sie wiederum auf *Festlegen*.
3. Übernehmen Sie die Einstellungen dann unten mit *OK*. Wichtig: Die Auslagerungsdatei kann nicht während des laufenden Betriebs geändert werden. Deshalb erfolgt die Umstellung automatisch beim nächsten Windows-Start bzw. nach einem Neustart.

Die Auslagerungsgröße verwaltet Windows am besten selbst

Beschränken Sie sich beim Optimieren der Auslagerungsdatei auf die Auswahl des Laufwerks, und überlassen Sie die genaue Größe der Datei dem System. Es belegt dynamisch jeweils nur so viel Speicher wie nötig. Manuelle Vorgaben mit der Option der benutzerdefinierten Größe sind nicht notwendig. Die Automatik von Windows findet hingegen immer einen guten Mittelweg.

Die Dateianzeige im Windows-Explorer spürbar beschleunigen

Windows zeigt bei jeder sich bietenden Gelegenheit eine Miniaturansicht von Dateien. Das ist auch keine schlechte Sache, kann aber das Arbeiten ausbremsen. Wer schon mal auf leistungsschwächeren Rechnern umfangreichere Bildordner oder Verzeichnisse mit großen Videodateien geöffnet hat, kennt die Zwangspausen, die man bis zum Anzeigen aller Miniaturansichten ertragen muss. Neben dem Wechsel der Ansicht zu einer ohne Miniaturansichten (z. B. *Details*, *Liste* oder *Kleine Symbole*) können Sie die zeitraubende Miniaturansicht auch ganz deaktivieren.

1. Starten Sie den Windows-Explorer, und klicken Sie in den Optionen (Kategorie *Ansicht*) auf die Registerkarte *Ansicht*.
2. Suchen Sie hier in der Liste der Einstellungen etwa in der Mitte die Option *Immer Symbole statt Miniaturansichten anzeigen*, und aktivieren Sie diese.

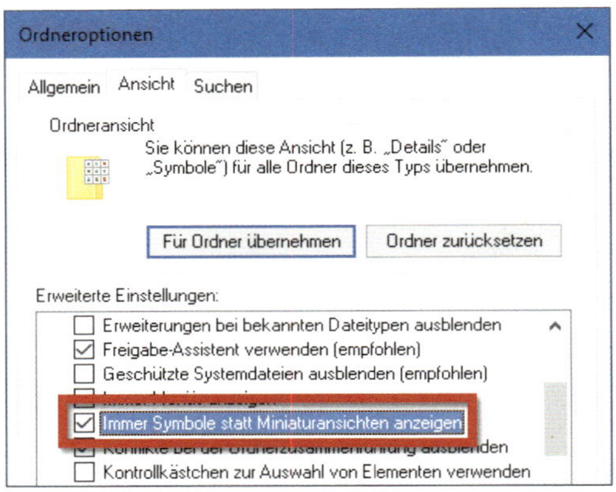

3. Klicken Sie unten auf *OK*, um die Einstellung zu aktivieren. Windows zeigt nun in allen Ansichten grundsätzlich nur ein Symbol gemäß dem Dateityp und verzichtet auf die Minivorschau.

Prefetch und ReadyBoost – Mythos und Wahrheit

Unter wohlklingenden Namen wie Prefetch oder ReadyBoost hat Microsoft verschiedene Mechanismen in Windows integriert, die Abläufe sowohl beim Systemstart als auch bei typischen Aufgaben beschleunigen sollen. Einige davon arbeiten ständig im Hintergrund und lassen sich durch den Anwender auch nicht wesentlich beeinflussen. Andere wie ReadyBoost kann und muss man bei Bedarf ausdrücklich aktivieren.

- Beim Prefetching beobachtet das Betriebssystem das Verhalten des PCs und seines Benutzers beim Start. Werden bestimmte Anwendungen und Dienste bei jedem Start geladen, platziert Windows sie in der passenden Reihenfolge auf der Festplatte, sodass sie möglichst schnell geladen werden können.

- Auch wenn der Benutzer immer (bzw. meistens) erst mal dieselben Programme aufruft, z. B. sein E-Mail-Programm und den Browser, dann lässt sich daraus eine Regel ableiten. Dementsprechend lädt Windows die dafür benötigten Programmmodule schon in den Arbeitsspeicher, bevor der Benutzer überhaupt auf das Symbol der Anwendung geklickt hat. Logische Folge: Da ein Teil der Arbeit bereits getan ist, startet das Programm für den Anwender schneller. Darüber hinaus kann das Betriebssystem auch die Anordnung der Programmdaten auf der Festplatte optimieren, sodass sie in möglichst wenigen und schnellen Leseaktionen abgerufen werden können.
- Prefetching ist außerdem permanent aktiv, um Muster in der Auslastung des PCs zu erkennen und darauf zu reagieren. Es beobachtet z. B. auch, wenn die Daten einer Anwendung aus dem Arbeitsspeicher in die Auslagerungsdatei auf der Festplatte verschoben werden müssen. Das passiert, wenn der Benutzer eine weitere Anwendung startet und der Arbeitsspeicher nicht mehr für beide ausreicht. Sobald der Benutzer die zweite Anwendung wieder schließt, transferiert ReadyBoost die ausgelagerten Daten sofort wieder zurück in den Arbeitsspeicher, selbst wenn der Benutzer noch gar nicht zu dieser Anwendung zurückgekehrt ist. Tut er es dann, ist die Anwendung ohne langwierige Festplattenzugriffe sofort präsent.
- Zum anderen erweitert ReadyBoost die Speicherverwaltung von Windows auf Festspeichermedien wie USB-Sticks und Speicherkarten. Die Idee dabei ist folgende: Arbeitsspeicher ist zwar nicht mehr wirklich teuer, aber eine Nachrüstung ist angesichts der verschiedenen Standards und Parameter relativ kompliziert. USB-Sticks und Speicherkarten sind heutzutage schon weitverbreitet und müssen einfach nur eingesteckt werden. Sie stellen also eine simple Alternative zur Speichererweiterung dar. Selbstverständlich ist der Zugriff auf einen USB-Stick wesentlich langsamer als bei echtem Arbeitsspeicher. Aber die Zugriffszeit ist zumindest bei guten USB-Sticks niedriger als bei der Auslagerungsdatei auf einer Festplatte, da keine mechanischen Teile benötigt werden. Auch in Bezug auf den Stromverbrauch sind Festspeichermedien deutlich günstiger.

Ist Ihr USB-Stick fit für ReadyBoost?

Die ReadyBoost-Funktion kann neben klassischen USB-Sticks auch andere flashbasierte Speichermedien wie etwa Speicherkarten aus Digitalkameras (CF-Karten, SD-Karten) verwenden.

Die Hardware muss nur gewisse Mindestanforderungen erfüllen, die sich in der Regel aber selbst mit USB-2.0-Geräten erreichen lassen:

- Die Speicherkapazität muss mindestens 256 MByte betragen (4 GByte ist die Obergrenze). Optimalerweise entspricht sie ungefähr dem eingebauten Arbeitsspeicher.
- Die Transferrate muss mindestens 2,5 MBit/Sek. für 4-KByte-Dateien und mindestens 1,75 MBit/Sek. für 512-KByte-Dateien betragen.

Windows überprüft diese Anforderungen der Funktion automatisch und bietet sie nur für solche Geräte an, die sie erfüllen. Sie können aber auch selbst testen, um schon vorab zu sehen, wie gut Ihr USB-Stick geeignet ist bzw. wie knapp ein Gerät am Test scheitert:

1. Drücken Sie die Tastenkombination [Win]+[X].
2. Wählen Sie dann im Startmenü den Eintrag *Eingabeaufforderung (Administrator)*. Bestätigen Sie die anschließende Sicherheitsrückfrage mit einem Klick auf *Fortsetzen*. Sie haben nun eine Eingabeaufforderung mit Administratorrechten.
3. Geben Sie hier den Befehl `winsat disk -read -ran -ransize 4096 -drive X` ein, wobei das `X` ganz am Ende für den Laufwerkbuchstaben des zu testenden USB-Sticks steht. Führen Sie den Befehl mit [Enter] aus.

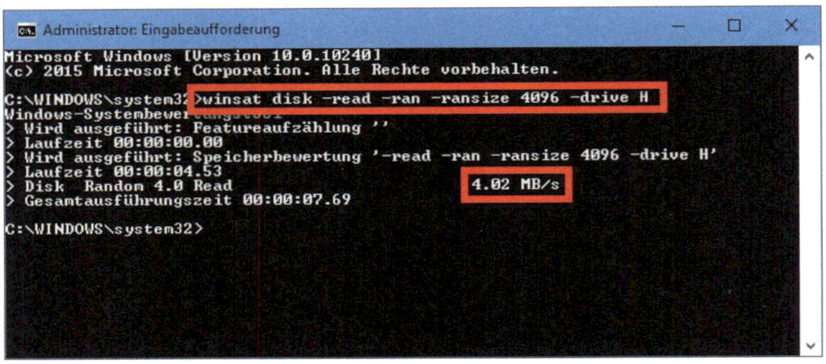

4. Warten Sie kurz auf das Ergebnis des Tests. Entscheidend ist dabei die Datenträgerleistung. Sie sollte bei mindestens 2,5 MByte/Sek. liegen. Je weiter sie darüberliegt, desto besser.
5. Auf ähnliche Weise können Sie auch das zweite Kriterium überprüfen. Geben Sie dazu dieselbe Befehlszeile ein, diesmal aber mit der anderen Datengröße: `winsat disk -read -ran -ransize 131072 -drive X`.

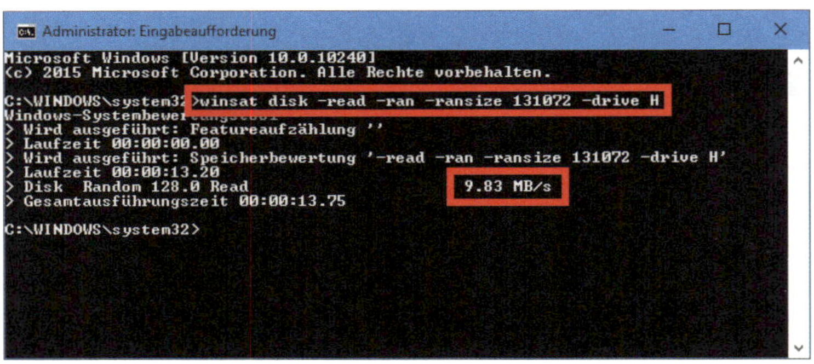

6. Dieser Test dauert ein wenig länger. Die gemessene Datenträgerleistung muss danach mindestens 1,4 MByte/Sek. betragen.

Windows per USB-Stick beschleunigen

Wenn Sie ein Speichermedium haben, das diese Anforderungen erfüllt, können Sie den Arbeitsspeicher damit erweitern und so die Performance Ihres PCs steigern. Allerdings sollte der Speicherstick möglichst leer sein, damit Windows die volle Kapazität nutzen kann.

1. Stecken Sie den USB-Stick einfach in einen freien USB-Port ein. Der direkte Anschluss ist einem zwischengeschalteten USB-Hub vorzuziehen, um optimale Performance zu erreichen. Oftmals sind die USB-Anschlüsse hinten am Gehäuse etwas schneller angebunden als die Front-Anschlüsse vorne.
2. Windows erkennt ein eingestecktes Speichermedium automatisch. Die Meldung dazu können Sie allerdings ignorieren. Öffnen Sie stattdessen den Explorer mit der Übersicht der Laufwerke.
3. Klicken Sie dort den Eintrag des Speichermediums mit der rechten Maustaste an, und öffnen Sie im Kontextmenü die *Eigenschaften*.
4. Wechseln Sie dann in den Eigenschaften dieses Datenträgers in die Rubrik *ReadyBoost*. Warten Sie kurz ab, während Windows den Datenträger analysiert und seine Eignung für ReadyBoost feststellt.
5. Nun können Sie mit der Option oben zunächst festlegen, dass Windows *Dieses Gerät verwenden* soll, um das System zu beschleunigen.
6. Mit dem Schieberegler darunter stellen Sie ein, wie viel Windows von der Kapazität des Speicherchips für sich abzweigen darf. Am besten übernehmen Sie dabei den Vorschlag von Windows. Dieser läuft in der Regel auf ca. 90 % der verfügbaren Kapazität hinaus. Wählen Sie die Option *Dieses Gerät für ReadyBoost reservieren*, wird automatisch der gesamte Speicherplatz dieser Funktion zugeschlagen.

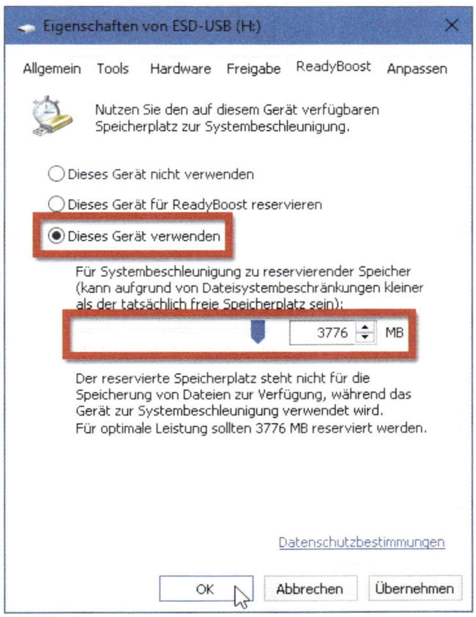

7. Klicken Sie dann auf *OK*, um die Einstellungen zu übernehmen und die Speichererweiterung abzuschließen.

Besondere Vorsichtsmaßnahmen im Umgang mit dem ReadyBoost-Speicher sind nicht erforderlich. Sie können den USB-Stick jederzeit wieder entfernen. Windows bemerkt dies und greift in diesem Fall wieder auf die reguläre Auslagerungsdatei auf der Festplatte zurück. Stecken Sie den USB-Stick später wieder ein, wird er sofort automatisch wieder in das Speichermanagement eingebunden.

ReadyBoost für den USB-Stick deaktivieren

Wie oben beschrieben, zeigt sich Windows sehr flexibel, wenn Sie einen USB-Stick erst einmal für die Verwendung als virtuelle Speichererweiterung freigegeben haben. Rausziehen und wieder reinstecken bringt nichts, und auch das Aufspielen von Dateien hindert Windows nicht an der weiteren Nutzung.

Es ist also gar nicht so leicht, diese Funktion wieder zu entfernen. Gehen Sie dazu so vor:

1. Während der USB-Stick eingesteckt ist, öffnen Sie den Arbeitsplatz Ihres Windows-PCs.
2. Klicken Sie hier mit der rechten Maustaste auf das Symbol des USB-Sticks, und wählen Sie im Kontextmenü den Eintrag *Eigenschaften*.
3. Wechseln Sie in den Eigenschaften zur Registerkarte *ReadyBoost*.

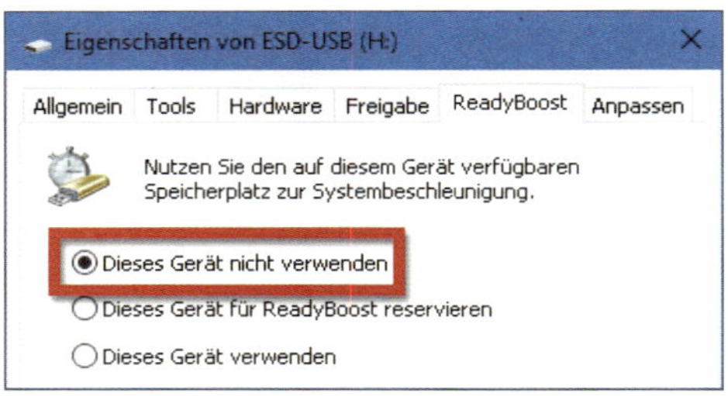

4. Wählen Sie hier ganz oben die Option *Dieses Gerät nicht verwenden* aus.
5. Alle weiteren Einstellungen im Dialog können Sie vernachlässigen. Klicken Sie einfach unten auf *OK*. Ab sofort ist Ihr USB-Stick vom Speicherdienst freigestellt.

Pro und Kontra: Was bringt ReadyBoost wirklich?

Wie sinnvoll ReadyBoost per USB-Stick nun wirklich ist, gilt als umstritten. Tests haben inzwischen gezeigt, dass der Geschwindigkeitsgewinn sehr minimal ist. Sofern er überhaupt bemessen werden kann, liegt er deutlich unter der Grenze dessen, was ein normaler Benutzer wahrnehmen kann.

Paradoxerweise kann dieses Feature moderne PCs, die von Haus aus schon gut ausgestattet sind, unter bestimmten (eher theoretischen) Umständen sogar verlangsamen. Lediglich bei älteren PCs, deren Betrieb mit Windows 10 aber ohnehin grenzwertig ist, lassen sich nennenswerte Beschleunigungen erzielen.

Generell ist es deshalb empfehlenswert, eher den echten Arbeitsspeicher des PCs zu erweitern, indem zusätzlicher RAM-Speicher eingebaut wird. Der Zugriff darauf ist wesentlich schneller und effizienter als der auf einen USB-Stick. Außerdem ist RAM-Speicher längst nicht mehr so teuer wie in früheren Zeiten und stellt eine saubere, dauerhafte und bessere Lösung dar. Wenn sich der Arbeitsspeicher Ihres PCs also ohne große Umstände erweitern lässt, ist dieser Weg unbedingt zu empfehlen. Anders kann es aussehen, wenn Sie z. B. ein Notebook verwenden, das sich nicht oder nur vergleichsweise kostspielig erweitern lässt. Hier kann ein USB-Stick mit ReadyBoost eine günstige und einfache Alternative sein. Ähnliches gilt auch für PCs, die sich aus anderen Gründen nur schwer oder gar nicht erweitern lassen, z. B. Netbooks und ähnliche Mini-PCs oder Budget-Mainboards, bei denen schon alle Speichersteckplätze belegt sind.

8. Probleme mit Windows-Updates beheben

Ein immer wieder leidiges Thema sind Windows-Updates. Die Theorie ist, dass Windows sich heimlich, still und leise auf dem Laufenden hält, Updates automatisch im Hintergrund herunterlädt, ohne die Internetverbindung damit spürbar zu belasten, und allenfalls hin und wieder mal um einen Neustart bittet.

In der Praxis hat aber fast jeder Windows-Nutzer schon mal mit störrischen Updates Bekanntschaft gemacht, die sich einfach nicht installieren lassen wollten oder nach der Installation zu nervigen Problemen führten.

In diesem Abschnitt finden Sie einige Maßnahmen, mit denen Sie solchen Effekten begegnen und die Update-Funktion Ihres Windows wieder auf Linie bringen können.

Updates recherchieren

Wenn sich Probleme bei Windows-Updates einem bestimmten Update zuordnen lassen, dann sollten Sie immer zunächst recherchieren, was es mit diesem Update auf sich hat.

Die eindeutige Referenz dafür ist die Nummer des dazugehörigen Eintrags in der Microsoft Knowledge Base, die stets mit dem typischen *KB...* beginnt. Mit diesem Kürzel finden Sie immer schnell eine genaue Beschreibung des Updates und vor allem Informationen von anderen Benutzern, die ebenfalls Probleme damit hatten und diese vielleicht ja schon gelöst haben.

8.1 Die Updates der jüngsten Zeit kontrollieren

Da das Installieren von Updates automatisch im Hintergrund erfolgt, kann man nie sicher sein, welche Aktualisierungen bereits vorgenommen wurden und welche noch nicht. Der Updateverlauf verrät Ihnen, ob ein bestimmtes Update bereits auf Ihrem PC eingespielt wurde.

Ebenso können Sie hier aber auch ablesen, ob es beim Einspielen von Updates in jüngster Zeit zu Problemen gekommen ist und welche Updates daran beteiligt waren.

1. Öffnen Sie in den *Einstellungen* die Rubrik *Update und Sicherheit/Windows Update.*
2. Dort finden Sie auf der rechten Seite den Menüpunkt *Updateverlauf anzeigen.*

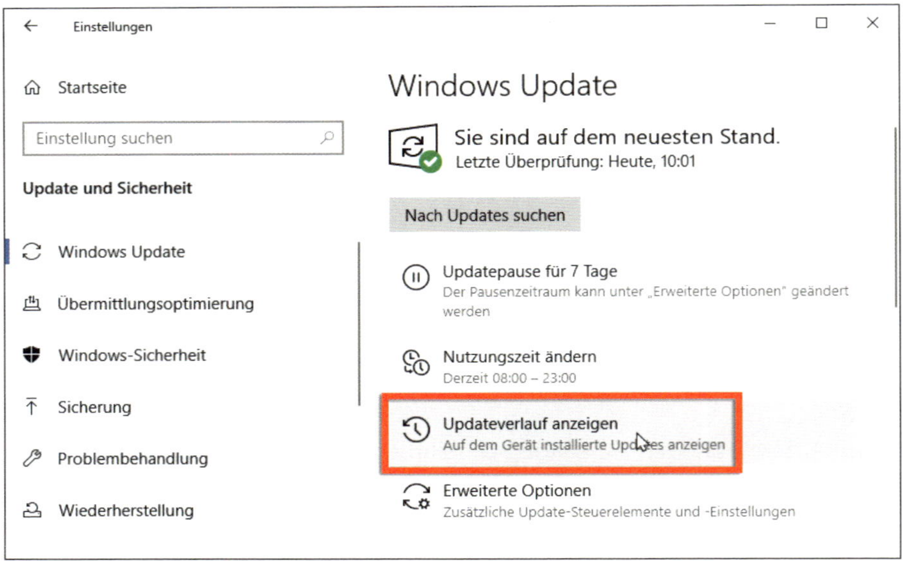

3. Damit öffnen Sie den Updateverlauf, der eine Liste aller durchgeführten Updates umfasst. Neben Name und Installationsdatum verrät jeder Eintrag auch, ob diese Aktualisierung erfolgreich installiert werden konnte.

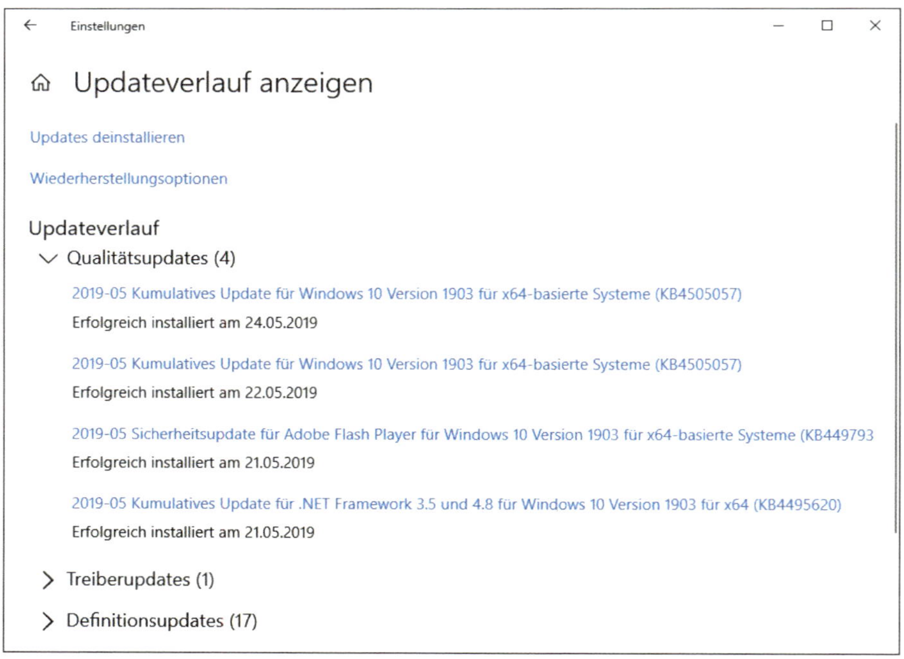

Sollte bei einem Update keine erfolgreiche Installation gemeldet werden, prüfen Sie zunächst, ob diese Aktualisierung vielleicht zu einem späteren Zeitpunkt bereits erfolgreich nachgeholt werden konnte. Andernfalls sollten Sie einen erneuten Versuch starten, dieses Update zu installieren.

8.2 Fehlerhafte Updates rückgängig machen

Sollten durch ein Update Probleme auftreten oder funktioniert eine wichtige Anwendung nicht mehr wie gewünscht, können Sie einzelne Updates zurücknehmen. Die Änderungen durch das Update werden dann rückgängig gemacht und die vorherigen Versionen der entsprechenden Dateien wiederhergestellt.

Dies sollte allerdings eine Ausnahme für wirklich problematische Situationen bleiben. Prinzipiell sind gerade wichtige Updates für die Sicherheit Ihres PCs unerlässlich.

Außerdem kann das Deinstallieren einzelner Updates wiederum neue Probleme verursachen. Deshalb ist es bei manchen Updates auch von vornherein ausgeschlossen.

1. Öffnen Sie in den PC-Einstellungen *Update und Sicherheit/Windows Update*, und klicken Sie auf den Link *Updateverlauf anzeigen*.
2. Klicken Sie im Updateverlauf ganz oben auf *Updates deinstallieren*.
3. Damit öffnen Sie eine Liste der installierten Updates. Diese können Sie z. B. anhand der Spalte *Installiert am* (ganz rechts) sortieren lassen, um die zuletzt installierten Updates nach oben zu bringen.
4. Wählen Sie das fragliche Update aus, und klicken Sie dann auf *Deinstallieren*.

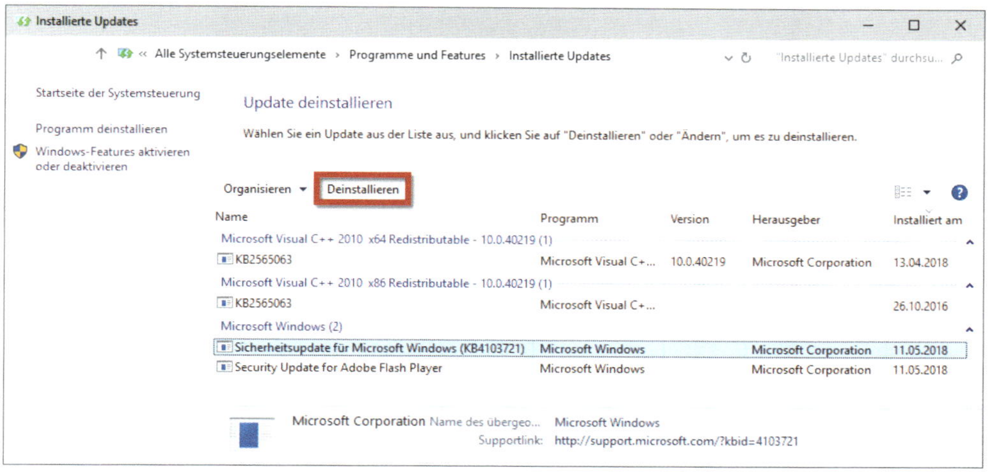

Wenn die Deinstallieren-Schaltfläche fehlt

Bei manchen Updates wird keine *Deinstallieren*-Schaltfläche angezeigt, wenn Sie den Eintrag auswählen. Solche Updates können nicht deinstalliert werden. Dies hat in der Regel wichtige technische Gründe, etwa weil bestimmte Komponenten dann nicht mehr funktionieren würden.

Bei weiter zurückliegenden Updates kann es auch daran liegen, dass die Deinstallationsinformationen inzwischen gelöscht wurden, um den Speicherplatz freizugeben. Auch in solchen Fällen ist kein Deinstallieren mehr möglich.

8.3 Erneute Update-Versuche verhindern

Wenn Sie ein problematisches Update wieder deinstallieren, ist das nur die halbe Miete. Denn wenn es nicht mittlerweile von Microsoft zurückgezogen wurde, wird Windows es früher oder später einfach erneut installieren. Um das zu verhindern, benötigen Sie ein kleines Hilfsprogramm, das Microsoft unter dem Schlüsselbegriff *KB3183922* aber nur versteckt anbietet.

Wenn Sie mit Google danach suchen, finden Sie schnell die Webseite von Microsoft, wo Sie das *"Show or hide updates" troubleshooter package* herunterladen können. Es kann ohne Installation direkt ausgeführt werden.

1. Klicken Sie nach dem Start im ersten Schritt auf *Weiter*. Das Programm ermittelt dann, welche Updates derzeit ausstehen.
2. Wählen Sie im nächsten Schritt dann *Hide updates*.

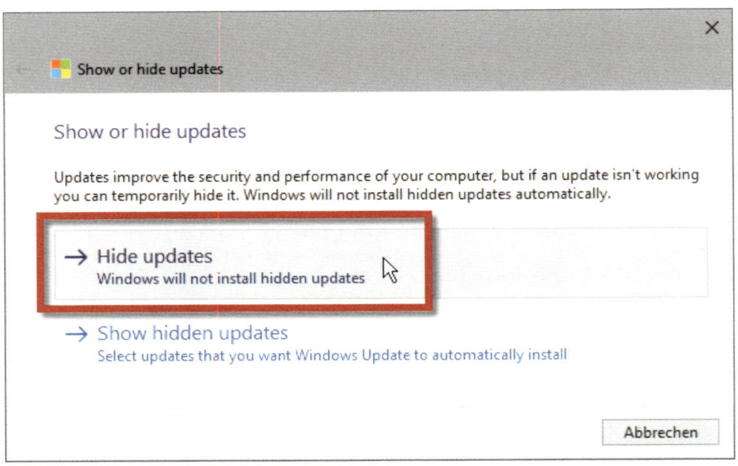

3. Das Programm zeigt dann an, welche Updates auf Ausführung warten. Setzen Sie ein Häkchen bei den Updates, die nicht durchgeführt werden sollen, und klicken Sie dann auf *Weiter*.

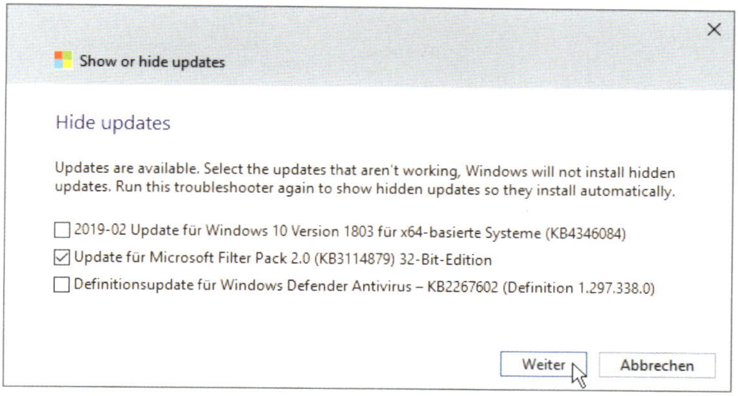

4. Die gewählten Updates werden dann blockiert. Anschließend können Sie das Programm beenden.

Das Blockieren von Updates sollte immer nur eine vorübergehende Lösung sein, bis Probleme mit einem Update behoben wurden.

Um ein blockiertes Update später wieder zuzulassen, starten Sie das Programm erneut und wählen diesmal im zweiten Schritt *Show hidden updates*. So erhalten Sie eine Liste der blockierten Updates und können wiederum die auswählen, die ab sofort nicht mehr blockiert werden sollen.

8.4 Den Windows-Update-Dienst kontrollieren

Windows Update verfügt über einen eigenen Hintergrunddienst, der für das Erkennen neuer Updates, deren Herunterladen und das anschließende Installieren verantwortlich ist. Standardmäßig läuft dieser permanent im Hintergrund und versieht seine Aufgaben.

Bei Problemen mit der Update-Funktion lohnt es aber, einfach mal kurz zu überprüfen, ob der Dienst überhaupt noch aktiv ist.

1. Geben Sie im Suchfeld des Startmenüs *Dienste* ein, und öffnen Sie dann mit [↵] die gleichnamige Desktop-App.
2. Suchen Sie in der Liste der Dienste den Eintrag *Windows Update*.
3. Überprüfen Sie, ob der *Starttyp* auf *Manuell* steht. Dann ist alles in Ordnung.

4. Falls ein anderer Starttyp bzw. *Deaktiviert* angegeben ist, öffnen Sie mit einem Doppelklick auf den Eintrag die Eigenschaften und ändern den Starttyp darin auf *Manuell*.

Anschließend können Sie in den *Einstellungen* in die Rubrik *Update und Sicherheit/Windows Update* zurückkehren und dort mit *Nach Updates suchen* einen neuen Versuch starten.

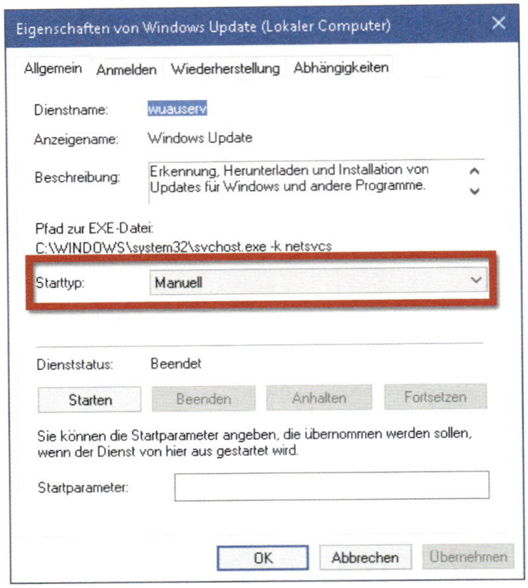

8.5 Update-Fehler durch die Problembehandlung beheben

Wann immer es irgendwelche Update-Probleme gibt, sollten Sie als schnelle, einfache Maßnahme die auf Seite 68 vorgestellte Problembehandlung von Windows in Anspruch nehmen. Sie enthält ein Modul speziell für Windows Update, das einige typische Probleme beheben sowie Standardwartungsaufgaben erledigen kann.

1. Öffnen Sie in den Windows-Einstellungen die Rubrik *Update und Sicherheit/Problembehandlung*.

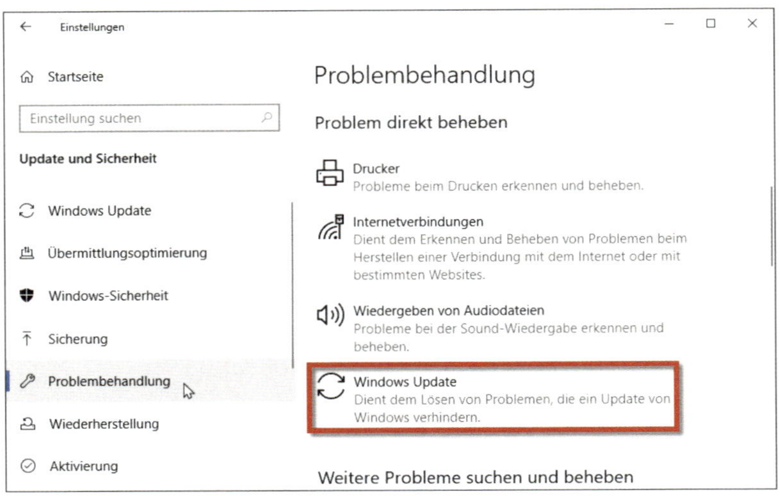

2. Lokalisieren Sie in der Liste auf der rechten Seite im Abschnitt *Problem direkt beheben* den Eintrag *Windows Update*.
3. Wählen Sie diesen aus, und klicken Sie dann auf die Schaltfläche *Problembehandlung ausführen*.
4. Damit starten Sie den Assistenten, der die Update-Funktion analysiert und auf gängige Störungen hin abklopft. Sollte er fündig werden, informiert er sie bzw. bietet Ihnen ggf. an, gefundene Probleme direkt zu beseitigen. Teilweise sind dafür Administratorrechte erforderlich, die Sie dann zunächst gewähren müssen.

8.6 Windows Update neu initialisieren

Windows Update speichert eine Reihe von Daten und temporären Dateien in zwei Ordnern. Eine bewährte Methode ist es, den Inhalt dieser Ordner zu entfernen. Beim nächsten Versuch, darauf zuzugreifen, bemerkt Windows Update das Fehlen dieser Ordner und erstellt sie einfach neu. Für Windows selbst hat das keine negativen Auswirkungen. Aber manche Probleme lassen sich dadurch lösen, dass die Update-Funktion alte, womöglich beschädigte Daten verwirft und neu beginnt.

Um diese Ordner entfernen zu können, sind aber einige Schritte in der richtigen Reihenfolge erforderlich.

1. Öffnen Sie zunächst eine Eingabeaufforderung als Administrator.
2. Geben Sie dann die folgenden Befehle jeweils nacheinander ein. Sie stoppen die verschiedenen Dienste, die am Windows Update beteiligt sind bzw. auf die fraglichen Ordner zugreifen könnten:

```
net stop wuauserv
net stop cryptSvc
net stop bits
net stop msiserver
```

3. Nun können Sie die Ordner entfernen, wobei meine Empfehlung ist, sie eben nicht einfach zu löschen, sondern zunächst nur umzubenennen. Dadurch behalten Sie eine Kopie der Ordner unter einem anderen Namen bei. Sollte es also im Anschluss zu Problemen kommen, können Sie den Ausgangszustand einfach wiederherstellen, indem Sie den Ordnern ihre alten Namen zurückgeben. Verwenden Sie zum Umbenennen die folgenden Befehle:

```
ren %windir%\SoftwareDistribution SoftwareDistribution.old
ren %windir%\System32\catroot2 catroot2.old
```

4. Neue leere Ordner brauchen Sie nicht zu erstellen. Das macht Windows ganz automatisch, wenn es feststellt, dass diese Ordner nicht (mehr) vorhanden sind. Sie müssen nun nur die zuvor abgeschalteten Dienste reaktivieren:

```
net start wuauserv
net start cryptSvc
net start bits
net start msiserver
```

Stoßen Sie anschließend eine erneute Überprüfung durch Windows Update an, und kontrollieren Sie, ob die zuvor beobachteten Probleme weiterhin auftreten.

8.7 Startprobleme nach einem Update beheben

Die bislang in diesem Kapitel beschriebenen Maßnahmen setzen voraus, dass Windows sich noch starten lässt und Probleme mit einem Update mit Bordmitteln behandelt werden können. Dramatischer ist es, wenn Windows nach einem Update nicht mal mehr startet – weder regulär noch im abgesicherten Modus.

In diesem Fall können Sie die Wiederherstellungskonsole nutzen, um eingespielte Updates rückgängig zu machen:

1. Wechseln Sie beim PC-Start, wie weiter vorne ausführlicher beschrieben, zu den erweiterten Startoptionen, bis Sie zur Eingabeaufforderung gelangen (*Weitere Optionen auswählen/Problembehandlung/Erweiterte Optionen/Eingabeaufforderung*).
2. Hier sollten Sie zunächst sicherstellen, auf welchem Laufwerk Windows installiert ist. Sie können wie üblich mit `c:` etc. zu anderen Laufwerken wechseln und deren Inhalt mit `dir` auflisten. Sollte das nicht reichen, verwenden Sie `diskpart` und darin `list volume`, um den richtigen Laufwerkbuchstaben sicher zu ermitteln.
3. Wechseln Sie dann beispielsweise mit `c:` auf das betreffende Laufwerk.
4. Um festzustellen, welche Updates zuletzt eingespielt wurden, geben Sie den folgenden Befehl ein, wobei Sie `c:\` ggf. durch den ermittelten Buchstaben ersetzen:

```
Dism /image:c:\ /get-packages
```

5. Eventuell ist es sinnvoller, längere Ausgaben in eine Datei umzuleiten. So können Sie erst mal feststellen, welche Updates überhaupt in letzter Zeit installiert wurden und das Problem verursacht haben könnten.

```
Dism /image:c:\ /get-packages↵
 >c:\updates.txt
```

6. Um eines der installierten Updates gezielt rückgängig zu machen, verwenden Sie den folgenden Befehl. Anstelle von <*Paketname*> tragen Sie dabei die genaue vollständige Bezeichnung ein, die Sie in der Ausgabe von `/get-packages` jeweils in der Zeile *Paketidentität:* finden. Bei der Option `scratchdir` müssen Sie wiederum den passenden Laufwerkbuchstaben Ihrer Windows-Partition beachten.

```
Dism /image:c:\ /remove-package↵
 /packagename:<Paketname>↵
 /scratchdir:c:\Windows\temp
```

7. Eine andere Variante (insbesondere wenn Sie nicht wissen, welches Update genau Probleme macht) ist der folgende Befehl, der alle momentan noch nicht abgeschlossenen Maßnahmen während des Bootvorgangs rückgängig macht:

```
Dism /image:c:\ /cleanup-image↵
 /revertpendingactions
```

8. Wenn die Aktion abgeschlossen ist, verlassen Sie die Eingabeaufforderung mit `exit`. Starten Sie den PC dann neu, um zu überprüfen, ob das Problem dadurch behoben wurde.

8.8 Gerät wird nach Funktionsupdate nicht mehr erkannt

Ein Phänomen, das mit den Funktionsupdates von Windows 10 immer wieder auftritt: Geräte, die vor dem Update reibungslos liefen, werden nach einem Funktionsupdate plötzlich nicht mehr erkannt. Insbesondere scheint dieser Effekt bei USB-Geräten aufzutreten.

Die üblichen Sofortmaßnahmen wie Aus- und wieder Einstecken helfen nicht, und selbst das Neuinstallieren von Treibern und Software ändert nichts. Die Komponente wird im Geräte-Manager einfach nur als »unbekanntes Gerät« geführt.

1. Öffnen Sie den Geräte-Manager, und suchen Sie dort das fragliche Gerät bzw. das »unbekannte« Gerät (mehr zum Geräte-Manager erfahren Sie auf Seite 157).
2. Klicken Sie mit der rechten Maustaste auf den Eintrag des Geräts, und wählen Sie im Kontextmenü den Befehl *Treiber aktualisieren*.
3. Wählen Sie im nächsten Schritt die Variante *Auf dem Computer nach Treibersoftware suchen*.
4. Im Eingabefeld *An diesem Ort nach Treibern suchen* tippen Sie den Pfad `C:\windows\winsxs` ein oder verwenden die *Durchsuchen*-Schaltfläche rechts, um dorthin zu navigieren.

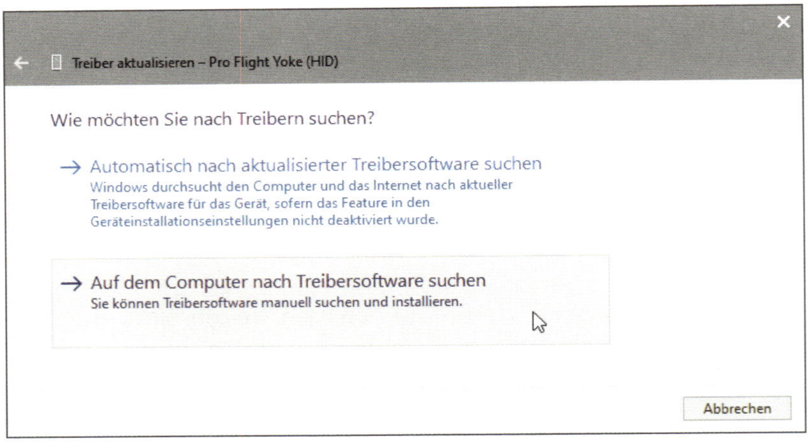

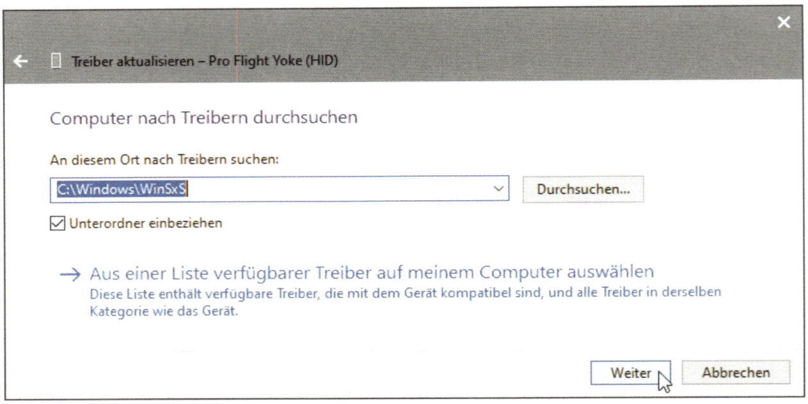

5. Klicken Sie dann unten auf *Weiter*, um die Version des Treibers, die vor dem Update funktionierte, aus dem Komponentenspeicher (siehe auch Seite 89) wiederherzustellen.

Abschließend muss ggf. noch ein Neustart durchgeführt oder das USB-Gerät einmal aus- und wieder eingesteckt werden. Dann sollte es wieder erkannt werden und uneingeschränkt genutzt werden können.

8.9 Nach Update neues Laufwerk im Explorer

Nach einem Update kann unter Umständen ein neuer Datenträger im Windows-Explorer angezeigt werden. Er ist nicht sehr groß, und man kann damit auch nichts anfangen, da man als einfacher Anwender keine Zugriffsrechte hat. Tatsächlich handelt es sich dabei um eine Startpartition, die Windows für den Betrieb benötigt. Allerdings bekommt diese normalerweise keinen Laufwerkbuchstaben und wird deshalb unter Windows auch gar nicht angezeigt. Dass Windows dem Datenträger nach einem Update plötzlich doch einen eigenen Laufwerkbuchstaben zuweist, kann man getrost als Fehler ansehen.

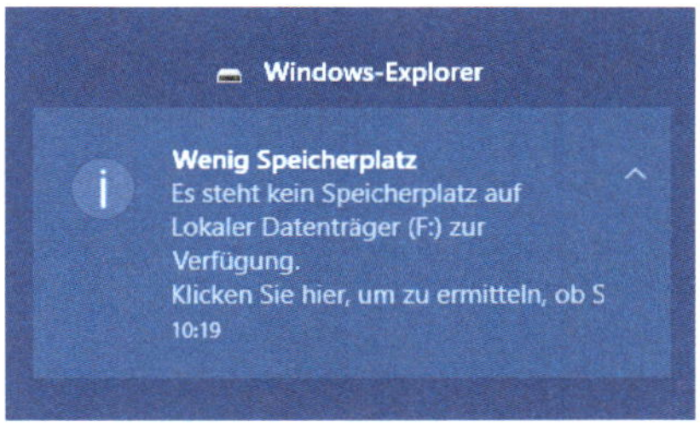

An sich können Sie dieses Laufwerk einfach ignorieren. Aber es nervt manche im Datei-Explorer. Und ganz lästig ist es, wenn es fast voll ist und Windows regelmäßig darauf hinweist und zum Bereinigen auffordert, was man aber aufgrund fehlender Zugriffsrechte gar nicht tun kann (und auch nicht tun sollte). Auch sollten Sie diese Partition keinesfalls löschen, was mit Bordmitteln sinnvollerweise auch nicht möglich ist. Es reicht, den Laufwerkbuchstaben zu entfernen, damit das Laufwerk wieder in Vergessenheit geraten kann.

1. Öffnen Sie eine Eingabeaufforderung mit Administratorrechten.
2. Geben Sie hier den Befehl `diskpart` ein.
3. Warten Sie kurz, bis das Programm gestartet ist, und geben Sie dann `list volume` ein.
4. Das Programm zeigt nun eine Liste aller Laufwerke und Partitionen an.

```
Administrator: Eingabeaufforderung
Microsoft Windows [Version 10.0.17134.1]
(c) 2018 Microsoft Corporation. Alle Rechte vorbehalten.

C:\WINDOWS\system32>diskpart

Microsoft DiskPart-Version 10.0.17134.1

Copyright (C) Microsoft Corporation.
Auf Computer: BIGBOY

DISKPART> list volume

  Volume ###  Bst  Bezeichnung  DS     Typ         Größe    Status     Info
  ----------  ---  -----------  -----  ----------  -------  ---------  --------
  Volume 0     D                       DVD-ROM        0 B   Kein Medi
  Volume 1     F                NTFS   Partition    450 MB  Fehlerfre
  Volume 2     C                NTFS   Partition    833 GB  Fehlerfre  Startpar
  Volume 3                      NTFS   Partition     48 GB  Fehlerfre
  Volume 4                      FAT32  Partition     99 MB  Fehlerfre  System
  Volume 5     E   BACKUP       NTFS   Partition     46 GB  Fehlerfre

DISKPART> select volume 1

Volume 1 ist jetzt das gewählte Volume.

DISKPART> remove

Der Laufwerkbuchstabe oder der Bereitstellungspunkt wurde erfolgreich entfernt.

DISKPART> exit

Datenträgerpartitionierung wird beendet...

C:\WINDOWS\system32>
```

5. Suchen Sie das fragliche Laufwerk heraus. Am Laufwerkbuchstaben (dritte Spalte) sollte es sich eindeutig erkennen lassen. Merken Sie sich die Nummer, die diesem Datenträger in der Liste zugewiesen ist (zweite Spalte ###).
6. Geben Sie nun den Befehl `select volume <Nummer des Datenträgers>` ein, um dieses Laufwerk zum Bearbeiten auszuwählen.
7. Geben Sie schließlich den Befehl `remove` ein. Dieser Befehl entfernt nur den Laufwerkbuchstaben, nicht das Laufwerk selbst.
8. Nun können Sie das Programm mit `exit` verlassen und die Eingabeaufforderung schließen.

Das Laufwerk sollte nun bereits aus dem Datei-Explorer verschwunden sein, und auch weitere Hinweise auf mangelnden Speicherplatz sollten unterbleiben.

9. Probleme mit USB-Geräten beheben

So angenehm und flexibel der USB-Anschluss ist, er garantiert leider keine völlige Zuverlässigkeit. Vielmehr hat er einige Eigenheiten, die in besonderen Situationen gerade zu Problemen führen können.

So verlassen sich manche Geräte darauf, vom USB-Bus mit ausreichend Spannung versorgt zu werden. Setzt man mehrere solcher Produkte gleichzeitig ein, kann es zu Schwierigkeiten kommen.

Auch USB-Wechselspeichermedien haben ihre Tücken, da das jederzeit mögliche Ausstecken eines Geräts eben auch bedeuten kann, dass es herausgezogen wird, während noch Daten geschrieben werden. Alle diese Probleme lassen sich aber mit Bordmitteln lösen oder vermeiden.

9.1 Windows reagiert nicht auf eingesteckte USB-Geräte

Wenn Sie bei Ihrem PC ein USB-Gerät einstecken, reagiert er darauf überhaupt nicht? Die Geräte funktionieren nicht, es gibt aber auch keine Fehlermeldung? An anderen PCs laufen die USB-Geräte problemlos? Bei einem funktionierenden USB-Gerät sollte Windows grundsätzlich zumindest das Vorhandensein erkennen und irgendwie reagieren.

Ist das nicht der Fall, liegt das Problem in einem anderen Bereich:

- Prüfen Sie bei einem neuen PC, ob die USB-Steckplätze am Gehäuse tatsächlich mit der Hauptplatine verbunden sind. Insbesondere USB-Buchsen an der Gehäusefront werden manchmal versehentlich nicht angeschlossen. Ist der Anschluss vorhanden, stellen Sie anhand der Angaben der Dokumentation zur Hauptplatine sicher, dass die verschiedenen Adern des Anschlusskabels an die richtigen Kontakte auf der Hauptplatine angeschlossen wurden.
- Ist hardwaremäßig alles in Ordnung, überprüfen Sie, ob die USB-Funktionen im BIOS des PCs womöglich deaktiviert wurden. Suchen Sie dazu im BIOS in den Rubriken *Integrated Peripherals* bzw. *Advanced Chipset Features* (o. Ä.) nach den entsprechenden USB-Einstellungen, und aktivieren Sie diese.
- Sollte das nicht helfen, stellen Sie fest, ob für das BIOS Ihrer Hauptplatine ein Update verfügbar ist, das dieses Problem löst.

9.2 Kein Hinweis mehr beim Einstecken von USB-Sticks & Co.

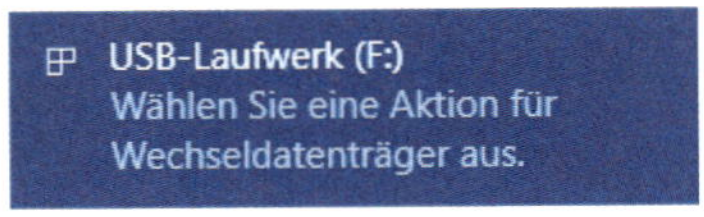

Wer schon lange mit Windows arbeitet, ist es gewohnt, dass beim Verbinden eines USB-Sticks oder -Laufwerks mit dem PC automatisch ein Hinweis angezeigt wird, den man ignorieren oder darüber eine Aktion für den Datenträger auswählen kann.

Allerdings hat Microsoft dieses Verhalten zwischenzeitlich optimiert und zeigt diesen Hinweis nur noch bei speziellen Medien wie Digitalkameras oder MP3-Playern an. Bei simplen USB-Sticks bzw. -Laufwerken unterbleibt er. Vielen ist das vielleicht gar nicht aufgefallen, aber manche vermissen den Hinweis schmerzlich.

Wie bei vielen Windows-Problemen gibt es auch dafür einen Registry-Fix (mehr zum Registry-Editor erfahren Sie auf Seite 301):

1. Öffnen Sie im Registry-Editor den Schlüssel *HKEY_LOCAL_MACHINE \Software \Microsoft \Windows \CurrentVersion \Policies \Explorer*.
2. Suchen Sie dort auf der rechten Seite nach einem Eintrag namens *NoDriveTypeAutorun*.
3. Wenn ein solcher Wert nicht vorhanden ist, legen Sie ihn als DWord-Wert neu an.
4. Setzen Sie diesen Eintrag auf den hexadezimalen(!) Wert *91*.

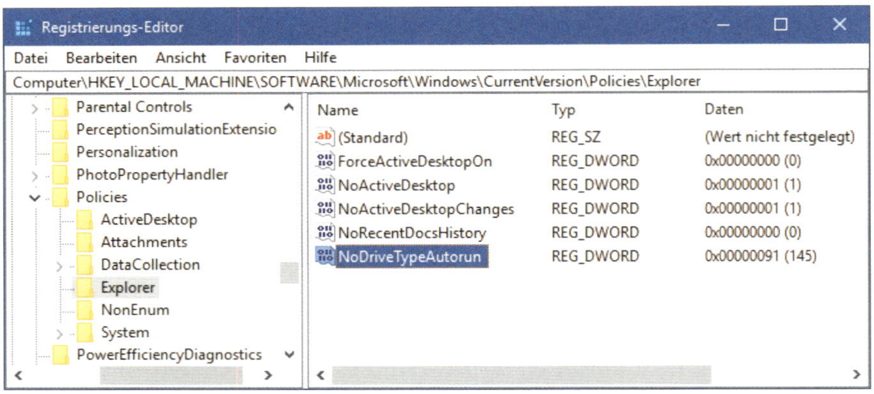

Stellen Sie nun noch sicher, dass in den *Einstellungen* unter *Geräte/Automatische Wiedergabe* die *Automatische Wiedergabe* aktiviert und für *Wechseldatenträger* die Option *Jedes Mal nachfragen* gewählt ist.

Anschließend sollte auch bei USB-Laufwerken wieder ein Autoplay-Hinweis angezeigt werden.

9.3 Windows erkennt USB-Geräte nicht korrekt

Normalerweise sollte Windows ein angestecktes USB-Gerät erkennen und zumindest identifizieren.

Wenn die automatische Erkennung von USB-Geräten nicht funktioniert, gibt es dafür eine Reihe von möglichen Gründen:

- Manche USB-Geräte funktionieren nicht allein mit den USB-Treibern von Windows, sondern benötigen zusätzlich eigene Treiber. Diese müssen eventuell bereits vor dem ersten Anschließen des Geräts installiert sein, damit die automatische Erkennung funktioniert. Lesen Sie in der Bedienungsanleitung des Geräts nach, ob und wie die Treiber installiert werden müssen.
- Beachten Sie außerdem, dass manche USB-Geräte eine eigene Stromversorgung benötigen. Windows kann solche Geräte erst dann erkennen, wenn sie eingeschaltet werden.
- Wenn es bei der Erkennung eines Geräts Probleme gibt, entfernen Sie probeweise immer alle anderen USB-Geräte vom PC, bevor Sie diese Komponente erneut einstecken. Sollte es dann funktionieren, liegt ein Problem mit dem Stromverbrauch oder der Bandbreite des USB-Busses vor (mehr darüber erfahren Sie im Folgenden).

9.4 USB-Geräte funktionieren nicht (mehr)

Wenn ein per USB angeschlossenes Gerät plötzlich nicht mehr erkannt wird, hilft es oftmals, den Treiber dafür neu zu installieren. Dafür muss allerdings der alte Treiber deinstalliert werden. Und der ist gar nicht so leicht zu finden, wenn sich das Gerät eben nicht mehr anschließen lässt.

Mit dem Programm USBDeview (www.nirsoft.net/utils/usb_devices_view.html) können Sie sich alle USB-Geräte anzeigen lassen, die jemals an diesen PC angeschlossen waren. Und Sie können jedes dieser Geräte aus der Windows-Konfiguration entfernen, sodass es beim nächsten Anschließen (hoffentlich) wieder erkannt wird.

1. Starten Sie aus dem heruntergeladenen Archiv einfach direkt die Anwendung USBDeview. Eine Installation im klassischen Sinne ist nicht notwendig. Wichtig ist aber: Wenn Sie nicht nur schauen, sondern auch etwas ändern wollen, dann starten Sie das Programm mit Administratorrechten (rechte Maustaste und *Als Administrator ausführen*)!
2. Das Programm listet dann direkt alle USB-Geräte auf, die in der Konfiguration Ihres PCs hinterlegt sind. Das gilt nicht nur für die derzeit angeschlossenen Geräte, sondern auch für solche, die gerade ausgeschaltet sind oder die irgendwann einmal angeschlossen waren.

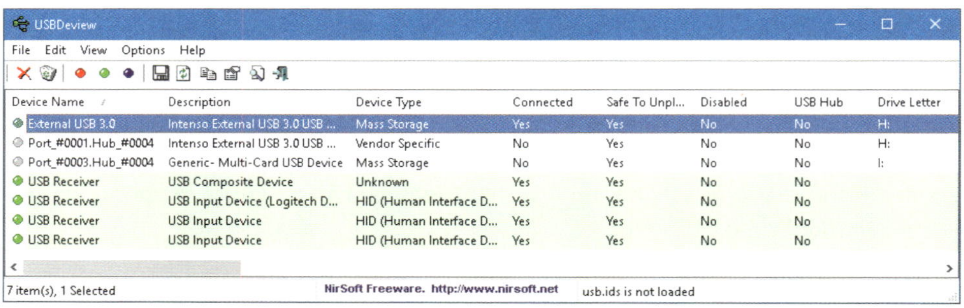

3. In der Spalte *Connected* können Sie ablesen, welche der Geräte derzeit mit dem PC verbunden sind (*Yes*) und welche nicht (*No*).

So viele USB-Geräte?

Wundern Sie sich nicht über die vielleicht sehr groß erscheinende Anzahl von USB-Geräten. Hier tauchen auch einige PC-Komponenten wie interne USB-Hubs auf. Auch die heute oft gebräuchlichen Multikartenleser im PC-Gehäuse sind über interne USB-Anschlüsse eingebunden und gelten deshalb als (mehrere) USB-Geräte.

4. Um eines der Geräte aus der Konfiguration zu entfernen, klicken Sie mit der rechten Maustaste auf den Eintrag und wählen im Kontextmenü *Uninstall Selected Devices*.

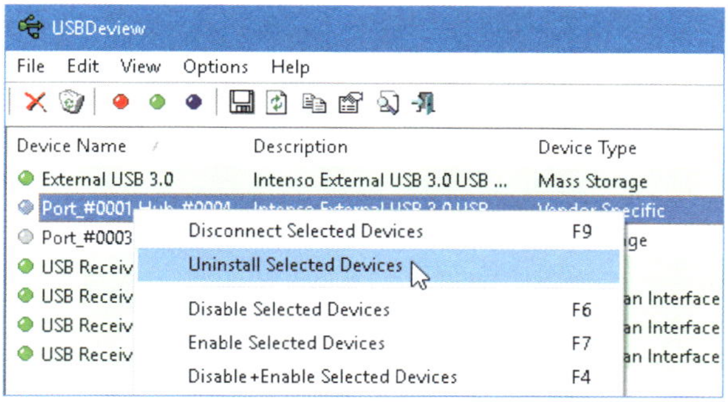

5. Bestätigen Sie die Rückfrage des Programms mit einem Klick auf *Ja*.

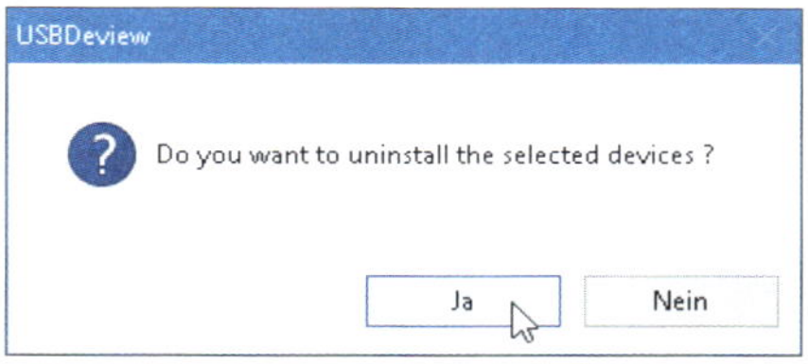

6. Führen Sie anschließend vorsichtshalber einen Neustart des PCs durch. Wenn Sie das USB-Gerät dann erneut mit dem PC verbinden, ist es für den Computer »wie beim ersten Mal«. Er sollte das Gerät also automatisch erkennen und die Treiber dafür installieren bzw. den Benutzer nach passenden Treibern fragen. Beachten Sie dabei aber auch die Installationshinweise des Herstellers, beispielsweise ob die Treiber installiert werden sollen, bevor (!) das Gerät zum ersten Mal angeschlossen wird.

USB-Gerät wird nach Funktionsupdate nicht mehr erkannt
Sollte das Problem mit einem USB-Gerät unmittelbar nach einem Funktionsupdate auftreten, beachten Sie bitte auch die Problemlösung auf Seite 143.

9.5 USB-Anschlüsse in der Leistungsüberwachung

Auf Seite 115 gehe ich auf die Möglichkeiten der Leistungsüberwachung ein. Diese kann unter anderem auch dafür genutzt werden, gezielt die Vorgänge an den USB-Anschlüssen zu kontrollieren.

Wählen Sie dazu bei den Leistungsindikatoren die Rubrik *USB*. Darin steht eine ganze Reihe von Unterpunkten zur Auswahl, mit denen sich die Datenübertragungsrate ebenso wie Wartezeiten oder Fehler überwachen lassen. So kann man beispielsweise sehr gut in Echtzeit verfolgen, was beim Anschließen bzw. Benutzen eines USB-Geräts genau geschieht.

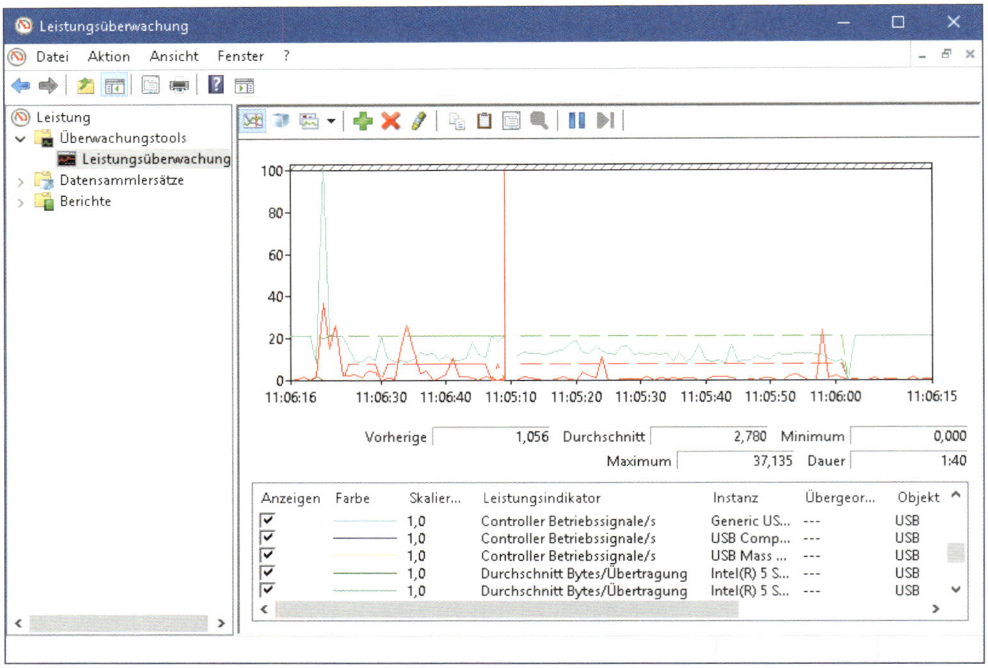

9.6 USB-Anschluss mit mehreren Geräten überfordert

Ein häufiges Problem bei USB-Geräten ist das Betreiben mehrerer Produkte gleichzeitig. Einzeln angeschlossen, funktionieren sie problemlos, aber beim Anschließen des zweiten wird das erste abgeschaltet. Solche Probleme können bei Geräten auftreten, die keine eigene Stromversorgung haben, sondern den Strom vom USB-Anschluss beziehen. Dieser liefert gemäß Spezifikation nur eine bestimmte Leistung: maximal 500 mA bei USB 2.0, bis zu 900 mA bei USB 3. Verbrauchen die angeschlossenen Geräte mehr als diese Leistung, schaltet der USB-Bus einen der Verbraucher ab, um die Stromversorgung des anderen sicherzustellen.

Wie es um den Stromverbrauch bestellt ist, können Sie jederzeit überprüfen:

1. Öffnen Sie über die Systemsteuerung den *Geräte-Manager*.
2. Im Geräte-Manager öffnen Sie in der Liste der Hardwarekomponenten die Kategorie *USB-Controller* und doppelklicken hier auf den Eintrag *USB-Root-Hub* oder auch *Ge-*

nerischer USB Hub. Sind mehrere solcher Einträge vorhanden, probieren Sie diese der Reihe nach aus.

3. Wechseln Sie in den Eigenschaften auf die Registerkarte *Stromversorgung*. Hier finden Sie im Bereich *Hubinformationen* die Angabe, wie viel Strom an den USB-Anschlüssen insgesamt zur Verfügung steht.
4. Darunter finden Sie die Liste der angeschlossenen Geräte und deren momentane Energieaufnahme. So können Sie feststellen, welches USB-Gerät wie viel Strom verbraucht und ob damit die Gesamtkapazität überschritten wird. Wenn die Bezeichnungen der Geräte nicht eindeutig sind, ziehen Sie einzelne Geräte ab und beobachten die Veränderungen in der Anzeige.

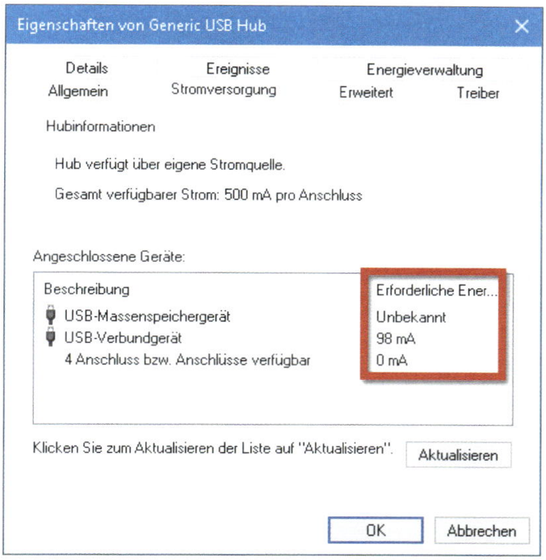

Kein Register »Stromversorgung«?

Leider finden Sie nicht bei allen USB-Hubs die benötigten Informationen. Windows zeigt dieses Register nur an, wenn Hardware und/oder Treiber dies unterstützen. Ein fehlendes Register *Stromversorgung* ist also kein Hinweis auf ein Problem, sondern bedeutet lediglich, dass Ihr PC das Auslesen dieser Daten nicht unterstützt.

Wenn sich eine zu hohe Leistungsaufnahme als Ursache des Problems herausstellt, gibt es mehrere Lösungsmöglichkeiten:

- Wenn mehrere USB-Anschlüsse vorhanden sind, probieren Sie alle aus. Versuchen Sie insbesondere, einen der Stromfresser – soweit vorhanden – an der Gehäusefront oder hinten am PC anzuschließen, da die Anschlüsse meist getrennte Stromversorgungen haben.

- Wenn ein USB-Gerät auch mit einer eigenen Stromversorgung betrieben werden kann (Batterie oder Netzteil), verwenden Sie diese.
- Besorgen Sie sich einen aktiven USB-Hub. Dieser hat ein eigenes Netzteil und stellt somit auch eine eigene Stromversorgung für angeschlossene Geräte bereit, die unabhängig von der des USB-Anschlusses im PC arbeitet. Zusätzlich erhöht er die Zahl der USB-Anschlüsse.

PC schaltet sich beim Anschließen eines USB-Geräts ab

Unter bestimmten Umständen kann es beim Einstecken eines USB-Geräts, das Strom über den USB-Anschluss bezieht, zu einem Kurzschluss kommen. Das passiert, wenn über das Gehäuse des PCs bzw. die Blende, in die der USB-Anschluss eingebaut ist, eine leitende Verbindung hergestellt wird. Das Netzteil schaltet dann automatisch ab, um Schäden zu vermeiden. Bei korrekter Verkabelung sollte dieses Phänomen nicht auftreten, aber leider wird beim Zusammenbau von PCs nicht immer sorgfältig genug gearbeitet.

Tritt der Effekt erst plötzlich bei USB-Geräten auf, die bislang keine Probleme machten, sollten Sie den fraglichen USB-Anschluss genau kontrollieren. Eventuell ist er beschädigt, wobei es unter Umständen schon reichen kann, wenn etwa eine Abstandshalterung aus Plastik weggebrochen ist. Auch wenn die Pins innerhalb des Anschlusses sich durch versehentlich zu grobe Bedienung verbogen haben sollten, kann das zu einem Kurzschluss führen.

Lässt sich das Problem nicht weiter eingrenzen, ist die einfachste Abhilfe, einen anderen USB-Anschluss zu testen. Am besten nicht einen, der direkt danebenliegt. Tritt das Problem an der PC-Front auf, wechseln Sie notfalls zur Rückseite. Sollte das zu umständlich sein, kann ein USB-Verlängerungskabel Abhilfe schaffen. Oder Sie schaffen sich einen USB-Hub an, mit dem sich das Problem häufig auch umgehen lässt.

USB-Geräte vorm Einschalten anschließen

Wenn der PC sich beim Einstecken eines USB-Verbrauchers abschaltet, reagiert oftmals auch nur die Sicherung des Netzteils zu empfindlich. Versuchen Sie, das Gerät einzustecken und dann erst den PC einzuschalten. Oftmals startet er dann ohne Murren, und Sie können das Gerät problemlos nutzen. Das ist keine Dauerlösung, aber manchmal eine schnelle Abhilfe.

Strom fällt beim Anschließen eines USB-Geräts aus

Ein Extremfall, aber es kommt leider immer mal wieder vor: Beim Anschluss eines USB-Geräts an den PC wird der FI-Schutzschalter im Sicherungskasten ausgelöst und sorgt für einen Stromausfall. Dieses Problem kann bei USB-Geräten auftreten, die neben dem PC noch mit einer Antennenleitung oder auch anderen elektrisch leitenden Komponenten verbunden sind (Kabelmodems, TV- und SAT-Empfänger, externe Audio-Adapter etc.). Wenn im USB-Gerät die USB-Masseleitung direkt mit der Masse beispielsweise des Antennenanschlusses verbunden wird, entsteht über den USB-Anschluss eine Schleife mit dem Netzteil des PCs, durch die ein Ausgleichsstrom fließt. Dieser löst den FI-Schutzschalter aus (was allerdings auch der Sinn dieses Schalters ist). Ein solches Problem lässt sich mit einem galvanisch getrennten Mantelstromfilter lösen, der zwischen Antenne und USB-Gerät eingesetzt wird. Solche Mantelstromfilter sind im gut sortierten Elektronikfachhandel oder bei einschlägigen Onlineshops erhältlich.

9.7 Datenverluste beim Abziehen von USB-Speichern vermeiden

Wechselspeichermedien wie USB-Sticks oder die Speicherkarte aus der Digitalkamera lassen sich dank USB jederzeit bequem mit dem PC verbinden, um z. B. Digitalfotos einzulesen oder wichtige Dokumente extern zu sichern. Allerdings kann man ein USB-Gerät eben auch jederzeit wieder abziehen. Deshalb muss sichergestellt sein, dass beim Entfernen sämtliche Schreiboperationen auf das Medium bereits beendet sind. Eine automatische Kontrolle durch Windows ist nicht möglich, weil die Entnahme jederzeit durch Trennen der USB-Verbindung durch den Benutzer erfolgen kann. Aber es gibt eine Vorgehensweise, mit der man sicherstellen kann, dass alle Schreiboperationen abgeschlossen sind:

1. Im Infobereich bzw. im erweiterten Infobereich sehen Sie ein spezielles Symbol für angeschlossene USB-Geräte.
2. Wollen Sie ein Speichermedium entfernen, klicken Sie auf dieses Symbol im Infobereich. Damit öffnen Sie ein Menü mit einer Übersicht über die angeschlossenen Geräte.
3. Suchen Sie hier das Gerät aus, das Sie entfernen wollen (die angegebenen Laufwerkbuchstaben helfen ggf. beim Orientieren), und klicken Sie dann auf den Befehl *... auswerfen*.
4. Windows beendet damit von sich aus die Verbindung zum Speichermedium, wobei automatisch eventuell noch ausstehende Schreiboperationen beendet werden. So können keine Daten verloren gehen oder beschädigt werden.
5. Wenn Sie die Meldung *Das Gerät "..." kann jetzt vom Computer entfernt werden* sehen, können Sie z. B. den USB-Stick gefahrlos aus dem PC herausziehen.

9.8 Maus klickt nicht mehr zuverlässig

Ein gar nicht so seltenes Phänomen bei Computermäusen sind allmähliche Ausfallerscheinungen durch Unzuverlässigkeit. So wird etwa beim Drücken der linken Maustaste der Mausklick nicht mehr regelmäßig registriert. Manchmal passiert gar nichts, oft gibt es anstelle eines einfachen Klicks einen ungewollten Doppelklick. Oder die rechte Maustaste wird nur noch bei jedem dritten oder vierten Drücken erkannt. Das Ganze tritt scheinbar willkürlich auf, sodass ein Hardwaredefekt naheliegt und man schnell daran denkt, die Maus zu erneuern. Das ist aber oft nicht erforderlich.

Das Problem bzw. der Grund für die Ausfallerscheinungen ist häufig simple statische Aufladung in den mikroelektronischen Bauteilen der Maus. Die baut sich unter bestimmten Bedingungen allmählich auf. Erreicht sie ein bestimmtes Niveau, wird die Signalverarbeitung gestört, und es kommt zu den beschriebenen Effekten. Nun ist das sicherlich letztlich ein Konstruktionsfehler, denn eigentlich sollte die Elektronik so entworfen sein, dass sie dagegen immun ist. Anscheinend ist das aber nicht so einfach, denn das Problem tritt gar nicht so selten auf und ist weder auf einen Maustyp (kabelgebunden/drahtlos) noch auf einen bestimmten Hersteller beschränkt.

Ob dieses Problem vorliegt, können Sie einfach feststellen, indem Sie die statische Aufladung beseitigen. Das geht auf folgende einfache Weise:

1. Trennen Sie die Maus von der Stromversorgung. Kabelmäuse stecken Sie aus. Bei kabellosen Geräten entfernen Sie die Batterien (vollständig).
2. Drücken Sie nun den betroffenen Schalter oder am besten alle Bedienelemente der Maus ca. 30 Sekunden lang mit erhöhtem Tempo. Dadurch werden eventuell noch in den Kondensatoren verbliebene Ströme verbraucht.
3. Legen Sie die Batterien dann wieder ein. Eine Kabelmaus stecken Sie wieder ein – wenn möglich, an einem anderen freien USB-Anschluss als zuvor.

Wenn statische Aufladung das Problem war, sollte die Maus nun wieder fehlerfrei arbeiten. Zumindest so lange, bis sich die elektronischen Komponenten wieder zu stark statisch aufgeladen haben. Für eine dauerhafte Lösung sollten Sie mit der Unterlage experimentieren, auf der Sie die Maus bewegen. Es gibt im Handel beispielsweise spezielle antistatische Mauspads.

10. Probleme mit Hardwarekomponenten oder -treibern beheben

Windows wird Sie vielleicht nicht immer von Hardwareproblemen verschonen können. Zwar bringt es für viele gängige Hardwarekomponenten bereits passende Treiber mit oder liefert diese ggf. per Online-Update nach. Trotzdem kann es gerade bei älteren oder exotischen Hardwarekomponenten zu Problemen kommen. Hier dürften häufig keine aktuellen Treiber mehr zu bekommen sein. Oftmals bestehen in solchen Fällen aber Möglichkeiten, beispielsweise mit vorhandenen Hardwaretreibern für ältere Windows-Versionen noch weiterzuarbeiten.

10.1 Hardwareprobleme im Geräte-Manager aufspüren

Die erste Anlaufstelle für das Analysieren und Lösen von Hardware- bzw. Treiberproblemen ist stets der Geräte-Manager. Er verschafft einen schnellen Überblick über die vorhandene Hardware und bietet insbesondere bei Treiberproblemen Möglichkeiten zur Problembehebung.

1. Um den Geräte-Manager zu verwenden, wählen Sie in der Systemsteuerung die Kategorie *Hardware und Sound* und klicken dort auf *Geräte-Manager*. In der Listenansicht sehen Sie direkt den gleichnamigen Eintrag.

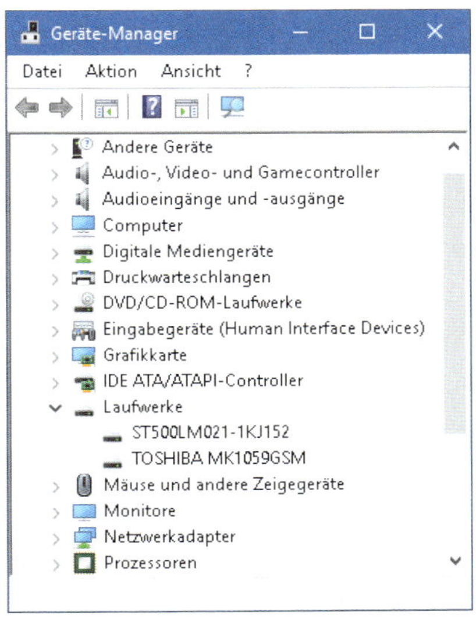

2. Im Geräte-Manager finden Sie eine ganze Reihe von Rubriken, in die die vorhandenen Hardwarekomponenten eingeteilt sind. Die Darstellung ist dabei ähnlich wie die von Ordnern und Dateien im Windows-Explorer. Wenn Sie auf das Pfeilsymbol vor einer der Rubriken klicken, blättern Sie diese auf und erhalten Zugriff auf die dazugehörigen Komponenten.
3. Um ein einzelnes Gerät näher unter die Lupe zu nehmen, führen Sie einen Doppelklick auf den entsprechenden Eintrag im Geräte-Manager aus. Dieser öffnet dann die Eigenschaften für das Gerät. Dort finden Sie alle Informationen und Funktionen, die zu diesem Gerät und ggf. zu seinen Treibern verfügbar sind.

4. In der Regel erkennt Windows von allein, dass ein bestimmtes Gerät nicht ordnungsgemäß arbeitet. Betroffene Rubriken klappt der Geräte-Manager beim Start automatisch aus und versieht die Symbole der fehlerhaften Komponenten mit einer farbigen Markierung. So kommen Sie den Verursachern von Hardwareproblemen schnell auf die Schliche.

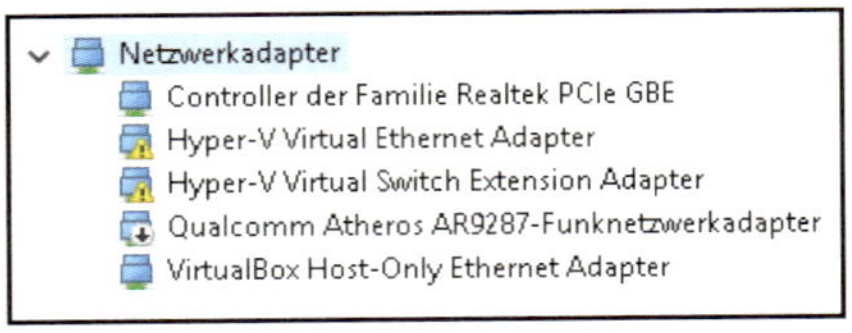

5. Um ein einzelnes Gerät näher unter die Lupe zu nehmen, führen Sie einen Doppelklick auf den entsprechenden Eintrag im Geräte-Manager aus. Dieser öffnet dann die Eigenschaften für das Gerät. Dort finden Sie alle Informationen und Funktionen, die zu diesem Gerät und ggf. zu seinen Treibern verfügbar sind. Der genaue Inhalt der Eigenschaften hängt von der Art des jeweiligen Geräts ab.

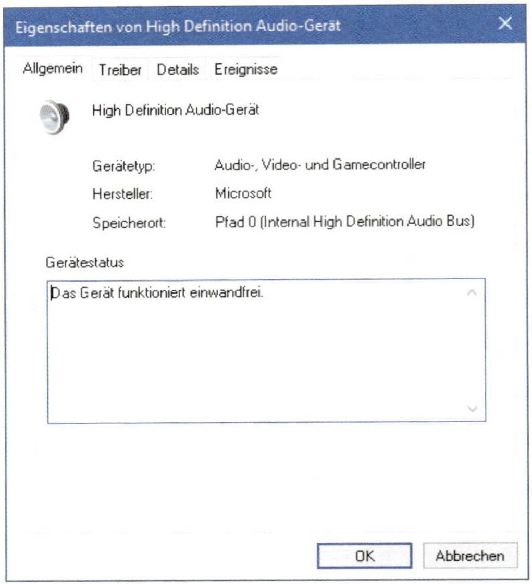

Wenn der Geräte-Manager ein Hardwareproblem anzeigt, hat dies in den seltensten Fällen tatsächlich mit einem Defekt an einer Komponente zu tun, eher schon mit einer Kabelverbindung, die sich gelöst hat, oder ähnlichen Verbindungsproblemen. Auch Probleme mit der Ressourcenverteilung sind dank Plug-and-play eher selten geworden. In den meisten Fällen aber liegt das Problem in der Treibersoftware für das Gerät, die entweder ganz fehlt oder nicht ordnungsgemäß funktioniert.

Wirklich alle Komponenten im Geräte-Manager anzeigen

Der Geräte-Manager versteckt einige Komponenten, die den Benutzer seiner Meinung nach nichts angehen, weil es sich dabei z. B. um logische Komponenten des Betriebssystems handelt.

Solche Komponenten können Sie aber dennoch einsehen, wenn Sie im Geräte-Manager die Option *Ansicht/Ausgeblendete Geräte anzeigen* aktivieren. Leider »vergisst« der Geräte-Manager diese Einstellung beim Beenden jedes Mal, sodass Sie sie bei Bedarf immer wieder einschalten müssen.

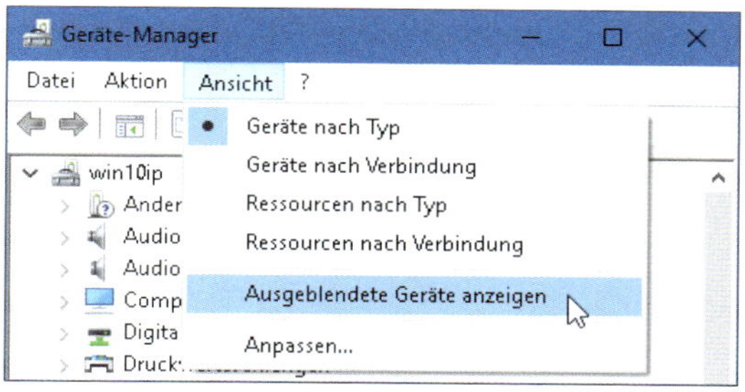

Selbst jetzt verbirgt der Geräte-Manager immer noch Komponenten, für die zwar Treiber installiert sind, die aber momentan nicht an den PC angeschlossen bzw. eingeschaltet sind. Dazu gehören z. B. mobile Geräte wie USB-Sticks, Digitalkameras etc., aber auch sämtliche festen Hardwarekomponenten (Festplatten, Grafikkarten, CD-Laufwerke etc.), die irgendwann einmal in den PC eingebaut und unter Windows eingerichtet waren. Um auch auf diese Komponenten zugreifen und beispielsweise deren Treiber entfernen zu können, gehen Sie wie folgt vor:

1. Öffnen Sie in der Systemsteuerung das Modul *System*, und klicken Sie dort links in der Navigationsleiste auf *Erweiterte Systemeinstellungen*.
2. Klicken Sie im anschließenden Menü auf der Registerkarte *Erweitert* ganz unten auf die Schaltfläche *Umgebungsvariablen*.
3. Im dadurch geöffneten Menü klicken Sie wiederum unten im Bereich *Systemvariablen* auf die Schaltfläche *Neu*, um eine neue Systemvariable anzulegen.
4. Geben Sie im folgenden Dialog bei *Name der Variablen devmgr_show_nonpresent_devices* und bei *Wert der Variablen 1* an.

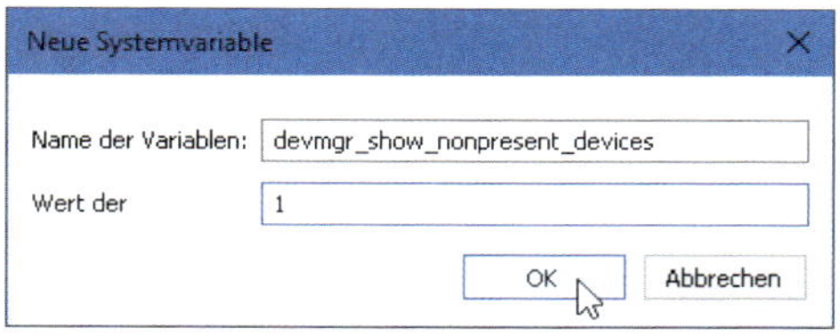

5. Klicken Sie dann insgesamt dreimal nacheinander auf die jeweilige *OK*-Schaltfläche, um die neue Variable zu übernehmen. Nun müssen Sie den Geräte-Manager ggf. beenden, neu starten und mit *Ansicht/Ausgeblendete Geräte anzeigen* die erweiterte Anzeige aktivieren. Dann werden auch die derzeit nicht verbundenen Hardwarekomponenten angezeigt.

10.2 Mit Problemen im Geräte-Manager richtig umgehen

Wenn Windows bemerkt, dass es mit einer Hardwarekomponente Probleme gibt, deaktiviert es dieses Gerät in der Regel automatisch. Das bedeutet, dass der Treiber für dieses Gerät beim Systemstart nicht mehr geladen und die Komponente auch sonst ignoriert wird.

So wird sichergestellt, dass das System trotz des Hardwareproblems weiterarbeiten kann. Um die kaltgestellte Komponente wieder in Betrieb zu nehmen, müssen Sie aber selbst aktiv werden.

Die Ressourcenverteilung optimieren

Konflikte um IRQs und andere Ressourcen sind zum Glück sehr selten geworden. Zum einen kümmert sich Windows 10 wie schon seine Vorgänger sehr effizient um die reibungslose Verteilung der vorhandenen Ressourcen. Zum anderen sind viele Hardwarekomponenten heutzutage nicht mehr auf eine exklusive Ressourcenzuteilung angewiesen.

Gerade bei älterer Hardware kann es aber immer noch zu Problemen kommen, die ein manuelles Eingreifen erfordern. Dies ist zum Glück zumindest bei einigen Geräten noch möglich.

1. Starten Sie den Geräte-Manager, und wählen Sie die Hardwarekomponente aus, die durch den Ressourcenkonflikt lahmgelegt ist. Sie ist mit einem Warnsymbol deutlich markiert.
2. Öffnen Sie die Eigenschaften dieser Ressource mit einem Doppelklick. Auf der Registerkarte *Allgemein* können Sie zunächst den Gerätestatus ablesen. Hier findet sich meist schon ein deutlicher Hinweis darauf, welche Art von Ressourcenkonflikt vorliegt.
3. Wechseln Sie dann zur Registerkarte *Ressourcen*. Hier sollten Sie zunächst ganz unten den Bereich *Gerätekonflikt* beachten. Liegt ein Ressourcenkonflikt vor, wird ganz genau beschrieben, um welche Ressource es sich handelt und welches andere Gerät davon betroffen ist.

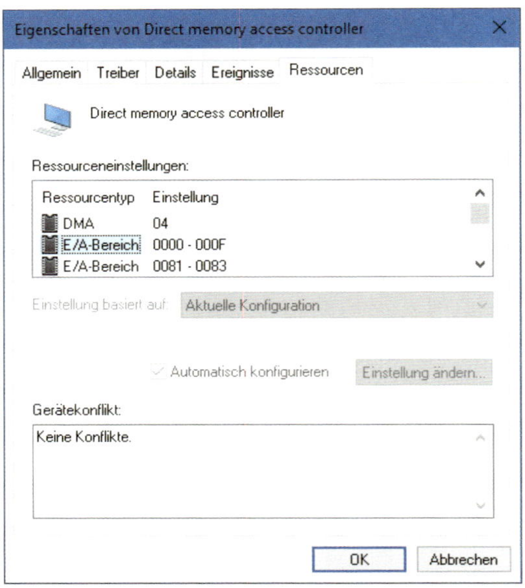

4. Wenn dieser Konflikt durch die automatische Ressourcenverteilung verursacht wurde, sollten Sie zunächst das Kontrollkästchen *Automatisch konfigurieren* deaktivieren. Sollte diese Option nicht anwählbar sein, wird dieses Gerät vollkommen automatisch verwaltet und lässt sich leider manuell nicht beeinflussen.
5. Wählen Sie dann im Bereich *Ressourceneinstellungen* die Ressource aus, die den Konflikt verursacht, und klicken Sie auf die Schaltfläche *Einstellung ändern*.
6. Damit öffnen Sie ein zusätzliches Menü, in dem Sie diese Ressourceneinstellung bearbeiten können. Ändern Sie dazu den Wert der Ressource so lange, bis im Bereich *Konfliktinformationen* die Meldung *Es liegen keine Gerätekonflikte vor* angezeigt wird.

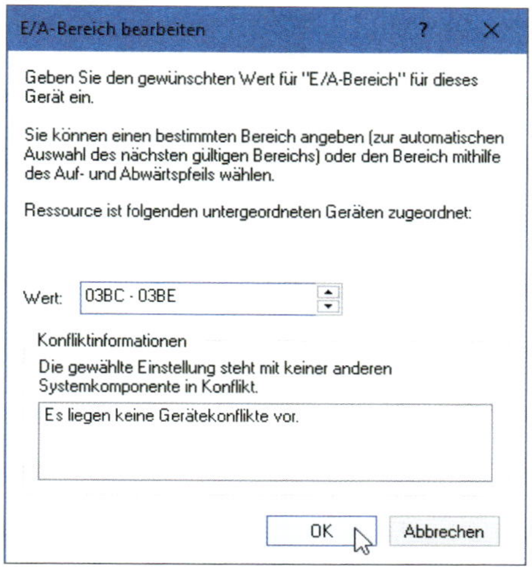

7. Übernehmen Sie den neuen Wert dann mit zweimal *OK*, und starten Sie den PC neu, damit die geänderten Einstellungen für die Hardwarekomponenten wirksam werden können.

Fehlerhafte Komponenten deaktivieren

Der Geräte-Manager bietet die Möglichkeit, einzelne Hardwarekomponenten vorübergehend zu deaktivieren oder auch ganz aus der Konfiguration zu entfernen. Ein Ausbau des Geräts ist dann nicht erforderlich. Die dazugehörigen Treiber werden beim Start nicht mehr geladen, und die Komponenten belegen auch keine Ressourcen mehr. So lassen sich Treiberprobleme und Ressourcenkonflikte lösen, wenn eine Komponente ohnehin nicht gebraucht wird.

1. Um einzelne Geräte zu de- oder zu aktivieren, öffnen Sie den Geräte-Manager wie oben beschrieben und suchen den Eintrag dieses Geräts.
2. Klicken Sie mit der rechten Maustaste auf den Eintrag. Im kontextabhängigen Menü finden Sie die Funktion *Deaktivieren*. Damit beenden Sie die Verwendung dieses Geräts vorübergehend.

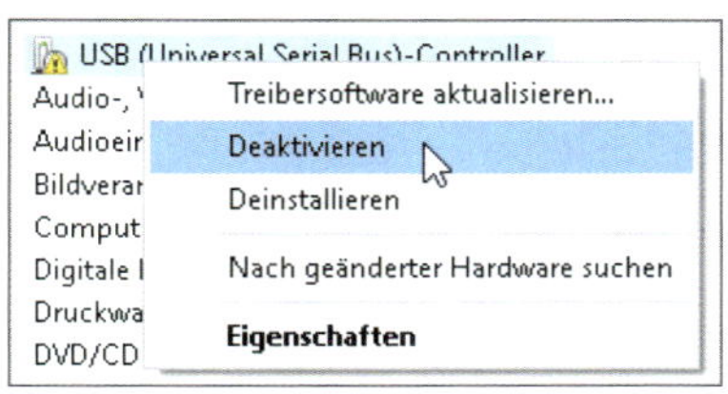

3. Bestätigen Sie den folgenden Sicherheitshinweis mit *Ja*.
4. Im kontextabhängigen Menü finden Sie nun anstelle des *Deaktivieren*-Befehls die Funktion *Aktivieren*, mit der Sie die Komponente wieder in den Betrieb einbinden können.
5. Außerdem finden Sie im kontextabhängigen Menü die Funktion *Deinstallieren*. Im Gegensatz zu *Deaktivieren* schalten Sie eine Komponente damit nicht einfach nur ab, sondern entfernen sie ganz aus der Systemkonfiguration. In der Praxis bedeutet dies, dass der Softwaretreiber dafür entfernt wird und das Gerät komplett aus dem Geräte-Manager verschwindet. Auch hier müssen Sie den Sicherheitshinweis bestätigen, bevor die Aktion ausgeführt wird.

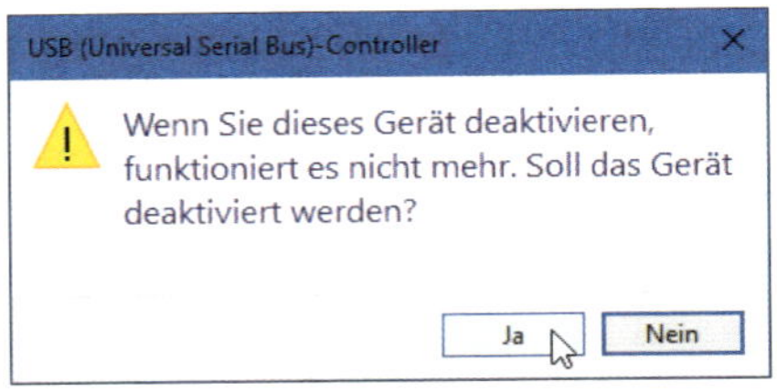

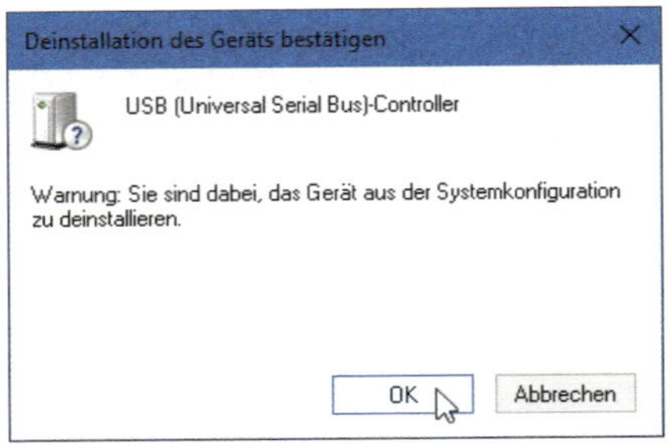

Deinstallierte Geräte

Eine deinstallierte Hardwarekomponente befindet sich natürlich physisch immer noch im Rechner, auch wenn Sie sie in der Gerätesteuerung deaktiviert haben. Windows merkt sich deinstallierte Geräte intern. So wird verhindert, dass der Hardwareassistent, der bei jedem Neustart nach neuen Geräten sucht, deinstallierte Geräte sofort wieder einbindet. Um eine deinstallierte, aber nicht ausgebaute Komponente später wieder einzubinden, müssen Sie den Hardwareassistenten manuell starten. Verwenden Sie dazu im Geräte-Manager *Aktion/Nach geänderter Hardware suchen*. Dann werden alle vorhandenen nicht installierten Komponenten ermittelt und zur Installation angeboten.

Das Deaktivieren von Hardwarekomponenten sollte stets nur eine Not- und Übergangslösung sein, z. B. bis neue Treibersoftware verfügbar ist, mit der sich die eventuell vorhandenen Probleme oder Konflikte lösen lassen. Auch wenn Sie mehrere Betriebssysteme parallel auf einem PC betreiben, kann diese Maßnahme sinnvoll sein, wenn Sie eine Komponente beispielsweise unter dem aktuellen Windows gar nicht verwenden wollen oder können. Mit einem älteren Betriebssystem kann dann trotzdem normal damit gearbeitet werden. Ansonsten sollten Sie eine Hardwarekomponente, die dauerhaft nicht genutzt werden kann, besser ganz ausbauen.

10.3 Das Erkennen neuer Hardware erzwingen

Üblicherweise erkennt Windows neu hinzugekommene Hardware automatisch und versucht, sie einzurichten. Was aber, wenn diese Erkennung versagt und sich einfach gar nichts tut? Oder wenn Sie ein virtuelles Gerät wie etwa einen Netzwerk-Loopback-Adapter installieren möchten? Früher war dafür der Hardwareassistent zuständig, aber im aktuellen Windows ist dieser nicht mehr zu finden. Oder doch?

1. Geben Sie im Suchfeld des Startmenüs den Befehl `hdwwiz` ein, klicken Sie dann oben in der Trefferliste den einzigen Punkt mit der rechten Maustaste an, und wählen Sie im Kontextmenü *Als Administrator ausführen*. Alternativ können Sie die Funktion auch aus dem Geräte-Manager heraus mit *Aktion/Legacyhardware hinzufügen* starten.
2. Damit starten Sie den klassischen Windows-Hardwareassistenten. Hier können Sie zunächst noch mal mit *Hardwarekomponente automatisch suchen und installieren* die automatische Hardwareerkennung anstoßen.

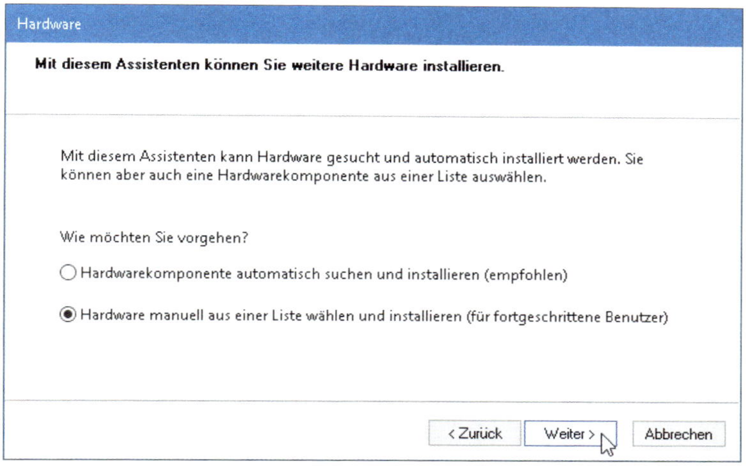

3. Wenn auch das nichts hilft und Sie über passende Treiber verfügen, wählen Sie stattdessen *Hardware manuell aus einer Liste wählen und installieren*.
4. Wählen Sie im nächsten Schritt *Alle Geräte anzeigen* und dann *Weiter*.
5. Klicken Sie im darauffolgenden Menü unten rechts auf *Datenträger*.
6. Geben Sie dann den Pfad zur Treibersoftware an, und klicken Sie auf *OK*, um diese Treiber zu installieren.

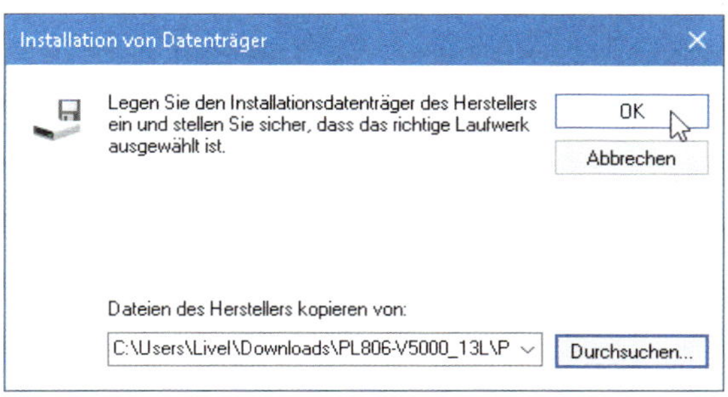

10.4 Hardwarefehler und -einschränkungen mit neuen Treibern beseitigen

Windows automatisiert das Erkennen und Einbinden von Hardwarekomponenten weitestgehend. Außer dem Anschließen bzw. Einbauen der Hardware läuft alles Weitere automatisch bzw. von Assistenten begleitet ab. Allerdings wird nicht notwendigerweise alle Hardware immer korrekt erkannt und fehlerfrei eingebunden. Ein prüfender Blick in den Geräte-Manager (siehe Seite 157) ist deshalb immer empfehlenswert. Hier zeigt sich, ob ein Eingriff erforderlich ist. Im Idealfall, wenn nämlich Windows bereits einen passenden Treiber mitbringt bzw. sich diesen per Online-Update besorgen kann, läuft alles komplett ohne Ihr Zutun.

1. Wenn das Vorhandensein einer neuen Hardware festgestellt wurde, identifiziert Windows das Produkt und sucht zunächst in seiner eigenen lokalen Treiberbibliothek nach passender Software. Wird es dort nicht fündig, versucht es, via Windows Update passende Treibersoftware zu beschaffen. Dieser Onlinezugriff kann ggf. zu Verzögerungen führen. Sie bemerken davon allenfalls vorübergehend ein zusätzliches Symbol in der Taskleiste.
2. Die auf die eine oder andere Art beschaffte Treibersoftware wird dann umgehend installiert. Neustarts sind beim aktuellen Windows aus solchen Anlässen nur noch sehr selten nötig. Selbst beispielsweise Grafikkartentreiber können nun im laufenden Betrieb ausgetauscht werden, was allenfalls an einem kurzen Flackern des Bildschirms zu bemerken ist.

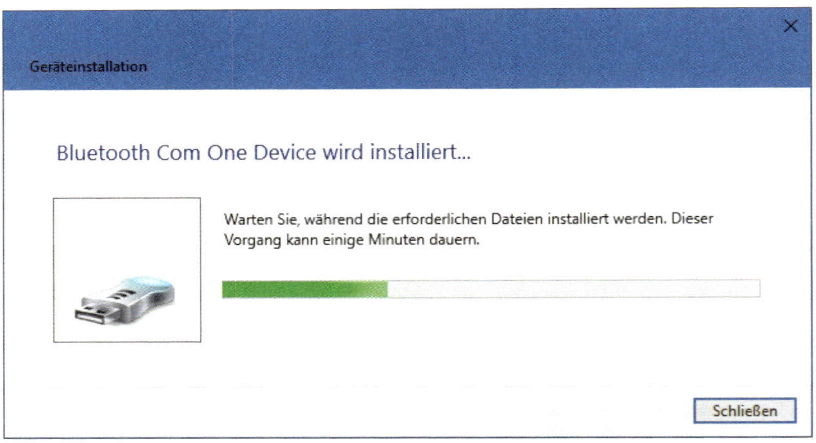

3. Es empfiehlt sich aber, während des Such- und Installationsvorgangs auf das Symbol in der Startleiste zu klicken. Dadurch öffnen Sie ein Statusfenster, in dem Sie den Ablauf der Installation ausführlicher verfolgen können. So bemerken Sie auch sofort, ob das Gerät korrekt erkannt wurde bzw. ob bei der Installation Fehler auftreten.

Treiber aus dem Onlinefundus von Windows

Windows bringt bereits Treiber für Tausende von gängigen Hardwarekomponenten mit. Handelt es sich um eines dieser Geräte, wird es automatisch erkannt und der passende Treiber installiert. Aber auch wenn für ein Gerät kein Treiber vorliegt, müssen Sie nicht unbedingt selbst auf die Suche gehen. Microsoft stellt für die verschiedenen Windows-Versionen einen riesigen Onlinefundus an Hardwaretreibern zur Verfügung, der zudem ständig erweitert und aktualisiert wird. Mit etwas Glück ist hier der richtige Treiber dabei.

1. Wählen Sie dazu beim Aktualisieren der Treiber die Variante *Automatisch nach aktualisierter Treibersoftware suchen*.

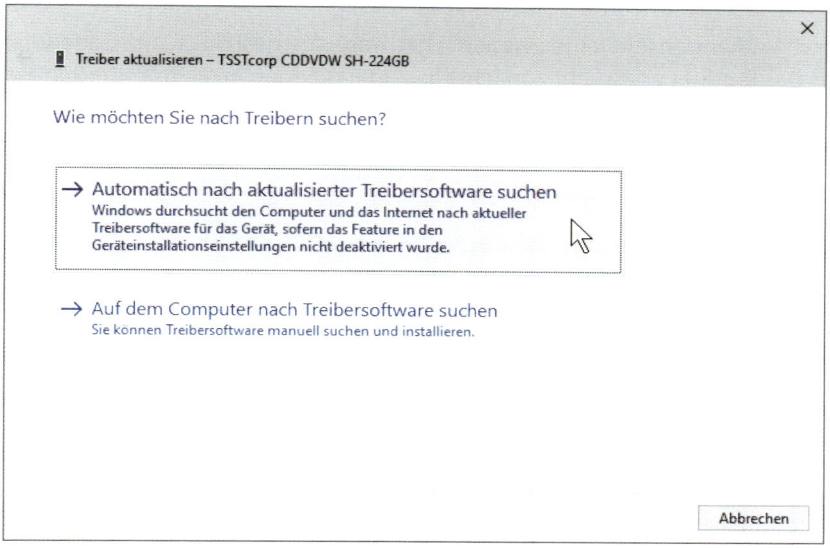

2. Der Assistent überprüft dann, ob für diese Hardware ein Treiber verfügbar ist. Wenn ja, wird er automatisch heruntergeladen und installiert.

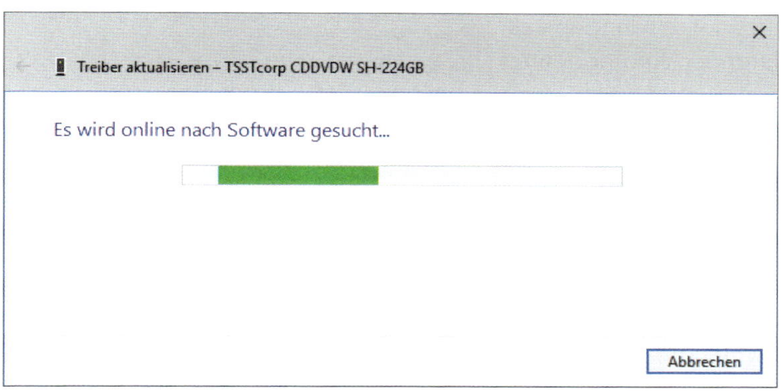

3. Anschließend können Sie das Gerät in der Regel sofort uneingeschränkt nutzen.
4. Sollte der Assistent keinen passenden Treiber beschaffen können, ist eine Installation auf diesem Weg leider nicht möglich. In dem Fall müssen Sie auf andere Quellen wie z. B. die Website des Herstellers der fraglichen Hardware zurückgreifen. Auch eine Recherche in einschlägigen Onlineforen kann Tipps zutage fördern, die Hinweise geben, wo Treiber zu finden sind bzw. welche alternativen Treiber sich eventuell einsetzen lassen.

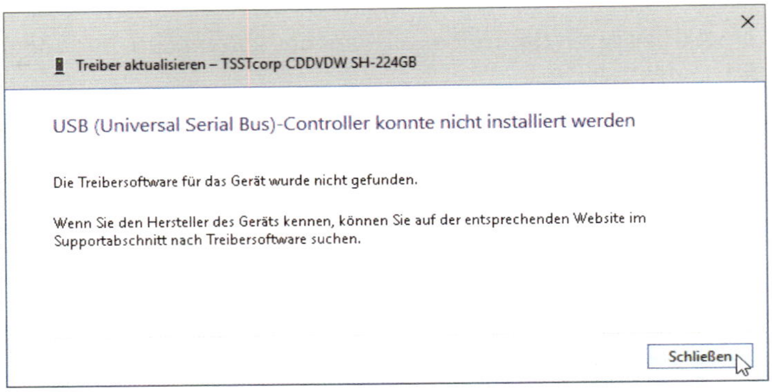

Neue Treiberversion manuell installieren

Nicht immer wird die automatische Installation glatt durchlaufen. In solchen Fällen zeigt sich Windows 10 leider wenig kooperativ: Wenn es selbst keine Treiber beschaffen kann, lässt es die Installation des Geräts einfach scheitern.

Frühere Versionen suchten in solchen Fällen automatisch auch noch auf einem ggf. eingelegten Datenträger oder gaben dem Benutzer die Möglichkeit, die zu verwendende Treibersoftware selbst zu lokalisieren. Nun aber bleibt in solchen Fällen nur der Weg in den Geräte-Manager (siehe Seite 157), um den Treiber manuell einzuspielen.

1. Klicken Sie im Geräte-Manager mit der rechten Maustaste auf den Eintrag der nicht funktionierenden Komponente, und wählen Sie im Kontextmenü *Treibersoftware aktualisieren*.

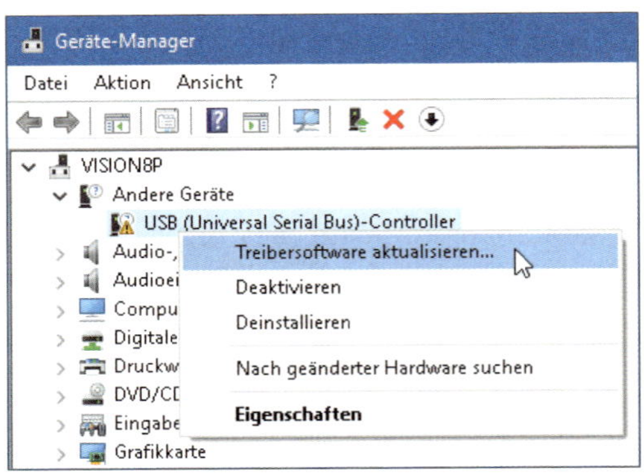

2. Wählen Sie im anschließenden Dialog *Auf dem Computer nach Treibersoftware suchen*.

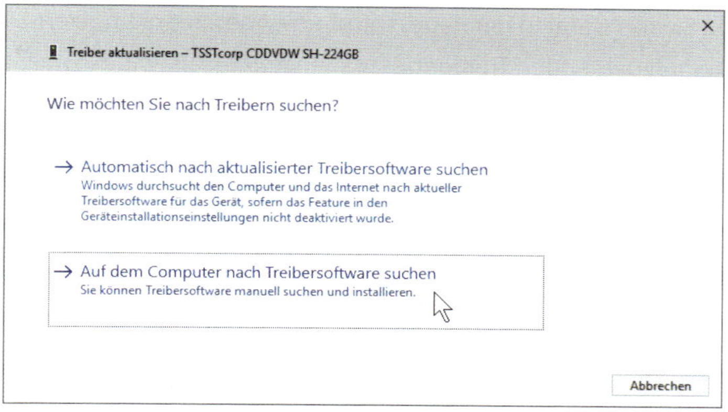

3. Geben Sie im nächsten Dialog den Ordner bzw. das Laufwerk an, auf dem sich die Installationsdateien befinden. Der Assistent kann bei der Suche auch Unterordner einbeziehen. Liegt Ihnen z. B. eine Installations-CD vor, geben Sie einfach deren Laufwerk an und achten darauf, dass die Option *Unterordner einbeziehen* aktiv ist. Klicken Sie dann unten rechts auf *Weiter*.

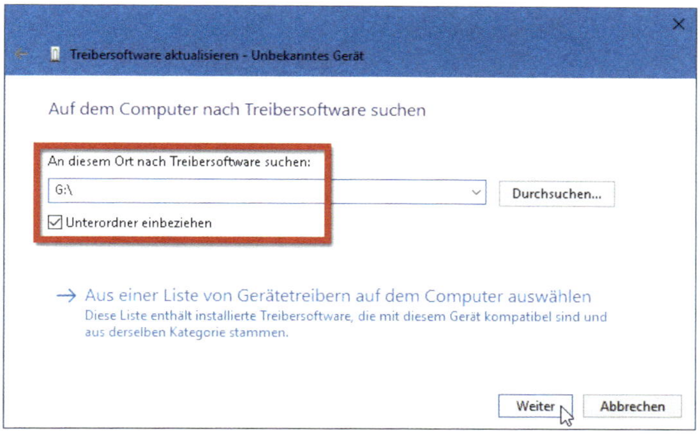

4. Der Assistent durchsucht nun die gesamte CD und findet die infrage kommende Installationssoftware automatisch. Sollte dies nicht gelingen, geben Sie den Pfad zu den korrekten Treiberdateien möglichst exakt an.

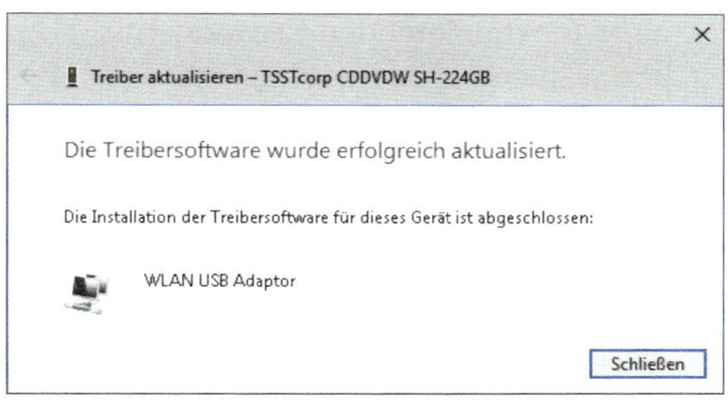

5. Der Rest der Installation läuft dann wieder vollautomatisch ab, bis Sie das Gerät direkt verwenden können.

Installationsdateien werden nicht gefunden?

Die automatische Treiberinstallation basiert auf sogenannten INF-Dateien, die alle für die Installation benötigten Informationen für den Hardwareassistenten beinhalten. Die Gerätetreiber müssen also mit einer solchen Datei ausgestattet sein. Manche Hersteller gehen einen anderen Weg und installieren die Treiber lieber selbst, z. B. gemeinsam mit zusätzlicher Anwendungssoftware für das Produkt. In diesem Fall können Sie den Hardwareassistenten nicht benutzen, sondern müssen den Setup-Assistenten des Hardwareherstellers bemühen.

10.5 Bei Windows 10 ältere Treiber weiternutzen

Manchmal scheitert eine Treiberinstallation, auch wenn der Treiber unter Windows 10 im Prinzip noch laufen würde. Denn die Installationsroutinen von Treibersoftware enthalten oftmals eine Abfrage, auf welchem Betriebssystem die Installation erfolgen soll. Sie ermitteln also von sich aus, ob sie auf einem geeigneten System ausgeführt werden, und verweigern andernfalls die Installation. Teilweise bringen sie auch mehrere Treibervarianten für verschiedene Betriebssysteme mit und ermitteln so, welche davon installiert werden muss. Oft wurden die Treiber aber schon vor Jahren veröffentlicht, als an Windows 10 noch nicht zu denken war. Mit einem Produktnamen wie »Windows 10« oder »Windows 10 Pro« können die Setup-Programme also nichts anfangen. Manchmal beschweren sich die Setup-Programme mit einer deutlichen Meldung, manchmal gibt es aber auch nur einen diffusen Fehler. Dies lässt sich mit einem kleinen Registry-Trick umgehen.

1. Öffnen Sie den Registry-Editor mit *regedit*.
2. Navigieren Sie zum Schlüssel *HKEY_LOCALMACHINE\ SOFTWARE\ Microsoft\ Windows-NT\ CurrentVersion*.

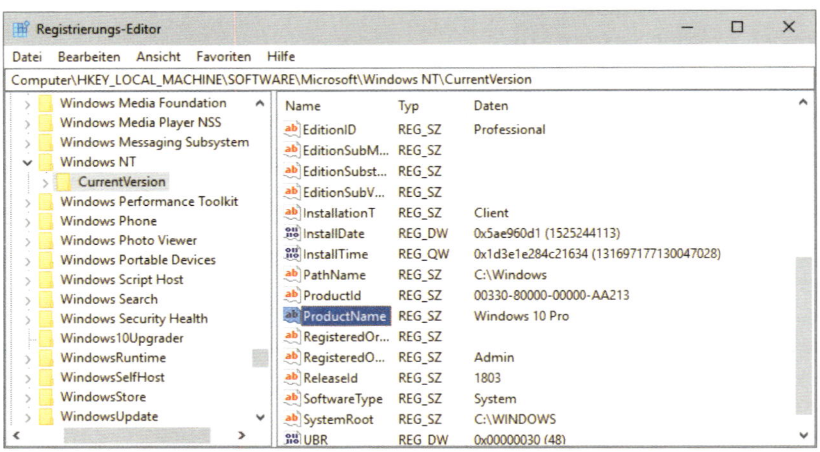

3. Hier finden Sie rechts einen Eintrag namens *ProductName*. Dessen Inhalt sollte aus Windows 10 sowie ggf. dem Namen Ihrer Edition bestehen, also z. B. »Windows 10 Pro«. Diese Information lesen viele Installationsprogramme aus der Registry aus und vergleichen sie mit ihren Vorgaben.
4. Ändern Sie also den Inhalt beispielsweise in »Windows 7 Home Premium« oder notfalls testweise auch in »Microsoft Windows XP«, um solchen Programmen ein älteres Windows vorzugaukeln.
5. Schließen Sie den Registry-Editor.

Führen Sie dann die Treiberinstallation erneut durch, und schauen Sie, ob sie nun ordnungsgemäß durchläuft. Ist die Installation erst mal erledigt, können Sie die Angabe in der Registry anschließend wieder zurücksetzen. Der Treiber an sich läuft auch so, wenn er erst mal installiert ist.

10.6 Probleme nach Treiberinstallation beheben

Wenn Sie feststellen, dass die Installation eines Treibers nicht den gewünschten Erfolg gebracht oder womöglich zu neuen Problemen geführt hat, können Sie zum vorher verwendeten Treiber zurückkehren.

Bei jeder Treiberinstallation legt Windows eine Sicherungskopie des vorherigen Treibers an, die jederzeit reaktiviert werden kann.

1. Öffnen Sie dazu wiederum, wie oben beschrieben, die Eigenschaften des betroffenen Geräts im Geräte-Manager, und wechseln Sie dort zur Registerkarte *Treiber*.
2. Hier finden Sie die Schaltfläche *Vorheriger Treiber*, mit der Sie zum vorher verwendeten Treiber zurückkehren können.
3. Der Geräte-Manager stellt daraufhin den alten Treiber wieder her.

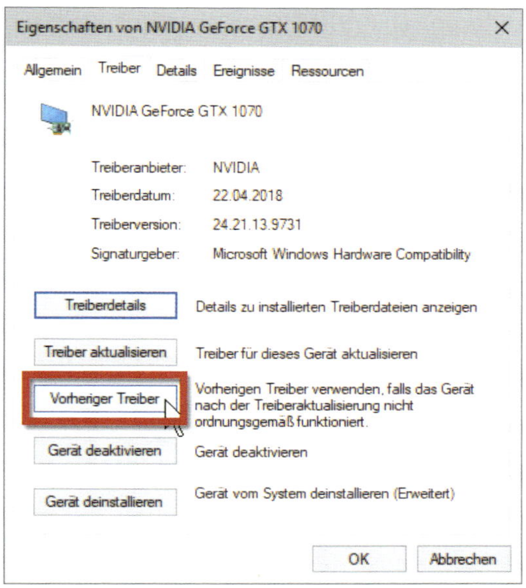

10.7 Detaillierte Informationen zur vorhandenen Hardware

Der Geräte-Manager von Windows gibt einen ganz guten Überblick über die vorhandenen Geräte, bleibt bei einigen Dingen aber auch vage. Dabei kann es sehr wichtig sein, zu wissen, welches Modell bei Prozessor, Grafikkarte oder Arbeitsspeicher genau eingebaut ist. Auch wenn ein PC oder Notebook neu angeschafft wurde, kann es nicht schaden, einfach mal nachzuschauen, ob auch wirklich das drinsteckt, wofür Sie Ihr gutes Geld bezahlt haben.

Ein dafür – und auch noch für manch anderes – geeignetes Tool ist SiSoft Sandra (das steht für **S**ystem**an**alyse-, **D**iagnose- und **R**eport-**A**ssistent), von dem Sie unter www.sisoftware.net eine kostenlose Lite-Version herunterladen können.

1. Um sich einen Überblick über die vorhandene Hardware zu verschaffen, starten Sie das installierte SiSoft Sandra Lite und rufen im Hauptmenü die Rubrik *Hardware-Informationen* auf.
2. Damit gelangen Sie in die entsprechende Rubrik, in der Sie mit *Computer-Gesamtübersicht* eine komplette Aufstellung der im PC verbauten Hardware abrufen können.

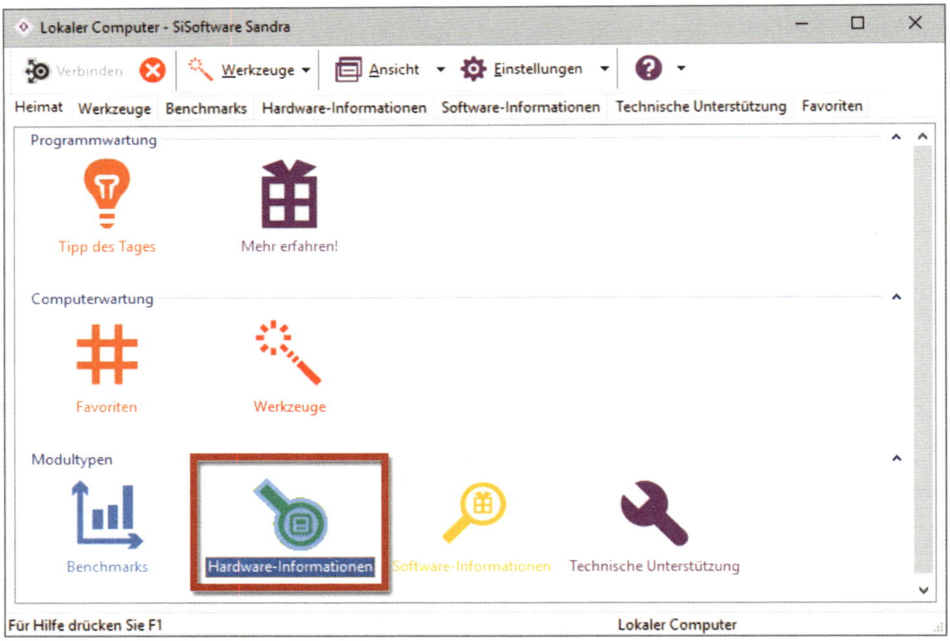

3. Dies dauert ein paar Sekunden, weil das Programm die detaillierten Daten erst ermitteln muss. Dann erhalten Sie aber eine umfangreiche und übersichtliche Liste.

Diese enthält nicht nur allgemeine Angaben, sondern auch ganz konkrete Produkt- bzw. Modellbezeichnungen, z. B. für Prozessor, Mainboard, Grafikkarte, Arbeitsspeicher und Chipsatz. Das macht z. B. das Recherchieren im Internet nach aktuellen Treibern und Lösungen wesentlich leichter.

Damit die Gesamtübersicht nicht zu umfangreich wird, erhält sie nur einen Teil der verfügbaren Informationen. Sie finden in der Rubrik *Hardware-Informationen* aber noch weitere Module, die sich einzelnen Bereichen wie *Mainboard*, *Prozessor* oder *Grafikadapter* noch intensiver widmen und dazu jeweils noch mehr Detailinformationen liefern.

10.8 Leistungseinbrüche und Fehler wegen Überhitzung vermeiden

Eine immer wiederkehrende Ursache von Störungen und Abstürzen sind Temperaturprobleme. Moderne Prozessoren, Grafikkarten und Chipsätze arbeiten mit extrem hohen Taktfrequenzen und sind auf ausreichende Kühlung angewiesen. Reichen die vorhandenen Kühler nicht aus oder sind sie eventuell defekt, laufen die Komponenten heiß. Zeitgemäße Geräte erkennen dies meist selbstständig und schützen sich durch Abschaltung oder Drosseln der Leistung, sodass es nicht gleich zu Hardwareschäden kommt. Aber manche Instabilität oder mangelnde Leistung lässt sich genau auf solche Selbstschutzmaßnahmen zurückführen. Mit einem Tool wie dem HWMonitor (www.cpuid.com/softwares/hwmonitor.html) können Sie Temperaturen, Lüfterdrehzahlen und Taktfrequenzen überwachen und so Hitzeproblemen auf die Spur kommen.

1. Nach der Installation finden Sie das Programm im Startmenü unter *HWMonitor*.
2. Nach kurzer Initialisierung präsentiert das Programm auch schon die aktuellen Daten. Dazu ermittelt es alle im System vorhandenen Sensoren und fragt diese laufend ab:
   - Ganz oben finden Sie die Daten des Mainboards wie Spannungen, Temperaturen und die Drehzahlen der vorhandenen Lüfter.
   - Darunter folgt die sehr wichtige Kerntemperatur des Prozessors.
   - Ganz unten finden Sie – soweit vorhanden – weitere Angaben, etwa wenn Sensoren in Festplatten verbaut sind etc.

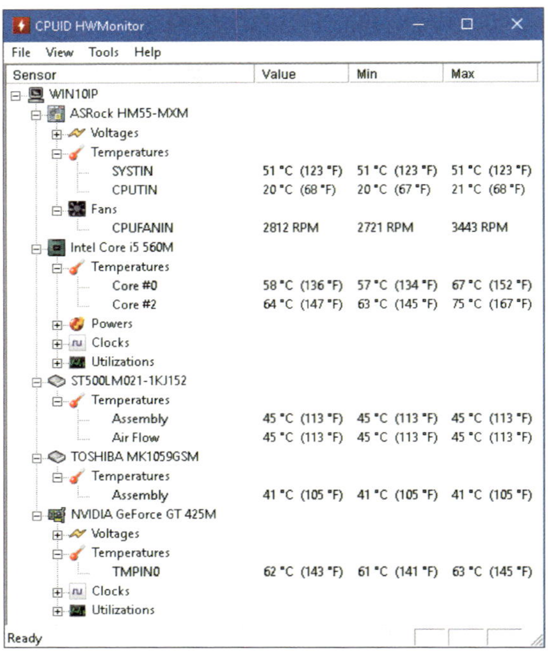

3. Neben den ständig in Echtzeit aktualisierten Werten in der Kategorie *Value* merkt sich HWMonitor auch die Minimal- und Maximalwerte. Das ist sehr praktisch, denn wenn Sie das Programm minimieren, erfasst es die Daten im Hintergrund weiter, und Sie können dann später schauen, ob es bei bestimmten Werten extreme Schwankungen gab.

HWMonitor kann nicht von sich aus sagen, ob die gemessenen Werte so in Ordnung sind. Dafür sind die verschiedenen Produkte und Systeme zu unterschiedlich. Es gibt ein paar grobe Faustregeln, etwa dass die CPU-Kerntemperatur nicht höher als 70 bis 75 °C steigen sollte. Sonst drohen Beschädigungen, und die Prozessoren drosseln automatisch die Leistung, was den PC insgesamt ausbremst. Im Zweifelsfall können Sie sich im Datenblatt des Herstellers informieren, welche Leistungswerte empfohlen sind.

10.9 Frequenzen und Takte des Mainboards kontrollieren

Moderne PCs verwenden eine ganze Reihe von Kenndaten, die sehr gut aufeinander abgestimmt sein müssen, damit das Gesamtsystem mit optimaler Leistung läuft. Wenn ein PC nicht die Geschwindigkeit erreicht, die er auf dem Papier erbringen müsste, ist die Fehlersuche deshalb nicht ganz einfach und nur mit speziellen Programmen wie etwa CPU-Z (www.cpuid.com/softwares/cpu-z.html) möglich. Dieses Werkzeug liefert umfangreiche Daten zur Konfiguration von Chipsatz, Prozessor, Mainboard und Arbeitsspeicher.

1. Nach der Installation finden Sie das Programm im Startmenü unter *CPU-Z*. Nach einer kurzen Initialisierung liefert es Ihnen alle benötigten Informationen.
2. Werfen Sie insbesondere einen Blick in die Rubrik *CPU*. Hier finden Sie unten links im Bereich *Clocks* die wesentliche Grundkonfiguration Ihres PCs:
   - **Core Speed** gibt die Kernfrequenz des Prozessors an.
   - **Multiplier** stellt den Faktor dar, mit dem die Kernfrequenz aus dem Bustakt abgeleitet wird.
   - **Bus Speed** verrät den grundlegenden Takt des Systembusses.
   - **HT Link** gibt bei AMD-Systemen die Taktfrequenz des HyperTransport-Links an. Bei neuerer Intel-Hardware heißt die Technologie QPI Link. CPU-Z zeigt automatisch die jeweils passende Information an.
3. Insbesondere das Verhältnis zwischen Kernfrequenz, Systembustakt und Multiplikator muss passen, wenn alle Komponenten mit maximaler Leistung arbeiten sollen.
4. Im Bereich *Processor* finden Sie genaue Angaben zum verbauten Prozessor. Damit ist nicht nur die Modellbezeichnung gemeint, sondern auch Informationen zu Revision und Stepping. Diese Daten sind wichtig, um den Prozessor genau zu identifizieren und ggf. präzise Informationen zu bekannten Problemen und optimalen Betriebsparametern zu recherchieren.

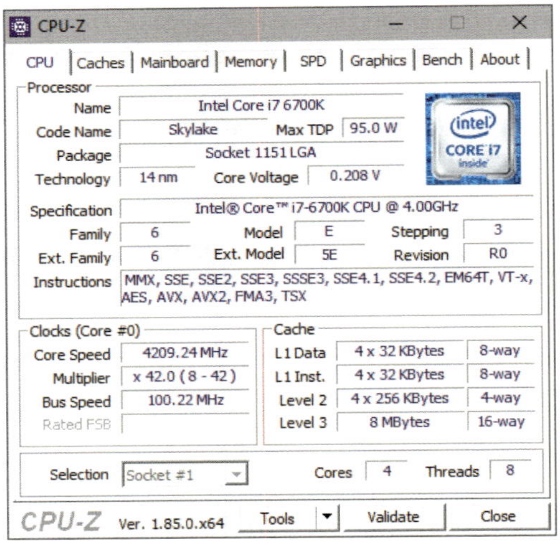

5. Detailangaben zum Mainboard und zur aktuellen Version des BIOS finden Sie in der Rubrik *Mainboard*. Auch hier können Sie neben Hersteller und Modell die genaue Version ablesen, um ggf. spezifische Informationen dazu im Internet zu recherchieren.
6. Daten zur Grafikkarte finden Sie in der Rubrik *Graphics*. CPU-Z ermittelt neben dem genauen Modell auch den Grafikspeicher, den Kerntakt des Grafikprozessors sowie die Taktung des Grafikspeichers. Hier sollten Sie vor allem darauf achten, dass die Karte mit der optimalen Spezifikation des Herstellers betrieben wird. Zu geringe Taktzahlen machen sich bei Spielen und anderen 3D-Anwendungen bemerkbar. Zu hohe Taktzahlen etwa durch Übertakten können zwar die Leistung erhöhen, aber dann steigt auch die Temperatur. Diese muss dann unbedingt im Auge behalten werden, da eine zu hohe Temperatur letztlich zu Leistungseinbrüchen führt.

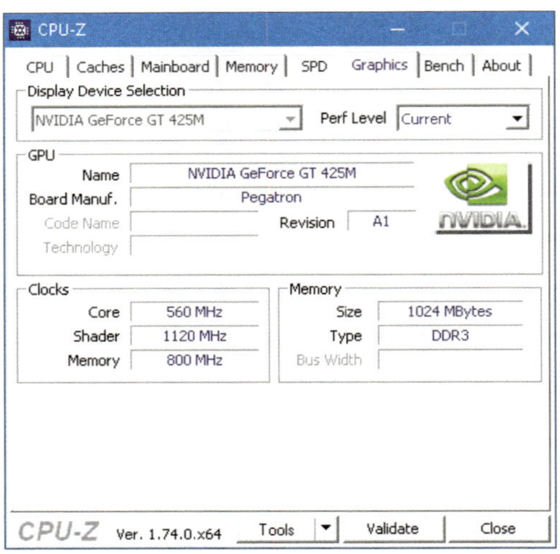

10.10 Timing-Einstellungen des Arbeitsspeichers überprüfen

Neben Prozessor- und Systemtakt sind die Timing-Einstellungen des eingebauten Arbeitsspeichers die zweite große Quelle von Leistungsverlusten und Instabilitäten. Ähnlich wie beim Mainboard-Chipsatz und Prozessor müssen auch hier die spezifizierten Werte möglichst präzise eingehalten werden, um einerseits optimale Leistung nutzen zu können und andererseits keine Abstürze durch zu hohe Spezifikationen zu riskieren.

Auch dabei kann das Programm CPU-Z (siehe letzter Abschnitt) gute Dienste leisten.

1. In der Rubrik *Memory* können Sie die aktuell im BIOS eingestellten Speicher-Timings ablesen. Im Bereich *Timings* sind der Takt des Speichers und der Multiplikator dafür vom Systemtakt angegeben. Darunter finden Sie die eigentlichen Timing-Werte.

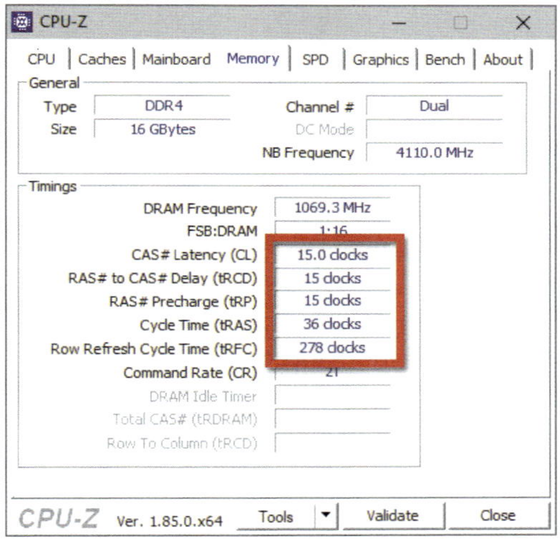

2. Diese sollten Sie mit den in der Rubrik *SPD* angegebenen Daten vergleichen. Hier finden Sie unten im Bereich *Timings Table* die in den Speichermodulen selbst hinterlegten Herstellerspezifikationen. Sind mehrere Module eingebaut, wechseln Sie mit dem Auswahlfeld ganz oben links zwischen ihnen hin und her. Dies ist wichtig, da Module von verschiedenen Herstellern unterschiedliche Spezifikationen haben.

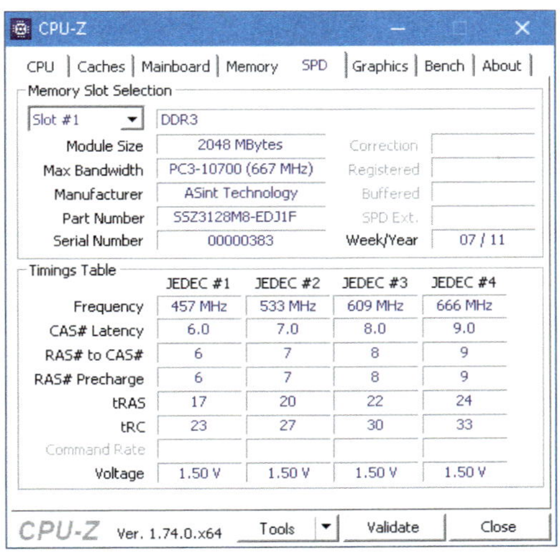

3. Ermitteln Sie hier am besten die höchste Spezifikation, die alle Speicherbausteine gemeinsam haben. Diese sollte idealerweise auch in der Rubrik *Memory* als aktuelle Konfiguration stehen. Dann läuft das System optimal.
4. Kommt es trotzdem zu Instabilitäten wie Bluescreens etc., dann versuchen Sie es mit der nächstlangsameren Spezifikation, bis das System stabil läuft.

Leider kann CPU-Z die Timing-Einstellungen nur anzeigen und nicht verändern. Dies geht nur im BIOS selbst. Zeigt der Arbeitsspeicher trotz korrekter Timing-Einstellungen Ausfallerscheinungen, kommt auch ein Defekt in einem der Speichermodule infrage (siehe Seite 86).

10.11 Leistungsdaten der Grafikkarte analysieren

Das bereits vorgestellte CPU-Z liefert Basisdaten zur Grafikkarte. Wenn Sie es ganz genau wissen möchten, empfiehlt sich aber das noch weiter spezialisierte Programm GPU-Z (www.techpowerup.com/gpuz). Es liefert in der Rubrik *Graphics Card* präzise Angaben zum eingebauten Modell und dessen Fähigkeiten. So können Sie hier z. B. ablesen, wie viele Pixel- und Vertex-Shader die Karte benutzt. Gerade bei neu (bzw. gebraucht) gekauften Karten lohnt ein Blick darauf, um sicher zu sein, dass Sie auch bekommen, wofür Sie bezahlt haben. Auch die Taktfrequenzen sind interessant.

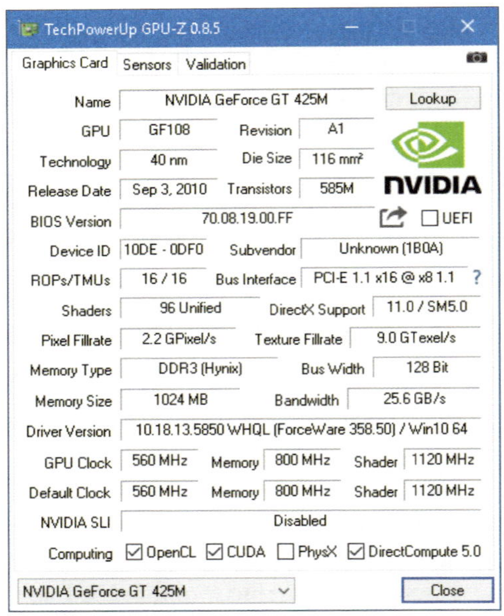

Mehr als eine Grafikkarte eingebaut?

Sollte Ihr PC über mehr als eine Grafikkarte verfügen, können Sie mit dem Auswahlfeld unten links zwischen diesen hin und her schalten. GPU-Z zeigt jeweils die Informationen zu der unten gewählten Karte an.

Wenn es Stabilitätsprobleme gibt oder es gar um das Übertakten von Grafikkarten geht, kommt die Rubrik *Sensors* ins Spiel. Sie zeigt die dafür wesentlichen Parameter wie Taktfrequenzen, Temperaturen und Lüfterdrehzahlen an.

Unten links finden Sie praktische Optionen für die Fehlersuche:

- *Log to file* schreibt die ermittelten Daten kontinuierlich in eine Datei, sodass Sie Langzeitmessungen vornehmen können.
- *Continue refreshing ...* sorgt dafür, dass GPU-Z auch weiter Werte sammelt, wenn es minimiert wird. So können Sie es im Hintergrund laufen lassen, während Sie z. B. ein Computerspiel starten, bei dem es Probleme gibt. Anschließend gibt die Logdatei Aufschluss darüber, ob die Grafikkarte z. B. durch ein Hitzeproblem der Verursacher von Fehlern oder Leistungseinbrüchen ist.

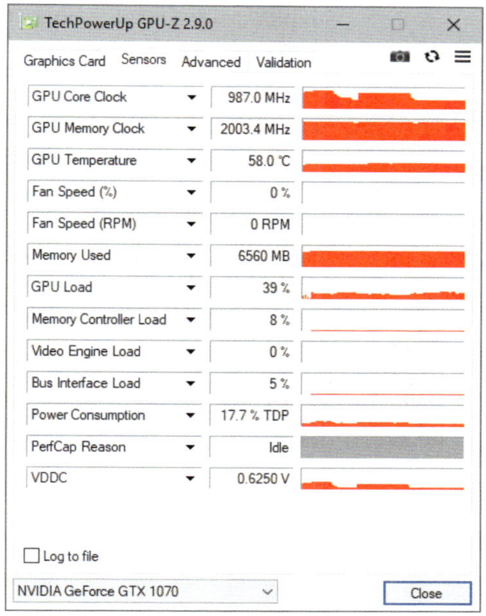

10.12 Problemen mit Energiesparfunktionen auf die Spur kommen

Zu den besonders lästigen und hartnäckigen Hardwareproblemen gehörten schon immer diejenigen, die mit den Energiesparfunktionen zu tun haben. Warum geht mein PC nicht in den Stromsparmodus? Oder noch schlimmer: Warum lässt er sich nicht wieder daraus aufwecken? Für solche Problemfälle bringt Windows ein praktisches Tool mit.

1. Tippen Sie im Suchfeld des Startmenüs *Eingabe* ein, sodass Sie in der Liste den Eintrag *Eingabeaufforderung* markieren können.
2. Klicken Sie den Eintrag mit der rechten Maustaste an, und wählen Sie im Kontextmenü den Befehl *Als Administrator ausführen*.
3. Geben Sie nun in der Eingabeaufforderung zweimal den Befehl *cd..* ein, um auf die höchste Ebene des Laufwerks zu wechseln. Das dient nur dazu, im Folgenden Problemen mit den Zugriffsrechten aus dem Weg zu gehen.
4. Tippen Sie in der Eingabeaufforderung nun den folgenden Befehl ein. Wichtig: Lassen Sie den PC und alle angeschlossenen Geräte in Ruhe, bis das Programm seine Arbeit beendet hat. Das dauert etwa eine Minute.

   ```
   powercfg.exe –ENERGY
   ```

5. Das Programm analysiert die Energiesparfunktionen und -einstellungen des PCs und aller angeschlossenen Komponenten. Dabei erkennt es, wenn z. B. einzelne Kompo-

nenten Probleme verursachen. Darüber fertigt es einen Report an, der Ihnen beim Lösen der Probleme behilflich sein kann.

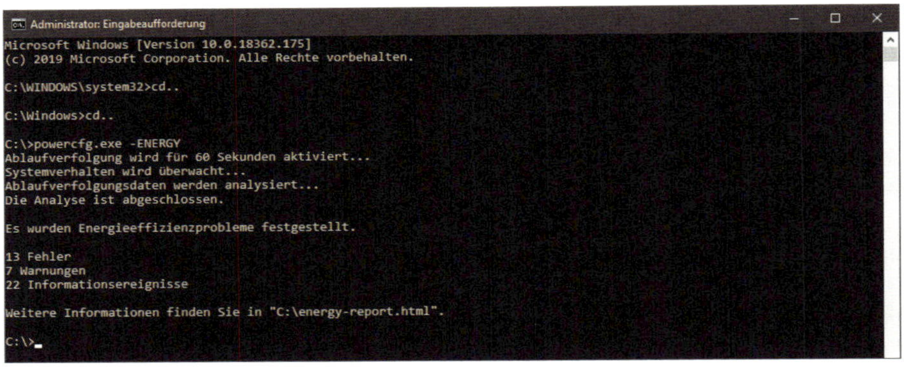

6. Ist das Programm fertig, sehen Sie am Bildschirm eine kurze Statistik. Interessant wird es aber, wenn Sie nun in der Eingabeaufforderung eintippen:

```
energy-report.html
```

7. Dadurch zeigt Windows die ausführlichen Ergebnisse der Analyse an. Beachten Sie hier insbesondere die als *Fehler* gekennzeichneten Abschnitte. Unter dem Stichwort *Unterstützter Standbystatus* können Sie ablesen, welche Energiesparmodi Ihr PC derzeit anbietet.

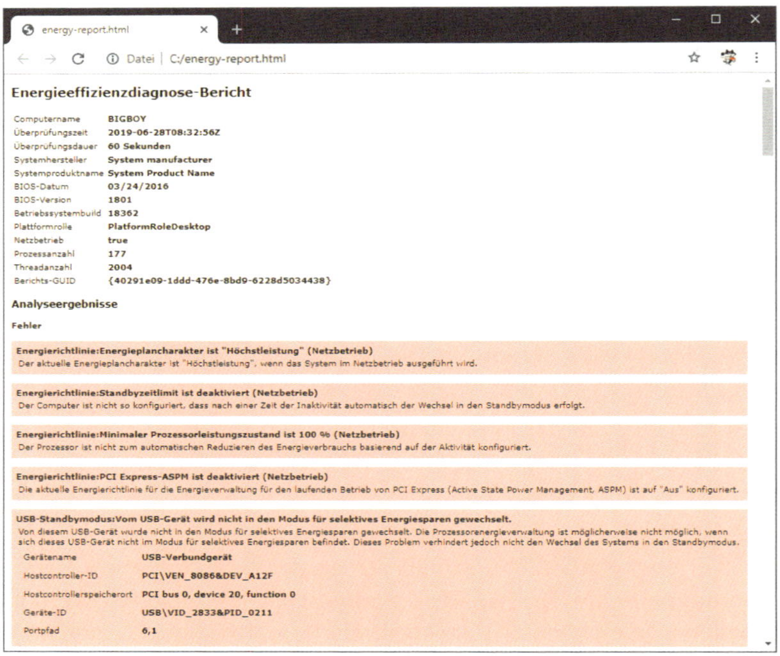

10.13 Warum wacht der PC unnötig auf?

Ein gelegentlich auftauchendes Ärgernis im Zusammenhang mit den Stromsparfunktionen ist ein PC, der immer wieder von allein aufwacht, wenn er eigentlich energiesparend im Stand-by-Modus bleiben sollte. Leider gibt es eine ganze Reihe möglicher Verursacher, die das bewirken können. Mit dem oben beschriebenen *powercfg.exe* haben Sie aber ein hilfreiches Werkzeug an der Hand, das Sie bei der Eingrenzung des Fehlers unterstützt. Mit `powercfg.exe -lastwake` verrät Ihnen das Programm, wer jeweils für das letzte Aufwachen des PCs verantwortlich war.

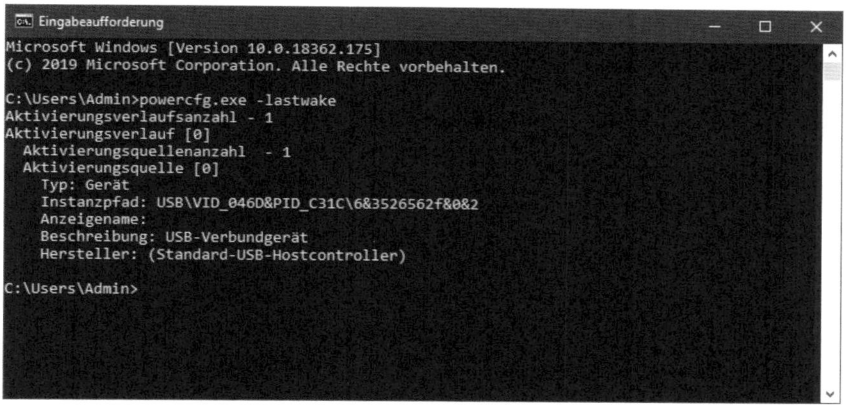

Wenn Sie also Ihren PC im aktiven Zustand vorfinden, obwohl er eigentlich schlafen sollte, öffnen Sie direkt eine Eingabeaufforderung und geben diesen Befehl ein. Unter der Angabe *Aktivierungsquelle* verrät die Bildschirmausgabe Ihnen, wer das Aufwachen bewirkt hat. Wird hier ein Gerät genannt, wurde das Ereignis durch Hardware verursacht. Meist gibt es zusätzliche Informationen wie etwa ein USB-Gerät, wobei es sich aber oft um den (internen) USB-Hub handelt. Welches der angeschlossenen Geräte der Schuldige ist, können Sie dann ggf. durch Ausprobieren ermitteln.

Eine andere mögliche Aktivierungsquelle sind Aufgaben, also vom System oder vom Benutzer geplante Aktivitäten, die den PC wecken dürfen, um ausgeführt zu werden. In solchen Fällen nennt das Programm die genaue Aufgabe, die Sie dann in der Aufgabenplanung näher untersuchen können.

10.14 Touchscreen lässt sich nicht mehr zuverlässig bedienen

Sollte bei einem Tablet oder Notebook mit Touchscreen der Bildschirm nicht mehr wie gewohnt auf Berührungen reagieren, etwa weil die Bildschirmelemente immer nur mit einem Versatz getroffen werden können, sollte der Bildschirm neu kalibriert werden. Dies dient der Abstimmung von Hardware, Software und Anwender, sodass sich alles aufeinander einstellen kann.

1. Öffnen Sie in der klassischen Systemsteuerung das Modul *Tablet PC-Einstellungen*.

2. Tippen Sie hier auf die Schaltfläche *Kalibrieren*.

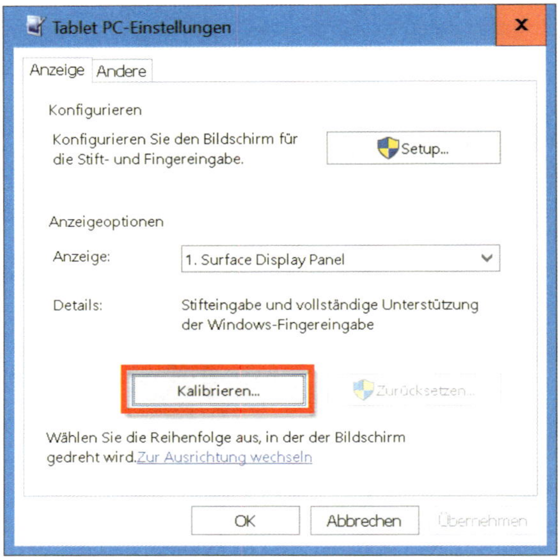

3. Wenn Ihr Tablet-PC sowohl für die *Stifteingabe* als auch für die *Fingereingabe* geeignet ist, können Sie anschließend wählen, welche dieser Eingabemöglichkeiten Sie kalibrieren möchten. Um beides zu kalibrieren, wiederholen Sie den gesamten Ablauf für die zweite Methode noch einmal.

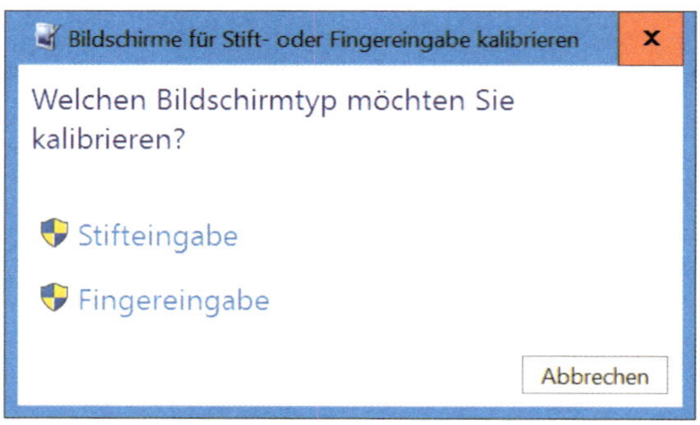

4. Tippen Sie nun mit dem Stift bzw. dem Finger jeweils genau in das auf dem Bildschirm angezeigte Fadenkreuz. Die Anzahl der nacheinander erscheinenden Fadenkreuze hängt von der verwendeten Touch-Technologie ab. Es können bis zu 16 Kreuze ange-

zeigt werden, und eventuell wiederholen sich die Positionen auch. Spielen Sie einfach mit, bis Windows genug Informationen gesammelt hat. Anschließend speichern Sie die erfassten Daten.

Ist die Kalibrierung einmal durchgeführt, muss sie für dieselbe Hardware in der Regel nicht wiederholt werden. Ausnahmen sind aber wie immer die Regel. Wiederholen Sie die Kalibrierung in folgenden Fällen:

- wenn Sie bei dem Gerät einen Hardware-Reset durchführen bzw. den Akku tauschen mussten
- wenn neue Treiber für die Touchscreen-Hardware installiert wurden, ggf. auch nach dem Installieren neuer Grafiktreiber
- insbesondere immer, wenn sich das Gerät per Touch nicht mehr einwandfrei benutzen lässt

Wenn Sie ein Gerät verwenden, das in verschiedenen Orientierungen verwendet werden kann (Querformat, Hochformat etc.), sollten Sie die Kalibrierung ggf. einmal in jeder Orientierung durchführen.

11. Probleme mit Anwendungen und Apps

Insbesondere wenn man ältere Windows-Software weiterhin nutzen möchte, stößt man bei Windows 10 immer wieder auf Probleme. Programme, die schon vor langer Zeit entwickelt wurden, kollidieren leicht mit neueren Windows-Sicherheitsfunktionen oder mit den neuen Möglichkeiten zur Desktop-Gestaltung und hochauflösenden Bildschirmen. Aber auch bei den modernen Apps für Windows 10 ist nicht immer alles rosig.

11.1 Anwendung für ältere Windows-Version startet unter Windows 10 nicht mehr

Wenn eine Anwendung z. B. unter Windows XP ohne Probleme lief und jetzt beim aktuellen Windows Zicken macht, lassen Sie sie einfach wie unter Windows XP laufen.

Das aktuelle Windows kann sie dazu in einem speziellen Kompatibilitätsmodus laufen lassen, der dem Programm vorgaukelt, dass es unter Windows XP ausgeführt wird. Damit sollten sich theoretisch sämtliche Kompatibilitätsprobleme beheben lassen.

Das aktuelle Windows kann sich übrigens nicht nur als Windows XP verkleiden. Die Rückwärtskompatibilität reicht über mehrere Vorgängerversionen zurück bis Windows 95.

1. Lokalisieren Sie die Programmdatei der Anwendung im Installationsverzeichnis. Alternativ können Sie die Verknüpfung dieser Datei im Startmenü mit der rechten Maustaste anklicken und im Kontextmenü *Mehr/Dateispeicherort öffnen* wählen.

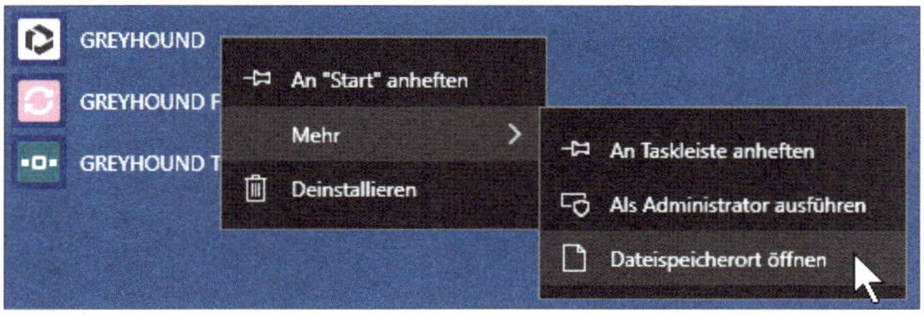

2. Klicken Sie im so geöffneten Ordner mit der rechten Maustaste auf die Programmdatei, und wählen Sie im Kontextmenü ganz unten den Punkt *Eigenschaften*.
3. Wechseln Sie in den Eigenschaften auf die Registerkarte *Kompatibilität*.

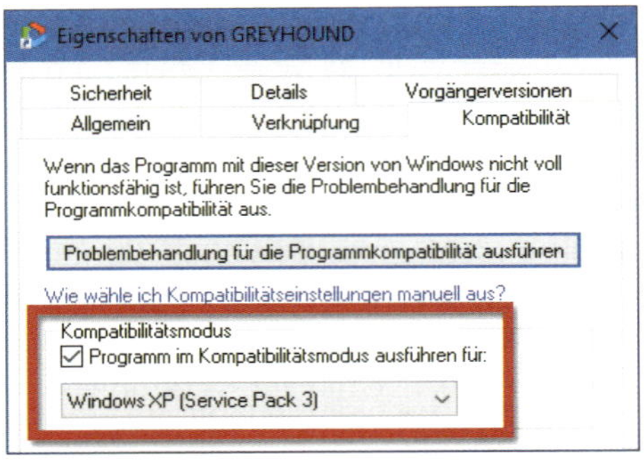

4. Aktivieren Sie im Bereich *Kompatibilitätsmodus* die Option *Programm im Kompatibilitätsmodus ausführen für*.

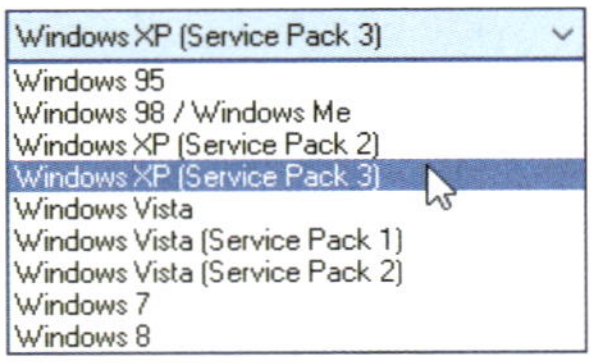

5. Öffnen Sie dann das Auswahlfeld, und wählen Sie hier das Betriebssystem aus, unter dem Sie das Programm zuvor problemlos verwenden konnten, also z. B. *Windows XP (Service Pack 3)*.
6. Klicken Sie dann unten auf *OK*, um den Kompatibilitätsmodus für dieses Programm zu speichern.
7. Ab dem nächsten Start des Programms wird die Software im Kompatibilitätsmodus ausgeführt. Dieser Modus bezieht sich jeweils nur auf diese eine Anwendung. Alle anderen Programme laufen parallel dazu ganz normal weiter.

Im Zweifelsfall den Assistenten fragen

Wenn Sie bei einer problematischen Anwendung nicht sicher sind oder die gewählten Einstellungen auch keinen vollen Erfolg bringen, können Sie sich von einem Assistenten helfen lassen. Klicken Sie dazu in den Einstellungen der Anwendungsdatei in der Kategorie *Kompatibilität* auf die Schaltfläche *Problembehandlung für die Programmkompatibilität ausführen*. Damit starten Sie einen Assistenten, dem Sie die vorliegende Problematik beschreiben können. Der Assistent hilft Ihnen, verschiedene Konfigurationen zu testen und so die optimalen Kompatibilitätseinstellungen zu finden.

11.2 Älteres Programm verursacht Darstellungsfehler

Bedingt durch immer höher auflösende Bildschirme, bastelt Microsoft schon seit einiger Zeit mit durchwachsenem Erfolg an der reibungslosen Skalierung der Benutzeroberfläche. Schließlich sollen Windows und Apps auf alten Bildschirmen genauso gut aussehen wie auf allerneuesten 4K-Monitoren. Das führt allerdings immer zu Problemen mit älteren Programmen, die lange vor diesen Möglichkeiten erstellt wurden. Hier fehlen solche Skalierungsmöglichkeiten, sodass Fenster abgeschnitten werden, Schriften den Rahmen des verfügbaren Platzes sprengen oder die gesamte Darstellung aus den Fugen gerät.

Allerdings bietet Windows speziell für solche Fälle mittlerweile die Möglichkeit, für einzelne Anwendungen ein Abweichen von den globalen Skalierungseinstellungen vorzunehmen. Die Einstellung dazu finden Sie in den Eigenschaften einer Anwendung bzw. einer Verknüpfung zu einer Anwendung in der Rubrik *Kompatibilität*.

- Schalten Sie hier die Option *Verhalten bei hoher DPI-Skalierung überschreiben* ein, um eine abweichende Behandlung zu aktivieren.
- Dadurch wird das darunterliegende Auswahlfeld aktiviert, sodass Sie verschiedene Varianten auswählen können. Hat ein Programm bei höheren dpi-Werten Probleme mit der Darstellung, sollten Sie zunächst die Variante *System (Erweitert)* ausprobieren. Löst sie das Problem nicht zufriedenstellend, probieren Sie auch die anderen Varianten aus.

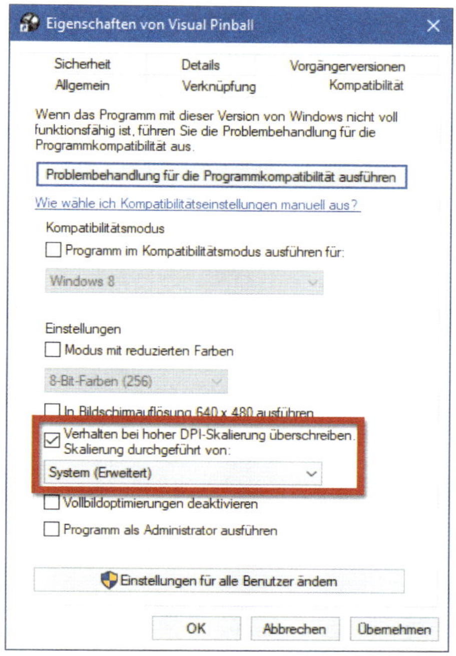

Apps mit dpi-Problemen

Bei hochauflösenden Bildschirmen (4K und mehr) vergrößert man gern die Darstellung, um kleine Elemente gut sehen und die hohe Auflösung genießen zu können. Wenn eine Anwendung das nicht mitmacht, kommt es zu Darstellungsfehlern, abgeschnittenen und fehlenden Bedienelementen und ähnlichen Problemen. Mit dem Task-Manager können Sie auf einen Blick feststellen, welche Apps dpi-freundlich sind und welche eventuelle Darstellungsfehler verursachen, weil sie nicht flexibel auf die gewünschte Auflösung (dpi) reagieren.

1. Öffnen Sie den Task-Manager, und wechseln Sie dort in die Rubrik *Details*. Hier werden alle derzeit laufenden Anwendungen aufgeführt.
2. Klicken Sie auf eine der Spaltenüberschriften, und wählen Sie *Spalten auswählen*.
3. Gehen Sie im so geöffneten Dialog ganz nach unten, bis Sie die Option *DPI-Ausführung* finden. Setzen Sie dort ein Häkchen, und klicken Sie dann auf *OK*.
4. Zurück im Task-Manager wurde nun eine entsprechende neue Spalte eingeführt.

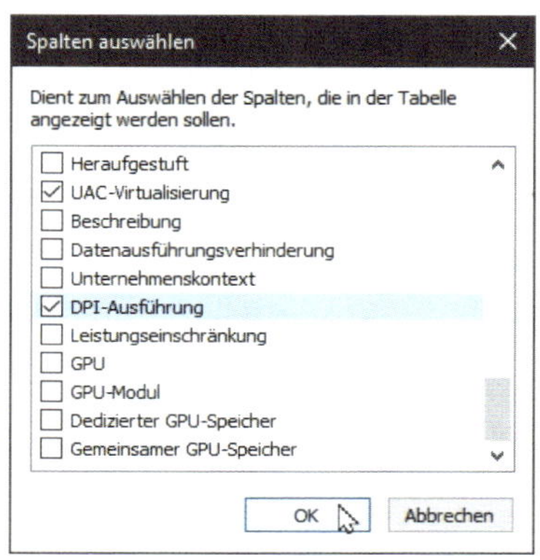

In dieser Spalte können Sie für jede Anwendung ablesen, ob sie höhere dpi-Werte unterstützt (*Pro Monitor* bzw. *Pro Monitor v2*) oder eher nicht (*Nicht verfügbar* bzw. *Nicht bekannt*). Selbstverständlich können Sie die Liste auch anhand dieser Spalte sortieren.

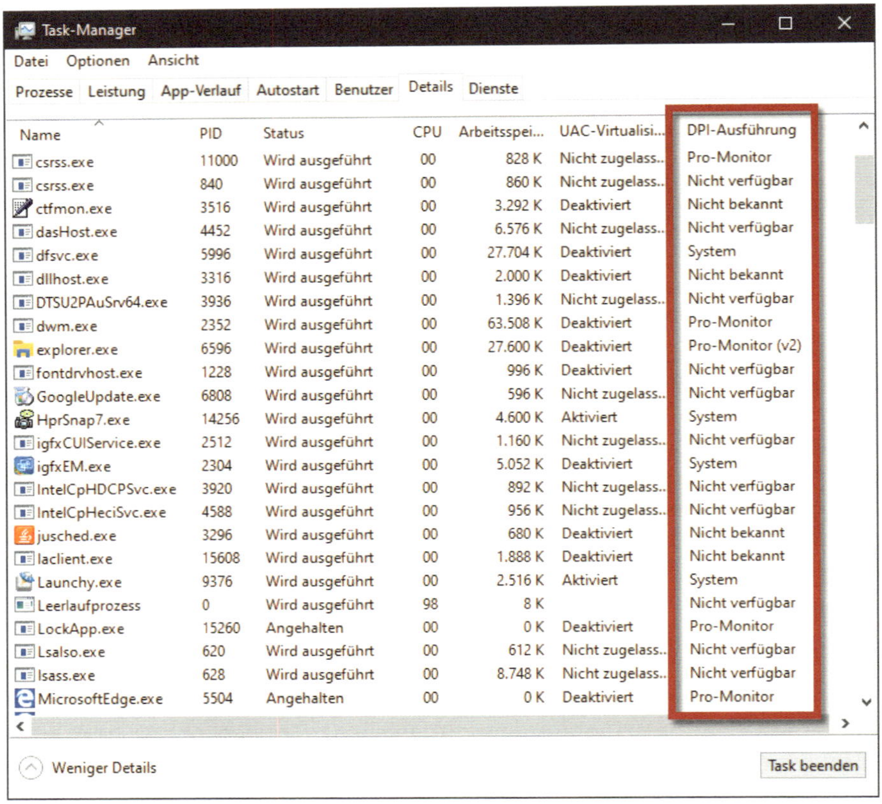

11.3 Zugriffsfehler bei älteren Programmen

Wenn ältere Programm nicht mehr starten oder auch erst bei bestimmten Funktionen Zugriffsfehler melden, liegt dies häufig an der Benutzerkontensteuerung von Windows 10. Diese startet alle Anwendungen standardmäßig im Kontext eines Standardbenutzers. Dadurch fehlen den Anwendungen bestimmte Zugriffsrechte, etwa auf Verzeichnisse, die Programme früher problemlos lesen oder schreiben durften. Ist ein älteres Programm darauf nicht eingestellt, kommt es zu Fehlermeldungen. Schlampig programmierte Anwendungen können dabei auch sang- und klanglos abstürzen.

Häufig reicht es in diesem Fall aber, dieses Programm mit erweiterten Rechten auszuführen und ihm die benötigten Zugriffsrechte dadurch wieder zu verschaffen.

1. Starten Sie die Anwendung dazu nicht direkt, sondern klicken Sie zunächst mit der rechten Maustaste auf deren Symbol bzw. Eintrag im Startmenü.

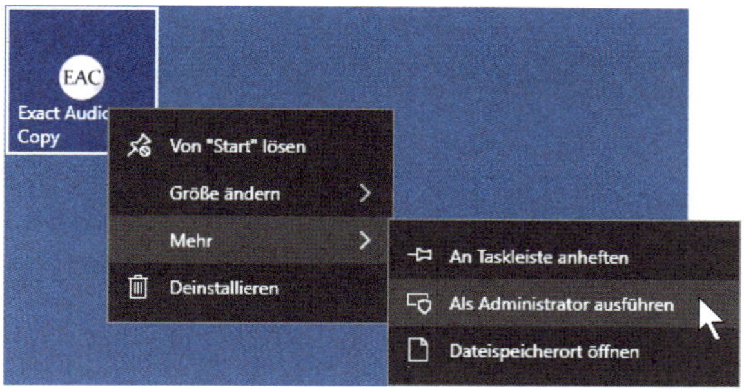

2. Wählen Sie dann im Kontextmenü den Befehl *Mehr/Als Administrator ausführen*.
3. Erlauben Sie im anschließenden Dialog Windows mit *Ja*, diese Anwendung mit Administratorrechten auszuführen.

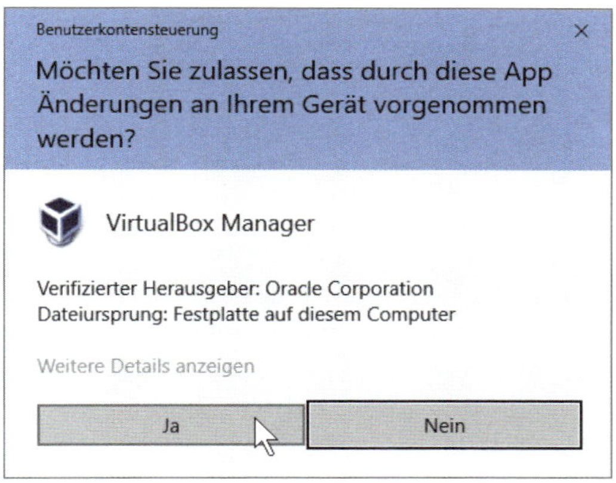

4. Die Anwendung arbeitet nun mit den Zugriffsrechten des Administrators, wodurch es keinerlei Probleme in Bezug auf die Benutzerkontensteuerung geben sollte.

Anwendungen immer als Admin ausführen

Wenn eine Anwendung bei jedem Start Administratorrechte benötigt, ist der Umweg über das Kontextmenü auf Dauer etwas umständlich. In solchen Fällen können Sie in den Eigenschaften der Programmdatei bzw. in der Verknüpfung zum Programm festlegen, dass diese Anwendung immer als Administrator ausgeführt werden soll. Dann können Sie das Programm in Zukunft ganz normal starten.

Die notwendige Autorisierung für die Erhöhung der Zugriffsrechte lässt sich so allerdings auch nicht vermeiden.

1. Klicken Sie mit der rechten Maustaste auf die Verknüpfung der Anwendung, und wählen Sie dann im Kontextmenü *Mehr/Dateispeicherort öffnen*. So gelangen Sie in den Ordner, in dem die Verknüpfung dieser Datei im Startmenü gespeichert ist.

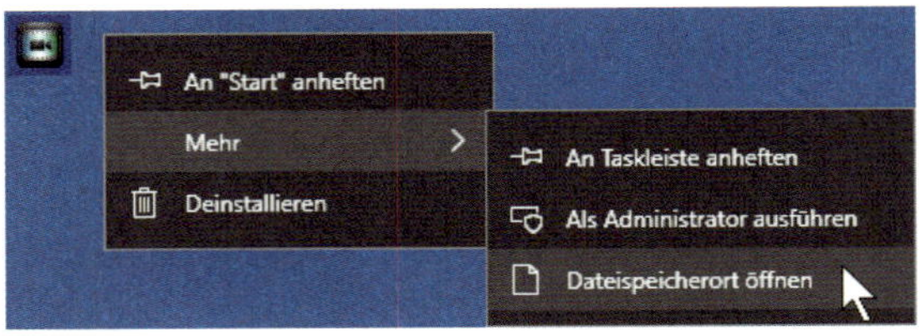

2. Klicken Sie im so geöffneten Ordner mit der rechten Maustaste auf das Verknüpfungssymbol der Programmdatei, und wählen Sie im Kontextmenü die *Eigenschaften*.
3. Schalten Sie in der Kategorie *Kompatibilität* unten im Bereich *Einstellungen* die Option *Programm als Administrator ausführen* ein.
4. Übernehmen Sie die veränderte Kompatibilitätseinstellung mit *OK*.

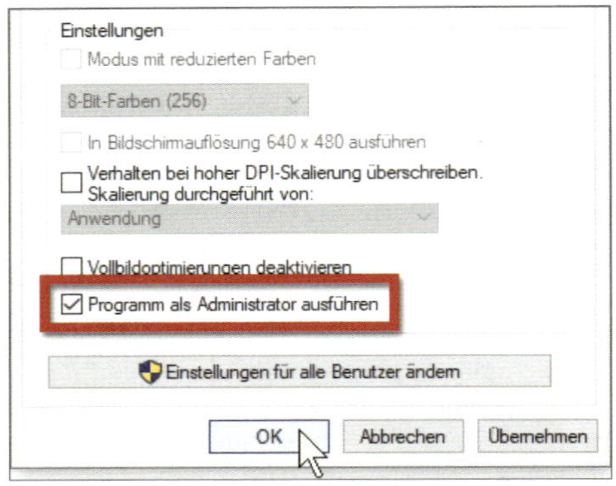

Leider erlaubt auch diese Einstellung keine vollautomatische Gewährung der Administratorrechte. Sie können die Anwendung also anschließend wie gewohnt durch einen direkten Klick oder Doppelklick starten. Allerdings müssen Sie den höheren Rechtestatus trotzdem jedes Mal in einem Hinweisfenster autorisieren. Wie Sie das für häufig genutzte Anwendungen vermeiden können, erfahren Sie im folgenden Abschnitt.

Anwendungen ohne Rückfrage als Admin starten

Selbst wenn Sie in den Eigenschaften einer Anwendung festlegen, dass diese mit Administratorrechten ausgeführt werden soll, meldet sich die Benutzerkontensteuerung immer noch bei jedem Start des Programms mit einem Hinweis. Das kann bei regelmäßig genutzten Aufgaben schon recht nervig sein. Aber das ist noch lange kein Grund, die Benutzerkontensteuerung zu deaktivieren und damit große Sicherheitsrisiken einzugehen. Mit einem kleinen Trick können Sie beliebige Anwendungen wirklich ohne Rückfrage mit Administratorrechten ausstatten.

Teil 1: Eine Anwendung mit erhöhten Rechten per Aufgabenplanung ausführen

Der erste Schritt besteht darin, mit der Windows-Aufgabenplanung eine Aufgabe zu erstellen, die die gewünschte Anwendung ausführt und ihr dabei automatisch erhöhte Rechte zuweist.

1. Starten Sie in der klassischen Systemsteuerung das Modul *Verwaltung* und dort die *Aufgabenplanung*.
2. Klicken Sie in der Aufgabenplanung rechts unter *Aktionen* auf *Einfache Aufgabe erstellen*.

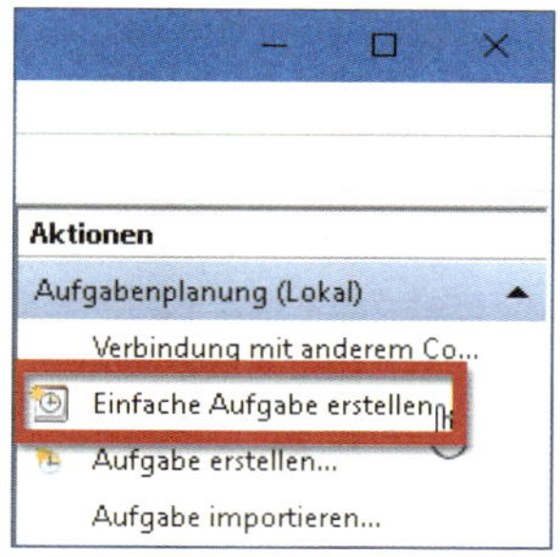

3. Damit starten Sie einen Assistenten, der Sie durch die erforderlichen Arbeitsschritte führt. Geben Sie im ersten Dialog eine Bezeichnung für die Aufgabe an. Eine Beschreibung können Sie für Ihre eigene Orientierung noch hinzufügen. Klicken Sie dann unten rechts auf *Weiter*.

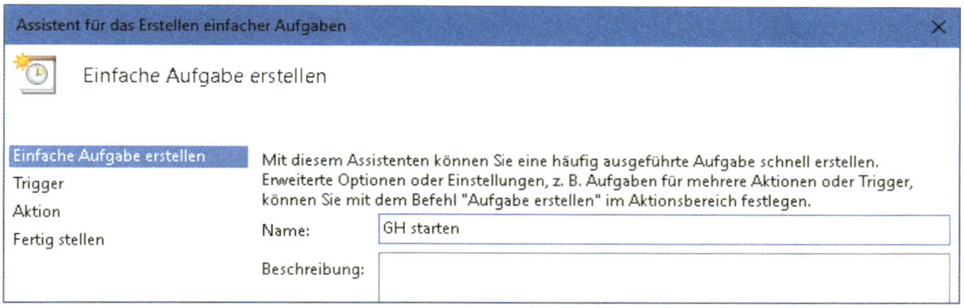

4. Wählen Sie im nächsten Schritt bei der Frage *Wann soll die Aufgabe gestartet werden?* die Option *Einmal*. So stellen Sie sicher, dass die Aufgabenplanung diese Aufgabe nicht tatsächlich regelmäßig automatisch ausführt.

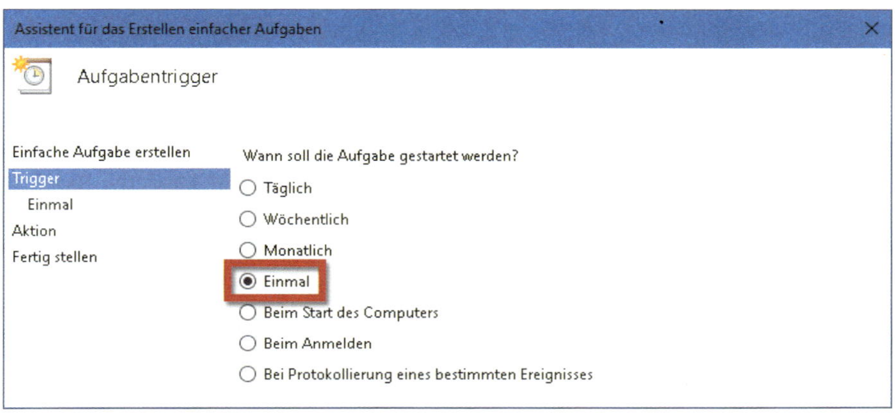

5. Übernehmen Sie im folgenden Schritt einfach das Datum und die aktuelle Uhrzeit als Ausführungszeitpunkt. Dadurch erreichen Sie, dass die Aufgabenplanung diese Aufgabe niemals automatisch ausführt.

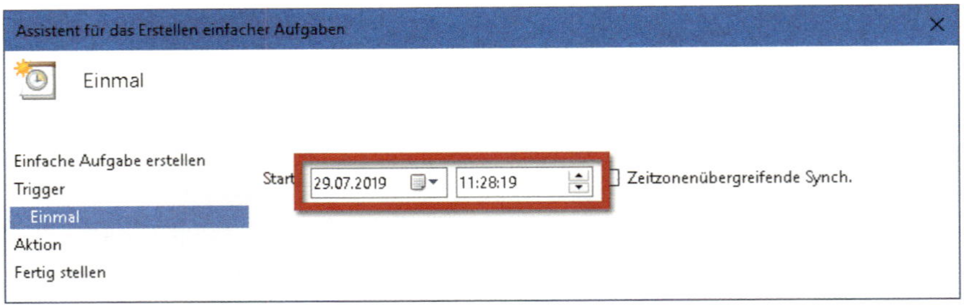

6. Wählen Sie dann bei *Aktion* die Option *Programm starten* aus.

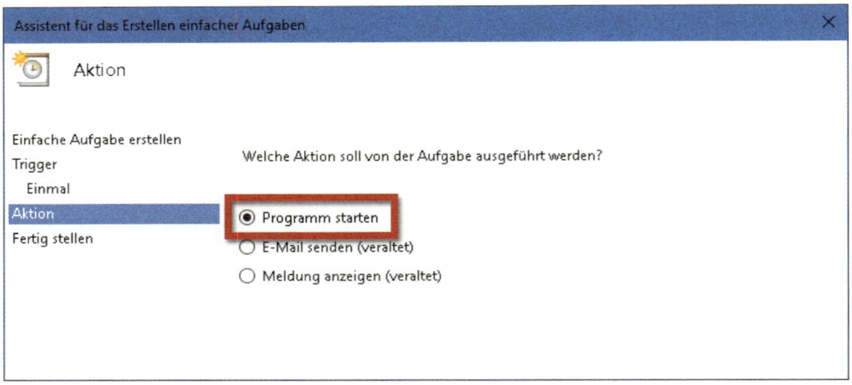

7. Klicken Sie im folgenden Schritt auf *Durchsuchen*, um die Programmdatei der gewünschten Anwendung festzulegen. Sie finden sie in der Regel in einem entsprechend benannten Ordner unter *C:\Programme*.

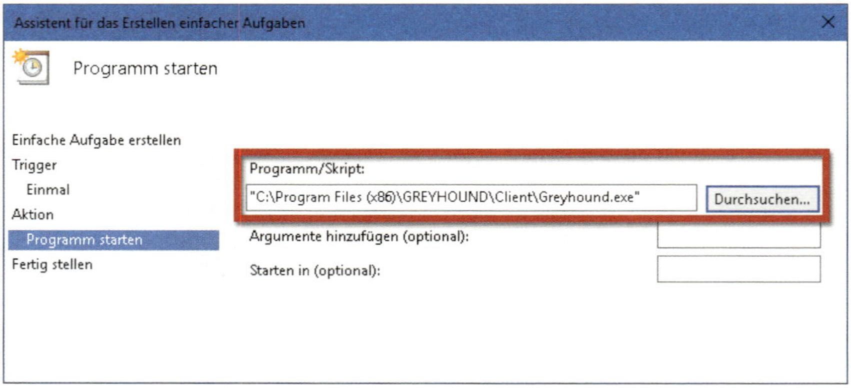

Sollten für das Ausführen der Programmdatei weitere Parameter erforderlich sein, fügen Sie diese bei *Argumente hinzufügen* ein.

Programmdatei ermitteln

Falls Sie sich wegen der Programmdatei nicht sicher sind, gibt es eine gute Möglichkeit, diese Information zuverlässig zu ermitteln. Lokalisieren Sie die Anwendung im Startmenü, als wollten Sie sie ausführen. Klicken Sie dann aber mit der rechten Maustaste auf den Eintrag, und wählen Sie unten in der Menüleiste *Dateipfad öffnen*.

Dadurch öffnen Sie im Windows-Explorer den Ordner mit der Verknüpfung auf die dazugehörige Programmdatei. Klicken Sie wiederum mit rechts auf diese Verknüpfung, und wählen Sie im Kontextmenü ganz unten *Eigenschaften*. Im anschließenden Dialog finden Sie im Feld *Ziel* die gewünschte Pfadangabe. Sie können diese auch kopieren (Strg+C) und in der Aufgabenplanung direkt in das Feld *Programm/Skript* einfügen (Strg+V).

8. In der abschließenden Zusammenfassung aktivieren Sie die Option *Beim Klicken auf "Fertig stellen", die Eigenschaften für diese Aufgabe öffnen*, bevor Sie unten auf *Fertig stellen* klicken.

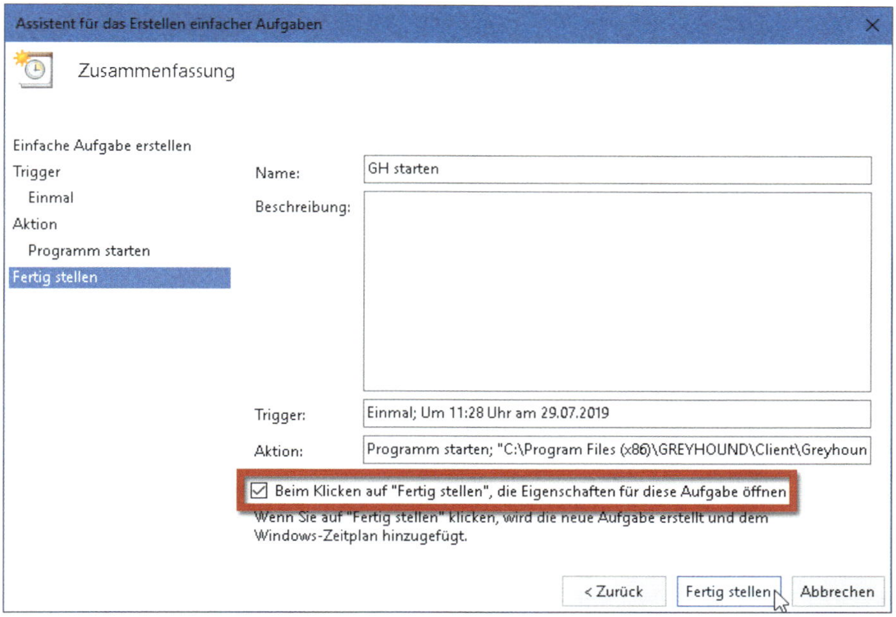

9. Aktivieren Sie in den Eigenschaften der Aufgabe auf der Registerkarte *Allgemein* dann unten links die Option *Mit höchsten Privilegien ausführen*, und klicken Sie unten auf *OK*. Damit ist die Aufgabe erstellt und passend konfiguriert.

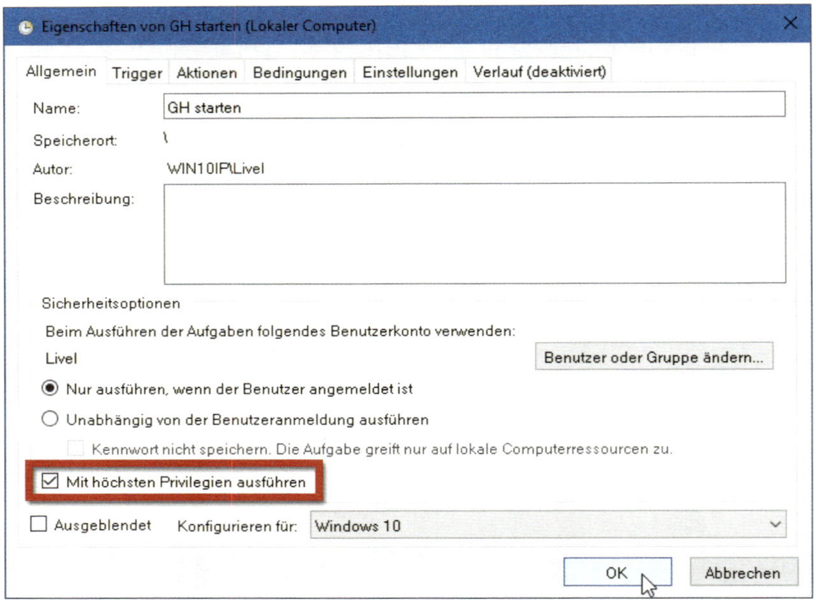

Teil 2: Eine Verknüpfung mit der Aufgabe im Startmenü anlegen

Nach dem Erstellen der Aufgabe können Sie diese jederzeit über die Aufgabenverwaltung aufrufen, was aber etwas umständlich ist. Deshalb gilt es nun noch, eine Verknüpfung im Startmenü anzulegen, mit der Sie die Aufgabe jederzeit per Mausklick direkt aktivieren können, sodass dadurch wiederum die gewünschte Anwendung mit erhöhten Rechten gestartet wird.

1. Klicken Sie mit der rechten Maustaste auf eine freie Stelle des Desktops, und wählen Sie im Kontextmenü *Neu/Verknüpfung*.
2. Im dadurch gestarteten Assistenten für Verknüpfungen tippen Sie bei *Geben Sie den Speicherort des Elements ein* Folgendes ein: *C:\Windows\System32\schtasks.exe /run /TN "<Aufgabenname>"*. Ersetzen Sie dabei *<Aufgabenname>* durch die Bezeichnung, die Sie für die zuvor erstellte Aufgabe vergeben haben.

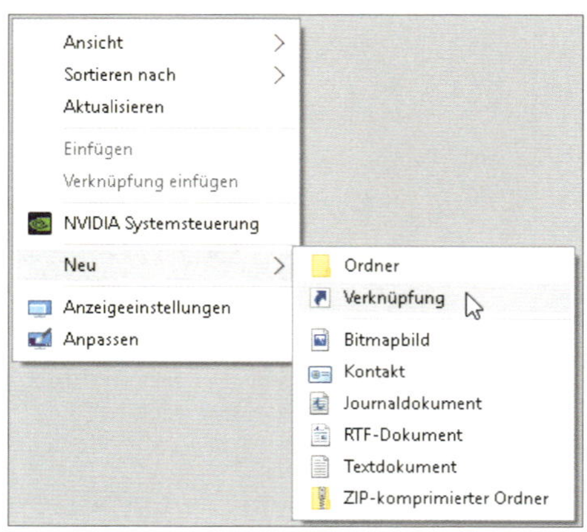

Wichtig: Wenn der Aufgabenname Leerzeichen enthält, müssen Sie den Namen in Anführungszeichen setzen, damit der Aufruf später funktioniert.

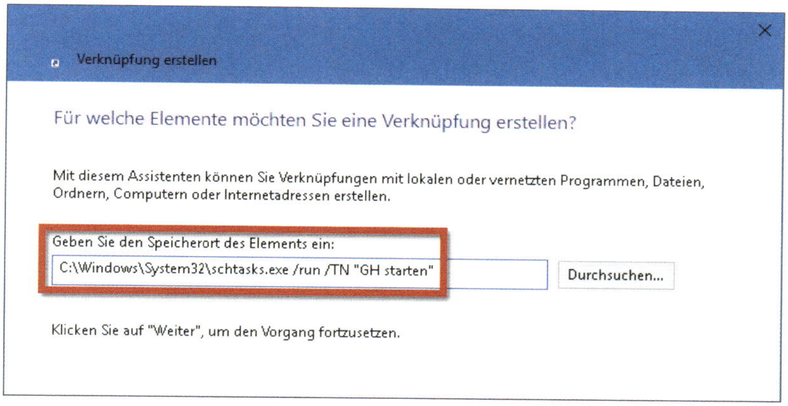

3. Legen Sie dann wiederum für diese Verknüpfung einen prägnanten Namen fest, unter dem Sie sie anschließend im Startmenü wiederfinden.

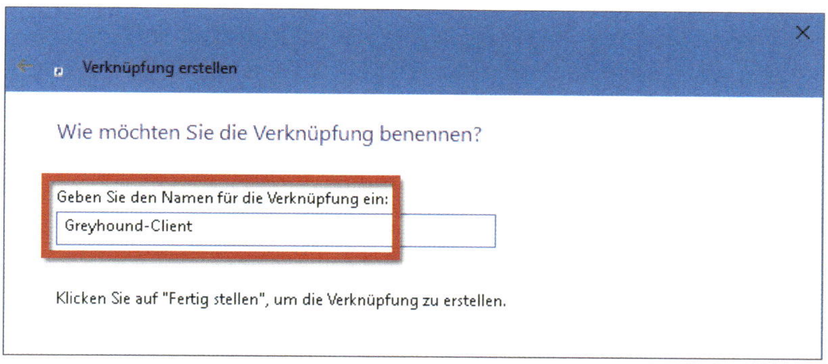

4. Klicken Sie unten auf *Fertig stellen*.

5. Klicken Sie gleich anschließend mit der rechten Maustaste auf das gerade neu auf dem Desktop erstellte Verknüpfungssymbol, und wählen Sie im Kontextmenü nun den Befehl *An "Start" anheften*. Dadurch integrieren Sie die Verknüpfung ins Startmenü. Zusätzlich oder stattdessen können Sie die Verknüpfung auf dieselbe Weise an die Taskleiste anheften, wenn Sie möchten.

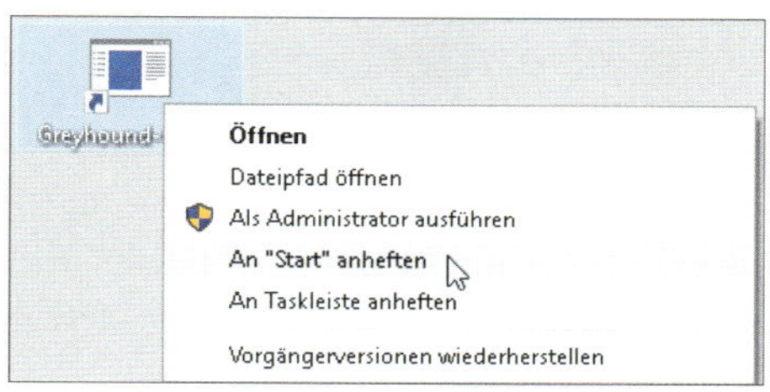

6. Anschließend können Sie die Verknüpfung auf dem Desktop wieder löschen. Das Pendant im Startmenü bzw. in der Taskleiste bleibt erhalten.

Wenn Sie das Startmenü erneut aufrufen, finden Sie nun die neue Verknüpfung vor. Damit können Sie die gewünschte Anwendung jederzeit direkt starten, wobei sie durch die Aufgabenplanung mit erhöhten Rechten ausgestattet wird. Bei einer umfangreichen Startseite können Sie den Namen der Verknüpfung eintippen, um das Symbol möglichst schnell finden zu können.

11.4 Anwendung wird vom SmartScreen-Filter blockiert

Der SmartScreen-Filter überprüft alle Dateien aus unbekannten Quellen vor dem ersten Ausführen (und nicht schon beim Speichern!). Bei Programmen, die riskanten Code enthalten, aber nicht definitiv Schädlinge sind, wird – abhängig von den SmartScreen-Einstellungen – eine Warnung mit blauem Hintergrund angezeigt. Sie können solche Programme trotzdem ausführen, indem Sie auf *Weitere Informationen* und dann *Trotzdem ausführen* klicken.

Wenn der SmartScreen-Filter hingegen aufgrund seiner Analyse und des Abgleichs mit Listen bekannter Schädlinge sicher ist, dass es sich um ein gefährliches Programm handelt, zeigt er eine Warnung mit rotem Hintergrund an. Auch hier können Sie auf *Weitere Informationen* und dann auf den kaum sichtbaren Link *Trotzdem ausführen* klicken. Aber das sollten Sie nur tun, wenn Sie sich ganz sicher sind.

Sie können die standardmäßige Reaktion des SmartScreen-Filters auf unbekannte Anwendungen ändern. Dies empfiehlt sich aber nur, wenn die an sich sinnvolle Grundeinstellung zu regelmäßigen Problemen führt. Das kann z. B. sein, wenn Standardbenutzer ohne Administratorrechte arbeiten und deshalb keine unbekannten Programme »freischalten« können oder wenn Sie z. B. eigene Software entwickeln, die Windows dann ständig meckern lässt.

1. Öffnen Sie in *Windows-Sicherheit* die Rubrik *App- & Browsersteuerung*.
2. Hier können Sie im Bereich *Apps und Dateien überprüfen* einstellen, ob und wie der SmartScreen-Filter zuschlagen soll:

- In der Standardeinstellung *Warnen* meldet sich SmartScreen im Fall von gefährlichen Dateien und weist Sie auf das Risiko hin.
- Ganz auf Nummer sicher gehen Sie mit *Blockieren*. Dadurch wird das Ausführen von als gefährlich erkannten Programmen von vornherein unterbunden.
- Sollte der SmartScreen-Filter zu sehr nerven, können Sie ihn mit *Deaktiviert* komplett abschalten. Das empfiehlt sich aber nur, wenn Sie anderweitig zuverlässig vor Schadsoftware geschützt sind.

Anwendungen oder einzelne Funktionen laufen nicht mehr

Es kommt selten vor, aber einzelne Komponenten einer Anwendung können beispielsweise durch einen Systemfehler beschädigt oder durch Unachtsamkeit gelöscht werden. Einige Anwendungen bringen für solche Fälle eine Reparaturfunktion mit. Diese überprüft, ob alle benötigten Dateien vorhanden und die wesentlichen Systemeinträge korrekt sind. Findet sie einen Fehler, korrigiert sie ihn automatisch, sodass die Anwendung anschließend wieder laufen sollte. Im Endeffekt ist das so, als ob man eine Anwendung deinstalliert und anschließend wieder installiert. Nur dass es eben viel schneller geht. Leider verfügen nicht alle Anwendungen über diesen Service, und Windows kann ihn nur zur Verfügung stellen, wenn er auch verfügbar ist.

1. Lokalisieren Sie in der Kategorieansicht der Systemsteuerung *Programme*, und klicken Sie dort auf *Programm deinstallieren*.

2. Im anschließenden Menü finden Sie eine Liste aller Zusatzprogramme, die auf Ihrem PC installiert sind. Standardmäßig ist die Übersicht alphabetisch nach Namen sortiert, Sie können sie aber auch nach Herausgeber, Installationsdatum oder Größe arrangieren lassen.

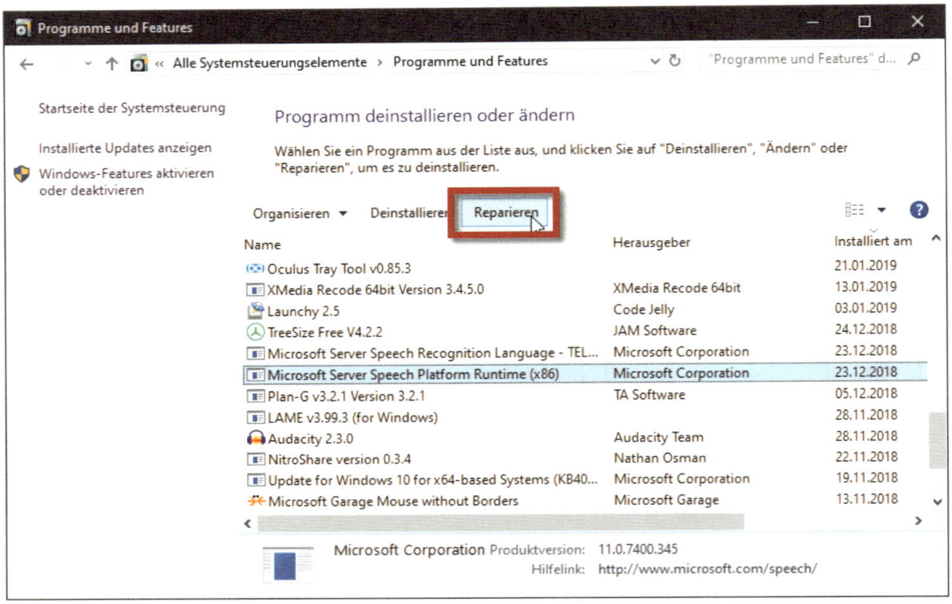

3. Wenn Sie in der Softwareliste eine Anwendung auswählen, die eine Reparaturfunktion anbietet, wird in der Symbolleiste automatisch eine *Reparieren*-Schaltfläche eingeblendet.
4. Klicken Sie darauf, um die Reparaturfunktion aufzurufen.
5. Bestätigen Sie ggf. die Rückfrage der Benutzerkontensteuerung zu diesem Reparaturvorgang.
6. Anschließend startet Windows die Reparaturfunktion dieser Anwendung. Diese läuft in der Regel vollautomatisch ab, sodass Sie nur ein wenig warten müssen, bis sie ihre Aufgabe erfüllt hat.

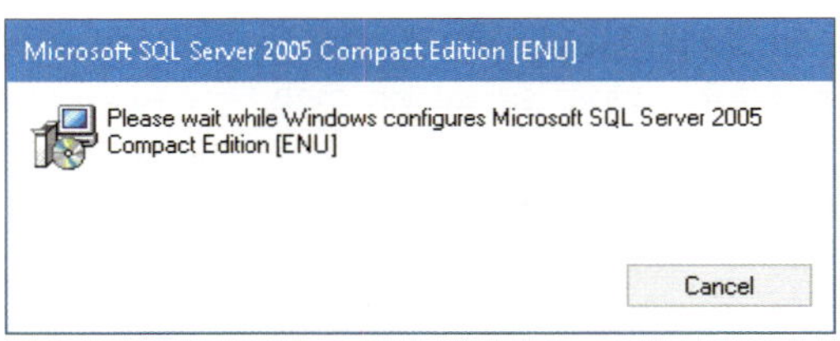

Apps starten oder funktionieren nicht mehr

Selbst bei den mit Windows ausgelieferten Apps kann es gelegentlich Probleme geben, sodass diese nicht mehr starten oder nicht wie beabsichtigt funktionieren. In solchen Fällen kann man einzelne Apps zurücksetzen. Dabei werden zwar ggf. alle gespeicherten Daten und Einstellungen einer App entfernt (was selbstverständlich nicht für Dateien gilt, die mit dieser App erstellt oder bearbeitet wurden). Beim nächsten Start finden Sie die App dann wieder genau wie beim ersten Start vor, und die Probleme damit gehören – hoffentlich – der Vergangenheit an.

Diese Möglichkeit besteht allerdings nur bei Apps, nicht bei klassischen Desktop-Anwendungen.

1. Öffnen Sie in den *Einstellungen* den Bereich *Apps/Apps & Features*. Hier werden – ggf. nach kurzer Wartezeit – alle installierten Programme angezeigt.
2. Suchen Sie die problematische App in der Liste heraus, und klicken Sie auf ihren Eintrag.
3. Dieser wird dann erweitert und zeigt unter anderem einen Link namens *Erweiterte Optionen* an, den Sie anklicken können.

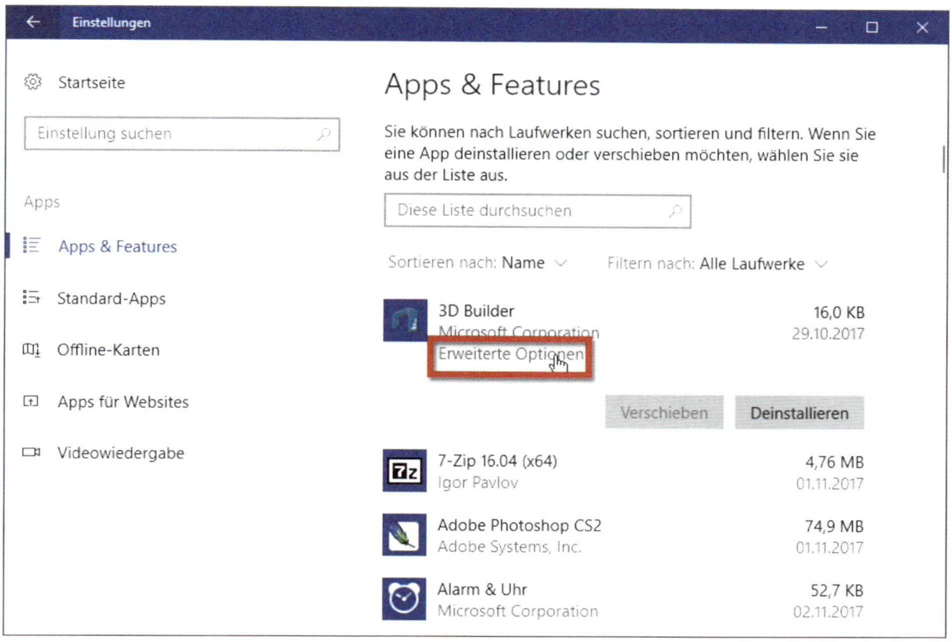

4. Im anschließenden Dialog erfahren Sie einige Details über die App, etwa den belegten Speicherplatz sowie ggf. installierte Add-ons. Vor allem aber stehen Ihnen hier – je nach App – ein oder zwei Funktionen zur Problembehandlung zur Verfügung:

- Mit *Reparieren* werden Einstellungen korrigiert, und der Cache-Speicher der App wird gelöscht. Die von Ihnen selbst in der App erstellten oder eingetragenen Inhalte (oder bei Spielen beispielsweise Spielstände) bleiben aber erhalten. Ist diese Funktion verfügbar, sollten Sie es deshalb immer erst damit probieren.
- Hilft das Reparieren nicht bzw. wird es gar nicht angeboten, können Sie mit der Schaltfläche *Zurücksetzen* diese App wieder in den Auslieferungszustand versetzen. Die App wird dabei quasi deinstalliert und anschließend aus dem Store wieder neu installiert. Ihre persönlichen Einstellungen und Inhalte (nicht aber die mit der App erstellten Dateien) gehen dabei allerdings verloren.

11.5 Systemlaufwerk wird durch Apps zu voll

Grundsätzlich belegen heruntergeladene Windows-Apps Speicherplatz auf dem Systemlaufwerk, auf dem auch Windows selbst installiert ist. Allerdings ist es mittlerweile eine gängige Konfiguration, Windows auf einer schnellen, aber relativ kleinen SSD zu installieren und für Dokumente sowie andere umfangreiche Daten eine zweite, klassische Magnetfestplatte mit reichlich Speicherplatz zu verwenden. Insbesondere in diesem Fall kann es sinnvoll sein, umfangreichere Apps auf diese andere Festplatte zu verschieben. Sie starten dann zwar eventuell etwas langsamer, benötigen aber keinen kostbaren Speicherplatz auf der SSD.

1. Um eine installierte App auf ein anderes Laufwerk zu verschieben, öffnen Sie in den *Einstellungen* die Rubrik *Apps/Apps & Features*.

2. Hier finden Sie eine Liste aller installierten Programme. Im obersten Feld *Diese Liste durchsuchen* können Sie auch den *App-Namen eingeben*, um schneller zu einer bestimmten App zu gelangen.
3. Haben Sie die gesuchte App ausgemacht, öffnen Sie ihren Eintrag und klicken dort auf die *Verschieben*-Schaltfläche.

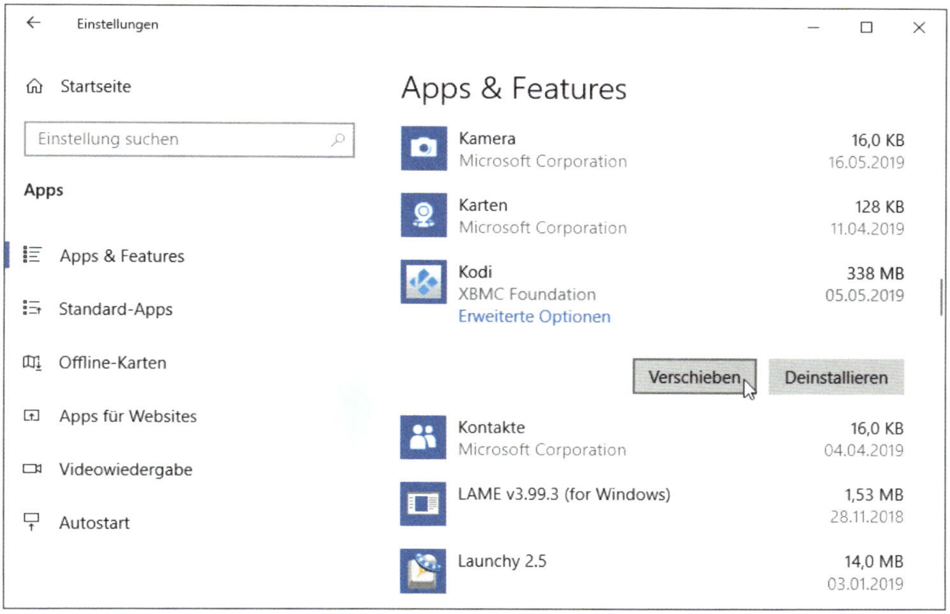

Verschieben-Schaltfläche wird nicht angezeigt?

Die *Verschieben*-Funktion ist grundsätzlich nur für Apps verfügbar, nicht für klassische Windows-Anwendungen. Außerdem kann sie nur für Apps verwendet werden, die nachträglich aus dem Store installiert wurden. Die mit Windows ausgelieferten Apps von Microsoft lassen sich auf diese Weise leider nicht verschieben.

4. Wählen Sie im anschließenden Dialog das Laufwerk bzw. die Partition aus, wo diese App in Zukunft gespeichert werden soll.
5. Klicken Sie dann erneut auf *Verschieben*.

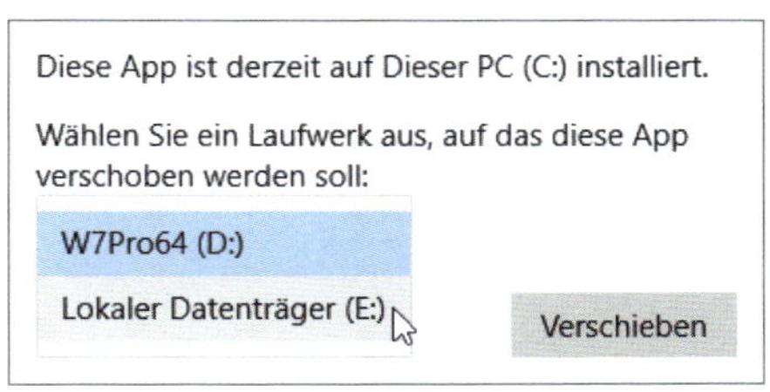

Das Verschieben erfolgt im Hintergrund, sodass Sie direkt weiterarbeiten können. Die verschobene App lässt sich allerdings erst wieder verwenden, nachdem der Vorgang abgeschlossen wurde.

Den Standardspeicherort für neue Apps ändern

Um den Speicherort nicht bei jeder neu heruntergeladenen App immer wieder manuell anpassen zu müssen, können Sie den Standardspeicherort für Apps verändern. Alle Apps, die ab diesem Zeitpunkt neu heruntergeladen werden, landen dann automatisch auf dem gewünschten Laufwerk.

1. Öffnen Sie in den *Einstellungen* die Rubrik *System/Speicher*.
2. Klicken Sie unten im Abschnitt *Weitere Speichereinstellungen* auf den Link *Speicherort für neuen Inhalt ändern*.
3. Wählen Sie anschließend bei *Neue Apps werden gespeichert in:* das Laufwerk aus, auf dem neue Apps in Zukunft abgelegt werden sollen.
4. Klicken Sie dann rechts daneben auf die *Anwenden*-Schaltfläche.

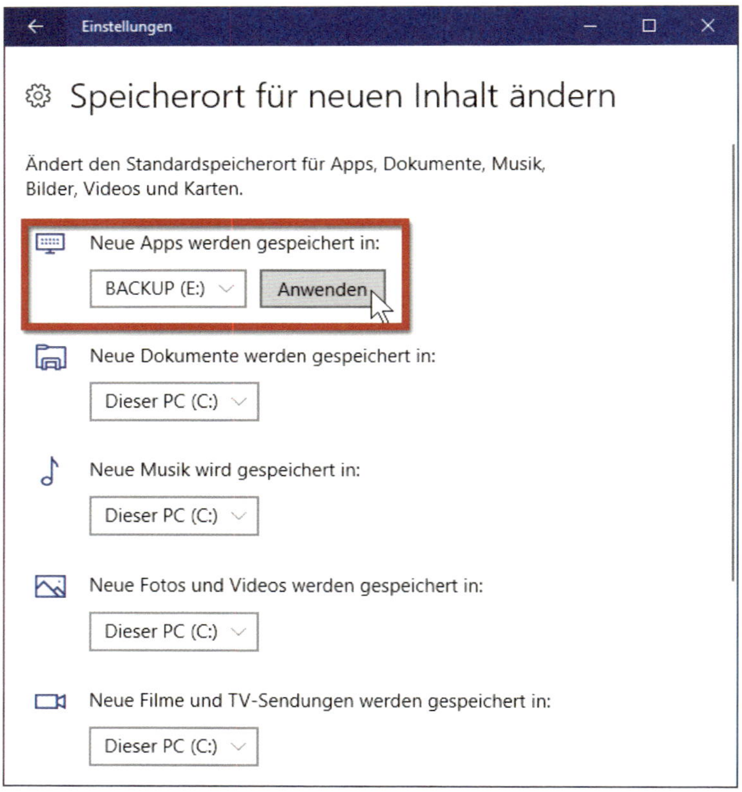

Das war es schon. Ab sofort landen alle neu installierten Apps auf dem gewählten Laufwerk, und der Speicherplatz auf dem Systemlaufwerk bleibt für Wichtigeres frei. Hinweis: Bereits installierte Apps werden dadurch nicht verschoben. Hier bleibt nur die Möglichkeit, sie wie oben beschrieben einzeln auf das andere Laufwerk zu verlagern.

11.6 Apps lassen sich nur aus dem Store installieren

Der Microsoft Store ist die erste Anlaufstelle für Apps. Prinzipiell können Apps aber auch aus anderen Quellen bezogen bzw. einfach direkt aus dem Internet heruntergeladen werden. Während die Apps im Store aber zumindest grob geprüft werden, kann man bei einer App von einer beliebigen Webseite niemals sicher sein, ob sie tatsächlich (nur) das tut, was sie vorgibt. Deshalb schränkt Windows die erlaubten Installationsquellen für Apps ggf. ein. In den *Einstellungen* unter *Apps/Apps & Features* können Sie diese Vorgaben aber individuell anpassen.

- Die sicherste Variante ist *Nur Microsoft Store*. Dann können auf dem Gerät nur Apps heruntergeladen werden, die Microsoft für den Microsoft Store zugelassen hat.
- Alternativ können Sie sich warnen lassen, wenn Apps aus anderen Quellen installiert werden sollen.
- Oder Sie lassen beliebige Quellen auch ohne Warnhinweise zu.

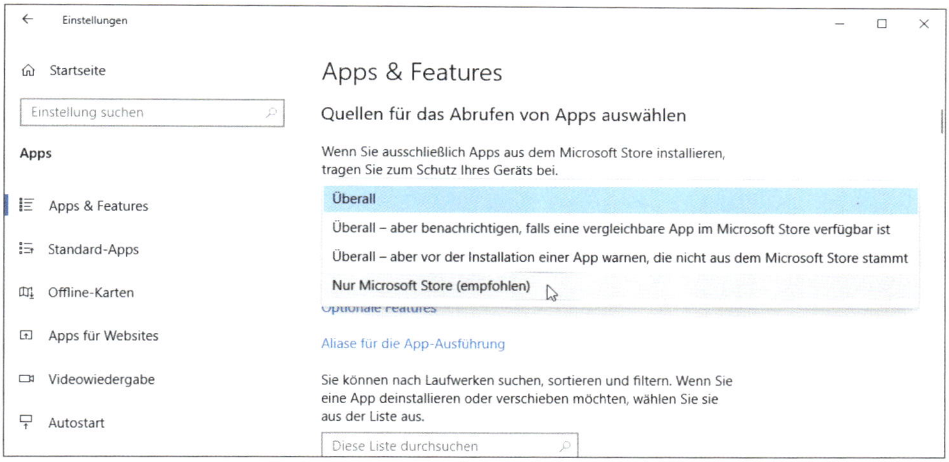

Nur Apps, nicht Desktop-Anwendungen

Einschränkungen für den App-Download gelten nur bei Apps für die moderne Windows-Oberfläche. Desktop-Anwendungen können Sie unabhängig davon jederzeit aus beliebigen Quellen herunterladen und installieren.

12. Verbindungsprobleme bei Netzwerk und WLAN

Wer einen Internetanschluss hat, der hat auch ein Netzwerk im Haus. Denn zwischen dem Router oder Modem für den Internetzugang und den Geräten wie PCs, Tablets oder Smartphones muss eine Netzwerkverbindung bestehen. Und wer ein Netzwerk im Haus hat, der hat leider gelegentlich auch Netzwerkprobleme. Das gilt sowohl für kabelgebundene Netzwerke als auch für kabellose WLANs. Kabelnetzwerke sind aufwendiger herzustellen und im Fehlerfall auch aufwendiger zu reparieren. Einmal in Betrieb, sind sie dafür aber meist leistungsfähiger und stabiler. WLAN-Verbindungen sind schnell eingerichtet, wenn es gut läuft. Dafür gibt es dabei aber ein paar mehr Fallstricke zu beachten.

12.1 Kein Internet verfügbar – WAN- oder LAN-Problem?

Ein gar nicht so seltenes Problem ist die Meldung an einem Endgerät, dass keine Internetverbindung verfügbar sei. Das Gerät hat also ggf. eine Verbindung zum zentralen Router, kann aber keine Daten mit dem Internet austauschen. Dabei gibt es zwei Bereiche, in denen das Problem auftreten kann. Abhängig davon sieht die Problemlösung unterschiedlich aus. Deshalb sollte man zunächst immer feststellen, wo das Problem auftritt:

- WAN: Der Router hat selbst keine Verbindung zum Internet, etwa weil die DSL- oder Kabelverbindung gestört ist oder es beim Internetanbieter selbst Probleme gibt.
- LAN: Der Router selbst hat eine funktionierende Verbindung zum Internet, und nur das oder die angeschlossene(n) Gerät(e) können diese nicht mitnutzen.

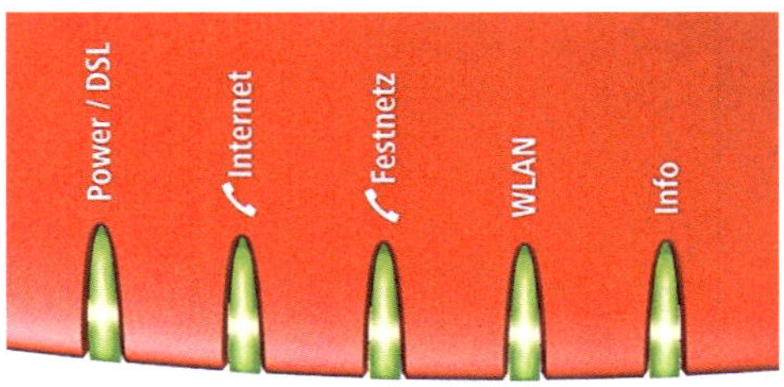

Was davon der Fall ist, verrät Ihnen der Router selbst. Viele Geräte haben direkt am Gehäuse verschiedene LEDs, mit denen sie den Onlinestatus signalisieren. Wenn hier ein mit *Online* oder *Internet* beschriftetes Lämpchen aus ist, rot leuchtet oder blinkt, deutet dies auf grundsätzliche Probleme mit dem Internetzugang hin. Auch die Weboberfläche des Routers bringt Gewissheit und verrät ggf. zusätzliche Informationen.

1. Bei den beliebten FRITZ!Boxen etwa (Geräte anderer Hersteller weisen ähnliche Funktionen auf) finden Sie diese Infos direkt auf der Startseite (http://fritz.box), wobei zwei verschiedene Angaben zu beachten sind.

2. Rechts unter *Anschlüsse* finden Sie Informationen zur physikalischen Verbindung mit dem Internetanbieter, etwa per DSL, Kabel oder Glasfaser. Hier sollte der Status *verbunden* stehen.

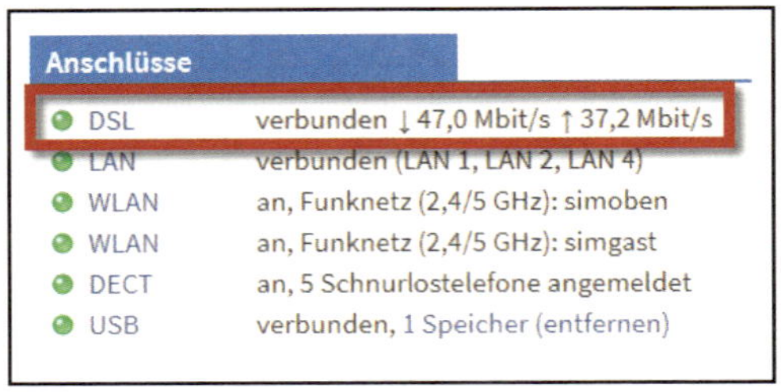

3. Auf der linken Seite der Übersicht finden Sie unter *Verbindungen* die Angaben zum Status der *Internet*-Verbindung. Hier sollten der Anbieter und ebenfalls die Meldung *verbunden* stehen.

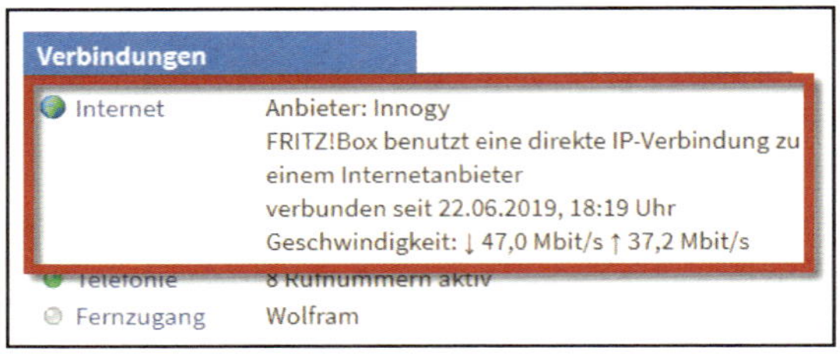

4. Liegen bei der Internetverbindung keine Probleme vor (und das sollte dann automatisch auch für den physikalischen Anschluss gelten), ist das Internetproblem nicht im WAN-Bereich zu suchen, sondern in der Verbindung zwischen Gerät und Router. Hinweise dazu finden Sie in den folgenden Abschnitten.
5. Sind hingegen das Internet und/oder der Anschluss als solcher gestört, sollten Sie genauer hinsehen, woran es liegt. Bei FRITZ!Boxen können Sie im Hauptmenü unter *System/Ereignisse* das Protokoll öffnen. Filtern Sie dort ggf. mit dem Auswahlfeld oben links die angezeigten Ereignisse auf die *Internetverbindung*.

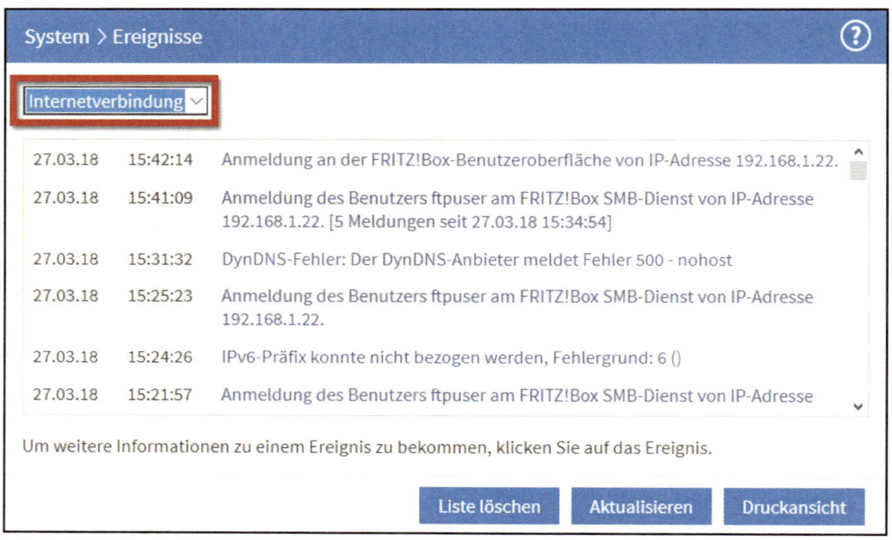

Die Fehlermeldungen dort geben zumindest einen Hinweis auf die Fehlerquelle. Oftmals deuten diese dann allerdings auf Probleme beim Internetanbieter selbst hin, etwa wenn irgendwelche Server Fehler melden oder Daten nicht bezogen werden können. Was Sie in jedem Fall tun können, ist, über die Weboberfläche des Routers die Verbindung zurückzusetzen oder den Router gleich neu zu starten. Kommt keine physikalische Verbindung zustande, sollten Sie außerdem die Verkabelung vom Router zur Internetverbindung (also beispielsweise Telefonanschluss, Kabeldose o. Ä.) prüfen. Ansonsten bleiben nur Geduld und eine Störungsmeldung beim Kundendienst des Internetanbieters.

12.2 Die Netzwerkkonfiguration des PCs prüfen

Wenn ein Windows-PC keine Netzwerk- bzw. Internetverbindung herstellen kann, sollten Sie zunächst seine Netzwerkkonfiguration überprüfen. Dadurch erfahren Sie, ob und wie das Gerät überhaupt ins Netzwerk eingebunden und mit dem Router verbunden ist.

1. Öffnen Sie in der klassischen Systemsteuerung das *Netzwerk- und Freigabecenter*.

2. Klicken Sie darin links oben auf den Link *Adaptereinstellungen ändern*.
3. Windows zeigt Ihnen daraufhin eine Liste der vorhandenen Netzwerkadapter an. Hier können nun mehrere Adapter aufgeführt werden. Zum einen kann ein PC über mehr als einen Netzwerkanschluss verfügen, beispielsweise LAN und WLAN. Zum anderen finden sich auf immer mehr Windows-PCs zusätzliche virtuelle Netzwerkanschlüsse von Virtualisierungslösungen wie Hyper-V oder VirtualBox. Das macht es etwas aufwendiger, den richtigen Anschluss zu finden. Meist ist es aber der erste (also der ganz linke) Anschluss der richtige. Aufschluss gibt im Zweifelsfall die dritte Zeile mit der Angabe der Netzwerkhardware.

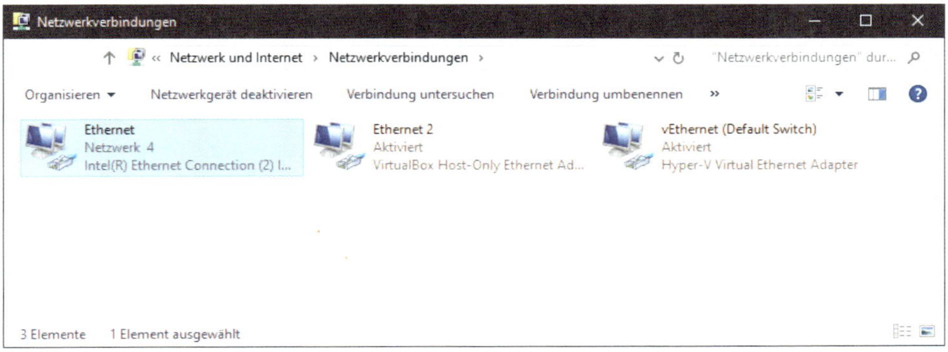

4. Klicken Sie mit der rechten Maustaste auf den Netzwerkadapter, und wählen Sie im Kontextmenü *Status*.

5. Im so geöffneten Menü erhalten Sie einen ersten Überblick über die Konnektivität sowie die Datenrate und die Aktivität. Wenn die Zahl der übertragenen Bytes in beiden Richtungen kontinuierlich ansteigt, ist das schon mal ein gutes Zeichen.

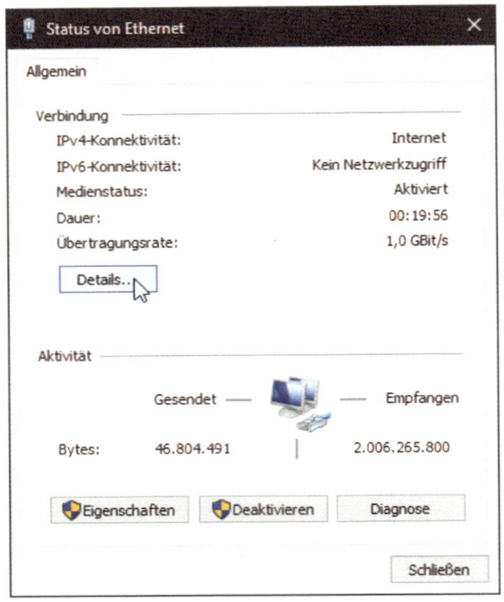

6. Noch mehr erfahren Sie mit einem Klick auf die Schaltfläche *Details*. Überprüfen Sie hier insbesondere (von oben nach unten):
   - Ist *DHCP-aktiviert*? – Dies sollte mit der Routerkonfiguration übereinstimmen.
   - Hat der PC eine eigene *IPv4-Adresse*?
   - Ist ein *IPv4-Standardgateway* eingetragen? Dieses sollte in der Regel mit der IP-Adresse des Routers übereinstimmen.
   - Ist ein *IPv4-DNS-Server* eingetragen? Auch hier sollte in der Regel die IP-Adresse des Routers eingetragen sein, abweichende DNS-Server sind aber möglich.

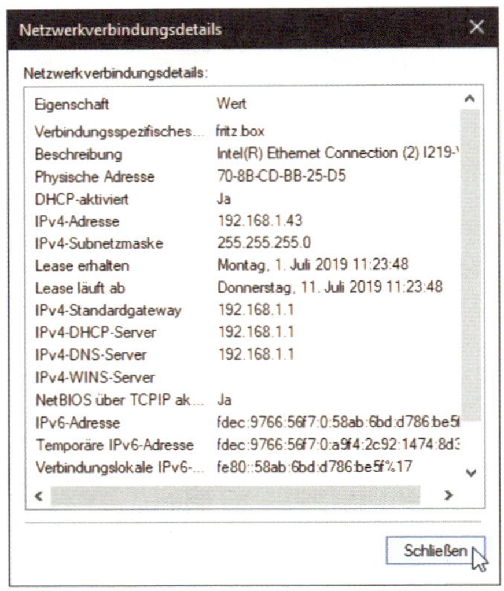

7. Verwenden Sie in Ihrem Heimnetzwerk auch IPv6 bzw. liegen die Probleme in diesem Bereich vor, überprüfen Sie auch diese entsprechenden Angaben.

12.3 Manuelle Adressvergabe statt DHCP

Damit Geräte im Heimnetzwerk untereinander und mit dem Internet kommunizieren können, sind eindeutige Adressen erforderlich. Dabei kann sich nicht einfach jedes Gerät selbst seine Adresse aussuchen, sondern es muss ein gemeinsamer Adressraum geschaffen werden. Sollen darüber hinaus anstelle von kryptischen IP-Nummern (192.168.1.25) sprechende Namen verwendet werden (Netzwerkdrucker), müssen diese Namen von einer zentralen Instanz aufgelöst, also vom IP-Namen in die entsprechende IP-Nummer übersetzt werden.

DHCP (**D**ynamic **H**ost **C**onfiguration **P**rotocol) ist ein Serverdienst, der Netzwerkgeräte bei der Anmeldung automatisch mit einer IP-Adresse versieht und ihnen dabei auch noch Angaben über bestimmte Serveradressen vermitteln kann (z. B. DNS-Server und Gateway für eine Internetverbindung). Die Anmeldung der einzelnen Rechner (DHCP-Clients) am DHCP-Server erfolgt mithilfe von UDP-Datenpaketen, die per **Broadcasting** über die **Ports** 67 und 68 ausgetauscht werden. Wenn es dabei zu Problemen kommt, kann das Gerät sich nicht am Router anmelden und erhält auch keinen Kontakt zu diesem, zu anderen Netzwerkteilnehmern oder zur Internetverbindung des Routers.

In solchen Fällen kann es hilfreich sein, den PC erst mal ohne DHCP mit manuell festgelegten Verbindungsdaten zu versehen, bis die Probleme beseitigt sind. Prinzipiell kann das auch eine dauerhafte Lösung sein, denn gerade in einem überschaubaren Heimnetzwerk kann man durchaus ohne DHCP und nur mit manueller Adressvergabe auskommen und so für schnellen und zuverlässigen Verbindungsaufbau sorgen.

Jedes Netzwerkgerät benötigt vor allem zwei Informationen:

- eine IP-Nummer, die im Heimnetzwerk gültig ist, aber noch von keinem anderen Gerät verwendet wird
- die Subnetzmaske, die in Ihrem Netzwerk verwendet wird (in der Regel 255.255.255.0)

Wenn das Gerät Internetzugang benötigt, sind außerdem weitere Angaben unerlässlich:

- die IP-Nummer des Gateways, über das der Kontakt zum Internet hergestellt wird. Auch ohne DHCP-Server dürfte das meistens der Internetrouter sein, sodass Sie deren IP-Nummer benötigen.
- die Adresse von mindestens einem, besser zwei DNS-Servern. Einer davon kann der Router sein, muss es aber nicht. Am sinnvollsten ist der DNS-Server Ihres Internetanbieters, da dieser – netzwerktechnisch gesehen – am nächsten ist und demzufolge am schnellsten antworten dürfte. Sie können aber auch einen der bekannten offenen DNS-Server verwenden. Google etwa betreibt sehr leistungsfähige DNS-Server unter der Adresse 8.8.8.8 bzw. 8.8.4.4.

Mit diesen Daten gerüstet, können Sie die Netzwerkverbindung konfigurieren:

1. Ohne einen DHCP-Server kann Windows in seinen Standardeinstellungen nicht automatisch eine Verbindung zum lokalen Netzwerk herstellen. In diesem Fall sehen Sie im Infobereich ein Netzwerksymbol mit einem Warnzeichen. Im Netzwerk- und Freigabecenter wird in solchen Situationen die Meldung *Sie sind zurzeit mit keinem Netzwerk verbunden* angezeigt. Das zeigt Ihnen, dass zwar die physische Verbindung besteht (also alle Kabel richtig eingesteckt sind), aber mangels korrekter Konfiguration keine logische Verbindung hergestellt werden kann.

2. Klicken Sie links im Aufgabenbereich auf *Adaptereinstellungen ändern*.
3. Damit gelangen Sie in die Übersicht über die Netzwerkverbindungen, in der Sie die aktive Verbindung mit einem Doppelklick öffnen und dann deren *Eigenschaften* anzeigen.

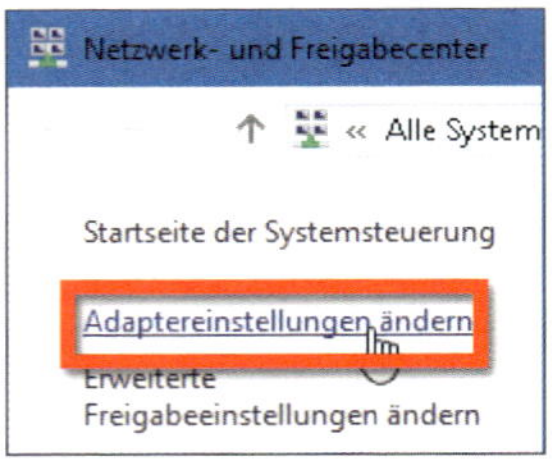

4. Wählen Sie dort in der Liste der Elemente *Internetprotokoll Version 4 (TCP/IPv4)* aus, und klicken Sie darunter rechts erneut auf *Eigenschaften*.
5. Aktivieren Sie im anschließenden Dialog oben die Option *Folgende IP-Adresse verwenden*, und geben Sie bei *IP-Adresse*, *Subnetzmaske* und *Standardgateway* die passenden Daten Ihres Netzwerks an.
6. Wählen Sie für den Internetzugang außerdem die Option *Folgende DNS-Serveradressen verwenden*, und tragen Sie in den Feldern darunter mindestens einen DNS-Server ein.
7. Klicken Sie anschließend zweimal auf *OK* und einmal auf *Schließen*. Sie gelangen zurück ins Netzwerk- und Freigabecenter, in dem sich der Status des Netzwerks ggf. nach einer kurzen Wartepause aktualisiert.

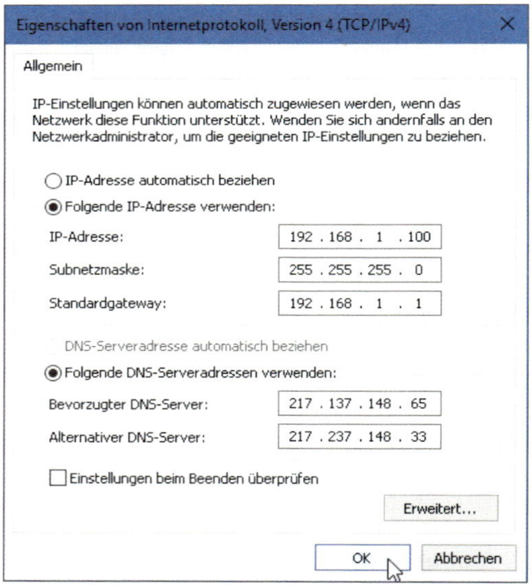

12.4 Netzwerkanalyse mit dem Ping-Befehl

Zur einfachen und schnellen Analyse bei Netzwerkproblemen dient das Ping-Protokoll. Dabei handelt es sich um ein einfaches Frage-Antwort-Spiel zwischen zwei Netzwerkgeräten. Teilnehmer A sendet ein Datenpaket an Teilnehmer B, und der antwortet mit einem anderen Datenpaket. Kommt dieses wieder bei Teilnehmer A an, kann man sicher sein, dass die Verbindung zwischen diesen beiden Geräten funktioniert. Wann immer also die Verbindung zum Router oder zu einem anderen Gerät nicht funktioniert bzw. sich beispielsweise eine bestimmte Netzwerkanwendung nicht nutzen lässt, ein Server nicht antwortet usw., kann man mit Ping feststellen, ob die Netzwerkverbindung als solche das Probleme verursacht oder ob die Verständigungsprobleme auf einer höheren Ebene liegen.

> **IP-Namen vs. IP-Nummern**
>
> IP-Adressen bestehen eigentlich aus Zahlen, den sogenannten IP-Nummern. Das sind allerdings etwas unhandliche Ziffernblöcke wie 192.168.168.1. Maschinen stört das nicht, aber Menschen können damit nicht so gut umgehen. Deshalb gibt es parallel dazu die IP-Adressen wie *www.server.de*. Durch einen DNS-Server werden diese sprechenden IP-Adressen in die jeweiligen IP-Nummern umgesetzt. Bei Netzwerkanalysen mit Ping empfiehlt es sich allerdings, wann immer möglich, zunächst mit der IP-Nummer zu arbeiten. Dadurch entfällt ein zusätzlicher Schritt, und eine mögliche Fehlerquelle wird eliminiert. Funktioniert eine Verbindung bei Angabe einer IP-Nummer, nicht aber bei Angabe eines Namens, dann liegt der Fehler in diesem Bereich. Entweder der Name ist falsch, oder die Auflösung des Namens in eine IP-Nummer klappt nicht zuverlässig.

So simpel, wie Ping gestrickt ist, so vielseitig kann man es einsetzen. Windows bringt von Hause aus ein Ping-Programm mit, das Sie als Kommando in der Eingabeaufforderung nutzen können.

So etwa stellen Sie fest, ob Ihr Windows-PC Verbindung zum Router aufnehmen kann:

1. Öffnen Sie auf dem Windows-PC eine Eingabeaufforderung (siehe Seite 295).
2. Sollten Sie die IP-Nummer Ihres Routers noch nicht kennen, tippen Sie zunächst den Befehl `ipconfig` ein.
3. Suchen Sie in der Ausgabe dieses Befehls die Zeile *Standardgateway*, und merken bzw. notieren Sie sich die dort angegebene IP-Nummer.

4. Geben Sie nun den Befehl `ping`, gefolgt von der IP-Nummer des Routers (*Standardgateway*), ein.
5. Das Programm sendet nun viermal ein Ping-Paket an die bezeichnete IP-Nummer und wartet jeweils auf die Antwort. Dabei wertet es die Antworten und auch die benötigte Zeit aus und erstellt daraus eine kleine Statistik.

- Ganz wesentlich ist die *Verlust*-Angabe in Prozent. Hier sollte *0 %* stehen, d. h., es gab keinen Paketverlust. Ein Wert von *100 %* hingegen würde bedeuten, dass überhaupt keine Antwort von der Gegenseite empfangen wurde, die Verbindung also komplett gestört ist. Ein Wert irgendwo dazwischen deutet auf eine instabile Verbindung hin, die vielleicht durch Überlastung oder ein Hardwareproblem zumindest zeitweise gestört ist.
- Die *Zeitangaben* sollten zumindest innerhalb eines lokalen Netzwerks im Bereich weniger Millisekunden liegen. Vor allem aber sollten *Minimum*, *Maximum* und *Mittelwert* dicht beieinanderliegen. Gibt es große Sprünge, weist dies wiederum auf Überlastung oder eine instabile Verbindung hin.

```
Eingabeaufforderung

C:\Users\Admin>ping 192.168.1.1

Ping wird ausgeführt für 192.168.1.1 mit 32 Bytes Daten:
Antwort von 192.168.1.1: Bytes=32 Zeit<1ms TTL=64
Antwort von 192.168.1.1: Bytes=32 Zeit<1ms TTL=64
Antwort von 192.168.1.1: Bytes=32 Zeit<1ms TTL=64
Antwort von 192.168.1.1: Bytes=32 Zeit<1ms TTL=64

Ping-Statistik für 192.168.1.1:
    Pakete: Gesendet = 4, Empfangen = 4, Verloren = 0
    (0% Verlust),
Ca. Zeitangaben in Millisek.:
    Minimum = 0ms, Maximum = 0ms, Mittelwert = 0ms

C:\Users\Admin>
```

6. Fördert der Ping-Test zu einer bestimmten IP-Nummer keine Probleme zutage, sollten Sie gleich noch ein Ping zum IP-Namen desselben Geräts nachschieben, also beispielsweise `ping fritz.box`.
7. In diesem Fall führt das Ping-Programm zunächst eine DNS-Auflösung des IP-Namens durch, um die entsprechende IP-Nummer zu erhalten. Das Ergebnis sehen Sie in der ersten Ausgabezeile. Danach läuft der Ping-Test genau wie zuvor ab und sollte auch in etwa dieselben Werte ergeben. Falls nein, wissen Sie, dass das Problem im Bereich der DNS-Namensauflösung zu finden ist.

```
Eingabeaufforderung

C:\Users\Admin>ping fritz.box

Ping wird ausgeführt für fritz.box [192.168.1.1] mit 32 Bytes Daten:
Antwort von 192.168.1.1: Bytes=32 Zeit<1ms TTL=64
Antwort von 192.168.1.1: Bytes=32 Zeit<1ms TTL=64
Antwort von 192.168.1.1: Bytes=32 Zeit<1ms TTL=64
Antwort von 192.168.1.1: Bytes=32 Zeit<1ms TTL=64

Ping-Statistik für 192.168.1.1:
    Pakete: Gesendet = 4, Empfangen = 4, Verloren = 0
    (0% Verlust),
Ca. Zeitangaben in Millisek.:
    Minimum = 0ms, Maximum = 0ms, Mittelwert = 0ms

C:\Users\Admin>
```

Die Internetverbindung mit Ping testen

Selbstverständlich können Sie auch die Internetkonnektivität eines PCs mit Ping testen, indem Sie entsprechende IP-Nummern oder -Namen anpingen. Dafür können Sie einfach bekannte IP-Adressen, die eigentlich jederzeit verfügbar und erreichbar sein sollten, verwenden:

```
ping 8.8.8.8
```

Die IP-Nummer 8.8.8.8 gehört zu einem öffentlichen DNS-Server von Google, der auch auf Ping-Anfragen antwortet. Er ist hochverfügbar und sollte immer und schnell antworten. Da die Pakete durchs Internet transportiert werden, sind höhere Antwortzeiten als im lokalen Netzwerk zu erwarten, die sich aber immer noch im zweistelligen oder allenfalls niedrigen dreistelligen Millisekundenbereich bewegen sollten. Auch kann es in Stoßzeiten zu Abweichungen zwischen *Minimum*, *Maximum* und *Mittelwert* kommen, die aber nicht allzu groß werden sollten. Stellen Sie stattdessen einen Paketverlust fest, ist die Verbindung zum Internet gestört.

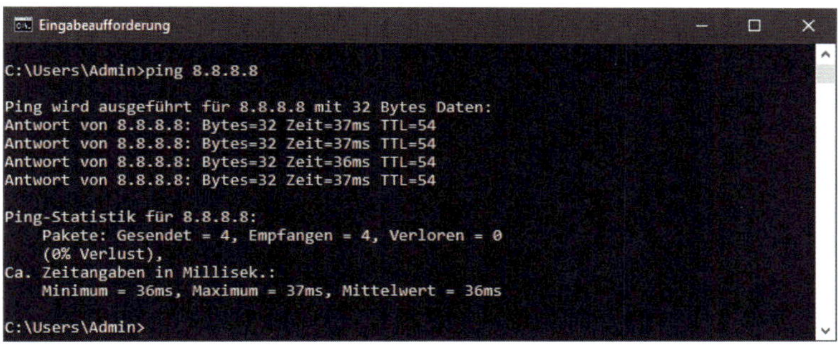

Auch die Namensauflösung außerhalb Ihres lokalen Netzwerks können Sie mit Ping testen, indem Sie auch hier eine bekannte Adresse anpingen, beispielsweise

```
ping www.google.de
```

Auch hier sollte es zu einem erfolgreichen Ping-Test kommen. Meldet Ping hingegen, dass der angegebene Host nicht gefunden werden konnte, hat die Namensauflösung nicht geklappt, und es liegt möglicherweise ein DNS-Problem vor.

Ping klappt nur, wenn der andere mitspielt

Sie können im Prinzip jede Ihnen geläufige Internetadresse für einen Ping-Test verwenden. Allerdings antworten nicht alle Server auch auf Ping-Anfragen. Bei manchen ist diese Funktion ausdrücklich deaktiviert, um eine Überlastung durch solche Anfragen zu vermeiden. Dass ein Server nicht antwortet, muss also nicht heißen, dass er nicht erreichbar ist. Verwenden Sie deshalb am besten nur IP-Adressen, bei denen Sie sicher sind, dass sie Ping unterstützen, bzw. bei denen dies in der Vergangenheit bereits geklappt hat.

12.5 Netzwerkkabel kontrollieren

Wenn es bei einem konkreten Gerät bzw. einer konkreten Kabelverbindung Probleme gibt, sollten Sie die Konnektivität dieses Kabels überprüfen. Für diesen Zweck gibt es spezielle Kabeltester, die an ein Ende angeschlossen werden. Das andere wird mit einem dazugehörenden Stecker terminiert. Dann prüft der Tester die Kabeladern einzeln, wodurch Sie erkennen können, ob alle Adern durchgängig und korrekt verdrahtet sind. Solche Geräte sind nicht mal sehr teuer, aber die Investition lohnt sich eigentlich nur, wenn Sie Ihr Netzwerk selbst aufbauen bzw. erweitern möchten und beispielsweise Netzwerkkabel in passender Länge selbst herstellen und mit Steckern versehen möchten. Ansonsten können Sie sich auch ohne spezielles Prüfgerät meist behelfen:

- Sehr hilfreich sind die kleinen Kontroll-LEDs, die in der Regel an den Netzwerkanschlüssen am Router, aber auch am PC selbst oder anderen Geräten sichtbar sind. Diese sehen zwar bei jedem Gerät etwas anders aus, aber das Grundprinzip ist immer gleich. In der Regel leuchtet eine LED konstant, die den gewählten Übertragungsstandard anzeigt. Weitere LEDs blinken im Rhythmus der ein- und ausgehenden Datenpakete.
- Leuchten und blinken die LEDs am Router, aber am PC nicht, ist dies ein Indiz für ein Problem mit der Netzwerkverbindung. Dies muss aber nicht zwangsläufig am Kabel selbst liegen, auch der Netzwerkanschluss des PCs könnte defekt sein.
- Das kann man am besten durch Austauschen ausprobieren. Schließen Sie den PC testweise an einem anderen Netzwerkanschluss an, der bekanntermaßen keine Probleme macht. Bekommt er dort eine Verbindung, liegt das Problem nicht beim PC, sondern beim Kabel oder beim Routeranschluss. Kann der PC sich auch dort nicht verbinden, ist die Fehlerquelle eher bei ihm zu suchen.
- Oder Sie schließen anstelle des PCs ein anderes Netzwerkgerät an, das woanders bekanntermaßen funktioniert. Kommt mit diesem hier auch keine Verbindung zustande, liegt das Problem beim Kabel oder beim Router. Kann das Gerät sich mit dem Kabel des PCs anstandslos verbinden, sollte die weitere Fehlersuche den PC ins Auge fassen.
- Der Router selbst bietet in der Regel mehrere Netzwerkanschlüsse. Diese sind intern normalerweise gleichberechtigt. Sie können also die Stecker zwischen den Anschlüssen einfach mal tauschen, um sicherzustellen, dass kein Defekt an einem bestimmten Netzwerkanschluss des Routers vorliegt.
- Haben Sie ein ausreichend langes Ersatz-Netzwerkkabel, können Sie dieses verwenden, um die Verbindung zwischen dem PC und dem Router zu überbrücken. Klappt dann alles, liegt es definitiv am Netzwerkkabel.

12.6 Netzwerkverbindung erreicht nicht die erwartete Geschwindigkeit

Moderne PCs sind ebenso wie zeitgemäße Router mindestens mit 1-Gigabit-Netzwerkanschlüssen ausgestattet. Leistungsfähigere Modelle beherrschen teilweise schon 10GbE.

Im Prinzip steht schnellen Datentransfers also nichts im Weg, wenn der Teufel nicht im Detail liegt: Damit man die volle Transferkapazität von 1 oder sogar 10 Gigabit nutzen kann, müssen alle an der Verbindung beteiligten Komponenten dies auch unterstützen.

Das gilt vor allem auch für die verlegten Netzwerkkabel sowie Router und Switches, die an der Vermittlung der Daten beteiligt sind. Wenn eine Komponente nur einen älteren Standard beherrscht, schalten alle anderen beteiligten Geräte automatisch auf dessen Geschwindigkeitsstufe herunter. Die Verbindung kommt also trotzdem zustande, aber die Daten kriechen nur häppchenweise durch die Leitung. Sollte Ihr PC also nicht die erwartete Transfergeschwindigkeit an den Tag legen, kontrollieren Sie den Weg der Daten zwischen Ihrem PC und dem Router bzw. sonstigen Netzwerkgeräten. Gern stößt man dabei beispielsweise auf einen preisgünstigen Netzwerkverteiler (Switch), den man irgendwann mal eingebaut hat, der aber nur geringere Geschwindigkeiten erlaubt. Dieser lässt sich für kleines Geld durch ein aktuelles, leistungsfähigeres Modell ersetzen.

Eventuell unterstützen zentrale Geräte in Ihrem Netzwerk kein Gigabit-Ethernet, wie etwa ein vom Anbieter bereitgestelltes Kabelmodem oder eine ältere FRITZ!Box. Wenn Sie diese nicht durch neuere Versionen austauschen können oder wollen, müssen Sie trotzdem nicht unbedingt auf ein schnelles Netzwerk verzichten. Auch hier hilft ein aktueller Switch mit schnellem Ethernet. Verbinden Sie diesen mit dem älteren Router, und schließen Sie dann alle schnellen Geräte wie NAS und PCs direkt am Switch an. So können diese Teilnehmer zumindest untereinander mit hoher Geschwindigkeit kommunizieren. Nur wenn das ältere Gerät an einer Verbindung beteiligt ist, wird das Tempo gedrosselt.

12.7 Der WLAN-Zugang ist instabil und schwankend

Die Reichweite eines WLANs-Zugangs hängt von vielen Faktoren ab. Dazu gehören die Qualität der eingesetzten Hardware, die Leistungsfähigkeit der internen oder externen Antennen sowie der Raum zwischen Empfänger und Sender (also WLAN-Router und Mobilgerät).

Innerhalb eines normalen Raums oder notfalls auch Großraumbüros sollte der Kontakt immer möglich sein. In einer Wohnung bzw. einem Haus hängt die Reichweite von den Wänden dazwischen ab. Bei Leichtbauweise dämpft jede Wand nur wenig, und es können auch mehrere Räume oder Stockwerke überbrückt werden. Stahlbetonzwischendecken, massive Wände oder verbautes Metall dämpfen das Signal wesentlich stärker, sodass schon im Nachbarzimmer Endstation sein kann.

Ist-Situation analysieren

Wenn es Probleme mit der Reichweite oder der in Randlagen des WLAN erzielten Leistung gibt, sollten Sie zunächst immer die Ist-Situation gründlich analysieren. Klar kann man sich auch auf sein Bauchgefühl verlassen, aber eine solide Datengrundlage ermöglicht bessere Entscheidungen und vermeidet ggf. unnötige Maßnahmen und Investitionen. Als Werkzeug kann Ihnen dabei Ihr Smartphone oder Tablet dienen, das Sie mit einer App zum WLAN-Detektor aufrüsten, der Ihnen präzise Daten zu Reichweite und Signalstärke verrät. Im App Store von Android und Apple finden Sie unter dem Stichwort »WLAN-Scanner« eine große Auswahl.

Für Android empfehle ich die App *Wifi Analyzer*. Sie ist informativ, übersichtlich und aktualisiert sich sehr schnell, sodass man beim Laufen durch die Räume die Daten quasi in Echtzeit angezeigt bekommt.

Wifi Analyzer startet standardmäßig in der Ansicht *Access Points*. Ansonsten können Sie im Hauptmenü am linken Rand jederzeit diesen Punkt auswählen.

- In diesem Modus zeigt die App eine Liste der erreichbaren WLAN-Basisstationen. Standardmäßig ist diese nach dem dBm-Wert sortiert.
- Gleichzeitig symbolisiert ein grünes, gelbes oder rotes Empfangssymbol mit entsprechenden Balken die Empfangsqualität.
- Zugleich gibt die App an, wie weit die jeweilige Basisstation von Ihrem aktuellen Standort in Metern entfernt ist. Dabei handelt es sich um eine Schätzung mit Bezug auf freie Sicht zwischen Sender und Empfänger. Da die App nicht wissen kann, wie viele und welche Objekte sich in der Sichtlinie befinden, kann sie keine reale Entfernung angeben. Die Aussage dieser Angabe ist also: Bei freier Sicht wäre die Basisstation in etwa so viele Meter von Ihnen entfernt.
- Mit dem Filtersymbol oben können Sie sehr genau bestimmen, welche WLANs die App berücksichtigen soll. Möchten Sie nur Ihr eigenes Funknetz beobachten, geben Sie dessen SSID ein. Ebenso können Sie sich auf eines der Frequenzbänder oder auf eine bestimmte Signalstärke beschränken. Mit *Anwenden* aktivieren Sie eine Filtereinstellung, mit *Zurücksetzen* entfernen Sie alle Filter später wieder.
- Rechts neben dem Filtersymbol finden Sie eine Pause-Taste. Damit stoppen Sie das Datensammeln und frieren die aktuellen Daten auf dem Bildschirm ein. Das ist nützlich, um sich beispielsweise Daten zu notieren.

Die App *Wifi Analyzer* bietet noch weitere spannende Funktionen, wie etwa die Kanalbewertung oder das Aufzeichnen des Signalverlaufs. Diese sind nützlich, wenn es trotz guter Netzabdeckung zu Problemen mit der Leistungsfähigkeit der Drahtlosverbindungen kommt. Dann können Sie damit analysieren, ob Ihr WLAN sich mit anderen Drahtlosnetzwerken ins Gehege kommt und ob das gezielte Ausweichen auf bestimmte Kanäle Abhilfe schaffen kann.

Eine WLAN-Heatmap erstellen

Ein weiterer Analyseansatz ist etwas aufwendiger, erlaubt dafür aber eine gründliche Erfassung der Funknetzversorgung im gesamten Haushalt oder sogar auf einem ganzen Grundstück.

Dazu erstellen Sie eine Heatmap, die Ihnen den Empfang auf einer Karte visualisiert. So lassen sich Schwachstellen und Lücken systematisch erkennen und effiziente Lösungen finden.

Auch dafür kann eine App Ihnen das Leben leichter machen. Für Android-Geräte gibt es beispielsweise die App *WiFi Heatmap*. Tippen Sie auf deren Startseite ganz unten bei *Create HeatMap* auf *INDOOR* (oder *OUTDOOR* für das Erfassen des gesamten Grundstücks).

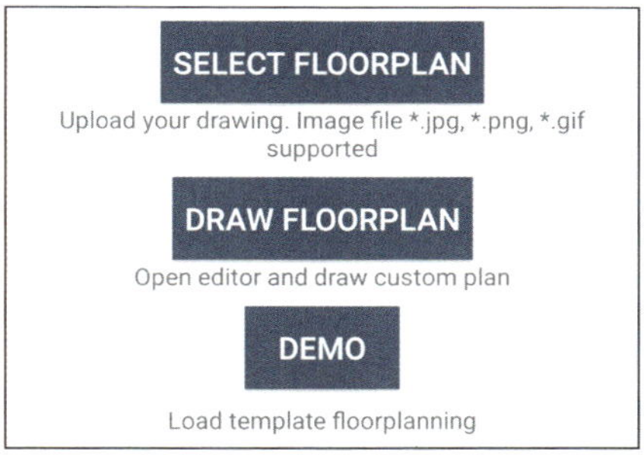

Nun benötigen Sie eine Grundlage für die Heatmap. Wenn Sie einen Grundriss der Wohnung bzw. des Hauses zur Hand haben, können Sie diesen mit der Smartphone-Kamera fotografieren und das Bild anschließend mit *SELECT FLOORPLAN* aus der Fotogalerie auswählen.

Alternativ können Sie aber auch mit *DRAW FLOORPLAN* einen einfachen Editor öffnen und den Grundriss darin skizzieren.

Danach geht es an das Vermessen der Räume, was nach folgendem Schema abläuft:

1. Bewegen Sie sich mit dem Gerät an eine beliebige Stelle Ihres Haushalts.
2. Ziehen Sie dann mit dem Finger die Standortmarkierung möglichst genau an diese Position auf dem Grundriss bzw. der Skizze.
3. Warten Sie ggf. kurz, bis sich unten der Messwert für die Empfangsstärke stabilisiert hat (und der Kreis stillhält).

4. Tippen Sie unterhalb der Empfangsstärke kurz auf den Kreis. Die App trägt nun an dieser Stelle der Skizze einen entsprechenden Farbkreis für die Empfangsqualität ein.

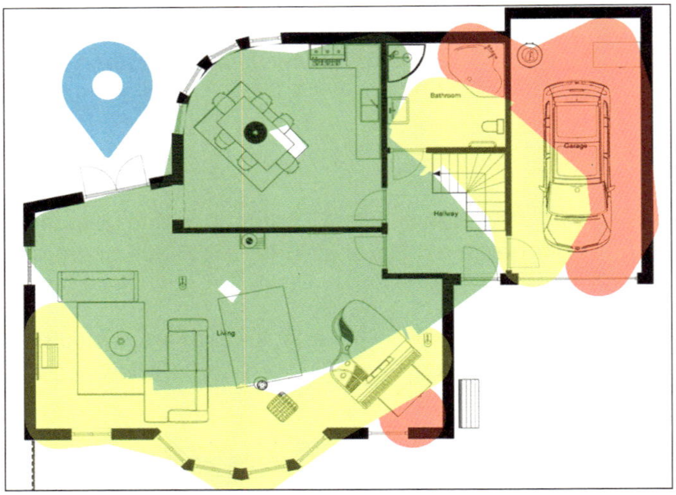

Wiederholen Sie diese Schritte möglichst oft an verschiedenen Stellen Ihrer Räume. Besonders interessant sind dabei sicherlich die weit außen liegenden Ecken. Aber auch im Inneren können dicke tragende Wände oder Schornsteine für Schwachstellen sorgen. Mit jeder Messung entsteht ein vollständigeres Bild, insbesondere dass die App die einzelnen Kreise nach und nach zu Flächen verbindet. Eine solche Übersicht der Empfangsqualität ist noch keine Lösung, aber ein wichtiger Schritt dorthin. Wenn Sie wissen, dass das WLAN in bestimmten Ecken nur schwach ankommt, können Sie sein Verhalten entsprechend umstellen. Oder Sie machen sich Gedanken, wie Sie das WLAN umgestalten können.

Aufstellort optimieren

Wenn Sie die Empfangssituation in Ihrem Haushalt analysiert haben, können Sie darangehen, die Abdeckung des Funknetzes zu erweitern. Eine erste Maßnahme kann darin bestehen, den Standort des WLAN-Routers selbst zu verändern. Prinzipiell sollte dieser so zentral wie möglich stehen, um alle gewünschten Räume gleichmäßig zu erreichen. Möglicherweise hat sich bei der Analyse ergeben, dass die WLAN-Abdeckung eben nicht so gleichmäßig ist oder dass beispielsweise unwichtige Räume gut abgedeckt sind, während andere wichtigere Räume im Funkschatten liegen.

Dann kann es ein probates Mittel sein, einen besser geeigneten Standort zu suchen. Das hat den Vorteil, dass Sie keine zusätzlichen Investitionen tätigen müssen und auch an der Konfiguration des Netzwerks als solchem nicht herumzubasteln brauchen. Dem stehen aber vielleicht bauliche Beschränkungen entgegen, etwa wenn der Router an die Übergabedose eines Internetversorgers angeschlossen sein muss und sich das Kabel nicht ohne Weiteres durch die halbe Wohnung verlängern lässt. Wenn es möglich ist, würde ich diesen Weg aber unbedingt gehen, da es sich um eine verhältnismäßig einfache, effektive und nachhaltige Lösung handelt, die keine Folgekosten und Komplikationen mit sich bringt.

WLAN per Repeater erweitern

Wenn der Standort des WLAN-Routers nicht optimiert werden kann oder die zu versorgende Fläche zu groß bzw. mit zu vielen dämpfenden Hindernissen versehen ist, sollten Sie eine Verstärkung des Funknetzes durch WLAN-Repeater in Betracht ziehen. Vereinfacht ausgedrückt, fügen Sie Ihrem WLAN dabei eine oder mehrere zusätzliche Basisstationen hinzu, die – drahtlos oder per Netzwerkkabel – mit Ihrem zentralen WLAN-Router in Verbindung stehen und jeweils die Gesamtabdeckung des Funknetzes erweitern.

Besonders praktisch ist es dabei, wenn Basisstation und Repeater vom selben Hersteller stammen und das Einrichten eines WLAN-Mesh unterstützen. Dann können Sie das gesamte WLAN weiterhin zentral über die Basisstation konfigurieren und steuern. Die Mesh-Repeater übernehmen diese Einstellungen automatisch. Außerdem koordinieren sich Basisstation und Repeater untereinander, stimmen sich bei der Kanalwahl ab und unterstützen die eingewählten WLAN-Geräte dabei, jederzeit nahtlos in das am aktuellen Standort optimale (Teil-)Netz zu wechseln.

12.8 WLAN-Probleme bei einzelnen Geräten

Wenn das WLAN prinzipiell gut funktioniert, es aber bei einem einzelnen Gerät Probleme gibt, muss dieses gesondert analysiert werden. Hardwaredefekte sind dabei eher selten bzw. würden eher dazu führen, dass überhaupt keine Verbindung mehr aufgenommen werden kann. Andererseits kann beispielsweise die interne WLAN-Antenne bei einem Notebook oder Tablet durchaus brechen, was sich in einer drastisch sinkenden Reichweite und Empfangsleistung äußern kann.

Leider ist Windows selbst in Bezug auf die Details einer WLAN-Verbindung nicht sehr mitteilsam. Wenn Sie auf das WLAN-Symbol im Infobereich klicken und dann die *Eigenschaften* der aktiven Verbindung öffnen, gelangen Sie zu den Einstellungen dieser Verbindung. Hier finden Sie ganz unten im Abschnitt *Eigenschaften* zumindest einige Angaben zu dieser Netzwerkverbindung, die in Bezug auf das Drahtlosnetzwerk aber nicht über Protokoll, Frequenzbereich und verwendeten Netzwerkkanal hinausgehen.

Eigenschaften

SSID:	simoben
Protokoll:	Wi-Fi 4 (802.11n)
Sicherheitstyp:	WPA2-Personal
Netzfrequenzbereich:	2,4 GHz
Netzwerkkanal:	11
IPv6-Adresse:	fdec:9766:56f7:0:c8e2:5dff:8e6

Deshalb sollten Sie sich in solchen Fällen an die »Gegenstelle« wenden, also den WLAN-Zugangspunkt, mit dem die Verbindung besteht. Dieser kennt ebenfalls die Eigenschaften der Verbindung zu diesem Gerät und ist – abhängig von Hersteller und Modell – meist deutlich mitteilsamer. Der genaue Weg zu diesen Informationen ist bei jedem Router etwas anders. In der Regel gibt es eine Übersicht aller verbundenen WLAN-Teilnehmer, wo Sie zu einzelnen Geräten detaillierte Informationen abrufen können.

Bei einer FRITZ!Box etwa lokalisieren Sie dazu den Eintrag des Geräts in der Funknetzübersicht unter *WLAN/Funknetz* und klicken dort rechts auf das *Bearbeiten*-Symbol. In den Details des Geräts finden Sie einen Abschnitt *WLAN-Eigenschaften*.

Ist das Gerät derzeit angemeldet, können Sie hier die aktuellen WLAN-Daten ablesen:

- Ganz oben im Feld *Signalstärke* lesen Sie ab, mit welcher Dämpfung das WLAN-Signal vom Gerät bei der FRITZ!Box ankommt. Das kann interessant sein, wenn Sie etwa den Standort des Geräts verändern möchten, um einen besseren Empfang zu erreichen.
- Mit welcher Kapazität das Gerät theoretisch Daten mit der FRITZ!Box austauschen könnte, gibt die *max. mögliche Datenrate* an. Sie wird aufgrund verschiedener Faktoren wie WLAN-Standard, Frequenz, Kanalbreite, Anzahl der Streams usw. berechnet und stellt einen Idealwert dar.
- Der dazu passende Realwert ist die *aktuelle Datenrate*, also die Kapazität, auf die FRITZ!-Box und WLAN-Gerät sich derzeit geeinigt haben. Dass diese unterhalb des theoretischen Bestwertes liegt, ist nicht ungewöhnlich. Ist sie aber wesentlich geringer, deutet dies auf erhebliche Empfangsprobleme hin.

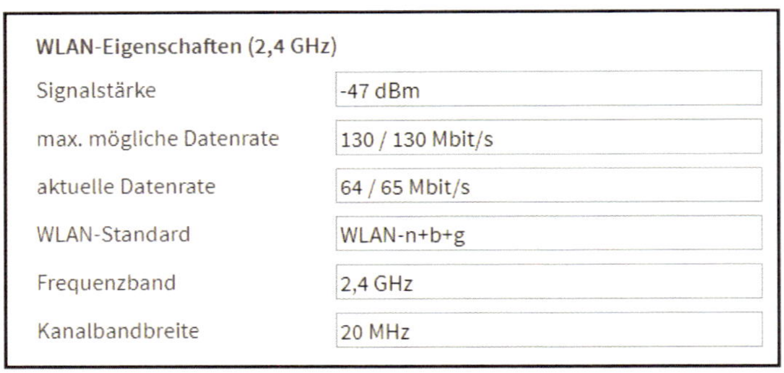

- Bei *WLAN-Standard* können Sie ablesen, welche Standards konkret für die Verbindung zu diesem Gerät verwendet werden.
- Dem Feld *Frequenzband* entnehmen Sie, welchen Frequenzbereich (2,4 GHz oder 5 GHz) die Verbindung verwendet. Dass ein bestimmtes Frequenzband genutzt wird, bedeutet nicht zwangsläufig, dass dieses Gerät nur dieses Band unterstützt. Ob ein Gerät dualbandfähig ist, erkennen Sie an den allgemeinen *WLAN-Eigenschaften* (siehe unten).

- Die *Kanalbandbreite* kann 20 MHz, 40 MHz oder auch 80 MHz betragen. Das hängt davon ab, was die beteiligten Geräte beherrschen. Außerdem wählen FRITZ!Box und eventuelle Repeater im WLAN-Mesh automatisch eine optimale Bandbreite.
- Im unteren Abschnitt *WLAN-Eigenschaften* (ohne Frequenzangabe) finden Sie verschiedene allgemeine Angaben, die sich nicht jederzeit durch wechselnde Standorte oder automatische WLAN-Optimierungen ändern. Dazu gehört das verwendete Verfahren zur *Verschlüsselung*.
- Wie viele WLAN-*Streams* ein Gerät gleichzeitig aufbauen kann, wirkt sich direkt auf die Datenrate aus.
- Bei *Signaleigenschaften* werden spezielle Eigenschaften des WLAN-Geräts angegeben, mit denen sich der Datendurchsatz potenziell steigern lässt. Dazu gehört insbesondere die *Dualbandfähigkeit*, also die Möglichkeit, im 2,4- oder 5-GHz-Frequenzband zu funken und bei Bedarf jederzeit zwischen beiden hin- und herzuwechseln. Aber auch andere Techniken wie STBC werden hier aufgeführt, wenn das Gerät sie unterstützt. Generell lässt sich sagen: Je mehr Einträge in diesem Feld stehen, desto besser.

WLAN-Eigenschaften	
Verschlüsselung	WPA2
Streams	2 x 2
Signaleigenschaften	STBC, Dualbandfähigkeit
QoS (Quality of Service)	WMM
Repeaterbetrieb	nein

- Die Angabe bei *QoS (Quality of Service)* verrät, ob das Gerät Techniken wie *WMM* (**W**i-Fi **M**ulti**M**edia) unterstützt. Das ist ein Verfahren, das übertragene Daten in verschiedene Kategorien unterteilt und dabei Inhalten wie Videostreams oder Sprachtelefonie eine höhere Priorität gibt, damit diese möglichst störungsfrei genutzt werden können. Beherrscht das Gerät solche Standards, dann unterstützt es diese Priorisierungen und beteiligt sich an der Optimierung der Datenübertragung.
- Ob ein Gerät als WLAN-Repeater im Funknetz agiert, können Sie im Feld *Repeaterbetrieb* ablesen.

12.9 Vorhandenes WLAN wird nicht angezeigt

Wenn ein vorhandenes WLAN nicht in der Empfangsliste angezeigt wird, kann das rein technische Ursachen haben, wenn etwa die Entfernung zwischen Sender und Empfänger zu groß ist. Dies lässt sich dann nur durch räumliche Veränderungen oder durch Optimieren der Sende- und Empfangsleistung der beiden Komponenten ändern.

Das Problem kann aber auch in der Konfiguration des Drahtlosnetzwerks liegen. Wenn dieses so eingestellt ist, dass es seine Sendekennung SSID standardmäßig versteckt, antwortet es nicht auf die Kontaktversuche Ihres PCs. In solchen Fällen müssen Sie dem kontaktsuchenden PC die SSID des WLANs mitteilen. Wenn er sie kennt, kann er Kontakt zum WLAN aufnehmen und erhält dann auch eine Antwort.

1. Öffnen Sie das *Netzwerk- und Freigabecenter*, und klicken Sie dort im Bereich *Netzwerkeinstellungen ändern* auf *Neue Verbindung oder neues Netzwerk einrichten*.

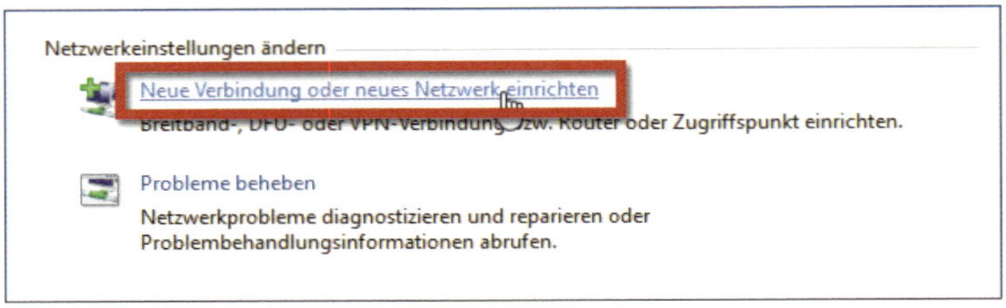

2. Wählen Sie im nächsten Schritt die Variante *Manuell mit einem Funknetzwerk verbinden* aus, und klicken Sie auf *Weiter*.

3. Geben Sie anschließend die Daten für den WLAN-Zugang so an, wie Sie sie vom Betreiber erhalten haben. Ganz oben bei *Netzwerkname* geben Sie dabei die SSID des WLANs an.
4. Aktivieren Sie dann ganz unten die Option *Verbinden, selbst wenn das Netzwerk keine Kennung aussendet*.

5. Klicken Sie schließlich unten auf *Weiter*, um die Verbindung hinzuzufügen, und beenden Sie den Assistenten mit *Schließen*.

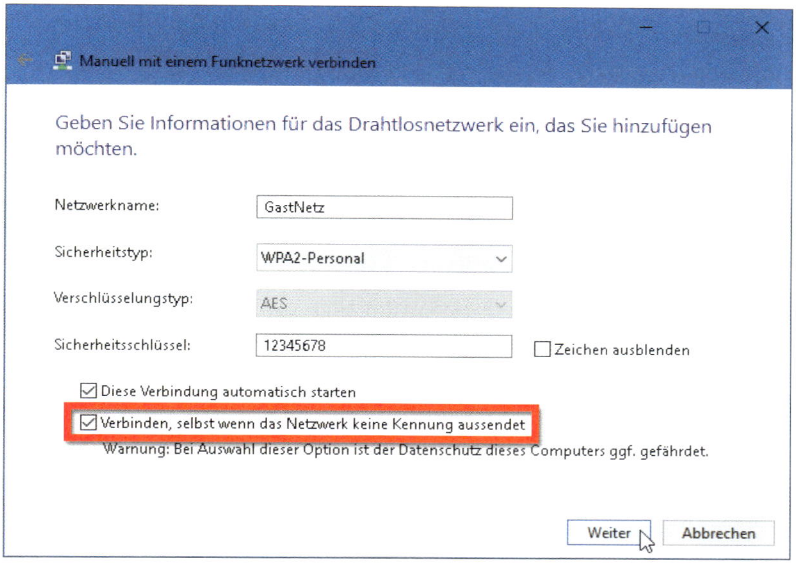

12.10 Notebook oder Tablet wechselt nicht ins bevorzugte Netzwerk

Windows verbindet sich automatisch, wenn ein bekanntes WLAN-Netzwerk in Reichweite ist, und behält diese Verbindung dann so lange wie möglich bei. Wenn sich Ihr Gerät in der Reichweite mehrerer Drahtlosnetze befindet, kann dieses Verhalten zu Problemen führen, beispielsweise wenn der PC nicht nur Ihr eigenes WLAN findet, sondern auch das vom Nachbarn oder das öffentliche Netzwerk eines Internetcafés in der Nähe.

In solchen Fällen bietet Windows eine praktische Lösung: Über die Verbindungseigenschaften können Sie festlegen, welches Netzwerk im Zweifelsfall den Vorrang erhalten soll, wenn mehrere Zugänge infrage kommen.

1. Öffnen Sie das *Netzwerk- und Freigabecenter*, und klicken Sie dort am linken Rand oben auf *Adaptereinstellungen ändern*.
2. Damit sehen Sie eine Liste aller Netzwerkverbindungen. Unter *WLAN* ist das Funknetzwerk aufgeführt, mit dem Sie gerade verbunden sind. Öffnen Sie es mit einem Doppelklick.

3. Klicken Sie im anschließenden Menü auf *Drahtloseigenschaften*.
4. Auf der Registerkarte *Verbindung* finden Sie die Informationen zu diesem Drahtlosnetzwerk sowie Optionen, die im Zusammenspiel die automatische Verbindung mit Netzwerken regeln:
   - Die Option *Automatisch verbinden, wenn dieses Netzwerk in Reichweite ist* sorgt dafür, dass die Verbindung mit einem anderen Netzwerk ggf. abgebrochen wird, wenn dieses WLAN in Reichweite kommt. Das kann dann wichtig sein, wenn Sie z. B. mit einem Notebook in Bewegung sind oder wenn das bevorzugte Netzwerk aufgrund technischer Probleme vorübergehend ausgefallen ist. Diese Option kann deshalb hilfreich, aber auch problematisch sein, z. B. als leicht zu übersehende Fehlerquelle (»Warum bricht die Verbindung mit dem WLAN plötzlich ab?«).
   - Soll die Verbindung zu diesem Netzwerk unter allen Umständen so lange wie möglich beibehalten werden, schalten Sie die Option *Bei hergestellter Verbindung mit diesem Netzwerk andere Drahtlosnetzwerke suchen* aus.
   - Die untere Option *Verbinden, selbst wenn das Netzwerk seinen Namen nicht sendet (SSID)* ist für Netzwerke interessant, die keine Kennung ausstrahlen.

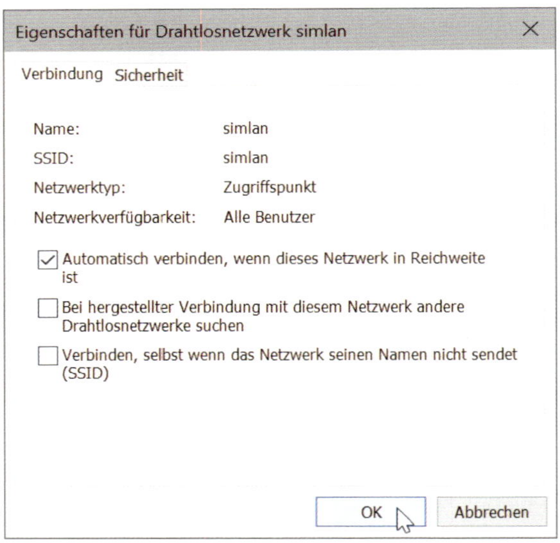

Idealerweise setzen Sie diese Funktion so ein, dass Sie bei bevorzugten Netzwerken die erste Option ein- und die zweite ausschalten. Dann wechselt Ihr PC immer automatisch zu einem bevorzugten Netzwerk, wenn eines in Reichweite kommt.

Bei anderen Verbindungen würde ich diese Einstellung genau umkehren, sodass diese Netzwerke wirklich nur dann angewählt werden, wenn keine anderen verfügbar sind.

5. Auf der Registerkarte *Sicherheit* finden Sie Einstellungsmöglichkeiten zur Verschlüsselung. Hier können Sie Korrekturen vornehmen, falls sich die WLAN-Konfiguration geändert hat.

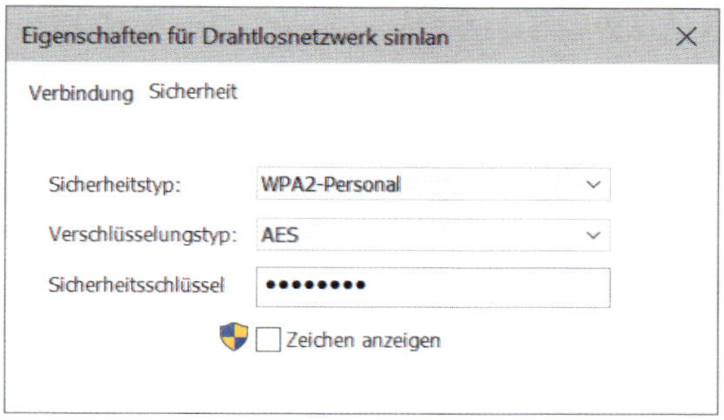

12.11 Akku leert sich bei aktiver WLAN-Verbindung sehr schnell

Windows betreibt WLAN-Netzwerkadapter standardmäßig immer mit hoher Sendeleistung, um möglichst große Reichweiten und problemlose Verbindungen zu gewährleisten. Diese Sendeleistung aber zieht den Akku spürbar schneller leer. Das ist ärgerlich, denn in vielen Fällen wäre das gar nicht nötig, und die WLAN-Verbindung würde mit geringerem Energieverbrauch genauso gut zustande kommen. Deshalb sollten Sie ausprobieren, ob Sie diese Standardeinstellung ändern können:

1. Öffnen Sie in der klassischen Systemsteuerung die *Energieoptionen*, und wählen Sie dort den Energiesparplan, der beim mobilen Einsatz üblicherweise verwendet wird (z. B. *Energiesparmodus*).
2. Klicken Sie bei diesem Eintrag auf *Energiesparplaneinstellungen ändern* und anschließend auf *Erweiterte Energieeinstellungen ändern*.
3. Suchen Sie in der Liste der Einstellungen die Option *Drahtlosadaptereinstellungen/Energiesparmodus/Auf Akku*, und wählen Sie hier einen Energiesparmodus aus.

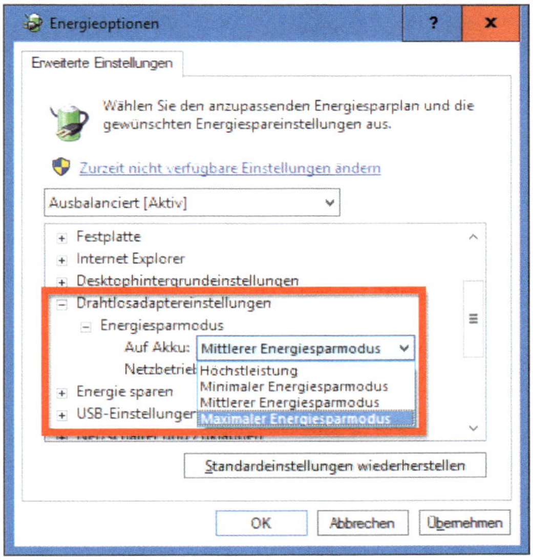

Am meisten Strom sparen Sie mit *Maximaler Energiesparmodus*, aber probieren Sie unbedingt aus, ob die WLAN-Verbindung damit stabil und leistungsfähig genug bleibt. Ansonsten testen Sie die anderen Einstellungen.

12.12 Windows zeigt die falsche Uhrzeit an

Faszinierenderweise schaffen es Windows-PCs noch immer, gelegentlich die falsche Uhrzeit anzuzeigen. Trotz elektronischer Taktgeber und der Möglichkeit der Onlinesynchronisierung gehen die Uhren gelegentlich vor oder nach – gern auch mal eine ganze Stunde, was dann auf Probleme mit der Zeitumstellung oder -zone hinweist. In solchen Fällen musste man bislang immer noch die klassische Systemsteuerung bemühen, da nur diese die Möglichkeit bot, eine manuelle Onlinesynchronisierung durchzuführen.

1. Öffnen Sie nun stattdessen in den Windows-Einstellungen die Rubrik *Zeit und Sprache*.
2. Darin wird automatisch die oberste Rubrik *Datum und Uhrzeit* gewählt.
3. Hier können Sie oben die aktuelle Uhrzeit und das Datum (nach Meinung Ihres PCs) ablesen.
4. Sollte dies eine Anpassung erfordern, finden Sie nun weiter unten den Abschnitt *Uhrzeit synchronisieren*. Der verrät Ihnen, wann zuletzt erfolgreich synchronisiert wurde und mit welchem Server.
5. Mit einem Klick auf *Jetzt synchronisieren* führen Sie unmittelbar eine erneute Synchronisierung durch, die in der Regel zu einer korrekten Uhrzeit des Geräts führt.

6. Sollte die Uhrzeit genau um eine Stunde vor- oder nachgehen, überprüfen Sie außerdem darunter, ob die richtige *Zeitzone* für Ihren aktuellen Aufenthaltsort eingestellt ist.

Einen alternativen Zeitserver einstellen

Standardmäßig wird zum Synchronisieren ein Server von Microsoft benutzt. Sie können auch einen anderen angeben. So stellen verschiedene Organisationen solche Server zur Verfügung. Auch Router wie die FRITZ!Box können das heimische Netzwerk mit einer richtigen und einheitlichen Uhrzeit versorgen. Diese Konfiguration hat es aber immer noch nicht in die Windows-Einstellungen geschafft. Klicken Sie statt in der oben beschriebenen Rubrik rechts auf *Uhren für unterschiedliche Zeitzonen hinzufügen*, und wechseln Sie im so geöffneten Menü in die Rubrik *Internetzeit*. Klicken Sie dort auf *Einstellungen ändern*. Im anschließenden Dialog geben Sie im Feld *Server* die Adresse des gewünschten Zeitservers ein. Mit *Jetzt aktualisieren* rechts daneben können (und sollten) Sie dann gleich probieren, ob der Abgleich mit diesem Server auch klappt und das gewünschte Ergebnis bringt.

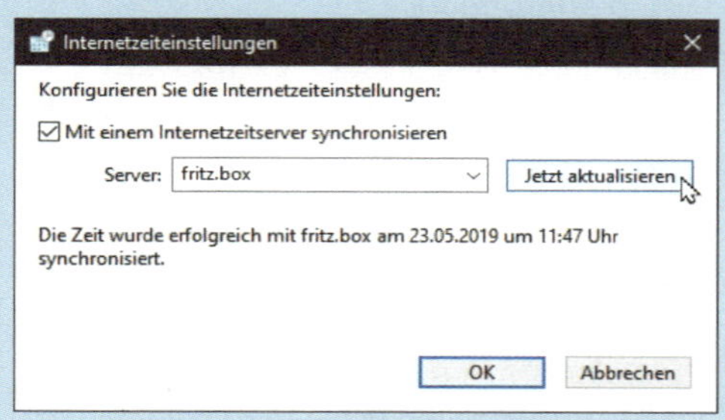

13. Probleme mit Aktivierung, Lizenz und Echtheitsprüfung

Schon mit Windows XP hat Microsoft die Zwangsaktivierung für Betriebssysteme eingeführt. Jedes System muss innerhalb kurzer Zeit nach der Installation online oder per Telefon aktiviert werden, damit es weiterhin genutzt werden kann. Nachdem der Erfolg bei Windows XP eher mäßig war, hat Microsoft dafür gesorgt, dass bei neueren Windows-Versionen grundsätzlich jede Installation individuell aktiviert werden muss. Geschieht dies nicht, wird die Funktionalität des Systems eingeschränkt. Obwohl die Aktivierung bei Windows 10 überwiegend unauffällig funktioniert, kommt es in Einzelfällen immer wieder zu Problemen, etwa wenn Windows nach Hardwareumbauten, einer Neuinstallation oder auch nach einem Funktionsupgrade nicht mehr aktiviert ist.

Product Key in der PC-Hardware oder auf Microsofts Servern

Einen richtigen Product Key braucht man bei Windows 10 meist nur noch, wenn man Windows 10 zum ersten Mal auf einem neuen PC installiert. Kauft man einen neuen Rechner mit vorinstalliertem Windows, ist der Schlüssel direkt in der Hardware des PCs abgelegt. Sie können Windows dann beliebig oft neu installieren, wobei der Schlüssel jeweils ausgelesen wird und Windows nach der Installation direkt aktiviert ist. Wurde Windows 10 auf einem vorhandenen PC nachträglich installiert (beispielsweise im Rahmen des Upgrade-Programms), dann wurde ein eindeutiger Hardwareschlüssel für diesen PC an Microsoft übermittelt und mit dem verwendeten Product Key verknüpft. Auch in diesem Fall wird Windows bei einer Neuinstallation automatisch aktiviert, sofern die Hardware des PCs nicht verändert wurde.

13.1 Wenn Windows nach der Installation nicht aktiviert ist

Beim aktuellen Windows muss man nicht zwangsläufig einen Produktschlüssel eingeben. Zwar wird man während der Installation gleich zweimal danach gefragt, aber man kann die Eingabe in beiden Fällen auf später verschieben. Wenn man gleich einen Produktschlüssel angibt oder Windows auf einem PC neu installiert, auf dem es bereits einmal installiert und aktiviert war, wird Windows im Anschluss an die Installation meist automatisch aktiviert (siehe Infokasten). Sollte es damit Probleme geben, können Sie aber auch manuell nachhelfen.

1. Wenn sich Windows mit einem Hinweis auf die fehlende Aktivierung meldet, können Sie die Gelegenheit gleich beim Schopf packen. Klicken Sie dazu einfach auf die Hinweismeldung.

2. Windows führt Sie dann zum Modul *Update und Sicherheit/Aktivierung der Windows-Einstellungen*. Dieses können Sie selbstverständlich jederzeit auch manuell aufrufen.
3. Hier können Sie zunächst ablesen, ob Ihr Windows bereits aktiviert ist oder nicht.

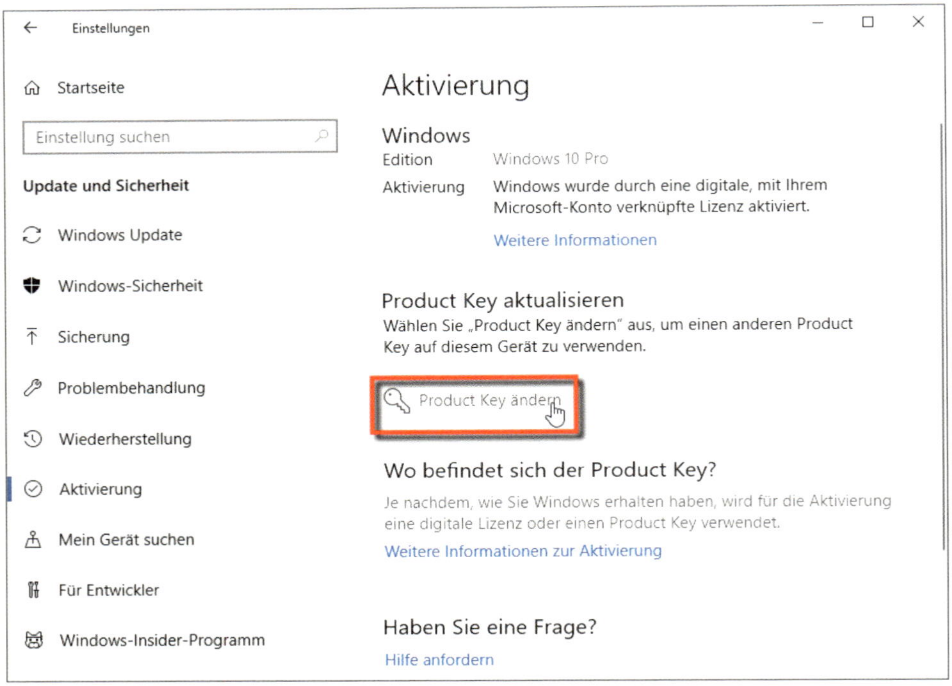

4. Um die Aktualisierung jetzt durchzuführen, klicken Sie auf *Product Key ändern* und tippen einen gültigen Lizenzschlüssel für Ihre Windows-Version ein.

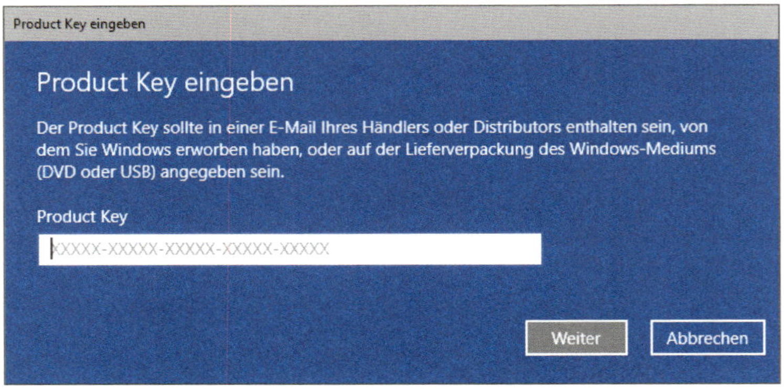

5. Windows nimmt dann automatisch Kontakt mit dem Aktivierungsserver von Microsoft auf, übermittelt Ihren Product Key und weitere Daten, die Ihren PC und seine Hard-

warekomponenten identifizieren. Daraus errechnet der Server einen Aktivierungscode, den er an den PC zurückschickt.

6. Ihr Windows ist damit aktiviert und kann uneingeschränkt genutzt werden. Allerdings überprüft Windows bei jedem Start, ob die vorhandene Hardware noch zum Aktivierungscode passt. Falls dies nach einem umfangreichen Umbau nicht mehr der Fall ist, wird eine erneute Aktivierung fällig.

Aktivierung nicht erfolgreich?

Sollte die Aktivierung nicht gelingen, liegt ein Problem vor. Versuchen Sie es in diesem Fall zunächst mit der telefonischen Aktivierung, bei der sich eventuelle Schwierigkeiten eher klären lassen. Sollte Ihr Product Key bereits anderweitig benutzt worden sein oder gar wegen Missbrauchs auf einer Sperrliste stehen, sollten Sie sich entweder mit dem Verkäufer Ihrer Windows-Version oder mit Microsoft in Verbindung setzen.

Das passiert ohne Aktivierung

Im Gegensatz zu Windows 8 ist das aktuelle Windows relativ großzügig und lässt sich auch ohne Aktivierung mit nur geringen Einschränkungen nutzen. So lässt sich der Windows-Desktop nicht personalisieren, und es können keine weiteren Benutzerkonten eingerichtet werden. Außerdem ist permanent ein deutlicher Hinweis als Wasserzeichen auf dem Desktop-Hintergrund zu sehen. Wirkliche Einschränkungen sind dies nicht, und man kann mit einem nicht aktivierten Windows durchaus arbeiten.

Allerdings dürfte dies vor allem dem Umstand geschuldet sein, dass Microsoft Windows 10 möglichst schnell und reibungslos auf vielen PCs installiert und benutzt sehen möchte. Da wären eingeschränkte Systeme wegen Aktivierungsproblemen eher hinderlich. Es ist allerdings zu befürchten, dass Microsoft die Daumenschrauben irgendwann anziehen und nicht aktivierte Windows-Versionen ähnlich wie beim Vorgänger stärker beschränken wird.

13.2 Aktivierung nach Hardwareumbauten

Wenn an der Hardware des PCs Veränderungen vorgenommen werden, ist eventuell eine erneute Aktivierung erforderlich. Dies hängt vom Umfang der Umbaumaßnahmen ab. Ein Austausch der Grafikkarte oder ein Speicherausbau für sich genommen erfordern noch keine Neuaktivierung. Kommen aber mehrere solcher Maßnahmen zusammen oder werden gar Motherboard und/oder Festplatte ausgetauscht, geht Windows von einem neuen System aus und verlangt nach einer Reaktivierung. Einmalig ist dies in der Regel kein Problem, aber mehrmalige Reaktivierungen können nicht mehr online, sondern nur noch telefonisch und somit ggf. nach Rechtfertigung vorgenommen werden.

Sonderfall kostenloses Upgrade

Wer wie so viele Windows 10 als kostenloses Upgrade von Windows 7 oder 8 installiert hat, sollte Folgendes beachten: Durch die Upgrade-Installation erhielt man eine gültige Windows-10-Lizenz, die aber an den PC gekoppelt ist, auf dem das Upgrade vorgenommen wurde. Sie kann nicht auf einen anderen PC mitgenommen werden. Microsoft ermittelt dabei eine Hardware-ID für jeden PC, die ganz wesentlich vom Mainboard des Rechners und der Festplatte mit der Systempartition abhängt. Das bedeutet aber auch: Sollten das Mainboard und/oder die Festplatte Ihres Upgrade-PCs irgendwann kaputtgehen, kann Windows 10 nach einem Austausch nicht wieder ohne Weiteres aktiviert werden, da das neue Mainboard zu einer anderen Hardware-ID führt. Ich würde mich in einem solchen Fall aber erst mal an den Microsoft-Kundendienst wenden und um eine kulante Lösung bitten. Im Zweifelsfall muss aber eine neue Windows-Lizenz dafür her. Das ist bedauerlich, gehört aber zu den Lizenzbedingungen des kostenlosen Upgrades. Und dem geschenkten Gaul schaut man nun mal nicht ins Maul. Anders sieht es selbstverständlich aus, wenn Sie eine vollwertige Windows-10-Lizenz für gutes Geld gekauft haben. Diese lässt sich auf einem neuen PC – ggf. nach telefonischer Aktivierung – weiternutzen.

Microsoft will damit insbesondere das beliebte Installieren des Systems auf dem Zweit-PC unterbinden. Wann genau eine erneute Aktivierung erforderlich ist, können Sie selbst ausrechnen. Windows verwendet ein Punktesystem für die verschiedenen Komponenten und addiert diese Punkte bei jeder Hardwareänderung auf. Kommen im Laufe der Zeit mehr als 25 Punkte zusammen, fordert das System unvermeidlich zur erneuten Aktivierung auf. Die folgende Tabelle zeigt die relevanten Hardwarekomponenten und ihre Punktwerte:

Veränderte Hardwarekomponente	Punktwert
Festplatte (Kriterium: Seriennummer)	11
Motherboard (Kriterium: BIOS-ID)	9
IDE-/SATA-Adapter	3
Prozessor	3
Soundkarte	2
Netzwerkkarte	2
SCSI-Adapter	2
CD-/DVD-ROM- oder CD-RW-Laufwerk	1
Grafikkarte	1
Arbeitsspeicher (Kriterium: Gesamtmenge)	1
Neue Aktivierung erforderlich ab	26

Aktivierung trotz Hardwareänderungen sicherstellen

Sollte sich Windows nach einer Hardwareänderung nicht automatisch wieder aktivieren, bleibt eine Möglichkeit, die allerdings schon **vor** der Hardwareänderung vorbereitet werden muss. Sofern Windows mit einer digitalen Lizenz aktiviert wurde – was beispielsweise bei allen PCs der Fall ist, die das kostenlose Upgrade-Angebot von Microsoft in Anspruch genommen haben –, kann diese Lizenz mit Ihrem Microsoft-Konto verknüpft werden. Dies erfolgt automatisch, wenn Sie sich bei diesem Windows mit einem Microsoft-Konto anmelden. Verwenden Sie ein lokales Konto, sollten Sie dies vor der Hardwareänderung auf ein Microsoft-Konto umstellen. Bei der Vorgehensweise können Sie sich am folgenden Abschnitt zum »Umziehen« einer digitalen Lizenz auf einen neuen PC orientieren.

13.3 Windows-10-Upgrade-Lizenz auf neue Hardware umziehen

Viele Windows-Nutzer haben vom kostenlosen Upgrade auf Windows 10 Gebrauch gemacht und ihren PC von Windows 7 oder Windows 8 aktualisiert. Mittlerweile ist dieses Angebot ausgelaufen. Was aber, wenn man nun einen neuen, leistungsfähigeren PC kaufen möchte? Microsoft hat immer klargestellt, dass die per Gratis-Upgrade erhaltene Lizenz an die Hardware gekoppelt ist, mit der das Upgrade durchgeführt wurde. Man kann also nicht einfach eine Lizenznummer auslesen, diese auf dem neuen PC eingeben und dort Windows 10 aktivieren. Trotzdem muss man bei einem PC-Wechsel nicht unbedingt eine neue Windows-10-Lizenz erwerben.

Microsoft hat offenbar vorausgesehen, dass es durch Hardwareumbauten Probleme mit der Zuordnung der per Upgrade erworbenen Lizenzen geben würde. Deshalb hat man einen Weg vorgesehen, wie man seine Upgrade-Lizenz auch bei umfangreichen Hardwareänderungen jederzeit weiternutzen kann. Und dabei ist man offenbar recht tolerant, was den Umfang der Hardwareänderungen angeht. Konkret kann man eine Upgrade-Lizenz auf diese Weise von einem PC auf einen anderen übertragen.

Die Upgrade-Lizenz mit einem Microsoft-Konto verknüpfen

Im ersten Schritt müssen Sie auf dem alten (!) PC Ihre Upgrade-Lizenz für Windows 10 mit einem Microsoft-Konto verknüpfen. Wenn Sie zur Anmeldung ein Microsoft-Konto verwenden, dann ist das sogar schon geschehen. Wenn Sie ein lokales Benutzerkonto verwenden, müssen Sie dieses auf ein Microsoft-Konto umstellen. Wenn Sie noch kein Microsoft-Konto haben, erstellen Sie bei dieser Gelegenheit einfach eins. Es geht schnell und kostet nichts.

1. Um Ihr Windows mit einem Microsoft-Konto zu verbinden, öffnen Sie in den *Einstellungen* den Bereich *Konten* und darin die Kategorie *Ihre Infos*.
2. Wenn Sie bislang ein lokales Konto verwenden, finden Sie hier auf der rechten Seite einen Link *Stattdessen mit einem Microsoft-Konto anmelden*.

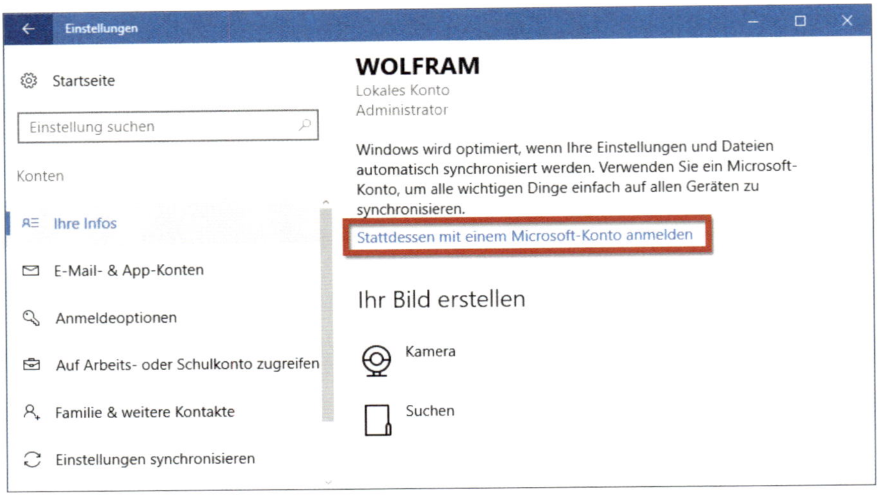

3. Geben Sie dann die E-Mail-Adresse und das Kennwort Ihres Microsoft-Kontos ein. Wenn Sie schon ein Konto haben, verwenden Sie entsprechend dessen Adresse. Andernfalls können Sie mit *Erstellen Sie ein Konto!* schnell und kostenlos ein Microsoft-Konto erstellen.

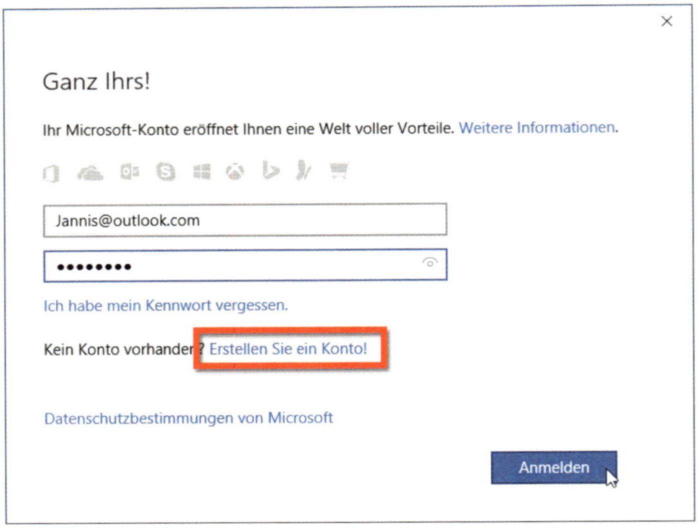

4. Anschließend können Sie die Werbeflut eindämmen, indem Sie die entsprechenden Angebote von Microsoft dankend ablehnen. Servicevertrag und Datenschutzbestimmungen müssen aber mit *Weiter* akzeptiert werden.
5. Nun müssen Sie noch einmal das Kennwort des alten, lokalen Kontos angeben. Klicken Sie dann auf *Weiter*.

6. Nun wird das Benutzerkonto umgestellt. Abschließend können Sie eine PIN festlegen, mit der Sie sich anstelle des Kennworts anmelden. Insbesondere bei Mobilgeräten ist ein Zahlencode schneller eingetippt als ein Passwort. Sie können diesen Schritt aber ebenso gut überspringen.

Wichtig: Nach Abschluss des Vorgangs erhalten Sie eine Bestätigungsmail von Microsoft an die verknüpfte E-Mail-Adresse. Klicken Sie auf den enthaltenen Link, um die Verknüpfung zu bestätigen. Unter Umständen fordert Windows Sie auch dazu auf, Ihre Identität zu bestätigen. Dann müssen Sie eine E-Mail an die hinterlegte Adresse senden lassen. Diese E-Mail enthält einen Sicherheitscode, den Sie im nächsten Schritt am PC eintippen.

Überprüfen Sie schließlich, ob das Verknüpfen der Lizenz funktioniert hat. Öffnen Sie dazu in den *Einstellungen Update und Sicherheit* und darin die Rubrik *Aktivierung*. Hier sollte auf der rechten Seite bei *Aktivierung* stehen: *Windows wurde durch eine digitale, mit Ihrem Microsoft-Konto verknüpfte Lizenz aktiviert*.

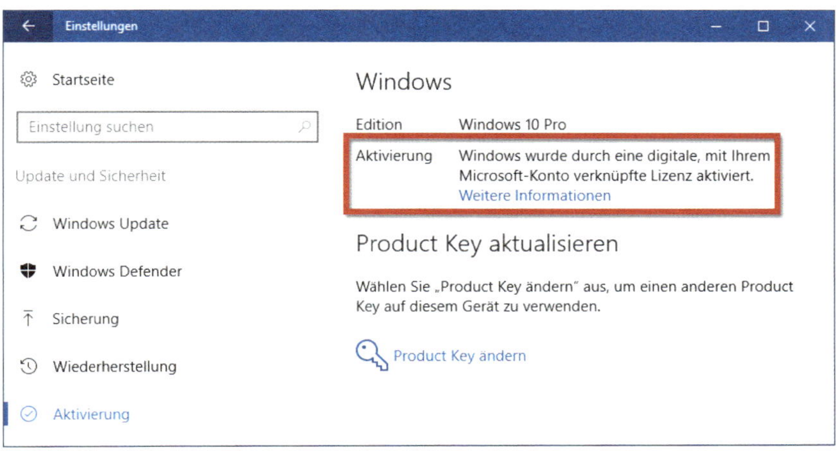

Die Lizenz mit dem neuen PC verknüpfen

Nun können Sie Windows 10 auf dem neuen PC installieren, sofern das nicht schon geschehen ist. Bei der Installation überspringen Sie (zweimal) das Eingeben des Product Keys. Windows wird trotzdem installiert und lässt sich – mit geringen Einschränkungen – nutzen. Es kann ohne Product Key aber nicht aktiviert werden.

Das ändern Sie dann wie folgt:

1. Melden Sie sich bei diesem Windows mit dem Microsoft-Konto an, das Sie zuvor auf dem alten PC verwendet haben.
2. Öffnen Sie dort wiederum wie im letzten Abschnitt in den *Einstellungen Update und Sicherheit/Aktivierung*. Hier dürfte nun die Meldung stehen, dass Windows 10 auf diesem Gerät nicht aktiviert werden kann.
3. Klicken Sie dann ganz unten in diesem Dialog auf *Problembehandlung*, und bestätigen Sie die Rückfrage der Benutzerkontensteuerung für das Programm *Windows Activation*.

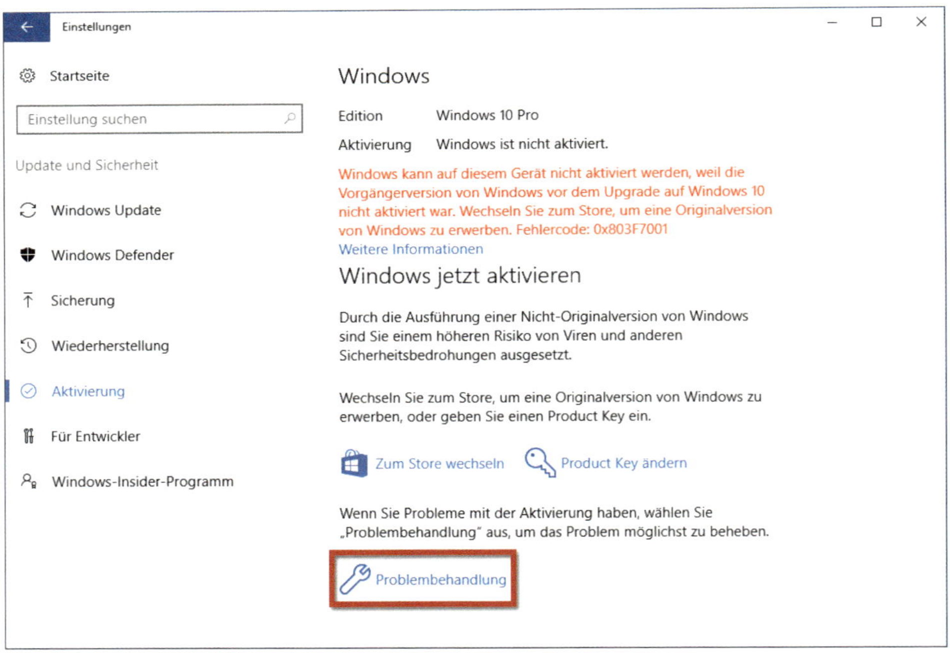

4. Windows versucht nun, ein Problem zu finden, das eine korrekte Aktivierung verhindert haben könnte. Da es an einem fehlenden Product Key liegt, wird als einzige Option das Erwerben einer Lizenz im Store vorgeschlagen.

5. Klicken Sie an dieser Stelle unten auf den Link *Ich habe kürzlich die Gerätehardware geändert*.

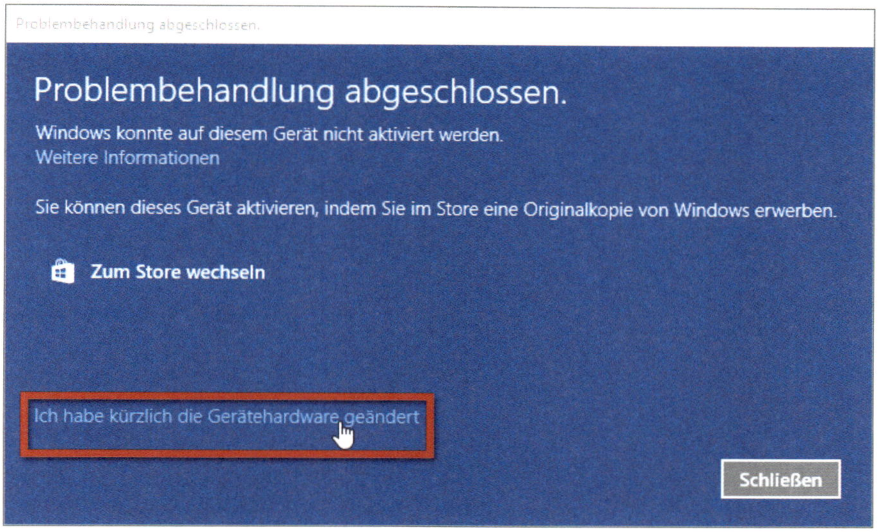

6. Windows öffnet daraufhin eine Übersicht der mit Ihrem Microsoft-Konto verknüpften Geräte. Meist ist es nur eines, ansonsten achten Sie anhand des PC-Namens darauf, dass Sie das richtige auswählen, also den »alten« PC. Schalten Sie die zu dessen Eintrag gehörende Option *Dies ist das aktuell verwendete Gerät* ein, und klicken Sie dann rechts auf *Aktivieren*.

7. Daraufhin wird Windows mit dieser Lizenz aktiviert. Eventuell müssen Sie den Hardwarewechsel nochmals per SMS oder E-Mail bestätigen, um Missbrauch auszuschließen.

Zur wundersamen Lizenz-Vermehrung taugt diese Methode nicht, denn die Lizenz wird von einem auf den anderen PC übertragen. Auf dem alten PC ist sie also anschließend nicht mehr nutzbar.

Es soll auch deutlich darauf hingewiesen werden, dass die Lizenzbestimmungen für das Gratis-Upgrade es nicht vorsehen, eine Upgrade-Lizenz auf einen völlig anderen PC zu übertragen. Und mit dem Durchführen des Gratis-Upgrades haben Sie sich mit diesen Lizenzbestimmungen einverstanden erklärt. Sie sollten die Option *Dies ist das aktuell verwendete Gerät* also in diesem Sinne korrekt anwenden.

Es gibt auch noch keine Erfahrungswerte, wie oft Microsoft auf diese Weise einen Hardwarewechsel gestattet. Sie sollten diese Methode also nicht gewohnheitsmäßig, sondern wirklich nur ausnahmsweise nach einem Hardwarewechsel anwenden.

13.4 Prüfen Sie, ob Ihr Windows echt ist

Ob Ihr Windows-System ordnungsgemäß aktiviert ist und von Microsoft als echt bewertet wird, erfahren Sie früh genug. So sind verschiedene Updates nur nach erfolgreicher Echtheitsprüfung möglich. Sollte diese scheitern, erfahren Sie das als Erstes.

Sie können sich aber auch jederzeit selbst Gewissheit darüber verschaffen.

1. Öffnen Sie in den *Einstellungen* die Rubrik *Update und Sicherheit/Aktivierung*.

2. Steht hier auf der rechten Seite bei *Aktivierung* die Meldung *Windows wurde ... aktiviert*, ist alles bestens, und es besteht kein Handlungsbedarf.

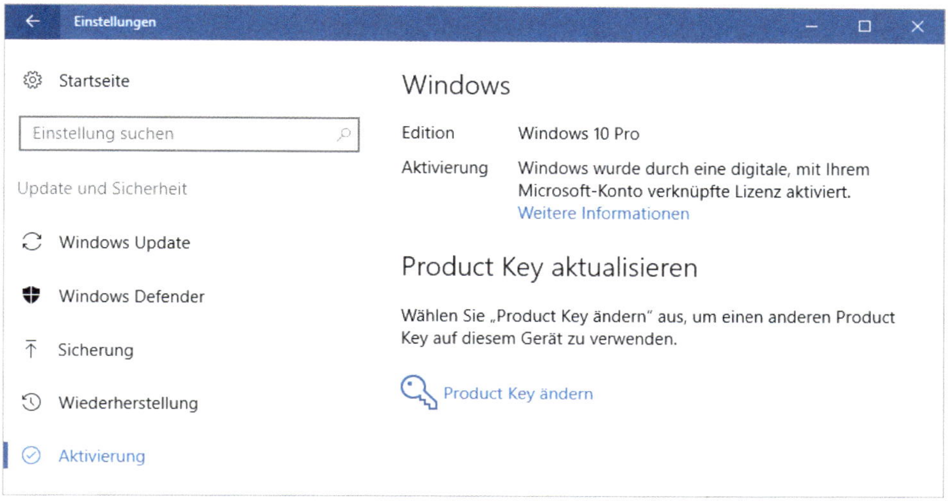

Andernfalls steht hier *Windows wurde nicht aktiviert* und in der Regel auch eine Erläuterung sowie ggf. ein Fehlercode für weitere Recherchen. Unter der Adresse http://windows.microsoft.com/de-de/windows-10/activation-errors-windows-10 hat Microsoft einige Tipps und typische Fehlermeldungen im Zusammenhang mit der Aktivierung veröffentlicht. Insbesondere wenn die Aktivierung mit einer Fehlermeldung scheitert, lohnt sich ein Blick darauf.

13.5 Wenn die Echtheitsprüfung versagt

Sollte Ihr PC bei dieser Gelegenheit oder auch bei einem Update bzw. Download, bei dem die Echtheitsprüfung Voraussetzung ist, diese nicht bestehen, wird Ihr System als »unecht« angesehen. Sollten Sie tatsächlich ein nicht legales Windows einsetzen, dürfen Sie sich wegen der Echtheitsprüfung nicht beschweren. Sie haben dann aber noch immer die Möglichkeit, eine passende Lizenz zu erwerben und Ihr Windows damit auch nachträglich zu aktivieren und »legal« zu machen.

Sind Sie sicher, eine legale Windows-Lizenz erworben zu haben, müssen Sie aktiv werden, um an Ihr Recht einer ungestörten Windows-Nutzung zu kommen:

- Ein häufiges Problem ist, dass Windows auf mehr als einem PC installiert wurde. Technisch ist dies zwar möglich, aber nicht erlaubt. Und die Echtheitsprüfung merkt, wenn sie von verschiedenen PCs mit der gleichen Lizenz ausgeführt wird. In solchen Fällen bleibt auf Dauer nur die Lösung, für jeden PC auch eine eigene Lizenz zu erwerben.

- Haben Sie Windows nicht selbst installiert, sondern bereits fertig installiert mit Ihrem PC bekommen, sollten Sie den Lizenzschlüssel überprüfen. Dies gilt auch, wenn Ihr PC zwischenzeitlich repariert und dabei Windows neu installiert wurde. Es kommt leider vor, dass bei der Installation aus Bequemlichkeit ein generischer Lizenzschlüssel verwendet wird, der nicht der tatsächlichen Lizenz entspricht. Fällt Microsoft ein solcher Schlüssel auf, weil er immer wieder zur Aktivierung von Installationen verwendet wird, kann er irgendwann gesperrt werden. Klicken Sie dazu im oben beschriebenen Einstellungsdialog unten auf den Link *Product Key ändern*, und geben Sie den Lizenzschlüssel ein, den Sie mit Ihrem PC erhalten haben. Überprüfen Sie nach der anschließenden Aktivierung erneut die Echtheit.
- Falls Ihr System auch mit einem legal erworbenen und verwendeten Lizenzschlüssel nicht anerkannt wird, können Sie das Problem nicht allein lösen. Erster Ansprechpartner wäre der Händler, bei dem Sie Windows bzw. Ihren Windows-PC erworben haben. Ansonsten kommt auch Microsoft selbst infrage.

Wenn es sich bei Ihrem Windows um eine Fälschung handeln könnte, sollten Sie sich deswegen auch an Microsoft wenden. Erfahrungsgemäß ist der Konzern sehr an der Verfolgung von Fälschungen interessiert, richtet sich dabei aber vor allem an die Produzenten solcher Fälschungen. Den getäuschten Kunden gegenüber zeigt sich Microsoft hingegen schon mal kulant und stellt unter Umständen eine legale Ersatzlizenz zur Verfügung.

14. Pannenhilfe-Spezial: Erpressungstrojaner

Erpressungstrojaner sind eine ernst zu nehmende Gefahr für Windows-PCs und entwickeln sich zu einer wahren Plage. Ein unachtsamer Dateidownload oder auch nur der Besuch auf einer obskuren Webseite, und schnell ist ein Schaden entstanden, der sich nicht mal eben so beseitigen lässt. Einmal aktiv, verschlüsseln Erpressungstrojaner alle Dokumente, Bilder, Musikstücke, Videos und sonstigen Dateien, derer sie habhaft werden können. Ein Zugriff ist für den Benutzer dann nicht mehr möglich, der Inhalt ist verloren.

Sobald Sie Hinweise auf die Aktivitäten eines Erpressungstrojaners haben, sollten Sie sofort reagieren. Zwar ist in dem Moment vermutlich bereits ein gewisser Schaden entstanden. Aber oftmals konnte der Übeltäter sein Werk noch nicht vollenden, sodass zumindest ein Teil der Dokumente vor dem Verschlüsseln gerettet und der Schaden so begrenzt werden kann. Erstes Ziel ist es deshalb immer, den Trojaner sofort zu stoppen. Anschließend können Sie sich damit befassen, ihn vom PC zu verbannen. War das erfolgreich, können Sie sich dem Wiederherstellen der verlorenen Daten widmen.

14.1 Sofortmaßnahmen

Im Ernstfall ist es wichtig, dass Sie schnell und richtig handeln. Auch wenn es etwas reißerisch klingt: Es kann unter Umständen auf jede Sekunde ankommen, ob sich noch Daten retten lassen.

Den PC ausschalten

Wenn Sie den Verdacht (oder auch die Bestätigung) haben, dass auf Ihrem PC ein Erpressungstrojaner aktiv ist, **schalten Sie den PC sofort hart aus!**

Damit ist gemeint:

- Schalten Sie den Ein-/Ausschaltknopf hinten am Gehäuse auf AUS.
- Oder drücken Sie den Ein-/Ausschaltknopf vorne am PC ca. zehn Sekunden, bis der PC sich selbst abschaltet.
- Im Zweifelsfall ziehen Sie einfach den Stecker.

Das widerspricht vermutlich allem, was Sie gehört oder gelesen haben, dass man einen PC auf diese Weise möglichst nicht ausschalten sollte. Im Fall einer Infektion kommt es aber darauf an, dass der Trojaner sofort am Verschlüsseln weiterer Dateien gehindert wird, sofern er sein Werk noch nicht vollendet hat. Starten Sie den PC erst wieder, wenn Sie ein Live-System auf CD/DVD oder USB-Stick haben, von dem Sie den Rechner booten können.

Externe Speichermedien entfernen

Entfernen Sie alle externen Speichermedien wie USB-Laufwerke, -Sticks oder Speicherkarten. Sammeln Sie diese zunächst an einer Stelle. Sie sind zwar nicht infiziert, enthalten aber potenziell verschlüsselte Dateien. Eventuell ist der Trojaner mit dem Verschlüsseln aber noch nicht so weit gekommen, sodass Sie hier ggf. noch intakte Sicherungskopien finden können. In jedem Fall muss dies spätestens geprüft werden, wenn der PC wieder läuft.

Ressourcen im Netzwerk schützen

Wenn vom infizierten PC aus Netzlaufwerke beispielsweise auf einem NAS erreichbar sind, fahren Sie dieses – regulär – herunter, bzw. stellen Sie sicher, dass keine anderen Rechner mehr auf das NAS zugreifen. So wird verhindert, dass die verschlüsselten Dateien weiterverbreitet werden und womöglich durch Synchronisierungsmechanismen intakte Dateiversionen überschreiben. Wenn andere PCs ihre Laufwerke im Netzwerk freigeben und der infizierte PC darauf zugreifen konnte, deaktivieren Sie diese Freigaben, bzw. fahren Sie diese PCs herunter (ein hartes Ausschalten ist nicht notwendig, sofern diese PCs nicht ebenfalls infiziert sind). Auch hier geht es darum, bereits verschlüsselte Dateien nicht weiterzuverbreiten und eventuell noch vorhandene intakte Kopien zu schützen.

Kurzum: Sorgen Sie dafür, dass der Dateitransfer in Ihrem Netzwerk vorläufig vollständig zum Erliegen kommt.

14.2 Den Übeltäter sicher identifizieren

Als Erstes sollten Sie sicher sein, mit welchem Erpressungstrojaner Sie es genau zu tun haben. Dann lässt sich das weitere Vorgehen planen. Um den Eindringling stoppen und entfernen zu können, müssen Sie wissen, wie er genau vorgeht. Und auch ob und ggf. wie die verschlüsselten Inhalte zurückgewonnen werden können, muss bei jeder Trojaner-Variante individuell beurteilt werden.

Zum Identifizieren benötigen Sie:

- eine Ihrer Dateien, die vom Trojaner verschlüsselt wurde
- eine der Textdateien, die der Trojaner in verschlüsselten Ordnern platziert hat, um auf sich aufmerksam zu machen und zur Zahlung aufzufordern

Mit diesen Informationen können Sie online ermitteln, welcher Trojaner sich bei Ihnen eingenistet hat. Oftmals reicht schon eine Google-Suche mit Auszügen aus der »Zahlungsaufforderung«, um schnell zu einem eindeutigen Trojaner-Namen zu kommen.

Besonders hilfreich beim Identifizieren ist eine Onlineerkennung auf der Webseite https://id-ransomware.malwarehunterteam.com/.

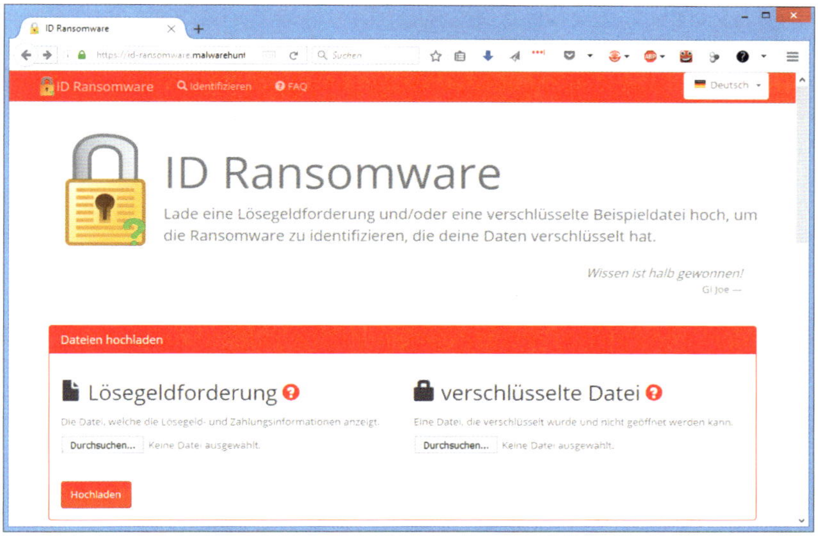

Sie bietet eine automatische Identifizierung von Erpressungstrojanern anhand der hinterlassenen Dateien an. Dazu laden Sie eine *verschlüsselte Datei* und/oder eine Datei mit der *Lösegeldforderung* des Trojaners hoch. Wenn Sie beides gleichzeitig hochladen, ist die Erkennung besonders zuverlässig. Meist reicht es aber, eine von beiden Dateien bereitzustellen. Diese wird in Echtzeit analysiert und auf typische Spuren bzw. auf das verwendete Verschlüsselungsverfahren untersucht. Dazu werden sowohl formale Kriterien wie die Dateiendung bei verschlüsselten Dateien als auch inhaltliche Kriterien wie der Wortlaut der Lösegeldforderung zugrunde gelegt.

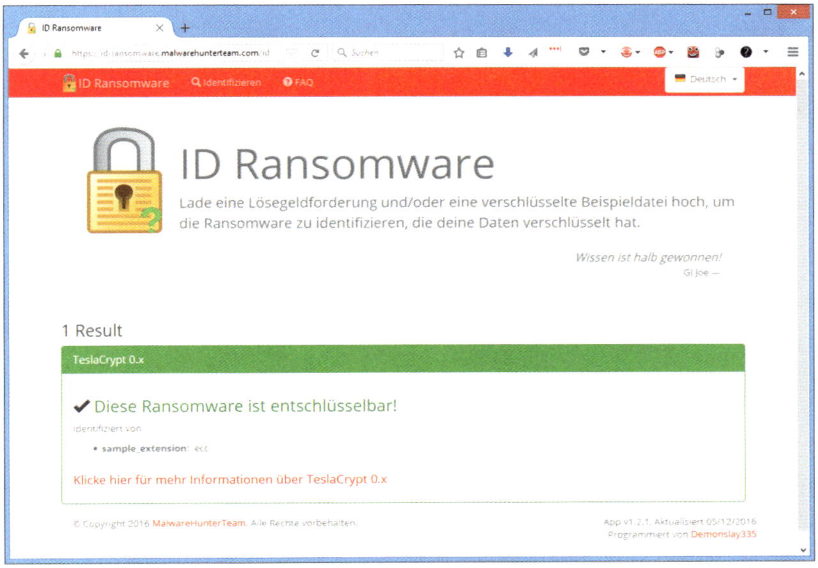

In den meisten Fällen kann der Dienst den Verursacher erkennen. Sie erhalten dann einen Namen ggf. mit einer Versionsnummer für die genaue Variante. Dazu gibt es eine erste Einschätzung, ob eine Möglichkeit bekannt ist, die Dateien zu entschlüsseln. Zusätzlich finden Sie einen Link, der Sie direkt zu weiteren Informationen über den Trojaner und seine Funktionsweise führt. Idealerweise finden Sie dort direkt ein Tool zum Entschlüsseln Ihrer Dateien. Leider wird das aber nicht immer der Fall sein.Sollte mit der Onlineerkennung auch nach mehreren Versuchen mit verschiedenen Dateien keine Identifizierung gelingen, handelt es sich eventuell um einen neuen Trojaner bzw. eine neue Variante, die noch nicht erkannt werden kann. In dem Fall bleibt Ihnen die Information aus der Lösegeldforderung, um mit Google & Co. auf eigene Faust aktuelle Informationen zu finden. Alternativ kann auch der Virenscan des PCs zu einer eindeutigen Identifizierung führen.

Den Schädling recherchieren

Wenn Sie bezüglich der Identität des Trojaners Gewissheit haben, sollten Sie als Nächstes möglichst viel darüber in Erfahrung bringen. Die wichtigen Fragen dabei lauten:

- Wie kann man diesen Trojaner zuverlässig vom PC entfernen? (wobei zunächst der Trojaner selbst gemeint ist, nicht die Verschlüsselung der Dateien)
- Welche Arten von Dateien verschlüsselt dieser Trojaner?
- Welche Speichermedien werden von diesem Trojaner befallen (Festplatten, USB-Medien, Speicherkarten, Netzlaufwerke, Cloud-Speicher)?
- Ist eine Möglichkeit bekannt, die Verschlüsselung ohne Bezahlen des »Lösegeldes« zu entfernen?
- Wenn ja, gibt es ein Tool, mit dem sich die Verschlüsselung entfernen lässt?
- Wie ist ggf. die genaue Vorgehensweise, um die Verschlüsselung aufzuheben und die Dateien wieder in einen nutzbaren Zustand zu versetzen?

Hilfreiche Links zur Recherche

Das erste und einfachste Mittel zur Onlinerecherche ist wie immer Google oder eine andere Suchmaschine Ihrer Wahl. Geben Sie einfach die gängige Bezeichnung des Trojaners ein, dann finden Sie mit Sicherheit schnell nähere Informationen. Die weiteren Links helfen darüber hinaus, gezielt weitere aktuelle Informationen zu beschaffen.

- Aktuelle Nachrichten zu Erpressungstrojanern
  http://www.golem.de/specials/ransomware/
- Das Erpressungstrojaner-Forum bei heise.de
  http://www.heise.de/forum/heise-Security/Themen-Hilfe/Hilfe-bei-Erpressungs-Trojanern/forum-256381/
- Kategorie »Ransomware« der englischen Wikipedia mit Links zu ausführlichen Trojaner-Beschreibungen
  https://en.wikipedia.org/wiki/Category:Ransomware

- Englischsprachiges, sehr aktuelles Blog zum Thema Sicherheit mit dem wöchentlichen Update »This Week in Ransomware«
  http://www.bleepingcomputer.com/news/security/
- Zentrale Ansprechstelle Cybercrime für die Wirtschaft (ZAC)
  https://www.polizei.de/Polizei/DE/Einrichtungen/ZAC/zac_node.html

14.3 Den Schädling loswerden

Wie bereits beschrieben, sollte der betroffene PC beim Entdecken von Spuren eines Erpressungstrojaners sofort ausgeschaltet werden. Das bedeutet aber auch, dass dieser PC selbst nicht dazu verwendet werden kann, den Trojaner aufzuspüren und von der Festplatte zu tilgen. Dazu müsste man den PC starten, und während des Virenscans könnte er sein zerstörerisches Werk fortsetzen. Einige Trojaner enthalten außerdem Mechanismen, um sich aktiv vor Virenscannern zu verstecken bzw. zu schützen. Zum Säubern des PCs wird deshalb unbedingt ein unabhängiges externes System benötigt. Dafür bieten sich insbesondere zwei Varianten an:

- Sie verfügen über einen weiteren, sauberen PC oder können einen solchen beispielsweise im Bekanntenkreis auftreiben:
  Dann können Sie die Festplatte(n) aus dem infizierten PC ausbauen und an den sauberen PC anschließen. Auf diesem kann dann ein Virenscanner gestartet werden, der den Trojaner aufspürt und unschädlich macht.
- Sie verfügen nur über diesen einen PC:
  Dann können Sie sich ein alternatives Betriebssystem besorgen, das diesen PC von einer CD/DVD oder einem USB-Stick startet. Der PC wird dann mit diesem Alternativsystem betrieben, und das eigentliche Betriebssystem (einschließlich Trojaner) bleibt unangetastet. Im Alternativsystem kann aber ein Virenscanner die eingebaute Festplatte untersuchen und bereinigen.

Optimal: die betroffene Festplatte kopieren

Ein häufiger Tipp bei einer infizierten (oder auch beschädigten) Festplatte ist es, als erste Maßnahme deren gesamten Inhalt auf einer zweiten Festplatte zu duplizieren. Alle Schritte zum Bereinigen, Reparieren und Wiederherstellen werden dann mit dieser Kopie vorgenommen. Und Sie können dabei notfalls auch mal ein wenig experimentieren. Klappt alles, können Sie hinterher die Kopie weiterverwenden. Gibt es Probleme, können Sie jederzeit auf das Original zurückgreifen bzw. einfach erneut eine Kopie davon erstellen und neu beginnen. Allerdings benötigen Sie dafür eben eine entsprechende weitere Festplatte und müssen einigen Aufwand betreiben. Sinnvoll ist diese Vorgehensweise allemal. Ob es Ihnen das wert ist, müssen Sie selbst entscheiden und vielleicht auch vom individuellen Wert der gefährdeten Dokumente abhängig machen.

Die Festplatte in einem sauberen Zweit-PC reinigen

Wenn Sie einen Zweit-PC haben oder besorgen können, ist dies oftmals die einfachste Lösung. Es gibt im Wesentlichen zwei Hürden dabei:

1. Sie müssen sich zutrauen, die Festplatte(n) aus dem infizierten System auszubauen. Das klingt schwieriger, als es ist. Letztlich müssen nur ein paar Schrauben gelöst und ein oder zwei Stecker gezogen werden. Am besten fotografieren Sie zuvor den Einbauzustand, damit Sie hinterher alles wieder richtig zuordnen können.
2. Die Festplatte muss an den Zweit-PC angeschlossen werden. Sie können natürlich auch den PC öffnen und die Platte an einen freien internen Anschluss stecken. Das empfiehlt sich aber nicht, da es aufwendig ist und die Gefahr besteht, dass der Zweit-PC dann von der neu eingebauten Festplatte startet. Einfacher ist es, einen externen USB-Anschluss zu verwenden, der die Festplatte als Wechsellaufwerk einbindet.

Solche SATA-auf-USB-Adapter können Sie für 10 bis 20 Euro im Fachhandel erwerben. Die Festplatte wird einfach am einen Ende angesteckt, und am anderen befindet sich ein USB-Anschluss, den Sie in den PC einstecken. Achten Sie bei der Adapterauswahl auf zwei Dinge:

- Wählen Sie eine USB-3.0-fähige Variante, sofern der PC auch über USB-3.0-Anschlüsse (innen blau statt schwarz) verfügt. Damit steigt der Datendurchsatz erheblich, und Sie sparen eine Menge Zeit. Die wenigen Euro Mehrkosten sind das in der Regel wert.
- Adapter ohne eigene Stromversorgung reichen für SSDs und kleinere Magnetfestplatten im Formfaktor 2,5 Zoll. Für Festplatten mit 3,5 Zoll und/oder hoher Kapazität sollten Sie vorsichtshalber einen Adapter mit eigenem Netzteil verwenden. Solche Festplatten benötigen häufig mehr Strom, als der USB-Anschluss liefern kann und darf. Sie werden an einem reinen USB-Adapter nicht zuverlässig laufen und könnten im schlimmsten Fall sogar die Hauptplatine des PCs beschädigen.

Für alle Fälle gerüstet

Mein persönlicher Hardwaretipp: Der Adapter *Sandberg USB 3.0 Multi Harddisk Link* kostet zwar ein paar Euro mehr, bietet aber nicht nur einen SATA-Port, sondern auch Anschlüsse für ältere IDE-Festplatten sowohl im 2,5- als auch im 3,5-Zoll-Format. Ein Netzteil zur externen Stromversorgung ist auch gleich dabei. Gerade wer (auch) noch ältere PCs in seinem Gerätepark hat, ist damit gut aufgestellt.

Haben Sie die betroffene Festplatte erfolgreich am Zweit-PC angeschlossen, benötigen Sie auf diesem nur noch eine aktuelle Virensoftware. Kleiner Tipp: Viele Hersteller bieten kostenlose Testversionen ihrer Produkte an. Damit können Sie ohne Zusatzkosten verschiedene Virenscanner auf Ihre Festplatte loslassen, um auf Nummer sicher zu gehen. Wichtig ist dabei, jeweils die aktuellsten Virensignaturen zu verwenden. Gerade bei Erpressungstrojanern gibt es ständig neue Varianten, die man nur mit einem topaktuellen Scanner finden und eliminieren kann. Tipp: Falls Sie es nicht allzu eilig haben, kann es manchmal helfen, ein oder zwei Tage bis zum nächsten Update der Signaturen zu warten.

Haben Sie die betroffene Festplatte gründlich gesäubert, sollten Sie die Gelegenheit nutzen, wichtige Dateien auf den Zweit-PC zu kopieren. Vielleicht lassen sie sich bei der Gelegenheit auch schon mit einem passenden Programm entschlüsseln. Dann bauen Sie die Festplatte wieder in den ursprünglichen PC ein und schalten diesen ein. Mit etwas Glück startet Windows direkt wieder problemlos, und Sie können sich daranmachen, verlorene Dateien und Ordner wiederherzustellen.

Im Zweifelsfall das Virenorakel befragen

Manchmal kommen einem die Befunde des eigenen Virenscanners zweifelhaft vor. Der erklärt eine Datei als verseucht, bei der man dies für sehr unwahrscheinlich hält und die man gern erhalten würde. Oder eine Datei, die man selbst als sehr verdächtig einstuft, wird anstandslos durchgewinkt. In solchen Fällen gibt es einfache Möglichkeiten, genauer nachzuprüfen. Bei der Website www.virustotal.com können Sie einzelne Dateien hochladen und automatisch von über 50 verschiedenen Virenscannern überprüfen lassen. Auch das ergibt nicht immer ein einheitliches Meinungsbild, aber in der Regel zumindest eine deutliche Tendenz. Oftmals liefern die anderen Scanner auch zusätzliche Informationen wie etwa andere Bezeichnungen des Schädlings, die weitere Ansatzpunkte für die Recherche bieten.

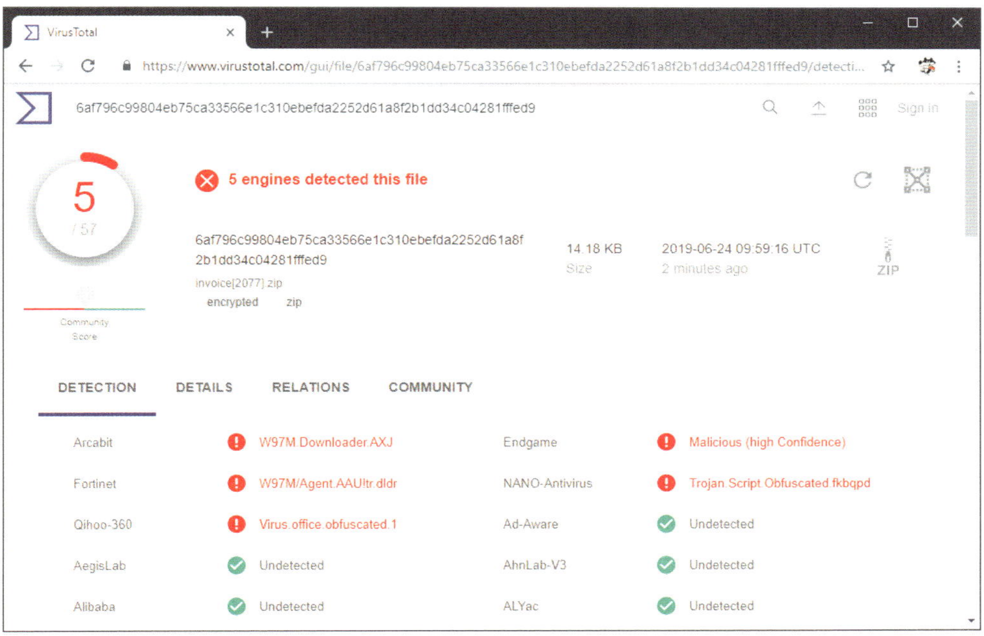

Ein Live-System mit Antivirenprogramm beschaffen

Sollte Ihnen kein Zweit-PC zur Verfügung stehen, können Sie alternativ den betroffenen PC selbst zum Reinigen verwenden. Allerdings dürfen Sie dafür keinesfalls das installierte Windows selbst verwenden, um dem Trojaner keine weitere Gelegenheit zu geben, Schaden anzurichten. Stattdessen können Sie ein Live-Betriebssystem mit Antivirenprogramm nutzen, das direkt von CD/DVD bzw. USB-Stick bootet. Der PC muss ggf. im BIOS so eingestellt werden, dass er von diesem Medium bootet und nicht von der eingebauten Festplatte. Sollte beim Versuch doch wieder Windows starten, schalten Sie den PC sofort wieder aus und versuchten es erneut!

Ein sehr empfehlenswertes Live-System ist Desinfec't von der Fachzeitschrift c't. Es liegt einmal jährlich einer Ausgabe der Zeitschrift als Heft-DVD bei. Man kann dieses Heft mitsamt der DVD aber jederzeit beim Verlag für wenige Euro bestellen. Wer es eilig hat, kauft sich die elektronische Version der Zeitung und erhält damit Zugang zum Download der aktuellen Desinfec't-ISO-Datei. Das Geld ist gut angelegt, denn dieses Spezialimage umfasst gleich mehrere Virenscanner, mit denen die Festplatte gründlich untersucht werden kann. Befallene Dateien können automatisch umbenannt werden, sodass sie keine Gefahr mehr darstellen, der Inhalt aber nicht verloren ist. Die Bedienung ist für etwas erfahrene PC-Nutzer keine große Herausforderung.

www.heise.de/download/desinfect.html

Rettungsmedien von Antivirenprogrammen

Wer ein kommerzielles Antivirenprogramm im Einsatz hat, kann ggf. auch dessen Live-System nutzen bzw. sich ein solches erstellen (wenn der Ernstfall bereits eingetreten ist, allerdings unbedingt auf einem anderen PC!). Alternativ stellen einige Anbieter kostenlose Images ihrer Live-Systeme zum Download bereit, beispielsweise Kaspersky. Man sollte dabei darauf achten, ein aktuelles Image zu bekommen, denn bei einigen Anbietern werden immer noch Images angeboten, die schon vor einigen Jahren veröffentlicht wurden. Ein positives Beispiel ist die laufend gepflegte Rescue Disk von Kaspersky, auf die der folgende Abschnitt ausführlicher eingeht.

Wichtig bei allen Live-Systemen: Diese Systeme sind niemals aktuell, sondern immer auf dem Stand, zu dem das System zusammengestellt wurde. Deshalb müssen nach dem Booten die Signaturen der Antivirensoftware aktualisiert werden. Das geht automatisch bzw. per Knopfdruck, aber der PC benötigt dazu eine Internetverbindung. Bei einem Kabelnetzwerk wird diese in der Regel automatisch hergestellt. Bei einer WLAN-Verbindung muss zumindest das WLAN-Kennwort eingegeben werden. Der Virenscan sollte erst nach dem erfolgreichen Update der Signaturen durchgeführt werden.

Scannen Sie alle Laufwerke, die im PC eingebaut bzw. daran angeschlossen sind. Netzlaufwerke (beispielsweise ein NAS im lokalen Netzwerk) können Sie vorerst ignorieren und sich darum kümmern, wenn der PC wieder sauber läuft. Zwar werden auch Dateien auf

NAS verschlüsselt, bislang ist aber kein Trojaner bekannt, der sich selbst auf NAS einnistet. Lassen Sie alle verdächtigen Dateien in Quarantäne verschieben bzw. mit einer anderen Dateiendung versehen. So kann die Programmdatei des Trojaners beim Windows-Start nicht mehr aufgerufen werden.

Den PC mit der Kaspersky Rescue Disk bereinigen

Der Antivirenspezialist Kaspersky stellt auf seiner Website eine kostenlose ISO-Datei der Kaspersky Rescue Disk zum Download zur Verfügung. Diese kann auf eine CD/DVD gebrannt und als Bootmedium verwendet werden. Sie startet den PC mit einem einfachen Rettungssystem, das das aktuelle Kaspersky-Antivirenprogramm umfasst. Nach dem Booten können Sie also den PC scannen und mögliche Schädlinge entfernen.

https://support.kaspersky.com/de/viruses/rescuedisk

Wenn Sie über ein bootfähiges Medium verfügen, müssen Sie nur dafür sorgen, dass Ihr PC von diesem anstelle der Windows-Festplatte startet. Einige PCs zeigen beim Vorhandensein eines externen Bootmediums automatisch eine Meldung beim Start an, sodass Sie nur rechtzeitig eine Taste drücken müssen, um von diesem zu starten. Bei anderen muss kurz nach dem Start des Bootvorgangs eine bestimmte Taste gedrückt werden (Bildschirmhinweise beachten!), um zunächst ein Bootmenü zu öffnen. Hier kann dann das optische Laufwerk bzw. der USB-Stick mit dem Kaspersky-ISO ausgewählt werden.

1. Wenn der PC von der Kaspersky Rescue Disk als CD/DVD oder USB-Stick bootet, müssen Sie beim Anzeigen des Begrüßungsbildschirms innerhalb von zehn Sekunden eine Taste drücken. Andernfalls startet das normale Windows auf dem PC.
2. Wählen Sie dann mit den Pfeiltasten die gewünschte Sprache, und drücken Sie ↵.
3. Dann wählen Sie den Modus, in dem das Rettungsprogramm arbeiten soll. Wenn möglich, sollte der anschaulichere Grafikmodus verwendet werden. Sollte dieser nicht funktionieren, wählen Sie beim nächsten Versuch stattdessen den simpleren, aber funktionell ebenbürtigen Textmodus.
4. Warten Sie nun ab, bis das Programmfenster des Virenscanners angezeigt wird. Eventuelle Rückfragen bis dahin können Sie einfach bestätigen bzw. ignorieren.
5. Nun wird der Lizenzvertrag angezeigt. Setzen Sie Häkchen bei den beiden Optionen darunter, und klicken Sie auf *Accept*.

6. Dann wird endlich das Fenster des Kaspersky Rescue Tools angezeigt. Standardmäßig überprüft das Programm die Boot- bzw. EFI-Objekte des PCs sowie die Startdateien einer vorhandenen Windows-Systempartition. Um wirklich alles zu prüfen, klicken Sie auf *Change parameters*.

7. Klappen Sie im anschließenden Dialog alle Ebenen aus, und setzen Sie überall Häkchen. Sollte das Programm weitere Laufwerke oder Partitionen nicht direkt erkannt haben, können Sie diese oben mit *Add object* hinzufügen. Übernehmen Sie die Einstellungen mit *OK*.

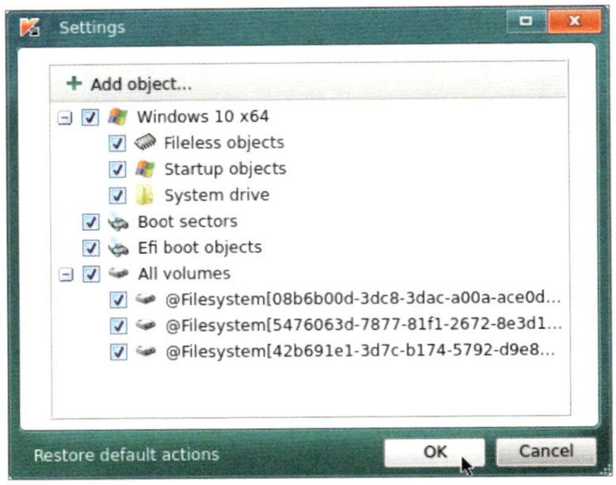

8. Zurück im Hauptfenster klicken Sie dann auf *Start scan*.

9. Warten Sie nun geduldig ab, während das Programm seine Arbeit tut. Je nach Umfang der vorhandenen Datenträger kann dies länger dauern.

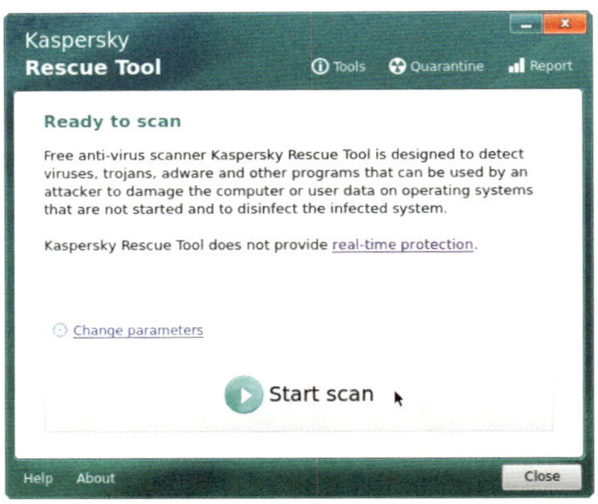

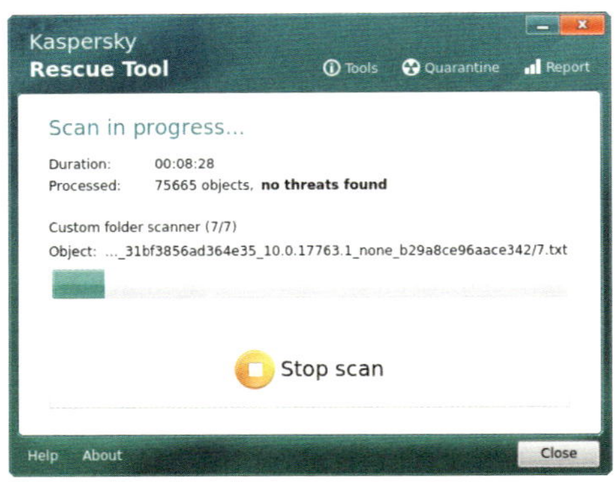

Wurde der Scanner fündig, erhalten Sie nach Abschluss der Überprüfung eine kurze Zusammenfassung. Alternativ finden Sie unter *details* einen ausführlicheren Bericht (den Sie auch jederzeit oben rechts mit *Report* abrufen können). Für infizierte Dateien können Sie entscheiden, ob diese desinfiziert werden sollen. Ist eine Desinfektion nicht möglich, kann die Datei alternativ gelöscht werden. Mit dieser Option sollten Sie allerdings vorsichtig umgehen, denn wenn wichtige Dateien einfach gelöscht werden, ist das der Stabilität von Windows nicht unbedingt zuträglich.

14.4 Die Dateiverschlüsselung aufheben

Konnte der Trojaner erfolgreich von der bzw. den Festplatte(n) und Speichermedien verbannt werden, bleibt noch ein Problem: mehr oder weniger zahlreiche Dateien, die verschlüsselt und mit einer anderen Dateiendung versehen wurden und nun nicht mehr ohne Weiteres zu öffnen sind. Diese Verschlüsselung aufzuheben und den Dateiinhalt wieder nutzbar zu machen, ist die größte Herausforderung.

Dazu gibt es grundsätzlich drei verschiedene Herangehensweisen:

- Sie können – soweit vorhanden – Backups Ihrer Dokumente einspielen und den Zustand vor der Aktivität des Trojaners wiederherstellen. Dies ist im Grunde genommen die einfachste Lösung, sofern Sie über eine möglichst aktuelle Sicherung verfügen.
- Sie können auf die Forderung eingehen und ein Lösegeld bezahlen. Mit etwas Glück erhalten Sie dadurch ein Kennwort und einen Link zu einem Entschlüsselungsprogramm, das alle betroffenen Dateien wiederherstellt.
- Sie können Spezialprogramme verwenden, die Programmierfehler oder bekannt gewordene Universalschlüssel einzelner Trojaner nutzen, um verschlüsselte Dateien wiederherzustellen. Dies ist aber leider nicht bei allen Erpressungstrojanern möglich.

Verschlüsselte Daten aus einem Backup wiederherstellen

Mit dem Thema Sichern und Wiederherstellen wichtiger persönlicher Dokumente befasst sich das folgende Kapitel ausführlich, deshalb soll es an dieser Stelle nicht weiter vertieft werden.

Wichtig ist nur: Verschaffen Sie sich zunächst einen Überblick, welche Dateien auf diese Weise wiederhergestellt werden können und welche Dateien seit der letzten Sicherung noch bearbeitet wurden. Eine gute Hilfe dabei können die Dateieigenschaften und insbesondere das Datum der letzten Änderung sein. Liegt dies vor dem Zeitpunkt des letzten Backups, sind Sie schon mal auf der sicheren Seite. Aber auch ein neueres Datum muss nicht heißen, dass entscheidende Änderungen vorgenommen wurden. Bei Office-Dokumenten beispielsweise kann schon das Ausdrucken einer Datei reichen, um das Änderungsdatum zu aktualisieren. Hier müssen Sie ggf. eine Bestandsaufnahme im eigenen Gedächtnis vornehmen. Ideal wäre eine Liste der Dateien, in denen nach dem letzten Backup noch wichtige, anderweitig unwiederbringliche Bearbeitungen vorgenommen wurden. Auf dieser Basis können Sie entscheiden, ob und welche Schritte zum Wiederherstellen dieser Dateien ggf. erforderlich und sinnvoll sind.

Lösegeld zahlen

Die Frage, ob das Zahlen eines Lösegelds sinnvoll ist, wurde weiter vorne bereits angesprochen: Eine Garantie für den Wiedererhalt ist es nicht, auch wenn es in der Mehrzahl der Fälle wohl erfolgreich ist. Und Sie müssen sich im Klaren darüber sein, dass Sie damit kriminelle Machenschaften unterstützen. Wenn Sie das im Hinterkopf haben, müssen Sie dann letztlich selbst entscheiden, ob die anderweitig nicht wiederherzustellenden Dateien Ihnen das wert sind. Zuvor sollten Sie aber auf alle Fälle prüfen, ob für den bei Ihnen aufgetretenen Erpressungstrojaner nicht eine Möglichkeit besteht, die Dateiverschlüsselung auf andere Weise zu entfernen.

Die Verschlüsselung entfernen

Für einige Erpressungstrojaner werden früher oder später Möglichkeiten bekannt, die Verschlüsselung der Dateien aufzuheben. Teilweise haben die Entwickler schlicht Fehler bei der Programmierung gemacht, zu schwache Verschlüsselung verwendet oder Lücken in Verschlüsselungsalgorithmen übersehen. Werden solche Schwächen bekannt, entstehen schnell Programme, die sie ausnutzen, um betroffene Dateien auch ohne Lösegeldzahlung wiederherzustellen.

Im Fall des TeslaCrypt-Trojaners hingegen haben die Entwickler »aufgegeben« und einen Masterschlüssel öffentlich gemacht, mit dem alle Betroffenen ihre Datei wiederherstellen können.

Entschlüsselungsprogramme einsetzen

Auch wenn die Vorgehensweise bei jeder Abart der Erpressungstrojaner etwas unterschiedlich ist, benötigen Sie in der Regel zwei Dinge, um verschlüsselte Dateien wiederherzustellen:

- Ein Entschlüsselungsprogramm, das genau auf den bei Ihnen aufgetretenen Trojaner abgestimmt ist.
- Einen in der Regel aus einer langen Reihe von Ziffern und Buchstaben bestehenden Schlüssel. Falls Sie sich zur Zahlung entschlossen haben, erhalten Sie diesen – hoffentlich – im Austausch für Ihr Lösegeld. Wichtig: Der Schlüssel ist auf Ihre Dateien abgestimmt. Sie können also nicht den Schlüssel eines anderen Betroffenen etwa aus dem Internet verwenden. Anders sieht dies bei sogenannten Master-Schlüsseln aus, die gelegentlich bekannt werden. Diese können für alle Dateien verwendet werden, die von einem bestimmten Trojaner (ggf. aber nur in einer bestimmten Version) verschlüsselt wurden.

Diese beiden Komponenten können Sie dann zum Entschlüsseln Ihrer Dateien verwenden, wie hier am Beispiel des TeslaCrypt-Decoders gezeigt werden soll:

1. Starten Sie das Entschlüsselungsprogramm mit Administratorrechten (Rechtsklick und *Als Administrator ausführen*). Dies ist notwendig, damit das Programm ggf. auch auf versteckte und geschützte Dateien und Ordner zugreifen kann.
2. Um den Schlüssel für das Wiederherstellen der Dateien einzugeben, klicken Sie dann zunächst auf die Schaltfläche *Set key*.

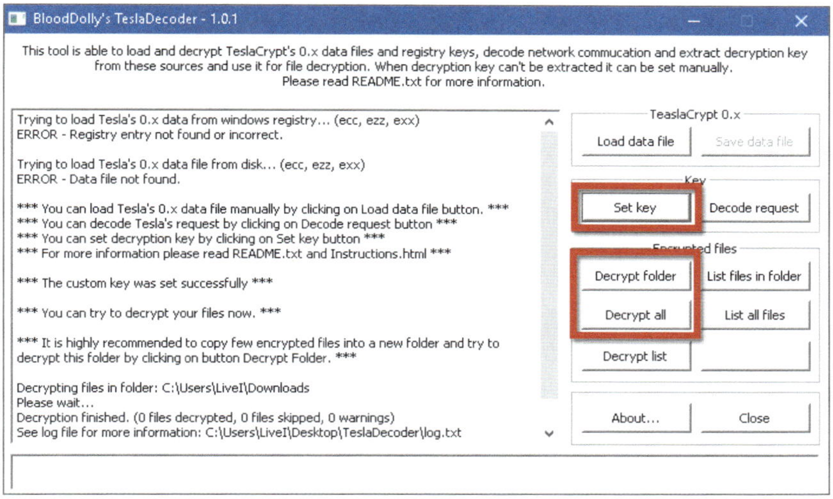

3. Bei Trojanern, die in ihren verschiedenen Varianten auch unterschiedliche Endungen an verschlüsselte Dateien anhängen, müssen Sie nun die in Ihrem Fall verwendete Dateiendung auswählen.
4. Dann tippen Sie den Schlüssel in das Eingabefeld ein, bzw. idealerweise kopieren Sie ihn direkt aus der E-Mail oder Website, wo Sie ihn erhalten haben, um die Gefahr von Tippfehlern zu minimieren. In den Dialogfeldern können Sie Strg+V verwenden, um den Schlüssel aus der Zwischenablage dort einzufügen.

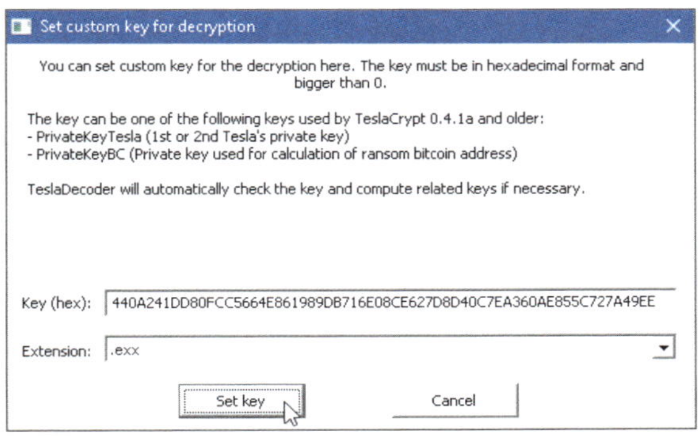

5. Klicken Sie dann auf *Set key*, um die eingegebenen Daten zu verwenden.
6. So vorbereitet, können Sie das Wiederherstellen Ihrer Dateien beginnen. Allerdings empfiehlt es sich, den Vorgang immer erst mit einer kleinen Anzahl von Dateien zu testen. Beim TeslaCrypt-Decoder etwa haben Sie die Möglichkeit, mit *Decrypt folder* erst mal nur einen einzigen Ordner zu dechiffrieren. Anschließend können Sie sich davon überzeugen, dass die dort wiederhergestellten Dateien tatsächlich wieder nutzbar sind.
7. Um Dateien auf einer kompletten Festplatte wiederherzustellen, verwenden Sie dann stattdessen *Decrypt all*.
8. Bei allen Varianten fragt der Decoder nach, ob beim Wiederherstellen jeweils die verschlüsselte Datei durch das entschlüsselte Original ersetzt werden soll. Dies empfiehlt sich in jedem Fall. Falls beim Entschlüsseln etwas nicht klappen sollte, hat man dann immer noch die Ausgangsdatei und kann ggf. weitere Versuche starten.

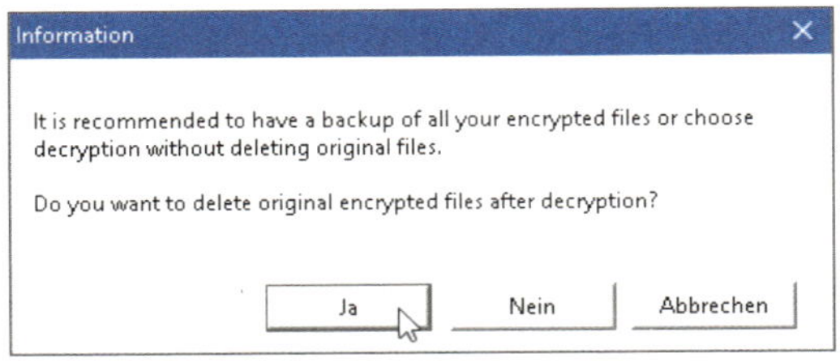

Nach erfolgreichem Entschlüsseln lassen sich die verschlüsselten Duplikate anhand der Endung leicht finden und entsorgen.

9. Nun beginnt das Programm mit der Arbeit des Entschlüsselns und Wiederherstellens, was je nach Umfang des Datenbestands einige Zeit in Anspruch nehmen kann.
10. Anschließend sollten Sie prüfen, ob wirklich alle betroffenen Dateien wiederhergestellt wurden. Hat alles geklappt, können Sie ggf. beibehaltene verschlüsselte Dateien anhand ihrer Endung aufspüren und löschen.

Alle Dateien mit einer bestimmten Endung finden

Da viele Erpressungstrojaner verschlüsselte Dateien mit einer bestimmten Endung versehen, kann es hilfreich sein, sich auf einen Blick alle Dateien mit dieser Endung auflisten zu lassen. Dies lässt sich mit Windows-Bordmitteln recht einfach erreichen.

1. Starten Sie den Windows-Explorer, und lassen Sie sich den Inhalt des Stammverzeichnisses der Festplatte anzeigen, also beispielsweise *C:*.
2. Tippen Sie dann im Suchfeld oben rechts die gesuchte Dateiendung ein, etwa *.ttt*.

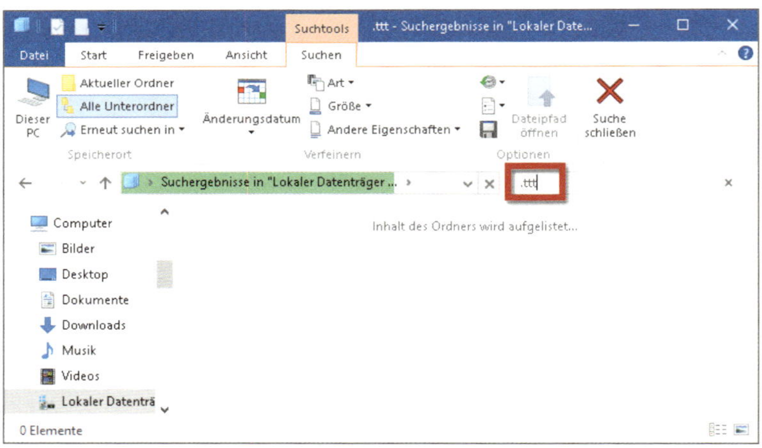

3. Haben Sie nun etwas Geduld. Zunächst zeigt der Explorer nur die passenden Dateien im Stammverzeichnis an. Im Hintergrund durchsucht er aber weiter den gesamten Dateibestand der Festplatte. Sie erkennen das am wachsenden Fortschrittsbalken im Navigationsfeld mit der Anmerkung *Suchergebnisse in…*
4. Ist die Suche beendet (und der Fortschrittsbalken ganz verschwunden), sehen Sie im Explorer eine Liste aller Dateien, die diese Endung tragen.

15. Schon vor dem Ernstfall optimal vorbereiten

Eine gute Vorbereitung kann Ihnen im Ernstfall viel Zeit, Umstände und Probleme ersparen. In diesem Kapitel stelle ich Ihnen deshalb ein kleines Bündel an Maßnahmen vor, die Sie schon erledigen sollten, bevor konkrete Probleme auftreten. Dadurch schaffen Sie sich die Ressourcen und Werkzeuge, um im Ernstfall sofort und zielgerichtet eingreifen zu können.

15.1 Die Systemwiederherstellung als Sicherheitsreserve nutzen

Die Systemwiederherstellung gehört zu den Basisfunktionen, mit denen Windows die Integrität des Systems sicherstellt. Dazu werden regelmäßig Sicherungen durch den Computerschutz erstellt. Diese umfassen die Systemkonfiguration sowie wichtige Systemdateien. Die Grundidee dieses Computerschutzes ist es, eine Momentaufnahme des ordnungsgemäß laufenden Systems anzufertigen. Sollte es zu einem späteren Zeitpunkt durch Änderungen an Einstellungen oder Systemdateien Probleme geben, ist eine Rückkehr zu dieser Momentaufnahme möglich.

So lässt sich das System in einen »Vorher-Zustand« versetzen, in dem der Auslöser für die Probleme noch nicht akut war. Somit eignet sich die Systemwiederherstellung auch hervorragend als Rückversicherung für Konfigurationsänderungen oder beim Einspielen neuer Treiberversionen. Sollten diese nicht die gewünschte Änderung bringen, ist eine schnelle Rückkehr zum Status vor den Änderungen möglich.

Wann erstellt Windows automatisch Wiederherstellungspunkte?

Auch ohne jeglichen Eingriff des Benutzers erstellt Windows Wiederherstellungspunkte. Dies geschieht automatisch vor wichtigen Maßnahmen wie dem Integrieren neuer Hardware bzw. dem Installieren neuer Treiber oder vor dem Installieren von Anwendungssoftware oder System-Updates. So werden ganz gezielt vor potenziell problematischen Aktionen Sicherungspunkte erstellt.

Systemwiederherstellungspunkte vor einschneidenden Maßnahmen selbst anlegen

Sie müssen sich nicht darauf verlassen, dass und ob Windows regelmäßig Wiederherstellungspunkte Ihres Systems sichert, sondern können jederzeit auch eigene Wiederherstellungspunkte manuell anlegen. Das empfiehlt sich z. B., bevor Sie neue Hardwarekomponenten einbauen oder zum ersten Mal anschließen bzw. die Treibersoftware dafür installieren. Aber auch vor dem Installieren einer neuen Software oder vor wesentlichen Veränderungen an der Systemkonfiguration kann ein Wiederherstellungspunkt nicht schaden. Das Gleiche gilt etwa vor manuellen Änderungen in der Windows-Registry. Kurzum, wann immer Sie etwas vorhaben, was die Stabilität Ihres Windows-Systems gefährden könnte, sollten Sie einen Wiederherstellungspunkt anlegen.

1. Öffnen Sie in der klassischen Systemsteuerung den Bereich *Wiederherstellung*.

2. Wählen Sie in der Liste der Wiederherstellungstools *Systemwiederherstellung konfigurieren*.

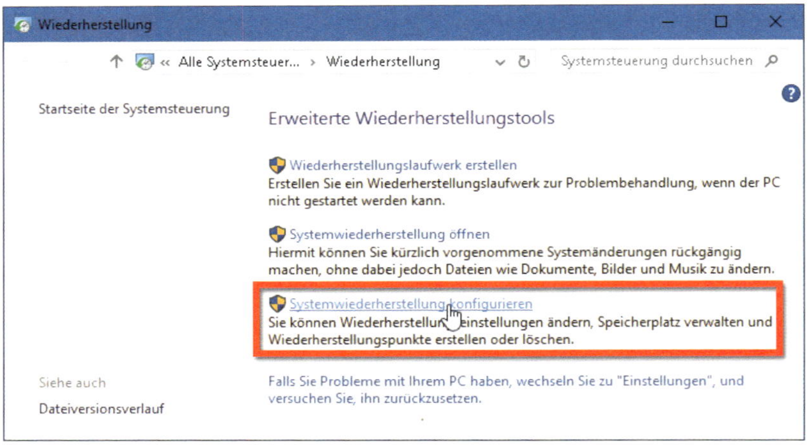

3. Klicken Sie anschließend unten rechts auf die Schaltfläche *Erstellen*. Sollte diese Schaltfläche inaktiv sein, müssen Sie den Computerschutz mit der Schaltfläche *Konfigurieren* erst einschalten.

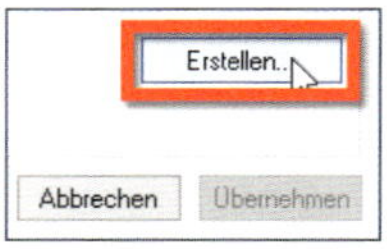

4. Geben Sie dann zunächst eine Bezeichnung für den Wiederherstellungspunkt ein. Diese kann beliebig gewählt werden. Am besten beschreiben Sie kurz den Anlass für das Anlegen der Sicherung.

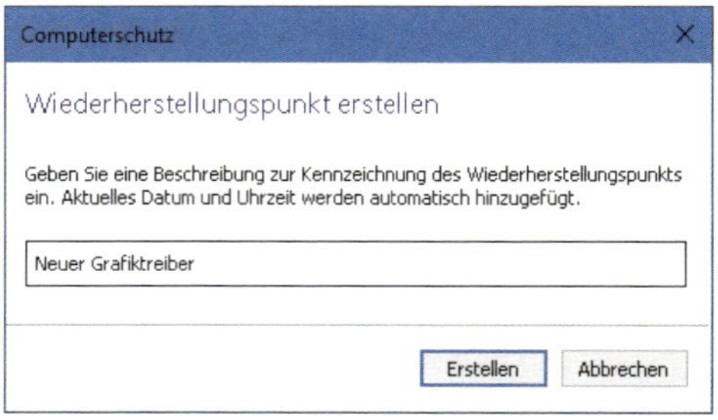

5. Der Assistent sammelt dann die Daten für den Wiederherstellungspunkt ein und sichert ihn. Dies kann ein wenig dauern.

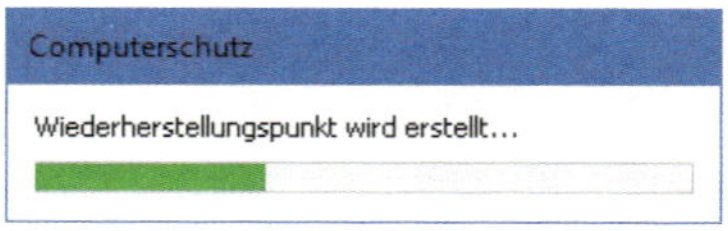

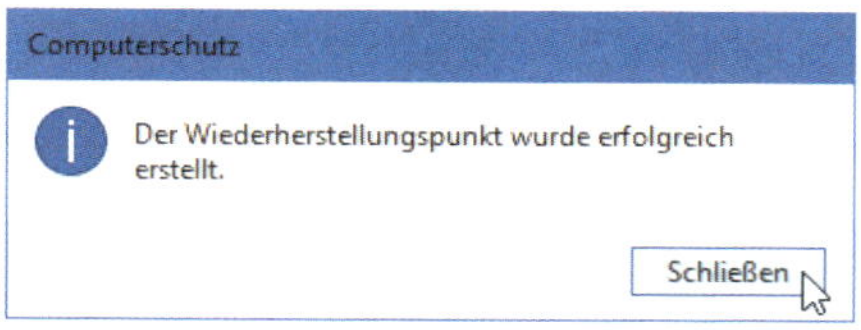

6. Hat alles geklappt und konnte der Wiederherstellungspunkt erfolgreich angelegt werden, erhalten Sie zum Abschluss eine Bestätigungsmeldung. Der Sicherungspunkt ist nun gespeichert und bleibt Ihnen vorläufig erhalten. Allerdings unterliegen auch manuell erstellte Wiederherstellungspunkte der Regel, dass sie ggf. automatisch gelöscht werden, um für neue – manuell oder automatisch erstellte – Wiederherstellungspunkte Platz zu machen.

Das System bei Problemen in einen funktionierenden Zustand zurückversetzen

Wenn Sie nach einer Softwareinstallation oder einer Änderung an der Systemkonfiguration Probleme mit Ihrem System feststellen oder die Änderung vielleicht eine Verschlechterung gebracht hat, ist es Zeit für eine Wiederherstellung des Systems.

1. Öffnen Sie wie oben beschrieben in der klassischen Systemsteuerung das Modul *Wiederherstellung*.
2. Klicken Sie diesmal auf *Systemwiederherstellung öffnen*. Damit starten Sie einen Assistenten, der Sie durch die notwendigen Schritte und Auswahlen begleitet. Bestätigen Sie die Begrüßung mit *Weiter*.

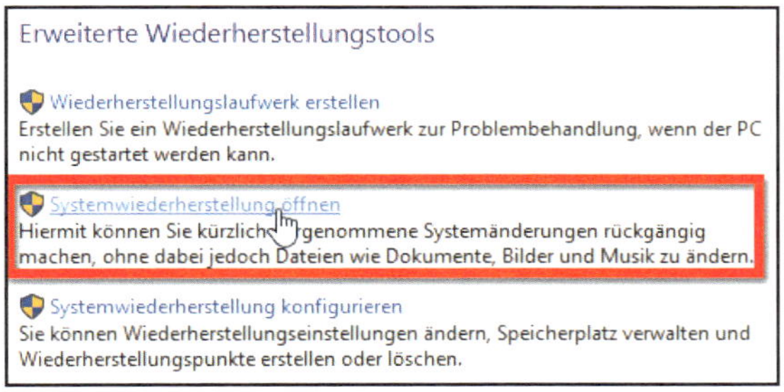

3. Der Assistent schlägt Ihnen dann automatisch den zuletzt erstellten Systemwiederherstellungspunkt vor. Klicken Sie dazu einfach unten rechts auf *Weiter*.

Worauf wirkt sich die Wiederherstellung aus?

Wenn Sie seit dem wiederherzustellenden Speicherpunkt Anwendungen installiert haben, sind diese durch die Wiederherstellung möglicherweise betroffen. Das gilt auch für Updates von schon länger vorhandenen Programmen, was aber weniger tragisch ist, da die eingebauten Update-Funktionen das ggf. wieder in Ordnung bringen. Sie können sich mit der Schaltfläche *Nach betroffenen Programmen suchen* erkundigen, welche Anwendungen oder Treiber von einer Wiederherstellung betroffen wären.

4. Mit der Option *Weitere Wiederherstellungspunkte anzeigen* listet der Assistent Ihnen weitere Wiederherstellungspunkte der jüngeren Vergangenheit auf. Wählen Sie hier ggf. einen besser geeigneten aus. Klicken Sie dann unten auf *Weiter*.

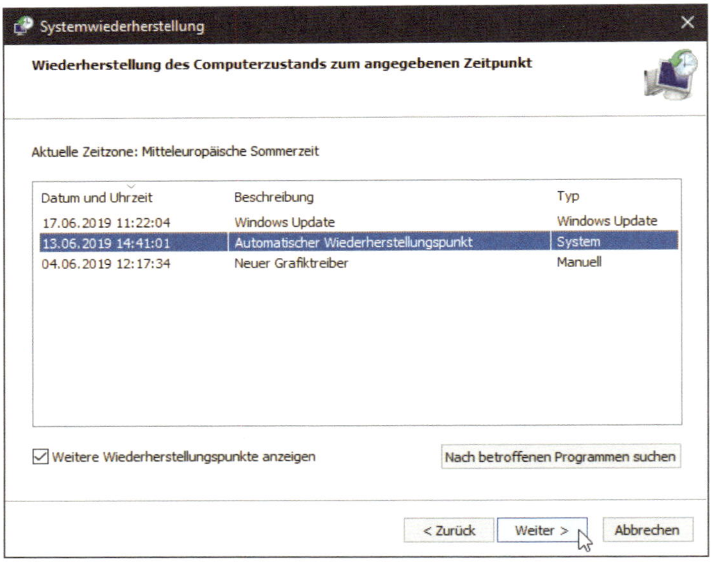

5. Der Assistent zeigt dann eine Zusammenfassung des ausgewählten Wiederherstellungspunktes an und bittet Sie um Bestätigung. Klicken Sie dazu einfach unten auf *Fertig stellen*.

6. Bestätigen Sie auch den anschließenden Warnhinweis bezüglich des folgenden Vorgangs mit *Ja*.

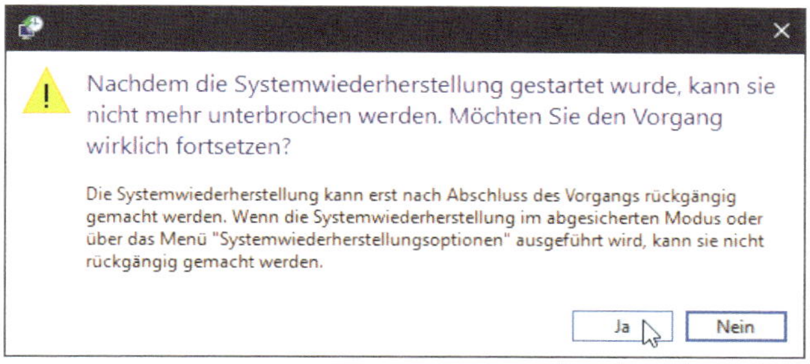

7. Der Assistent bereitet dann die Systemwiederherstellung vor. Dazu kopiert er die erforderlichen Dateien und setzt die veränderten Systemeinstellungen zurück.

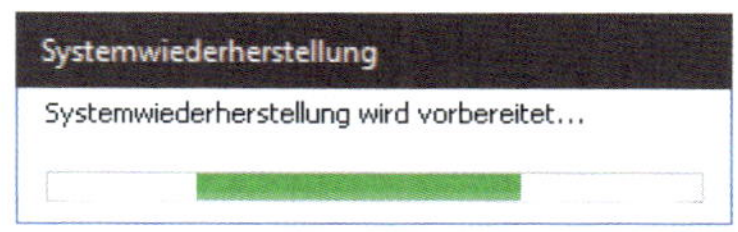

8. Anschließend wird Windows heruntergefahren und für die eigentliche Systemsteuerung wieder neu gestartet. Dies ist erforderlich, damit die Systemeinstellungen und -dateien beim Hochfahren aktualisiert werden können.

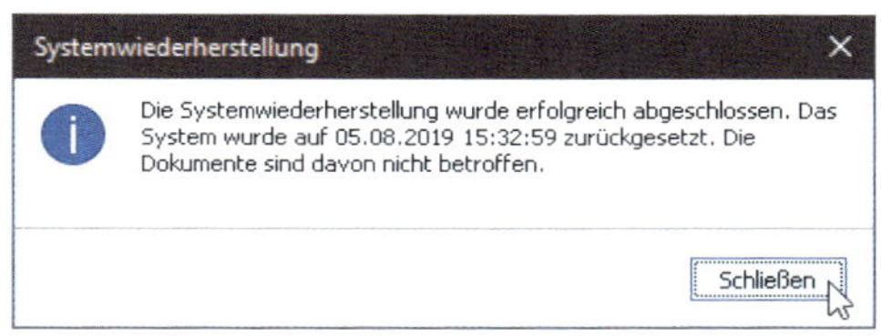

9. Nach dem Neustart befindet sich Ihr Windows-System wieder in demselben Zustand wie beim Anlegen des Wiederherstellungspunktes. Dies gilt allerdings nur für die Systemeinstellungen und -dateien. Änderungen an Ihren persönlichen Dateien, die Sie seit dem Anlegen des Sicherungspunktes vorgenommen haben, sind dadurch unbeeinträchtigt.

Keine oder zu wenig Wiederherstellungspunkte vorhanden?

Falls die Liste der Wiederherstellungspunkte zu kurz oder gar leer sein sollte, ist nicht genügend Platz auf der entsprechenden Festplatte vorhanden. Windows sichert nur dann Wiederherstellungsinformationen, wenn auf einem Laufwerk mindestens 300 MByte freier Speicher verfügbar sind.

Ob dies der Fall ist, können Sie leicht überprüfen:

1. Lassen Sie sich im Windows-Explorer die Laufwerkübersicht Ihres Computers anzeigen.
2. Hier sehen Sie (am besten in der Ansicht *Kacheln*) zu jedem Laufwerk bzw. jeder Partition die Gesamtkapazität und den bereits belegten sowie den noch freien Speicherplatz.

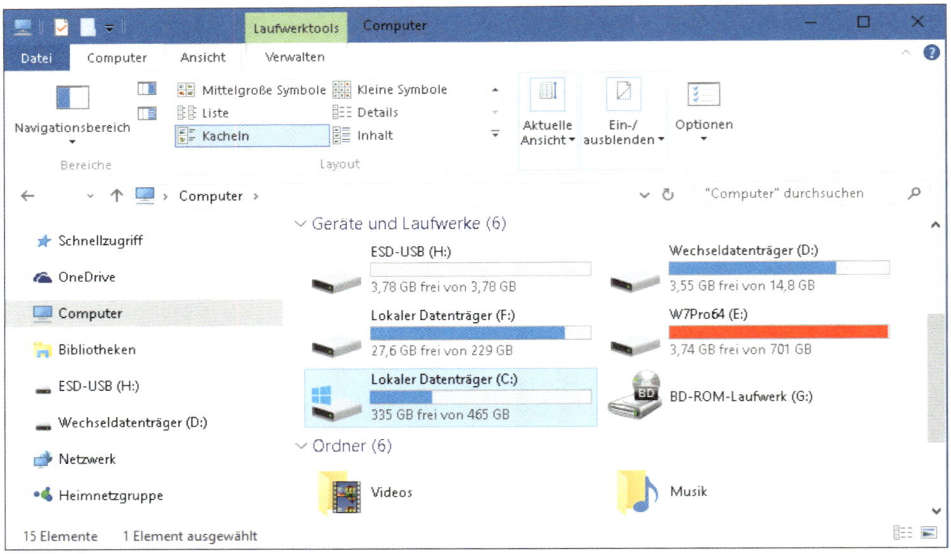

3. Achten Sie besonders auf die Angaben zum Windows-Systemlaufwerk (üblicherweise Laufwerk *C:*). Sie erkennen es an dem Laufwerksymbol mit Windows-Logo.

Wie viel Speicherplatz verbraucht die Systemwiederherstellung?
Die Systemwiederherstellung belegt mindestens 300 MByte auf jeder Festplatte, die sie überwacht. Insgesamt belegt sie allerdings höchstens 15 % des gesamten Speicherplatzes eines Laufwerks. Sind diese 15 % erreicht, werden automatisch alte Wiederherstellungspunkte gelöscht, bevor neue erstellt werden.

Mehr Platz für die Systemwiederherstellung

Wenn Ihnen zu wenige Wiederherstellungspunkte bzw. vorherige Versionen Ihrer Dokumente zur Auswahl angeboten werden, können Sie auch den dafür reservierten Speicherplatz vergrößern. Windows kann dann länger Wiederherstellungsinformationen sammeln, bevor die ältesten dieser Daten schon wieder gelöscht werden müssen.

1. Öffnen Sie in der Systemsteuerung die Kategorie *System und Sicherheit* und dort das Modul *System*.
2. Klicken Sie hier in der Navigationsleiste am linken Fensterrand auf *Computerschutz*. Alternativ finden Sie das entscheidende Menü auch direkt in den Systemeigenschaften in der Rubrik *Computerschutz*.

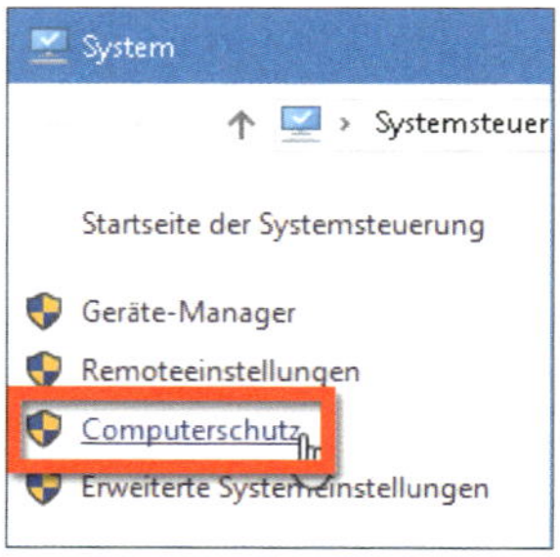

3. Hier finden Sie in der unteren Hälfte im Bereich *Schutzeinstellungen* eine Liste der verfügbaren Datenträger. Wählen Sie das Laufwerk aus, auf dem Sie den reservierten Speicherplatz verändern möchten, und klicken Sie darunter rechts auf *Konfigurieren*.
4. Im anschließenden Dialog finden Sie unten einen Schieberegler, mit dem Sie den reservierten Speicherplatz festlegen können. Die gerade gewählte Menge wird sowohl in Prozent des gesamten verfügbaren Speicherplatzes als auch in absoluten Zahlen angegeben.
5. Übernehmen Sie den veränderten Wert mit *OK*.

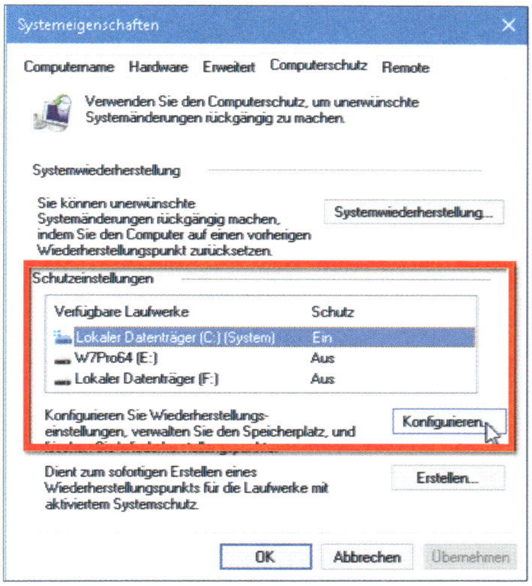

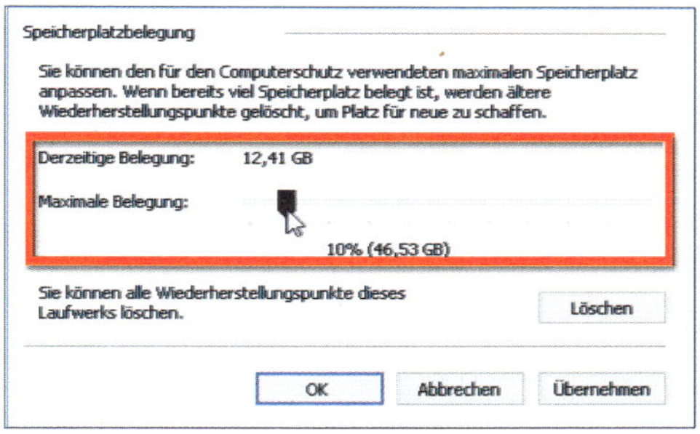

Reservierungen für jedes Laufwerk

Was eventuell etwas missverständlich sein könnte: Windows speichert die Wiederherstellungsinformationen für jedes Laufwerk auf eben diesem Laufwerk. Deshalb können Sie den dafür vorgesehenen Platz auch für jeden Datenträger individuell festlegen. Es bringt daher aber auch nichts, bei Knappheit an Wiederherstellungspunkten auf Laufwerk *C:* den reservierten Speicher auf Laufwerk *D:* zu vergrößern. Sie müssen den Speicherplatz da erhöhen, wo zu wenige Wiederherstellungsinformationen vorhanden sind.

Systemwiederherstellungsinformationen löschen

Windows bietet auch die Möglichkeit, die für den Computerschutz gespeicherten Informationen zu löschen. Das hat den offensichtlichen Grund, dass Sie so den dafür verwendeten Speicherplatz freigeben können. Das kann notwendig sein, wenn der Speicher insgesamt knapp wird und das System nicht mehr stabil läuft oder wenn kurzfristig für eine Installation oder ein aufwendiges Projekt mehr Speicher benötigt wird.

Ein anderer Aspekt ist aber auch, dass die Wiederherstellungsdaten gerade durch die früheren Versionen Ihrer Dokumente auch in Bezug auf Datenschutz nicht unproblematisch sind. So können sich in früheren Versionen eines Dokuments Texte oder Daten befinden, die Sie aus der aktuellen Fassung schon entfernt haben. Wenn Sie den PC an jemand anderen weitergeben, kann das durchaus unerwünscht sein.

1. Um die Wiederherstellungsinformationen zu löschen, öffnen Sie, wie bereits beschrieben, den Computerschutz, wählen das betroffene Laufwerk aus und klicken dann auf *Konfigurieren*.
2. Im anschließenden Dialog finden Sie unten rechts die Schaltfläche *Löschen*.

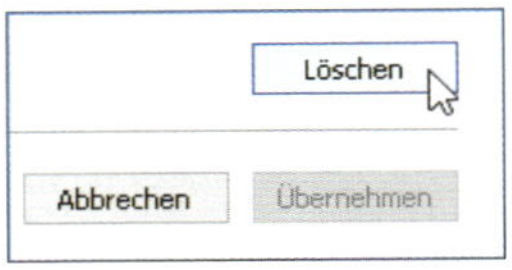

3. Nun folgt eine Rückfrage, da durch das Löschen dieser Daten eine Systemwiederherstellung sowie der Zugriff auf frühere Versionen zumindest vorläufig (bis sich wieder neue Daten angesammelt haben) nicht mehr möglich ist. Wichtig ist dabei der Hinweis, dass dies auch ältere Systemabbildsicherungen betreffen kann. Bestätigen Sie die Rückfrage mit *Fortsetzen*.

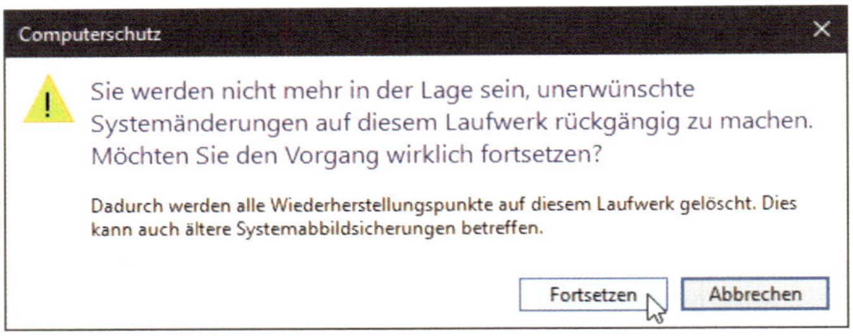

4. Nun brauchen Sie je nach Umfang der Daten nur noch ein wenig Geduld, bis die Dateien gelöscht wurden und der Speicherplatz wieder zur Verfügung steht.

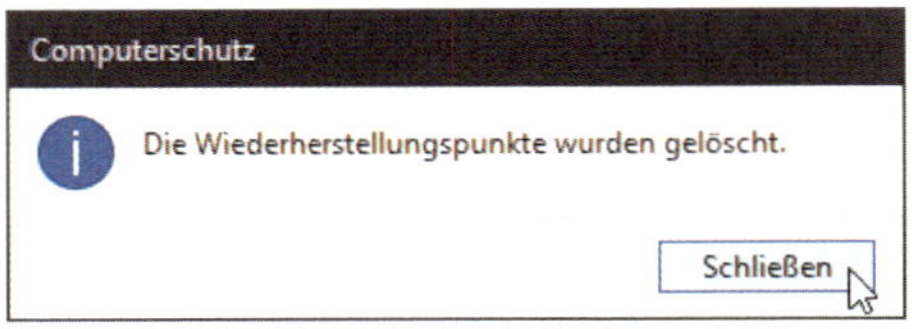

15.2 Einen aktuellen Installationsdatenträger vorbereiten

Wenn Windows nicht mehr regulär gestartet werden kann, sollte stets ein aktueller Installationsdatenträger zur Hand sein. Er enthält nicht nur alle wesentlichen Dateien, um Windows ggf. reparieren zu können, sondern bringt auch eine Wiederherstellungsumgebung mit. In diesem speziellen Modus können verschiedene Werkzeuge zur Reparatur eingesetzt, aber auch Systemsicherungen eingespielt, Wiederherstellungspunkte abgerufen oder die Auffrischen-Funktion ausgeführt werden.

Ein aktueller Installationsdatenträger ersetzt also die von früheren Versionen bekannten Systemreparaturdatenträger bzw. Wiederherstellungsdatenträger. Er kann auf einer DVD oder besser einem immer wieder verwendbaren USB-Stick gespeichert werden.

Zum Erstellen verwenden Sie ein komfortables Tool von Microsoft:

1. Öffnen Sie im Webbrowser die Seite www.microsoft.com/de-de/software-download/windows10, und laden Sie sich dort das Tool herunter.

2. Nach dem vollständigen Download starten Sie dieses Programm und bestätigen die Lizenzbedingungen mit *Akzeptieren*.
3. Dann wählen Sie die Option *Installationsmedien (...) für einen anderen PC erstellen*.

4. Der Assistent schlägt Ihnen dann passend zum auf diesem PC installierten Windows *Sprache*, *Edition* sowie die *Architektur* (32 oder 64 Bit) vor. Möchten Sie davon abweichen, deaktivieren Sie darunter die Option *Empfohlene Optionen für diesen PC verwenden*, und ändern Sie die Vorgaben dann entsprechend ab.

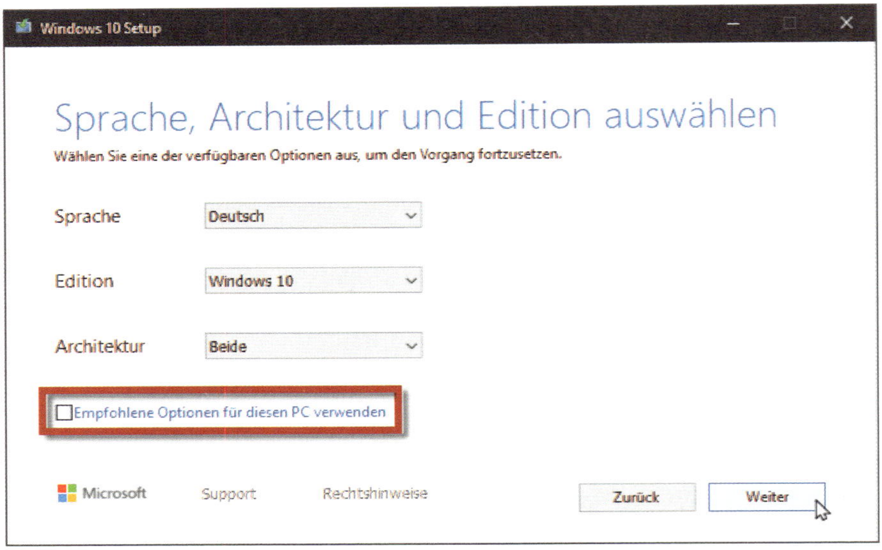

5. Nun entscheiden Sie, was für ein Installationsmedium Sie verwenden möchten.
   - Sie können einen *USB-Speicherstick* erstellen. Dieser kann direkt in das Gerät gesteckt werden, auf dem Sie Windows installieren möchten. Wählen Sie beim Starten den USB-Stick als Laufwerk, beginnt direkt die Installation. Ein USB-Stick sollte mindestens 8 GByte Speicherplatz umfassen. Beachten Sie, dass eventuell vorhandener Inhalt auf dem Stick überschrieben wird.
   - Alternativ erstellen Sie eine *ISO-Datei*. Diese kann auf eine DVD gebrannt werden. Ebenso können Sie die Datei aber auch auf anderen Wegen (Netzwerk, USB-Stick etc.) auf einen anderen PC transferieren und dort als virtuelles Medium einhängen, um eine Upgrade-Installation durchzuführen.

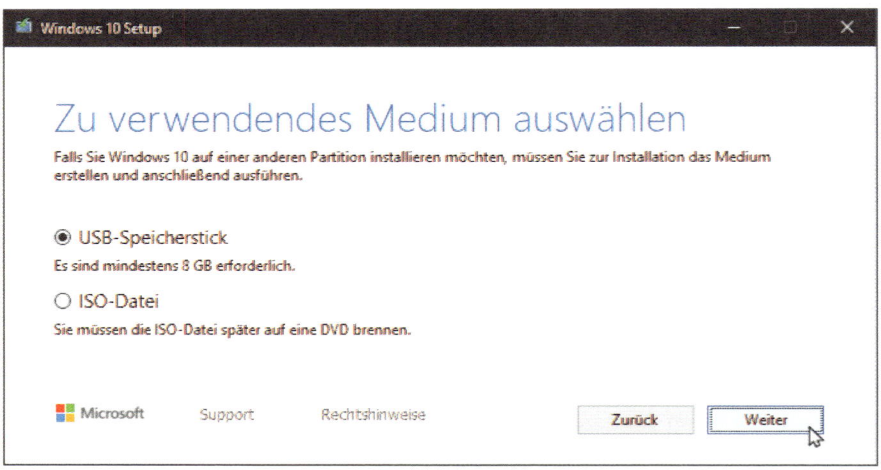

6. Wählen Sie anschließend den USB-Stick bzw. den Speicherort für die ISO-Datei aus. Dann geht es auch schon los mit dem Herunterladen der Dateien. Sie können das Fenster des Programms minimieren und wie gewohnt mit Ihrem PC weiterarbeiten.
7. Anschließend wird der USB-Stick mit den Installationsdaten beschrieben bzw. die ISO-Datei an der festgelegten Stelle gespeichert.

Den so erstellten USB-Stick sollten Sie eindeutig kennzeichnen und an einem sicheren Ort hinterlegen, wo er zwar schnell zur Verfügung steht, aber nicht versehentlich für andere Zwecke überschrieben wird. Spätestens nach einem Feature-Update sollten Sie den Stick neu erstellen, damit er jeweils aktuelle Systemdateien enthält. Außerdem sollten Sie das Booten von diesen Medium zumindest einmal probeweise durchführen. So machen Sie sich mit dem Vorgang vertraut und stellen sicher, dass der Datenträger im Notfall auch verwendet werden kann.

Die ISO-Datei auf eine DVD brennen

Haben Sie auf die oben beschriebene Weise eine ISO-Datei heruntergeladen, können Sie damit leicht ein DVD-Installationsmedium erstellen:

1. Klicken Sie mit der rechten Maustaste auf das Symbol der ISO-Datei.
2. Wählen Sie im Kontextmenü den Befehl *Datenträgerabbild brennen*. Alternativ finden Sie in der Kategorie *Verwalten* der Multifunktionsleiste eine gleichnamige Schaltfläche.

3. Damit öffnen Sie das Dienstprogramm zum Brennen von ISO-Datenträgerabbildern. Hier ist bei *CD/DVD-Brenner* standardmäßig bereits Ihr Brennerlaufwerk eingestellt. Sollten mehrere vorhanden sein, wählen Sie das gewünschte aus.
4. Soll das Programm die CD/DVD nach dem Brennvorgang auf eventuelle Fehler hin untersuchen, schalten Sie das Kontrollkästchen *Datenträger nach dem Brennen überprüfen* ein. Dadurch verlängert sich der gesamte Vorgang allerdings deutlich.

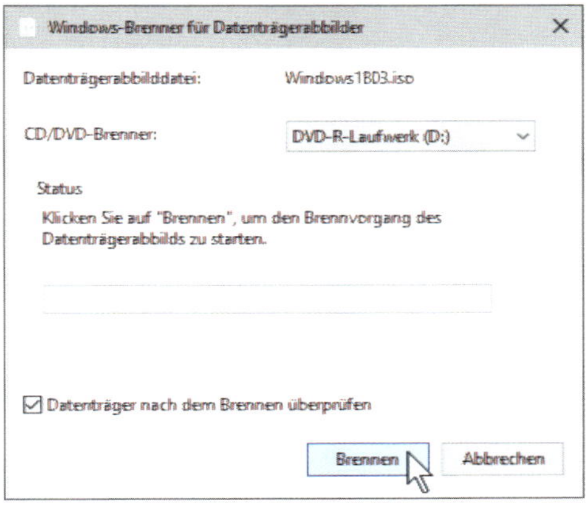

5. Stellen Sie schließlich sicher, dass sich ein geeigneter Rohling im Brennerlaufwerk befindet, und klicken Sie unten auf die *Brennen*-Schaltfläche. Das Programm führt nun den Brennvorgang durch.

15.3 Wichtige Daten zuverlässig sichern

Eine regelmäßige Sicherung von System und wichtigen Dokumenten ist die Lebensversicherung für Ihren PC. Selbst wenn Windows nachhaltig beschädigt und nicht mehr startfähig sein sollte, können Sie durch das Einspielen einer Komplettsicherung jederzeit recht schnell und einfach wieder zu einem lauffähigen System gelangen. Allenfalls die seit der letzten Sicherung vorgenommenen Änderungen an Dokumenten und Einstellungen gehen verloren.

3-2-1: Die optimale Backup-Strategie

Das Ziel einer perfekten Backup-Strategie lässt sich mit den Zahlen 3-2-1 beschreiben, wobei diese Zahlen für folgendes Prinzip stehen: **drei** Kopien auf **zwei** verschiedenen Datenträgern, von denen **einer** sich in einem anderen Gebäude befindet. Drei Kopien bedeutet, dass Sie neben der letzten Sicherung immer auch mindestens noch auf die vorletzte zurückgreifen können. Selbst wenn die letzte Sicherung fehlerhaft war oder bereits von einem Trojaner verschlüsselte Dateien enthielt, bleibt immer noch die vorletzte, die diesen Makel in der Regel nicht aufweist. Zwei verschiedene Datenträger sind sinnvoll, weil einer allein durch einen Defekt, Diebstahl oder äußere Beschädigung (beispielsweise Feuer oder Wasserschaden) verloren gehen kann. Dazu trägt auch bei, dass sich einer der beiden in einem anderen Gebäude befinden sollte. Selbst bei einem Gebäudebrand bleibt der zweite Datenträger verschont. Sind beide Orte weit genug voneinander entfernt, wären die Daten mit diesem Prinzip sogar bei Katastrophen wie Erdbeben oder Reaktor-GAUs sicher. Nun ist das 3-2-1-Prinzip ein Optimum, das nur mit einigem Aufwand erreicht werden kann. Aber man kann versuchen, mit vertretbarem Aufwand so nahe wie möglich heranzukommen.

Nun hört sich ein solches möglichst lückenloses Backup erst mal nach viel Aufwand an. Das muss es aber nicht sein. Mit dem richtigen Werkzeug brauchen Sie Sicherungsaufgaben nur einmal sinnvoll zu konfigurieren und zu testen. Danach kann das Ganze mehr oder weniger automatisch ablaufen. Und das Schöne daran: Ein solches reibungs- und lückenloses Backup schützt Sie nicht nur vor Trojanern, sondern auch vor anderer Malware, vor Festplattendefekten und sogar vor eigener Fehlbedienung durch Unachtsamkeit oder versehentliches voreiliges Löschen von Dateien oder Inhalten.

Bestandsaufnahme: Was kann wo gesichert werden?

Bevor es an eine konkrete Backup-Strategie und deren Umsetzung geht, sollten Sie eine Bestandsaufnahme machen, die sich an zwei Faktoren orientiert:

- **Was muss gesichert werden?** Dazu müssen Sie Ihren Datenbestand aufmerksam durchforsten und die Laufwerke bzw. Ordner sammeln, in denen sich schützenswerte Dateien befinden. Idealerweise gibt es ein zentrales, übergeordnetes Verzeichnis, das alles beherbergt und das als Ausgangspunkt für Sicherungen dienen kann. Dabei wäre es allerdings sinnvoll, dass sich darin tatsächlich möglichst nur sicherungswürdige Dokumente befinden. Alles andere bläht den Speicherbedarf und die benötigte Zeit unnötig auf. Haben Sie Ihre Dateien auf verschiedene Ordner oder gar Laufwerke verteilt, wird es etwas aufwendiger. Vielleicht ist dies aber auch eine Gelegenheit, das eigene Vorgehen kritisch zu prüfen und ggf. umzustrukturieren. Wichtig ist nur, dass am Ende eine Liste aller der Ordner steht, die bei der Sicherung berücksichtigt werden müssen. Auch der aktuelle Speicherbedarf der Daten sollte erfasst werden.

- **Welche Sicherungsziele stehen zur Verfügung?** Die zweite Frage ist, wohin gesichert werden kann. Oft stehen dafür schon Möglichkeiten bereit, wenn man darüber nachdenkt, etwa USB-Sticks bzw. externe Festplatten, Speicherlaufwerke im lokalen Netzwerk oder auch Onlinespeicher in der Cloud. Auch hier sollte die jeweilige Kapazität ermittelt werden.

Nach dieser Bestandsaufnahme sollten Sie einen Überblick haben, wie viele Daten gesichert werden müssen (mit einem gehörigen Zuschlag für zukünftige Ergänzungen) und welche Speichermöglichkeiten mit entsprechender Kapazität vorhanden sind. Wenn Sie dabei zu der Erkenntnis kommen, dass Speicherbedarf und -angebot sich noch nicht in Einklang bringen lassen, dann wäre das der richtige Zeitpunkt, in geeigneten Speicher zu investieren. Meine Empfehlung wäre dabei eine externe USB-Festplatte ausreichender Größe. Wenn Sie nicht gerade umfangreiche Videofilme sichern möchten, sollte eine Platte mit 500 GByte oder einem TB ausreichen. Wichtig bzw. empfehlenswert ist allerdings ein Modell mit USB-3.0-Anschluss, um die Geschwindigkeit und damit den Komfort zu steigern.

Das richtige Sicherungsziel auswählen

Im Hinblick auf Erpressungstrojaner kommt der Auswahl des Sicherungsziels eine besondere Bedeutung zu. Zur Strategie dieser Trojaner gehört es, Dateien nicht nur auf der lokalen Festplatte zu verschlüsseln. Stattdessen greifen sie alle Speicherlaufwerke an, die sie erreichen können. Dazu gehören auch USB-Sticks, externe Laufwerke, Speicherkarten oder Netzlaufwerke. Es wäre nicht sinnvoll, Sicherungen auf Laufwerken zu speichern, die für Trojaner erreichbar sind. Denn dann könnte die Schadsoftware die Backup-Daten ebenfalls verschlüsseln, und es wäre nichts gewonnen. Ein einfacher Test zeigt Ihnen, welche Speicherziele gefährdet sind: Wenn Sie ein Speicherziel direkt mit dem Windows-Explorer ansteuern können, ohne ein Passwort eingeben zu müssen, ist das ein schlechtes Zeichen. Wenn Sie nun noch auf diesem Medium eine Datei erstellen bzw. eine vorhandene Datei verändern können, ist das ein Ausschlusskriterium. Denn ein Trojaner könnte es dann ganz genauso machen.

Damit ein Speicherziel für Trojaner nicht erreichbar ist, gibt es prinzipiell zwei Möglichkeiten:

- **Das Speicherziel wird nur für die Dauer der Sicherung mit dem PC verbunden:** Dies ist beispielsweise mit einem externen USB-Laufwerk möglich. Man steckt es ein, führt die Sicherung durch, stöpselt es aus und verstaut es an einem sicheren Ort bis zur nächsten Sicherung. Das ist etwas umständlich, lässt sich aber teilweise automatisieren.

- **Das Speicherziel kann nur nach Eingabe eines Passworts erreicht werden:** Dies ist beispielsweise mit einem Netzlaufwerk (NAS) möglich. Im einfachsten Fall können Sie den USB-Anschluss Ihres Routers (das ist beispielsweise bei den meisten FRITZ!-Box-Modellen möglich) dafür verwenden. Der Zugriff erfolgt über das Netzwerk, aber nur nach dem Anmelden mit Benutzernamen und Passwort. Das Backup-Programm kann so konfiguriert werden, dass es sich automatisch anmeldet. Dem Trojaner wird das mangels Kenntnis der Zugangsdaten nicht gelingen.

Beide Varianten werden auf den folgenden Seiten ausführlich und im praktischen Einsatz vorgestellt.

Sicherungsumfang und -häufigkeit bestimmen

Abhängig vom Volumen der zu sichernden Daten, dem verfügbaren Speicherplatz auf Sicherungsmedien und Ihrer Nutzungsintensität des PCs können Sie dann darangehen, den Umfang und die Häufigkeit der Sicherungen zu bestimmen. Folgende Anregungen sind dabei vielleicht hilfreich:

- Es ist sinnvoll, immer mindestens **zwei Sicherungen** zu haben: die zuletzt erstellte und die vorherige. Sollte sich herausstellen, dass mit der letzten etwas nicht in Ordnung war, können Sie notfalls auf die frühere zurückgreifen. Sobald eine neue Sicherung erstellt wurde, können Sie die vorletzte löschen. Mit einem guten Backup-Programm lässt sich das automatisieren (mehr darüber erfahren Sie in den folgenden Abschnitten).
- Berücksichtigen Sie beim Abschätzen des Platzbedarfs **inkrementelle Sicherungen**. Dabei wird einmal eine Komplettsicherung erstellt, und danach werden nur noch die wirklichen Änderungen gesichert, also nur die seit der letzten Sicherung bearbeiteten bzw. hinzugekommenen Dateien. Während die Komplettsicherung viel Zeit und Platz benötigt, sind die folgenden Inkrementsicherungen wesentlich schlanker. Allerdings können Sie nicht nur Inkrementsicherungen erstellen, denn eine Wiederherstellung daraus ist nur möglich, wenn die ursprüngliche Komplettsicherung und alle folgenden Inkrementsicherungen noch vorhanden sind. Man dürfte also niemals Sicherungsdaten löschen. Eine sinnvolle Strategie könnte aber sein, einmal pro Woche eine Komplettsicherung und dann sechs Tage lang Inkrements zu machen. Danach geht es wieder von vorne los. Ab der dritten Woche können Sie die älteste Komplettsicherung mit ihren Inkrements löschen, um Speicherplatz freizugeben.
- Es muss **nicht immer nur eine Sicherung** sein. Prinzipiell können Sie auch zwei oder mehr Sicherungsaufträge definieren. Einen allgemeinen, der alle Elemente umfasst, aber nicht so häufig ausgeführt wird. Und einen spezielleren, der nur die Ordner berücksichtigt, mit denen Sie praktisch täglich arbeiten, und der entsprechend häufig durchgeführt wird. Das reduziert den Speicher- und Platzbedarf. Es kann lediglich im Ernstfall bei der Wiederherstellung etwas mühsamer sein, die letzte intakte Version einer Datei zu ermitteln.
- Für die Sicherungshäufigkeit **entscheidend ist, wie und wie intensiv der PC genutzt wird**. Schalten Sie ihn nur alle zwei bis drei Tage ein, um Mails abzurufen und im Web

zu surfen, reicht ggf. eine wöchentliche Sicherung. Nutzen Sie das Gerät beruflich und arbeiten täglich damit, sollten Sie mindestens einmal pro Tag eine Sicherung anfertigen, vielleicht auch häufiger, etwa morgens, mittags und abends oder sogar stündlich (Inkrementsicherung).

Backup mit Bordmitteln

Windows bringt einen Assistenten zur Datensicherung mit. Dieser ist schon seit vielen Jahren dabei und wird von Microsoft nicht gerade enthusiastisch weiterentwickelt, da man dort eher auf die Cloud als Sicherungsinstanz setzt (siehe Seite 286). Dementsprechend mangelt es etwas an Flexibilität, und gerade bei Komplett-Backups kommt es immer wieder zu Problemen. Aber zum regelmäßigen Sichern bestimmter Ordner bietet er eine solide Basislösung, die ab Werk vorhanden und gut in Windows integriert ist. Der Sicherungsassistent unterstützt verschiedene Arten von Sicherungsmedien. Welche geeignet sind, hängt von der Ausstattung Ihres PCs sowie vom Umfang der zu sichernden Dateien ab:

- **Interne Festplatten:** Eine zweite in den PC eingebaute Festplatte eignet sich durchaus für Backups. Ist eine solche Festplatte ohnehin vorhanden, ist dies eine einfache und schnelle Lösung. Wichtig ist allerdings, dass es sich wirklich um eine zweite physische Festplatte handelt und nicht nur um eine zusätzliche Partition auf derselben Festplatte wie Betriebssystem und Dateien. Nur so bietet die Sicherung Schutz bei Hardwaredefekten. Einschränkend muss außerdem gesagt werden, dass diese Lösung bei massiven Beschädigungen z. B. durch Überspannung bzw. Blitzschlag nicht optimal ist, da die zweite Festplatte dabei ebenfalls beschädigt werden kann.
- **Externe Festplatten:** Eine sehr gute und praktische Lösung sind externe Festplatten, die per USB an den PC angeschlossen werden. Dabei sollte allerdings unbedingt USB 2.0 oder 3.0 zum Einsatz kommen. Optimalerweise wird die USB-Festplatte nur für das Sichern der Daten angeschlossen und sonst an einem sicheren Ort verwahrt. Bei Sicherungen per Zeitplan ist dies aber eher unpraktisch. Hinweis: USB-Sticks werden vom Sicherungsassistenten nicht als Ziel für geplante Sicherungen akzeptiert, selbst wenn sie ausreichend Kapazität haben.
- **Beschreibbare Datenträger:** Theoretisch immer noch machbar, aber angesichts der heute üblichen Datengrößen eher unpraktisch. CDs sind mittlerweile viel zu klein, DVDs mögen für überschaubare Datenmengen noch geeignet sein und ein gutes Preis-Leistungs-Verhältnis haben. Blu-rays haben zwar eine höhere Kapazität, sind aber auch teurer. Ist der Brenner ohnehin vorhanden, Sie müssen nicht zu oft sichern und/oder möchten die Sicherungen länger aufbewahren, dann mögen solche Datenträger noch sinnvoll sein. In der Regel ist eine externe Festplatte aber eine sinnvollere Investition.
- **Netzwerklaufwerke:** Ist der PC mit anderen Rechnern vernetzt, kann die Sicherung auch auf einem Netzlaufwerk erfolgen. Dies bietet sich insbesondere an, wenn es im Netzwerk einen zentralen Fileserver gibt, der seinerseits über Backup-Funktionen verfügt. Die Sicherung ins Netzwerk ist schnell und zuverlässig. Allerdings gilt auch hier,

dass im Fall einer massiven Beschädigung – z. B. bei einem Brand – im Zweifelsfall auch der Rechner beschädigt wird, auf dem sich die Sicherungsdateien befinden.

Regelmäßige automatische Sicherungen konfigurieren

Nach der Installation von Windows ist der Sicherungsassistent zunächst inaktiv. Um das zu ändern, müssen Sie ihm einmalig einen Sicherungsauftrag erteilen. Dieser Auftrag kann dann gleich mit einem regelmäßigen Zeitplan versehen werden, damit der Assistent ihn ab sofort automatisch in bestimmten Abständen durchführt.

1. Geben Sie in der Systemsteuerung im Suchfeld oben rechts die Zahl *7* ein. Dann erhalten Sie den Eintrag *Sichern und Wiederherstellen (Windows 7)* ganz oben in der Trefferliste.

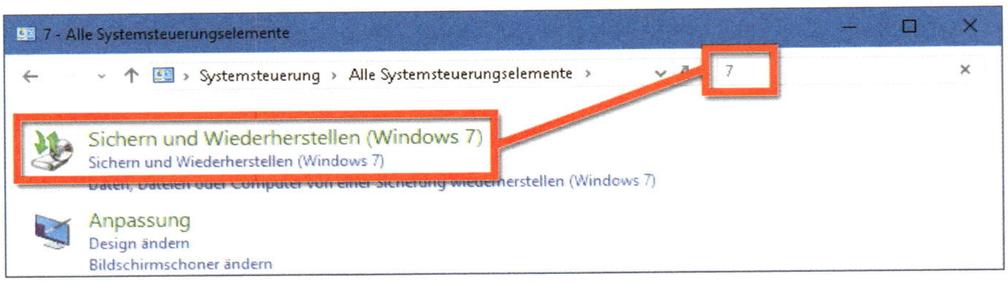

2. Damit finden Sie die Funktionen zum Sichern und Wiederherstellen von Dateien und System. Außerdem finden Sie hier auch Abkürzungen zu den Funktionen der Systemwiederherstellung.

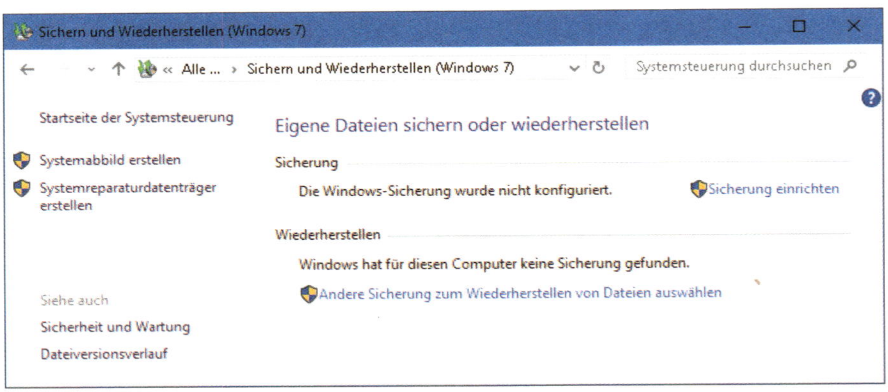

3. Wenn der Sicherungsassistent noch nie eingesetzt wurde, klicken Sie rechts auf den Link *Sicherung einrichten*. Andernfalls ist bereits ein Sicherungsauftrag definiert, den Sie mit *Einstellungen ändern* anpassen können.
4. Der Assistent untersucht dann zunächst, welche Sicherungsgeräte zur Auswahl stehen. Schließen Sie also externe Sicherungsmedien wie z. B. USB-Festplatten am besten schon vorher an. Da ein Backup auf die Systemfestplatte nicht sinnvoll wäre, steht diese nicht zur Verfügung. Weitere Festplatten sowie Brennerlaufwerke werden aber aufge-

führt. Die sinnvollste Variante markiert der Assistent mit dem Kommentar *[Empfohlen]*. Wählen Sie einfach selbst das Laufwerk aus, auf dem Sie sichern möchten.

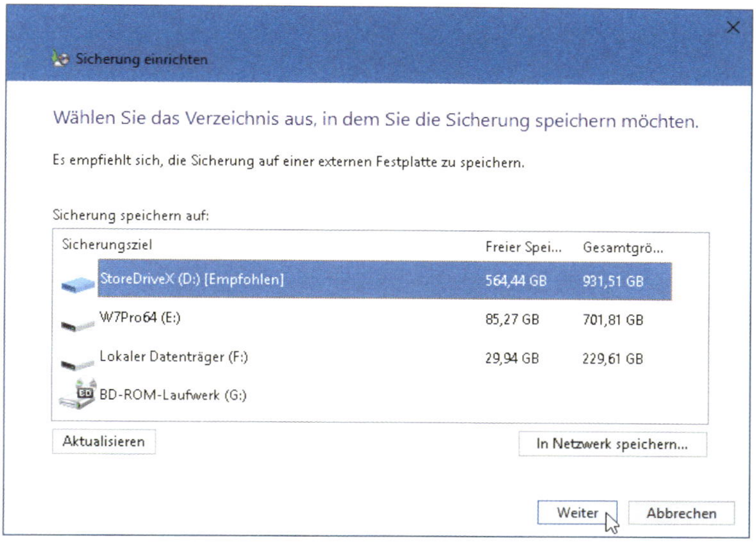

5. Wollen Sie das Backup über ein Netzwerk auf einen Fileserver oder einen anderen PC ausführen, klicken Sie unten auf *In Netzwerk speichern*. Geben Sie im folgenden Schritt den Netzwerkpfad zu dem gewünschten Speicherort sowie die für diesen Netzwerkzugriff erforderlichen Benutzerdaten an. Dieses Laufwerk wird dann mit in die Laufwerkauswahl für den Speicherort aufgenommen.

6. Als Nächstes können Sie wählen, welche Daten gesichert werden sollen:
   - Mit *Auswahl durch Windows* überlassen Sie die genaue Zusammenstellung dem Betriebssystem. Wenn Sie für das Speichern von Daten ohnehin die von Windows vorgegebenen Strukturen wie Standardordner (*Eigene Dokumente*, *Eigene Bilder* etc.) bzw. Bibliotheken verwenden, ist das die richtige Wahl. Solche Dateien und Ordner werden dann automatisch berücksichtigt.
   - Verwenden Sie eigene Ordnerstrukturen oder auch mehrere Laufwerke für Ihre Daten, sollten Sie hingegen auf die Option *Auswahl durch Benutzer* zurückgreifen. Dann können Sie im folgenden Schritt genau angeben, welche Ordner gesichert werden sollen.

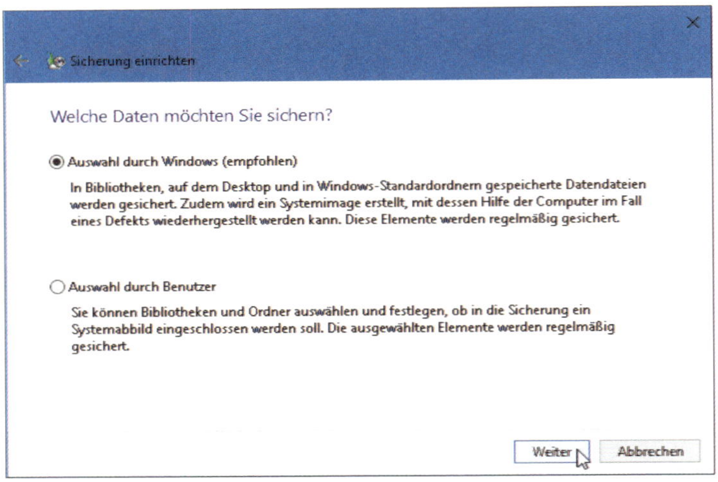

Systemabbild scheitert an fehlendem Speicherplatz?

Möglicherweise scheitert das Erstellen eines Systemabbilds mit dem Hinweis, es sei auf den zu sichernden Partitionen nicht ausreichend Speicherplatz für Volumenschattenkopien vorhanden, auch wenn das objektiv nicht stimmt. Ursache ist die zusätzlich vom System reservierte Minipartition, die nur in der Datenträgerverwaltung sichtbar ist und die zwangsläufig zu einem Systemabbild gehört. Bei älteren Systemen, die per Upgrade-Installation auf Windows 10 aktualisiert wurden, ist die Partition so klein, dass sie mittlerweile fast vollständig gefüllt ist. Der verbleibende Platz genügt den Ansprüchen der Volumenschattenkopien (mindestens 50 MByte) nicht mehr. Einzige Abhilfe: diese Partition nachträglich vergrößern. Mit Bordmitteln (Datenträgerverwaltung) wird dies nur in den seltensten Fällen möglich sein, in denen im Anschluss an diese Partition noch freier Platz auf dem Datenträger vorhanden ist bzw. sich schaffen lässt. In den (meisten) anderen Fällen kann nur ein Partitionstool Abhilfe schaffen, das auch volle Partitionen verschieben und so den benötigten Speicherplatz schaffen kann, beispielsweise www.partitionwizard.com/free-partition-manager.html.

7. Haben Sie sich für eine individuelle Auswahl entschieden, legen Sie nun fest, welche Ordner genau dazugehören sollen. Ihre Standardordner und -bibliotheken sind standardmäßig bereits erfasst, können aber abgewählt werden. Stellen Sie ganz unten außerdem ein, ob auch jedes Mal ein Systemabbild gesichert werden soll. Dies können Sie z. B. auch nur bei Bedarf nach größeren Änderungen manuell erstellen und so die automatischen Sicherungen schlanker und schneller halten.
8. Der Sicherungsassistent präsentiert Ihnen dann eine Zusammenfassung der gewählten Einstellungen. Kontrollieren Sie hier Ihre Auswahl. Außerdem können Sie mit einem Klick auf *Zeitplan ändern* festlegen, wann und wie häufig die automatische Sicherung ausgeführt werden soll.

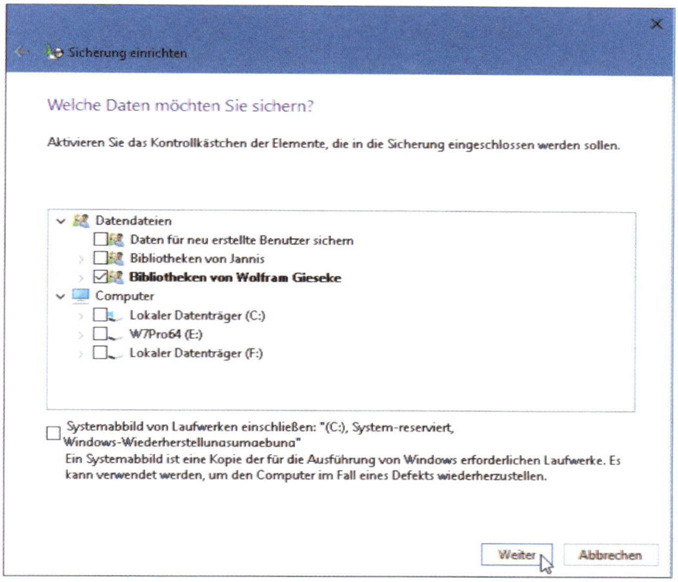

Muss der PC zur Sicherung eingeschaltet sein?

Es bietet sich an, einen Zeitpunkt für die Sicherung zu wählen, zu dem Ihr Rechner üblicherweise eingeschaltet ist. Das ist auch kein Problem, da die Sicherung im Hintergrund erfolgt und Sie währenddessen ungestört weiterarbeiten können. Außer erhöhter Festplattenaktivität werden Sie davon kaum etwas bemerken. Aber auch wenn der PC zum fraglichen Termin mal ausgeschaltet sein sollte, macht das nichts. Der Assistent bemerkt beim nächsten Start automatisch, dass er eine Sicherung verpasst hat, und holt diese dann nach. Auch das geschieht wiederum unauffällig im Hintergrund.

9. Klicken Sie im abschließenden Schritt noch auf *Zeitplan ändern*, um ggf. die Häufigkeit anzupassen, mit der die Sicherung durchgeführt werden soll. Wählen Sie dazu den Tag der Sicherung aus, und geben Sie die Uhrzeit an.

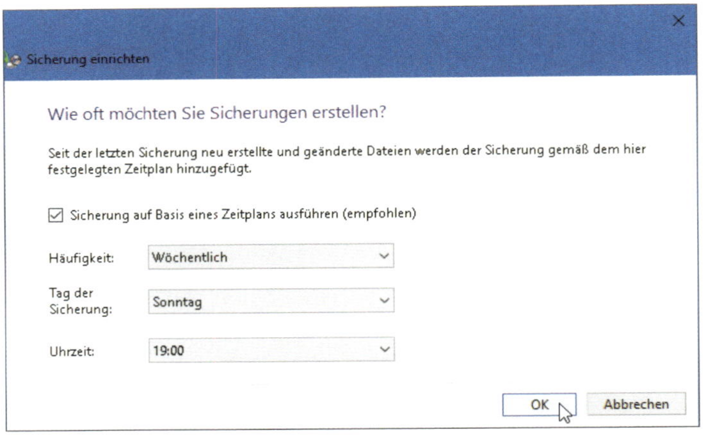

10. Klicken Sie dann unten auf die Schaltfläche *Einstellungen speichern und Sicherung ausführen*. Der Assistent legt dann sofort eine erste Komplettsicherung an. Mit *Details anzeigen* können Sie den Fortschritt genau verfolgen. Oder aber Sie schließen die Dialoge und arbeiten einfach weiter.

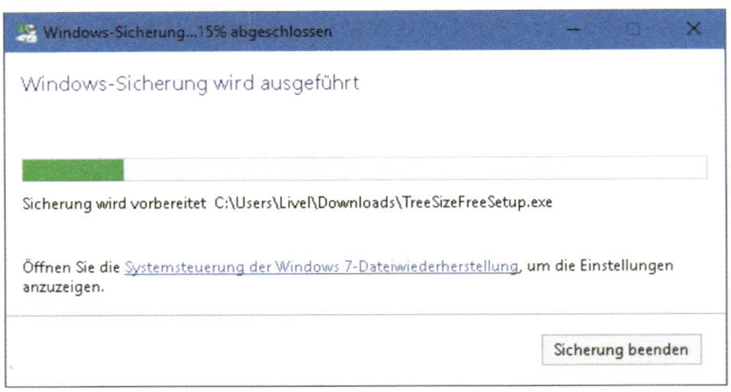

Wie viel Platz benötigen die Sicherungsdateien?

Der Speicherplatzbedarf der Sicherungsdaten hängt vom Umfang der zu sichernden Dateien und von der Regelmäßigkeit der Änderungen ab. Der Assistent erstellt bei einem neuen Sicherungsauftrag jeweils zuerst eine Komplettsicherung. Bei den weiteren Sicherungen per Zeitplan handelt es sich um Deltasicherungen, bei denen nur die Dateien berücksichtigt werden, die seit der letzten Sicherung verändert wurden. Dadurch laufen die weiteren Sicherungen schneller ab, und der Speicherplatzbedarf reduziert sich erheblich. Den Platzbedarf der Sicherungen können Sie leicht im Auge behalten: Auf dem Datenträger, den Sie für die Sicherungsdaten ausgewählt hatten, finden Sie einen Ordner mit dem Netzwerknamen Ihres PCs. Wenn Sie mit der rechten Maustaste darauf klicken und im Kontextmenü *Eigenschaften* aufrufen, finden Sie dort unter *Größe* die Menge des Speicherplatzes, den dieser Ordner derzeit belegt.

Nach Datenverlusten Dateien aus Sicherungen zurückspielen

Wenn Sie regelmäßige Sicherungen durch den Assistenten durchführen lassen, stehen Sie im Fall eines Datenverlusts gut da. Nun können Sie auf die gesicherten Daten zurückgreifen und fehlende, beschädigte oder versehentlich veränderte Dateien einfach wiederherstellen.

1. Öffnen Sie dazu wiederum den Bereich *Sichern und Wiederherstellen (Windows 7)* in der klassischen Systemsteuerung.
2. Klicken Sie hier im Bereich *Wiederherstellen* auf die Schaltfläche *Eigene Dateien wiederherstellen*.

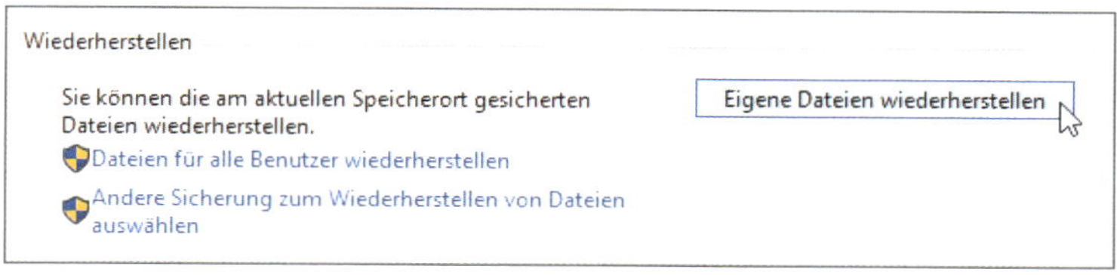

3. Der so gestartete Assistent bietet Ihnen standardmäßig die zuletzt erstellte Sicherung für das Wiederherstellen an. Ist der Missgriff gerade eben erst passiert, finden Sie hier vermutlich die entsprechende Datei. Ist die gesuchte Datei älteren Datums, können Sie mit einem Klick auf den Link *Anderes Datum auswählen* eine frühere Sicherung anwählen.

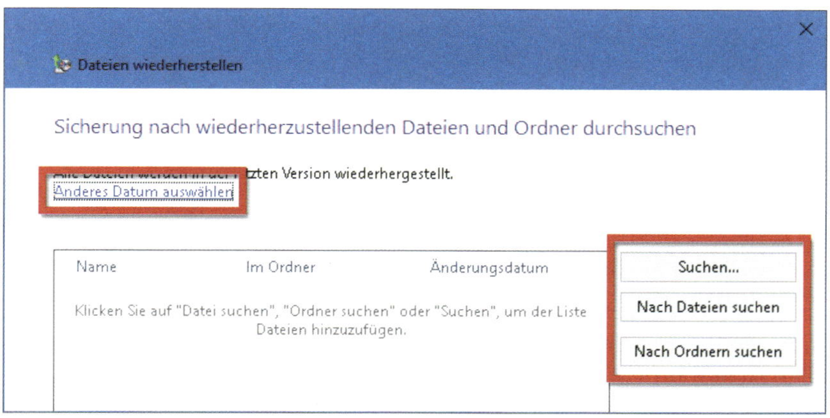

4. Ist die richtige Sicherung eingestellt, geht es daran, die Dateien und/oder Ordner auszuwählen, die Sie wiederherstellen wollen. Klicken Sie für Dateien rechts auf die Schaltfläche *Nach Dateien suchen*. Anschließend können Sie durch die gesicherten Daten zu der Stelle navigieren, an der die gewünschte Datei gespeichert war. Im Auswahlfenster sehen Sie jeweils das Datum der letzten Änderung der gesicherten Datei als Auswahlhilfe. Wählen Sie die Datei oder auch mehrere Dateien aus, und übernehmen Sie sie mit *Dateien hinzufügen* in die Liste der wiederherzustellenden Dateien.

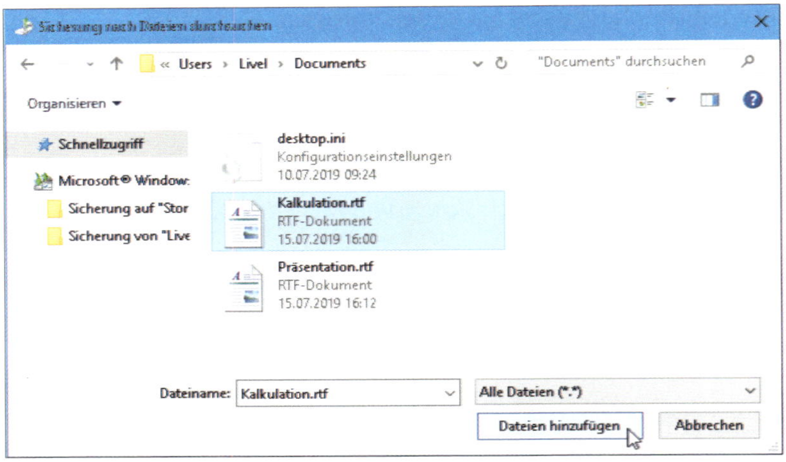

5. Wenn Sie ganze Ordner wiederherstellen wollen, verwenden Sie stattdessen die Schaltfläche *Nach Ordnern suchen* und verfahren dann analog.

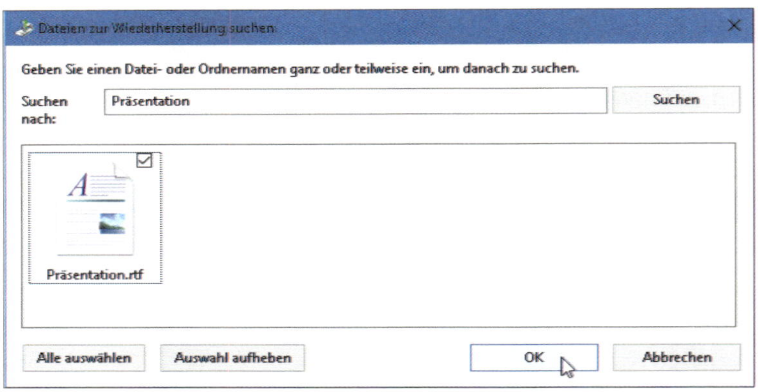

Dateien und Ordner in der Sicherung suchen

Wenn Sie den Namen eines gesuchten Dokuments oder zumindest einen Teil davon kennen, den genauen Speicherort aber nicht mehr rekonstruieren können, ist die Suchfunktion ein praktischer Helfer. Mit einem Klick auf die *Suchen*-Schaltfläche rechts öffnen Sie eine lange Liste aller in der gewählten Sicherung enthaltenen Dateien und Ordner. Oben können Sie nun den Namen der gesuchten Datei eintippen. Dabei reicht auch ein beliebiger Teil des Namens aus. Wenn Sie dann ↵ drücken oder rechts auf *Suchen* klicken, wird die Liste auf die Einträge reduziert, die zu diesem Suchtext passen. Um Dateien oder Ordner aus der Liste auszuwählen, setzen Sie vor ihrem Eintrag ein Häkchen. Klicken Sie dann unten auf *OK*, um die markierten Elemente in die Wiederherstellungsliste aufzunehmen.

6. Mit den beschriebenen Mitteln können Sie die Dateien und Ordner auswählen, die Sie wiederherstellen wollen. Sie werden alle in der Wiederherstellungsliste verzeichnet. Ist die Auswahl komplett, klicken Sie unten auf *Weiter*.

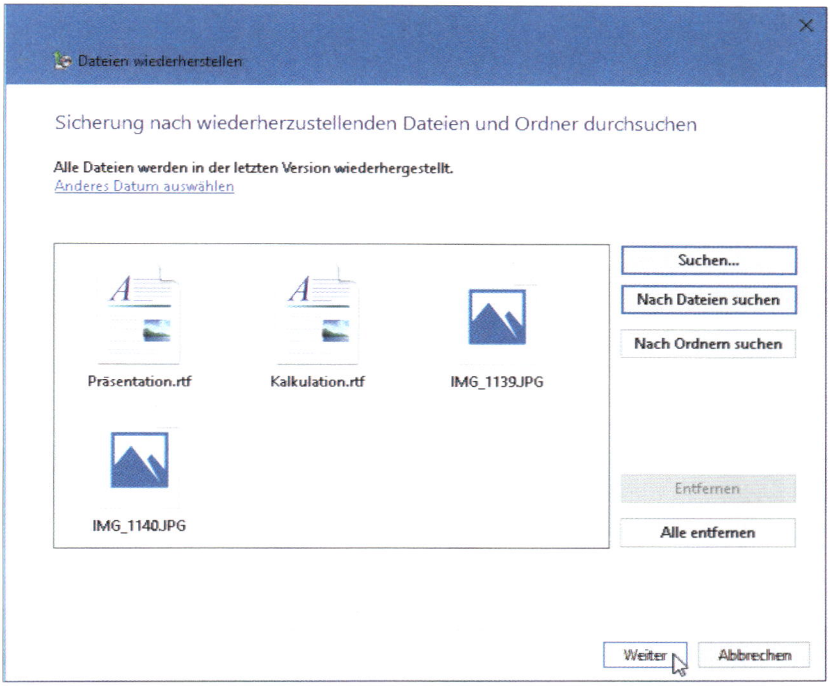

7. Nun können Sie noch die Wiederherstellungsoptionen konfigurieren. Normalerweise dürfte es reichen, wenn die Daten *Am Ursprungsort* wiederhergestellt werden. Die Dateien und Ordner werden also genau dahingeschrieben, wo der Sicherungsassistent sie erfasst hatte. Eine eventuell noch vorhandene neuere Version wird dabei überschrieben.
8. Wollen Sie neuere Dateiversionen durch das Wiederherstellen nicht beeinträchtigen, können Sie sie an einem anderen Ort wiederherstellen lassen. Wählen Sie dazu die Option *An folgendem Ort*, und geben Sie einen beliebigen Ordner dafür an. Mit der Option *Dateien in den ursprünglichen Unterordnern wiederherstellen* bewahren Sie die Verzeichnisstruktur der wiederhergestellten Dateien. Der oben festgelegte Ordner fungiert dann als Stammverzeichnis, von dem aus die relevanten Ordner wiederhergestellt werden.
9. Stammen die gesicherten Dateien von verschiedenen Laufwerken, können Sie mit *Unterordner für den Laufwerkbuchstaben erstellen* sogar die Laufwerkstruktur unterhalb des Wiederherstellungsordners restaurieren. So lassen sich auch größere Mengen an wiederhergestellten Dateien gut strukturieren.

10. Klicken Sie dann unten auf die Schaltfläche *Wiederherstellen*.

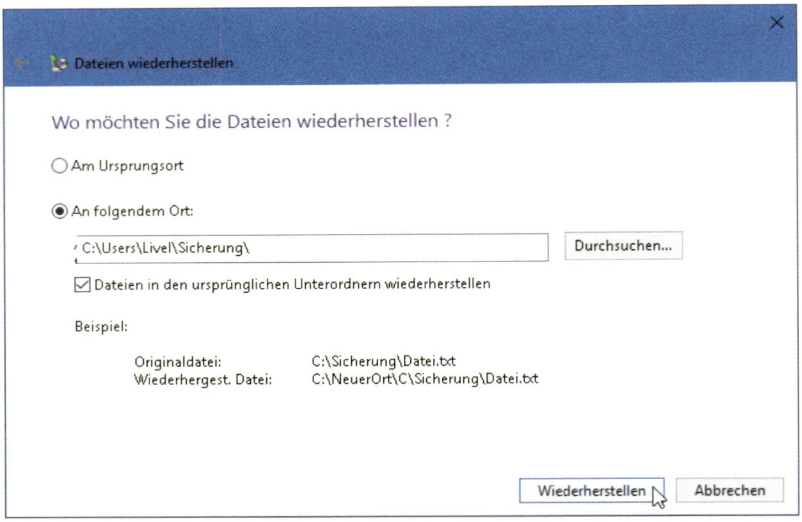

11. Warten Sie kurz, bis die ausgewählten Dateien wiederhergestellt sind. Sie erhalten dann die Meldung *Die Dateien wurden erfolgreich wiederhergestellt*.

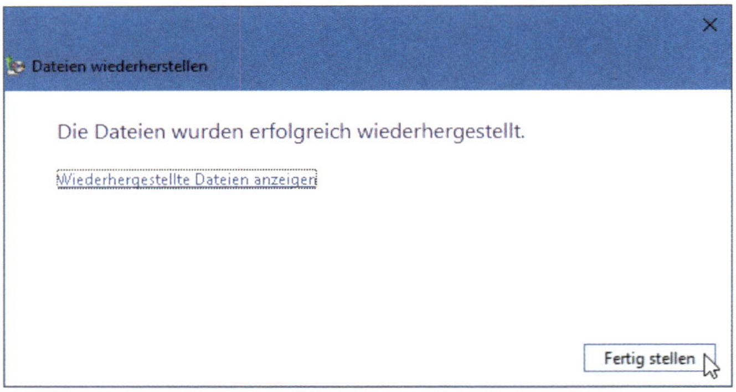

Flexibler sichern mit Duplicati

Die eingebaute Sicherungsfunktion von Windows arbeitet zuverlässig, ist allerdings nur mäßig flexibel. So lässt sich, wie oben beschrieben, nur ein einziges Sicherungsprofil anlegen. Andere Backup-Programme erlauben es, mehrere Profile parallel zu benutzen. So ließe sich beispielsweise folgendes sinnvolles Szenario umsetzen:

- tägliches Backup nur der aktuell bearbeiteten Dateien
- wöchentliches Backup aller Dokumentbibliotheken und wichtiger Systemdateien
- monatliches Erstellen eines Systemabbilds

Meine alternative Empfehlung ist der kostenlose Backup-Spezialist Duplicati (www.duplicati.com). Er bietet gegenüber dem mitgelieferten Sicherungsassistenten eine ganze Reihe von Vorteilen und braucht sich auch vor der kostenpflichtigen Konkurrenz nicht zu verstecken:

- Damit können Sie beliebige Sicherungen definieren, die manuell oder nach Zeitplan ausgeführt werden.
- Es lässt sich einfach der komplette Inhalt von Ordnern oder Laufwerken sichern. Ebenso können Sie aber mit Filtern sehr genau festlegen, welche Arten von Dateien berücksichtigt oder ausgeschlossen werden sollen.
- Zusätzlich lassen sich Duplicati-Sicherungsaufträge mit der Windows-Aufgabensteuerung automatisch mit bestimmten Ereignissen verknüpfen.
- Duplicati kann nach einem ersten Komplett-Backup weitere inkrementelle Sicherungen vornehmen, die weniger Speicherplatz benötigen und verschiedene Versionen der gesicherten Dokumente vorrätig halten. Dabei arbeitet Duplicati blockbasiert, sodass immer nur der Teil einer Datei gesichert werden muss, der sich tatsächlich verändert hat. Dadurch sind inkrementelle Sicherungen meist sehr platzsparend.
- Es können selbst Dokumente gesichert werden, die gerade geöffnet sind bzw. durch Windows blockiert werden, sodass Sicherungen jederzeit zuverlässig erstellt werden.
- Das Programm unterstützt verschiedene Speicherziele einschließlich Cloud-Speicher und kann seine Backup-Dateien durch Verschlüsselung schützen.

Wie Sie Duplicati zum Definieren und Durchführen von Sicherungen nutzen und möglichst komfortabel einsetzen, erfahren Sie auf den folgenden Seiten. Um das nachzuvollziehen, brauchen Sie das Programm lediglich herunterzuladen und zu installieren.

Die richtige Duplicati-Version

Wenn Sie Duplicati herunterladen wollen, stehen verschiedene Versionen zur Auswahl. Grundsätzlich sollten Sie sich für Duplicati 2 entscheiden, da die Vorgängerversion 1.x nicht mehr unterstützt wird. Bei Duplicati 2 gibt es drei »Geschmacksrichtungen«, von denen ich die neueste Version mit dem Zusatz *_beta_* empfehle. Trotz dieser Bezeichnung ist diese Software stabil, ausreichend getestet und für den Einsatz zu empfehlen. Andere Versionen mit den Zusätzen *_canary_* oder *_experimental_* sind aktuelle Entwicklerversionen, um die man als Anwender einen Bogen machen sollte. In Zukunft soll noch eine *_stable_*-Variante hinzukommen, die dann der Betaversion vorzuziehen wäre.

Die webbasierte Oberfläche nutzen

Ein wichtiger Unterschied zu anderen typischen Programmen ist, dass Duplicati webbasiert arbeitet. Es wird also keine Anwendung im klassischen Sinn installiert, sondern ein Serverdienst, der per Webbrowser konfiguriert und verwendet wird.

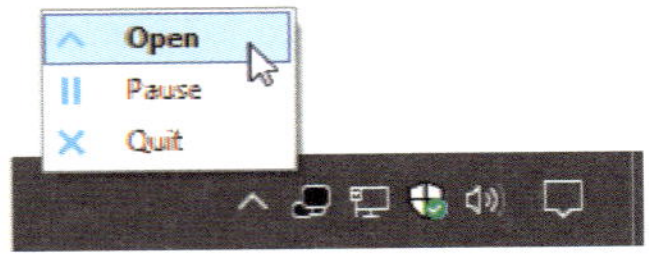

Nach der Installation finden Sie ein Symbol für Duplicati im Infobereich rechts unten in der Windows-Taskleiste. Darüber lässt sich der Status von Duplicati kontrollieren und steuern. Um die Weboberfläche zu öffnen, wählen Sie im Kontextmenü *Open* oder doppelklicken auf das Symbol. Darauf wird Ihr Standardwebbrowser gestartet und darin die Adresse *localhost:8200* geöffnet. Diese können Sie auch jederzeit direkt im Webbrowser eintippen oder als Favoriten speichern. Wenn Sie *localhost* durch den Netzwerknamen Ihres PCs ersetzen, können Sie die Oberfläche auch von anderen Geräten aus öffnen.

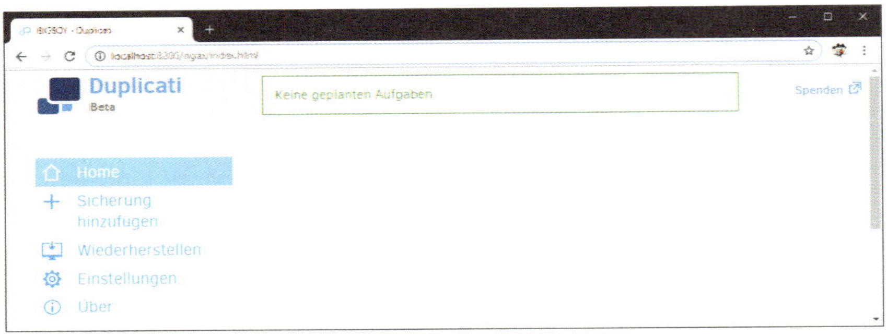

Beim ersten Start ist die Duplicati-Oberfläche noch sehr aufgeräumt und besteht im Wesentlichen aus dem Hauptmenü auf der linken Seite. Ist das Browserfenster zu klein, wird dieses Menü automatisch ausgeblendet und muss zunächst durch einen Klick auf das dann angezeigte Menüsymbol oben rechts geöffnet werden.

Einen Sicherungsauftrag erstellen

Bei allen Grundfunktionen wie dem Definieren eines Sicherungsauftrags oder dem Wiederherstellen von Dateien aus einer Sicherung werden Sie von einem Assistenten »an die Hand genommen«, der Sie der Reihe nach durch alle Schritte führt.

1. Wählen Sie im Hauptmenü die Option *Sicherung hinzufügen*.
2. Belassen Sie es im ersten Schritt bei der Option *Neues Backup konfigurieren*, sofern Sie nicht einen zuvor exportierten Sicherungsauftrag vorliegen haben.

3. Geben Sie dann im Feld *Name* eine Bezeichnung für die Sicherung an. Diese dient nur Ihrer eigenen Orientierung und ist vor allem wichtig, wenn Sie mehrere verschiedene Aufträge definieren. Zusätzlich können Sie bei *Description* eine kurze Beschreibung hinterlegen. Diese dient vor allem Ihrer eigenen Orientierung.
4. Wählen Sie dann ggf. eine *Verschlüsselung* für die Sicherung aus:
   - Duplicati hat eine recht sichere *AES-256 Verschlüsselung* integriert.
   - Alternativ können Sie *Gnu Privacy Guard* für mehr Flexibilität bei der Verschlüsselungsmethode wählen. Allerdings muss dazu die GnuPG-Software auf dem Rechner installiert sein.
   - Mit *Keine Verschlüsselung* können Sie auf diesen Schutz auch ganz verzichten.

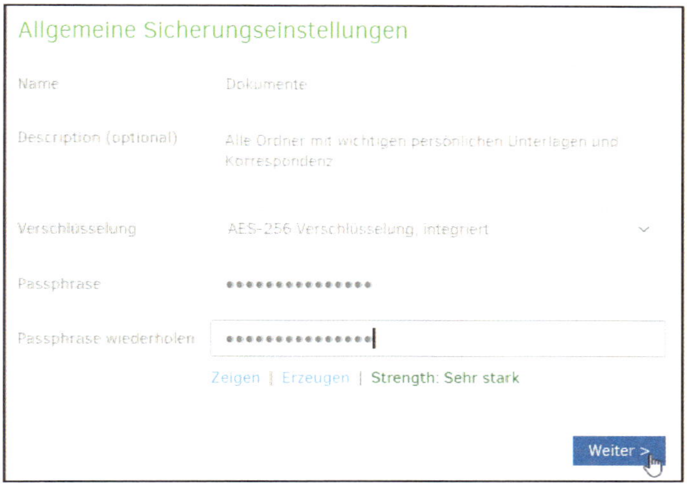

5. Nun bestimmen Sie zunächst, wo die Sicherungsdaten abgelegt werden sollen. Im Auswahlfeld *Speichertyp* finden Sie eine Vielzahl von Protokollen und Cloud-Diensten, die Duplicati direkt unterstützt. Um die Daten auf einer internen oder externen Festplatte abzulegen, wählen Sie ganz oben *Lokaler Ordner oder Laufwerk*. Auf diese Variante gehe ich bei den folgenden Schritten ein. Wählen Sie einen anderen Speichertyp, unterscheiden sich die vorzunehmenden Angaben und Einstellungen entsprechend.

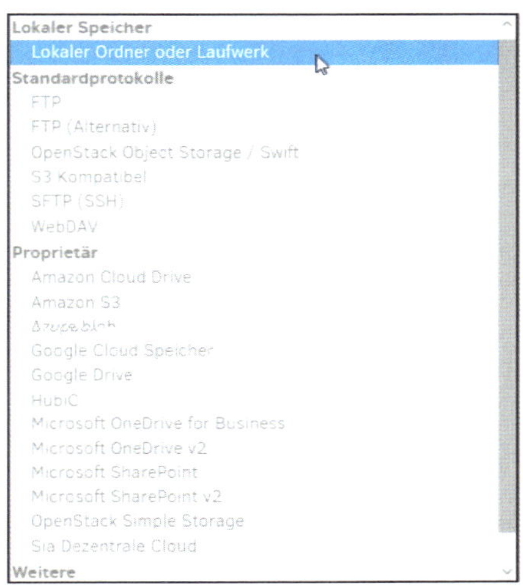

6. Haben Sie sich für *Lokaler Ordner oder Laufwerk* entschieden, wählen Sie anschließend im Feld *Ordnerpfad* das Laufwerk und den Ordner aus, in denen die Sicherungsdaten abgelegt werden sollen. Zur Auswahl stehen alle internen und externen Laufwerke Ihres PCs. Alternativ können Sie sich mit *Pfad eingeben* auch ein Eingabefeld anzeigen lassen, in dem Sie den vollständigen Pfad direkt eintippen bzw. einfügen können.
7. Sollte für den Zugriff auf den gewählten Speicherplatz eine Anmeldung mit einem bestimmten Benutzerkonto erforderlich sein, geben Sie darunter den entsprechenden *Benutzernamen* und das *Passwort* an.

8. Um sicherzustellen, dass Duplicati – mit oder ohne Anmeldedaten – der Zugriff auf den gewählten Speicherort gelingt, klicken Sie auf *Verbindung prüfen*. Erhalten Sie anschließend – ggf. nach kurzer Wartezeit – die Meldung *Verbindung erfolgreich*, passen die gewählten Einstellungen.
9. Wurde die Verbindung zum Sicherungsziel eingerichtet und geprüft, klicken Sie unten rechts auf *Weiter*.
10. Im nächsten Schritt wählen Sie aus, welche Dat(ei)en gesichert werden sollen. Dazu können Sie im Abschnitt *Benutzer Daten* einen oder mehrere der typischen Benutzerordner auswählen. Oder Sie klappen den Eintrag *Computer* aus und erhalten so Zugriff auf das vollständige Dateisystem Ihres PCs. Hangeln Sie sich bis zu den Ordnern oder ggf. auch einzelnen Dateien durch, die Sie sichern möchten, und setzen Sie dort jeweils ein Häkchen. Selbstverständlich können Sie auch bei mehreren Verzeichnissen aus verschiedenen Bereichen Häkchen setzen. Wenn Sie einen Ordner zur

Sicherung auswählen, berücksichtigt Duplicati dessen gesamten Inhalt einschließlich eventuell enthaltener Unterverzeichnisse.

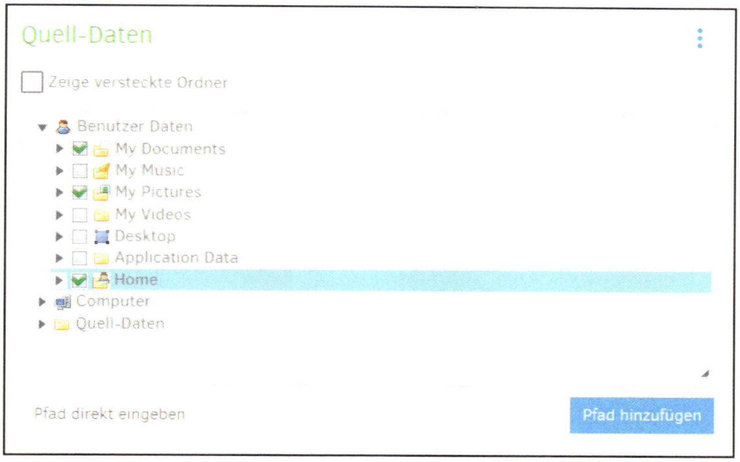

11. Duplicati kann eine einmal erstellte Sicherung immer wieder automatisch nach einem festgelegten Zeitplan durchführen. Wählen Sie dazu im folgenden Schritt die Option *Sicherungen automatisch durchführen*, und stellen Sie mit den Optionen darunter ein, wann und wie häufig die Sicherung wiederholt werden soll. Wenn Sie auf einen Zeitplan verzichten, können Sie die Sicherung jederzeit nach Bedarf manuell in der Weboberfläche von Duplicati starten.

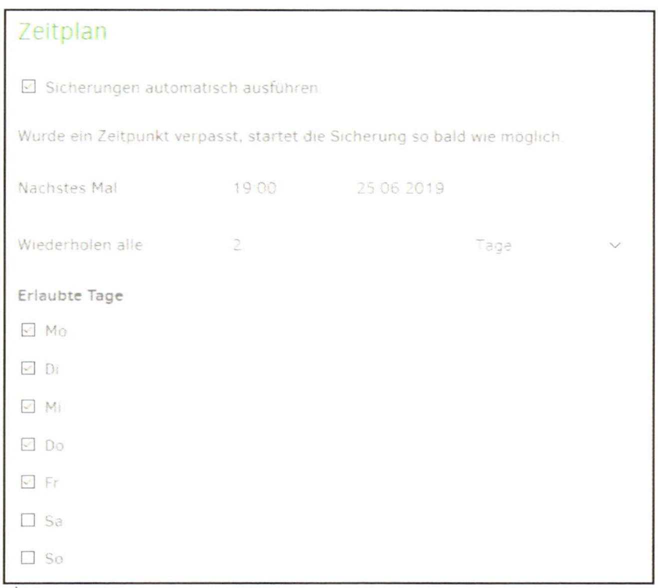

Filter und Ausschließen

Unterhalb der Ordnerauswahl lassen sich bei Bedarf die Abschnitte *Filter* sowie *Ausschließen* ausklappen. Diese bieten Ihnen die Möglichkeit, die zu sichernden Dateien auf bestimmte Namen, Dateiendungen oder Filtergruppen zu beschränken. So lassen sich beispielsweise Sicherungen erstellen, die nur Fotos berücksichtigen. Außerdem können Sie bestimmte typische Dateien wie etwa System- oder temporäre Dateien oder Objekte ab einer gewissen Größe ausschließen.

12. Bei den abschließenden Optionen kommt es vor allem auf die Einstellung der *Sicherungs-Aufbewahrung* an. Diese bestimmt, wie lange und wie viele Sicherungsversionen aufbewahrt werden und ob Duplicati alte Sicherungen irgendwann automatisch löschen darf bzw. soll.
    - Meine Empfehlung ist die Option *Intelligente Sicherungs-Aufbewahrung*. Dabei löscht Duplicati automatisch ältere Sicherungen, behält aber jeweils eine der letzten sieben Tage, der letzten vier Wochen und der letzten zwölf Monate bei. Auch nach einem Jahr haben Sie also noch eine gute Chance, eine intakte Version einer längst gelöschten oder beschädigten Datei wiederzufinden.
    - Eine gute Alternative ist *Lösche Backups, die älter sind als*. Damit werden Sicherungen automatisch entfernt, wenn sie ein gewisses Alter erreicht haben.
    - Für manche Zwecke ist aber auch das simple *Behalte eine konkrete Anzahl von Backups* geeignet. Es stellt sicher, dass jeweils die letzten x Sicherungen vorgehalten werden. Nach einer erneuten Sicherung wird die jeweils älteste automatisch gelöscht.

13. Klicken Sie schließlich unten rechts auf *Speichern*, um die Sicherung mit den gewählten Einstellungen zu übernehmen.

Damit ist die erste Basissicherung definiert. Zurück in der Weboberfläche finden Sie nun einen Eintrag mit dem gewählten Sicherungsnamen. Wollen Sie diese Sicherung nun direkt durchführen, klicken Sie dort auf den kleinen Link *Jetzt sichern*.

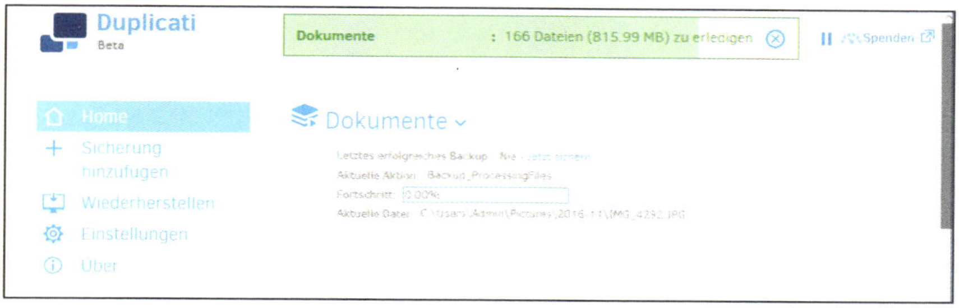

Optionen für Profis

Bei diesem Schritt wie auch bei einigen anderen können Sie sich ganz unten den Abschnitt *Optionen für Profis* anzeigen lassen. Er ermöglicht es, eine Vielzahl von zusätzlichen Eigenschaften zu bestimmten, die allerdings nur als einfache englische Name-Wert-Angaben ausgeführt sind. Einige davon sind selbsterklärend. So verhindert *disable-on-battery*, dass Sicherungen auf einem Notebook durchgeführt werden, solange es nur mit Akkuenergie läuft. *check-filetime-only* beschränkt sich beim Suchen nach veränderten Dateien auf die Datumsangabe und berücksichtigt dabei nicht Umfang und Inhalt, was den Vorgang deutlich beschleunigt. Andere Profioptionen hingegen sind kryptischer und erschließen sich nur durch das Studium der umfangreichen Duplicati-Dokumentation.

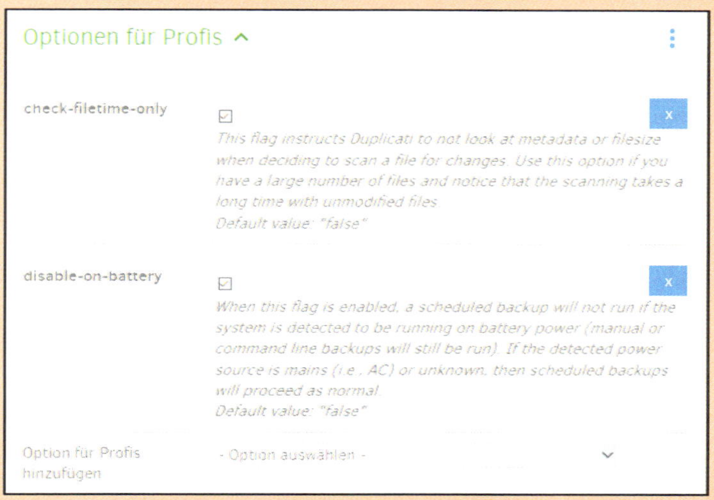

Dateien aus einer Sicherung wiederherstellen

Nicht nur im Ernstfall sollten Sie Ihre gesicherten Dateien aus einem Backup wiederherstellen können. Nach dem Einrichten einer Sicherung sollten Sie die Vorgehensweise mindestens einmal ausprobieren. Nicht nur, damit Sie wissen, wie es geht. Vor allem aber dient diese Probe dem Test des Backups: Werden tatsächlich die richtigen Dokumente gesichert, und lassen sie sich erfolgreich wiederherstellen?

1. Auch für das Wiederherstellen von Dateien steht ein Assistent zur Verfügung. Wählen Sie dazu im Hauptmenü *Wiederherstellen*.
2. Um Dateien aus einer gespeicherten Sicherung wiederherzustellen, wählen Sie in der Liste den Eintrag mit dem Namen dieser Sicherung aus und klicken dann unten rechts auf *Weiter*.

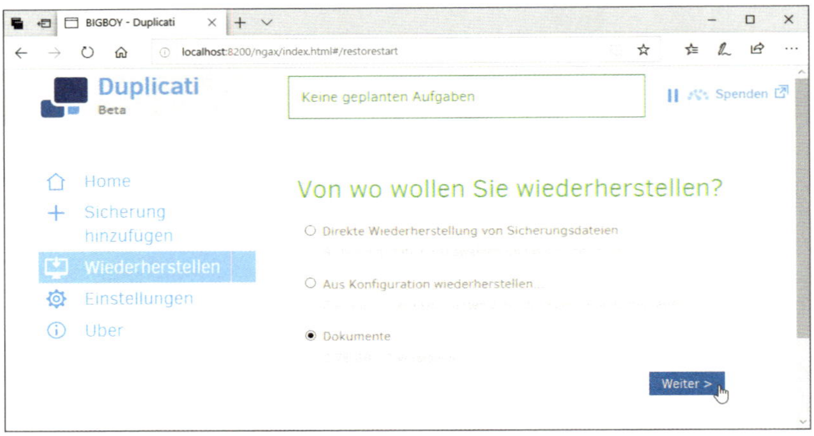

3. Im anschließenden Schritt können Sie oben bei *Wiederherstellen von* angeben, welche Sicherungsversion wiederhergestellt wird. Standardmäßig wählt Duplicati jeweils die zuletzt erstellte aus, aber Sie können auch zu einem älteren Stand zurückkehren.

4. Nun geht es daran, den Umfang der wiederherzustellenden Dateien festzulegen. Wollen Sie nur eine ganz bestimmte Datei oder etwa bestimmte Dateitypen wiederherstellen, können Sie im Feld *Dateien suchen* einen Dateinamen oder eine Dateiendung eintippen und dann auf *Suche* klicken. Dann werden im Feld darunter automatisch alle Ordner ausgeklappt, die passende Elemente enthalten. Allerdings sind diese Elemente noch nicht ausgewählt. Sie können also immer noch selbst per Häkchen entscheiden, was genau wiederhergestellt werden soll.

5. Alternativ können Sie sich auch im unteren Feld durch die in der Sicherung enthaltenen Ordner hangeln und jeweils die Dateien oder Ordner mit einem Häkchen markieren, die Sie wiederherstellen möchten. Um die gesamte Sicherung auszuwählen, setzen Sie ein Häkchen direkt beim obersten Knoten. Damit werden automatisch alle Elemente der Sicherung ausgewählt. Klicken Sie dann unten auf *Fortfahren*.
6. Bei den *Wiederherstellungsoptionen* können Sie oben zunächst bestimmen, ob die gewählten Elemente am *Ursprünglichen Speicherort* oder an anderer Stelle wiederhergestellt werden sollen.
7. Vor allem beim Wiederherstellen am ursprünglichen Ort ist es wichtig, ob die wiederhergestellten Elemente ggf. die dort vorhandenen gleichnamigen Dateien und Ordner *Überschreiben* sollen. Alternativ können die Namen der wiederhergestellten Elemente mit einem Zeitstempel versehen werden. Dann sind nach dem Wiederherstellen ggf. mehrere Versionen von Dateien vorhanden, und Sie können bei Bedarf prüfen, mit welcher Sie weiterarbeiten möchten.
8. Duplicati merkt sich beim Sichern zu jedem Element auch dessen Eigenschaften wie Schreib- und Leserechte. Mit der Option unter *Berechtigungen* wählen Sie, ob diese ebenfalls wiederhergestellt werden sollen.
9. Mit *Wiederherstellen* unten rechts starten Sie dann den eigentlichen Wiederherstellungsvorgang mit den gewählten Einstellungen.

Aus Sicherungsdateien ohne Sicherungsauftrag wiederherstellen

Duplicati speichert Sicherungen in ZIP-komprimierten Archiven, aus denen man sie allerdings nicht direkt extrahieren kann. Das liegt an der blockbasierten Sicherung, die immer nur die Teile von Dateien sichert, die sich verändert haben. Trotzdem können Sie Dateien aus solchen Sicherungen wiederherstellen, selbst wenn der ursprüngliche Sicherungsauftrag dafür nicht mehr vorliegt. Wählen Sie dazu beim ersten Schritt des Wiederherstellens die Option *Direkte Wiederherstellung von Sicherungsdateien wählen*. Geben Sie dann den Sicherungsort der Archive an, sodass Duplicati sich damit verbinden kann. Das Programm analysiert dann den Inhalt dieser Archive. Anschließend zeigt es Ihnen den Umfang der gesicherten Dateien. Sie können dann wie oben beschrieben einzelne Dateien suchen oder Elemente aus dem Verzeichnisbaum auswählen und wiederherstellen lassen.

Besonderheiten beim Backup auf externe USB-Medien

Das Sichern von Dateien auf externe USB-Festplatten ist eine besonders sinnvolle Maßnahme. Allerdings macht Windows dies teilweise unnötig kompliziert, da es USB-Festplatten beim Einstecken in den PC nicht immer denselben Laufwerkbuchstaben zuweist. Das würde Duplicati durcheinanderbringen, wenn der Speicherort wie üblich mit einem festen Laufwerk verknüpft ist. Deshalb gibt es für dieses spezielle Einsatzszenario eine Lösung, mit der Duplicati automatisch erkennt, welches der Laufwerke das richtige ist.

1. Erstellen Sie zunächst auf dem USB-Laufwerk und in dem Ordner, in dem die Sicherungsdateien abgelegt werden sollen, eine Textdatei mit einem eindeutigen Namen, wie etwa *duplicati_backup_usb_01.txt*. Der Inhalt der Datei ist belanglos, es kommt nur auf den Namen an.

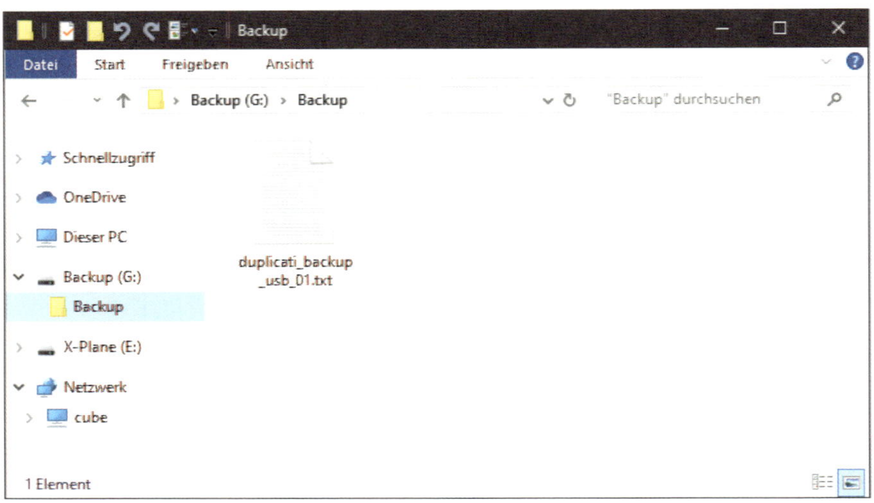

2. Erstellen Sie dann, wie oben beschrieben, den Sicherungsauftrag, wobei Sie als Sicherungsziel den Ordner auf dem USB-Laufwerk auswählen.
3. Klappen Sie dann auf derselben Seite die *Optionen für Profis* aus.
4. Wählen Sie als Erstes aus der Liste die Option *alternate-destination-marker* aus, und geben Sie im Feld daneben den Dateinamen der auf dem USB-Medium erstellten Datei einschließlich Endung an, in meinem Beispiel also *duplicati_backup_usb_01.txt*.

5. Fügen Sie dann als zweite Profioption *alternate-target-paths* hinzu. Hier fügen Sie den vollständigen Pfad zum Backup-Ordner ein, den Sie beispielsweise aus der Adresszeile des Windows-Explorer übernehmen können. In meinem Beispiel lautet dieser *G:\Backup*. Wichtig: Ersetzen Sie dabei den Teil, der sich ändern kann – also den Laufwerkbuchstaben – durch *. Für mein Beispiel müsste hier also *:\Backup* stehen.

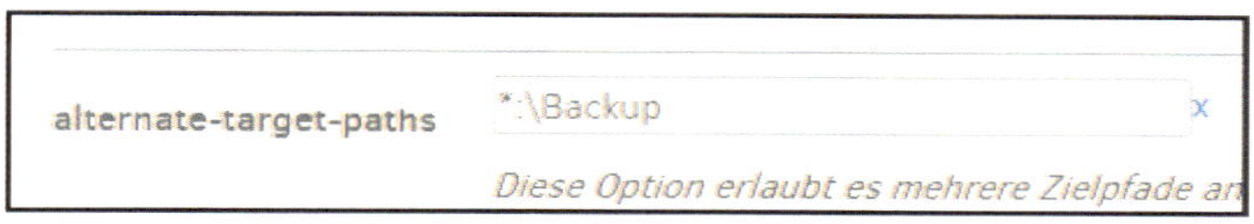

6. Nun können Sie mit dem Einrichten des Sicherungsauftrags wie gewohnt fortfahren.

Haben Sie eine Sicherung mit diesen Zusatzoptionen erstellt, sucht Duplicati bei jedem Durchführen dieser Sicherung zunächst in allen Ordnern, die sich mit dem Pfad von *alternate-target-paths* finden lassen, nach einer Datei mit dem Namen, der in *alternate-destination-marker* angegeben ist. Wird es dabei fündig, übernimmt es für diesen Sicherungsdurchlauf den entsprechenden Laufwerkbuchstaben. Sie brauchen also immer nur das externe USB-Laufwerk einzustecken. Warten Sie kurz ab, bis Windows dieses erkannt hat, und starten Sie dann die Sicherung. Duplicati erkennt automatisch das richtige Laufwerk und speichert die Sicherungsdaten dort ab.

Sie können auf diese Weise verschiedene USB-Festplatten mit verschiedenen Sicherungen verknüpfen. Sie können aber auch mehrere USB-Medien mit derselben Textdatei markieren, wenn Sie beispielsweise mehrere Laufwerke abwechselnd einsetzen möchten.

Ebenso können Sie eine größere Festplatte mit mehreren Sicherungen verknüpfen, indem Sie einfach mehrere Textdateien als Markierung im Sicherungsordner platzieren oder mehrere Ordner mit jeweils einer Markierungsdatei einrichten.

Cloud-Backup: Onlinespeicher im Internet als Sicherungsmedium nutzen

Als Cloud bezeichnet man die riesige, schwer definierbare Datenwolke im Internet. Sie wird aus den vielen Möglichkeiten gebildet, Daten online zu speichern und zwischen stationären und mobilen Geräten zu synchronisieren. Auch wenn das Konzept etwas abstrakt erscheint, nutzen viele diese Cloud heute schon – womöglich ohne sich dessen bewusst zu sein. Wenn Sie z. B. für Ihre E-Mail-Kommunikation ein webbasiertes Postfach verwenden, machen Sie sich diese Cloud zunutze. Ihre Nachrichten werden nicht mehr lokal auf Ihrem PC gespeichert, sondern nur noch auf dem Server Ihres E-Mail-Betreibers. Sie können jederzeit von jedem Ort aus mit beliebigen Geräten (PC, Mobilgerät, internetfähiges TV-Gerät etc.) darauf zugreifen.

Auch beim Speichern von Daten kann Ihnen die Cloud wertvolle Dienste leisten. Das Auslagern von wichtigen Dokumenten bringt den Vorteil, dass Sie eine zusätzliche Kopie »außer Haus« haben. Diese ist selbst bei einer echten Katastrophe wie z. B. einem Brand, der neben dem PC womöglich auch die Sicherungsmedien wie USB-Laufwerke oder selbst gebrannte CDs/DVDs in Mitleidenschaft ziehen würde, ungefährdet. Positiver Nebeneffekt: Auf eine solche Kopie in der Datenwolke können Sie auch von unterwegs jederzeit zugreifen, falls Sie mal Unterlagen vergessen haben oder überraschend benötigen.

Datenschutz beim Onlinespeichern

Die Anbieter von Onlinespeicherplatz wie Google Drive oder OneDrive sorgen in der Regel mit automatischen Backups etc. für die Sicherheit der ihnen anvertrauten Daten. Um einen wichtigen Aspekt allerdings müssen Sie sich selbst kümmern, nämlich den inhaltlichen Schutz Ihrer Daten. Sensible Daten, z. B. sehr persönliche, sollten am besten nur verschlüsselt übermittelt werden. Schließlich geben Sie diese Daten beim Hochladen in die Obhut anderer und können niemals sicher sein, was diese damit anstellen.

Vorteil für OneDrive – direkt ins Betriebssystem integriert

Microsoft selbst mischt im Markt der Cloud-Speicherdienste mit OneDrive kräftig mit. Deshalb integriert Windows den OneDrive-Zugriff direkt in das Betriebssystem. Wenn Sie sich mit einem Microsoft-Konto anmelden, geschieht das direkt beim Einrichten Ihres Benutzerkontos, da zu jedem Microsoft-Konto ohnehin ein OneDrive-Speicher gehört.

Um die Verbindung zu einem OneDrive-Konto herzustellen, meldet sich Windows auch gern direkt nach dem Start mit einem Anmelde-Dialog. Geben Sie hier die E-Mail-Adresse und das Kennwort für Ihr Microsoft-Konto ein. Sollten Sie noch keines haben oder für diesen Zweck ein neues, separates verwenden wollen, können Sie einfach eines anlegen. Solche Konten sind zumindest in der Basisversion kostenlos. Wer mehr Speicherplatz oder zusätzliche Leistungen wie etwa Office Online haben möchte, kann dies mit kostenpflichtigen Abos ergänzen.

OneDrive konfigurieren

Sollten Sie den Anmeldedialog beim Start verpasst haben, können Sie ihn jederzeit per Klick auf das OneDrive-Symbol im Infobereich nachholen. Mit einem Rechtsklick darauf öffnen Sie das Kontextmenü, in dem Sie unter anderem die *Einstellungen* öffnen können:

- In der Rubrik *Einstellungen* lässt sich das Autostartverhalten steuern. Wenn Sie OneDrive gar nicht nutzen möchten, entfernen Sie das Häkchen bei *OneDrive beim Anmelden bei Windows automatisch starten.*

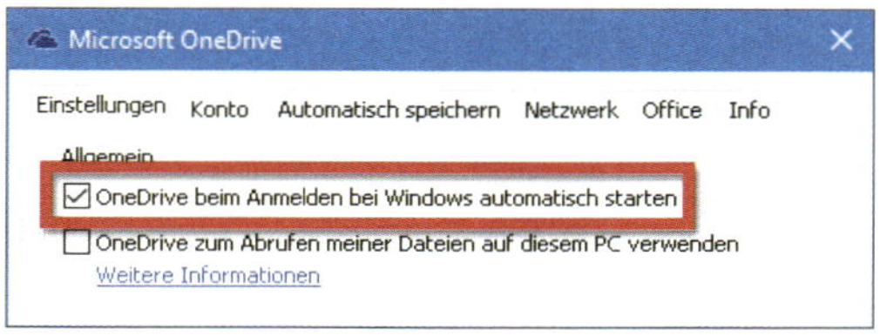

- Eine praktische Funktion ist das automatische Speichern von Fotos und Videos in der Cloud. Wenn Sie Bilder auf Ihren PC importieren (bzw. mit einem Windows-Tablet Bilder aufnehmen), werden diese automatisch in die Cloud hochgeladen. So haben Sie sofort eine Sicherungskopie und können Bilder unkompliziert mit anderen teilen.

- In der Rubrik *Konto* können Sie im Bereich *OneDrive* auf *Ordner wählen* klicken. Im anschließenden Dialog legen Sie fest, welcher der Cloud-Ordner stets mit Ihrem PC synchronisiert werden soll. Standardmäßig werden alle synchronisiert, aber bei Bedarf bzw. um Transfervolumen zu sparen, können Sie dies einschränken.

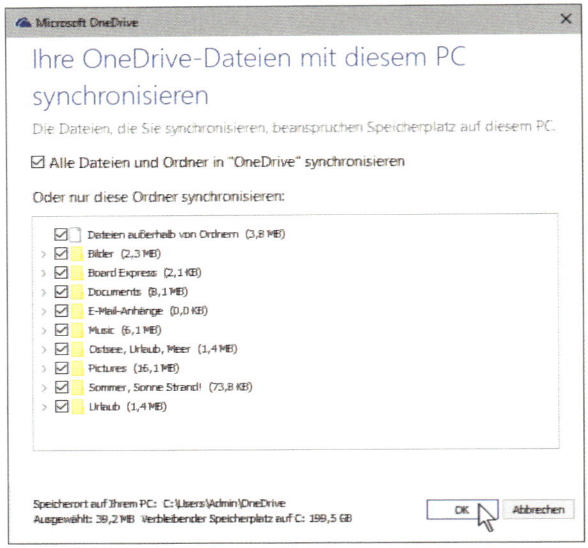

OneDrive genau wie ein lokales Laufwerk nutzen

Ist der OneDrive-Zugang einmal eingerichtet, können Sie auf dem Desktop und in den dazugehörigen Anwendungen Ihren OneDrive-Speicher genauso wie ein direkt in den PC eingebautes Laufwerk oder eine angeschlossene USB-Festplatte nutzen:

- Im Windows-Explorer finden Sie links im Navigationsbereich nun einen eigenen *OneDrive*-Eintrag. Darüber können Sie den Onlinespeicherplatz jederzeit öffnen und darauf zugreifen. Der Datenaustausch kann wie gewohnt erfolgen, also beispielsweise auch per Drag-and-drop mit anderen Ordnern.

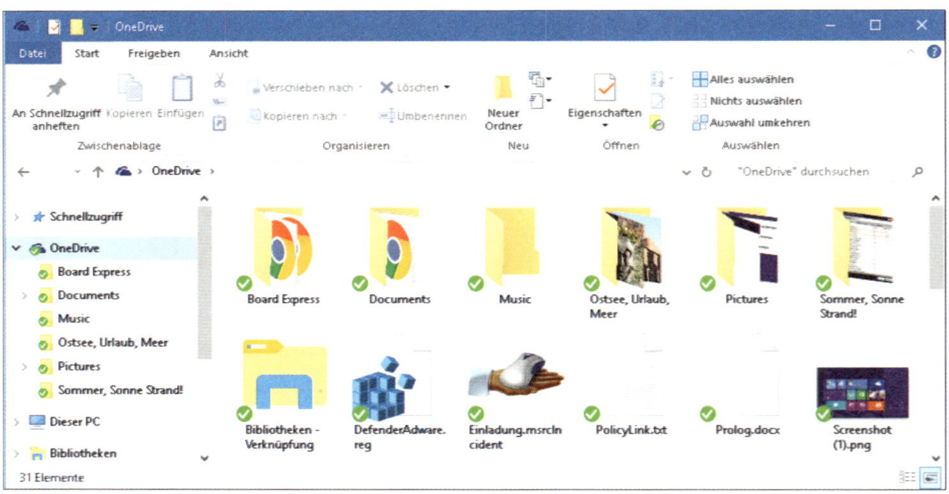

- Ebenso können Sie in Desktop-Anwendungen Dokumente direkt von OneDrive öffnen oder sie dorthin speichern. Auch hier können Sie Ihr OneDrive in den Dialogen direkt auswählen und wie bei einem lokalen Ordner verwenden. Spezielle Funktionen wie beispielsweise das automatische Speichern von Dokumenten alle x Minuten klappen dabei ebenfalls wie gewohnt.

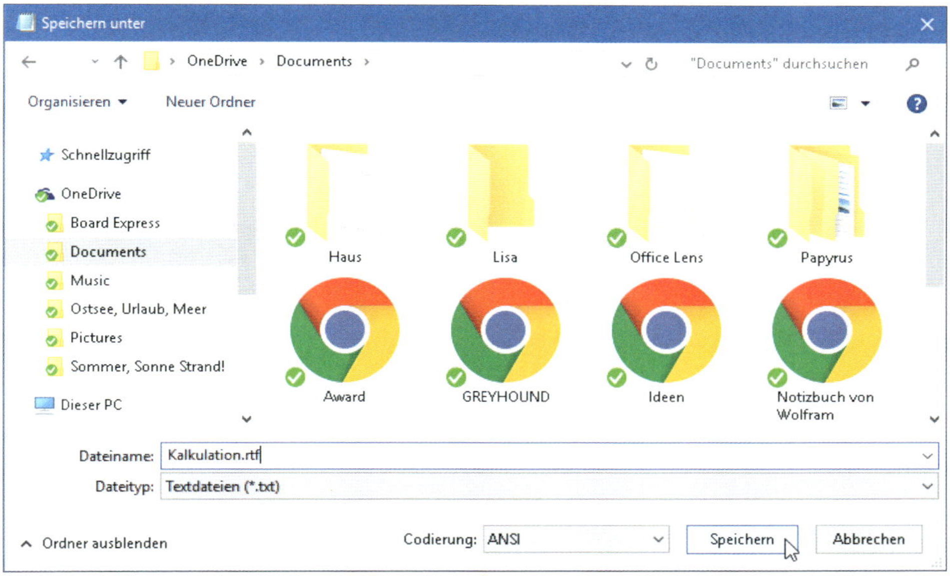

Durch die Integration von OneDrive direkt in das Windows-Betriebssystem ist eine vollkommen transparente Nutzung des Onlinespeichers möglich. Der Anwender bemerkt dabei in der Praxis keinen Unterschied, ob er seine Dokumente auf seiner Festplatte oder direkt im Onlinespeicher ablegt (abgesehen von einer zeitlichen Verzögerung bei umfangreicheren Dokumenten). Selbst beim Suchen nach Dateien berücksichtigt Windows automatisch die Dokumente, die auf einem verbundenen OneDrive abgelegt sind. Dieser unkomplizierte Zugriff macht das Nutzen von OneDrive sehr viel attraktiver. Insbesondere wenn Sie mehrere verschiedene Rechner nutzen (beispielsweise einen PC und ein Tablet), brauchen Sie sich um das Abgleichen von Datenbeständen keine Gedanken mehr zu machen.

Dateien ganz nach Bedarf synchronisieren

Wenn Sie OneDrive auf mehreren Geräten nutzen, können Sie damit sehr flexibel den Datenbestand Ihrer Rechner abgleichen. Dazu können Sie für jedes Gerät individuell festlegen, welche Ordner und Dateien automatisch und welche nur bei Bedarf synchronisiert werden sollen. Davon profitieren insbesondere mobile Geräte mit begrenztem Speicherplatz, da man sich bei diesen auf die wesentlichen Dateien für die Synchronisierung beschränken kann.

Dateien im On-Demand-Modus

Die Vorgehensweise ist recht einfach: Wenn von einem Gerät neue Ordner oder Dateien im OneDrive-Speicher abgelegt werden, werden diese auf allen anderen Geräten zunächst mit dem Verfügbarkeitsstatus *Verfügbar, wenn online* geführt. Diese Daten werden nicht automatisch synchronisiert. Aber die anderen Geräte erhalten Informationen darüber. Wenn Sie den OneDrive-Ordner öffnen, werden die entsprechenden Einträge also angezeigt.

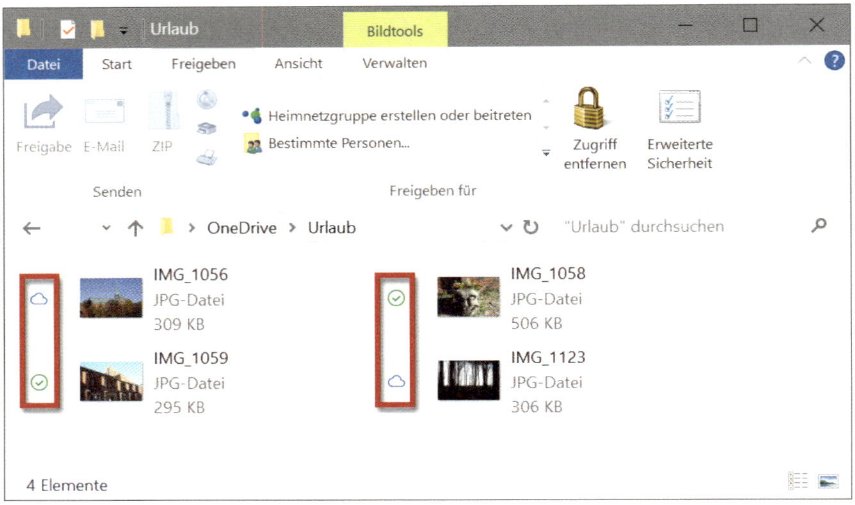

Die Symbole im Windows-Explorer zeigen den Verfügbarkeitsstatus an.

Solange Sie solche Ressourcen auf einem bestimmten Gerät nicht öffnen, bleibt es dabei. Es wird also kein lokaler Speicherplatz auf dem Gerät verwendet. Dafür stehen die Ressourcen aber auch nur zur Verfügung, solange das Gerät online ist.

Wenn Sie eine Datei erstmals auf einem Gerät öffnen, wird sie auf das lokale Gerät übertragen und der Verfügbarkeitsstatus in *Auf diesem Gerät verfügbar* geändert. Ab sofort wird diese Datei regelmäßig synchronisiert und steht auch im Offlinemodus zur Verfügung. Möchten Sie das wieder ändern und den belegten Speicherplatz auf dem Gerät einsparen, klicken Sie mit der rechten Maustaste auf das Objekt und wählen im Kontextmenü *Speicherplatz freigeben*.

Die Verfügbarkeit nach Bedarf steuern

Wenn Sie möchten, dass Dokumente oder Ordner lokal synchronisiert werden und dadurch auch offline zur Verfügung stehen, können Sie auch direkt den Verfügbarkeitsstatus ändern, ohne sie zu öffnen. Klicken Sie dazu mit der rechten Maustaste auf den Ordner oder die Datei, und wählen Sie im Kontextmenü *Immer behalten auf diesem Gerät*. Dann wird diese Ressource mit in die Synchronisierung aufgenommen, steht auch offline zur Verfügung, und lokale Änderungen daran wirken sich auf allen anderen Geräten aus.

Auf einzelnen Geräten immer alles synchronisieren

Diese Einstellung wird gerätespezifisch vorgenommen. Sie müssen den Vorgang also auf jedem Gerät wiederholen, auf dem diese Daten synchronisiert werden sollen. Anders gesehen, haben Sie so aber eben auch die Möglichkeit, bei jedem einzelnen Gerät genau festzulegen, was lokal synchronisiert werden soll und was nicht.

Wenn Sie aber bei einem bestimmten Gerät keinerlei Platzprobleme haben und bei diesem grundsätzlich immer alle OneDrive-Daten synchronisieren möchten, können Sie die Funktion für dieses Gerät abschalten:

1. Öffnen Sie dazu über das OneDrive-Symbol im Infobereich die *Einstellungen*.
2. Wechseln Sie dort in die Rubrik *Einstellungen*.
3. Entfernen Sie hier ganz unten im Bereich *Dateien bei Bedarf* das Häkchen vor der Option *Sparen Sie Platz, und laden Sie Dateien herunter, wenn Sie sie verwenden*.

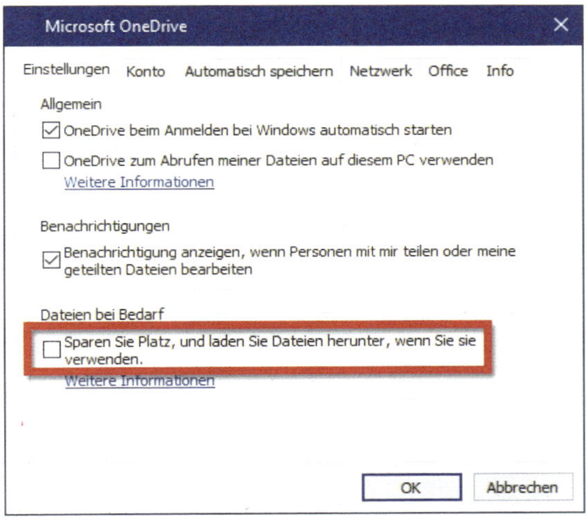

15.4 Der abgesicherte Modus als Option im Startmenü

Verschiedene Anleitungen in diesem Ratgeber verwenden den abgesicherten Modus von Windows. Gerade bei Startschwierigkeiten reicht es manchmal schon, Windows einmal im abgesicherten Modus und anschließend gleich wieder normal zu starten.

Möchten Sie den abgesicherten Modus regelmäßig verwenden und vor allem im Notfall ohne Tastenkürzel oder Klickorgien direkt verfügbar haben, sollten Sie einen Eintrag dafür direkt im Bootmanager platzieren (wie dies bei früheren Windows-Versionen standardmäßig der Fall war).

1. Öffnen Sie eine Eingabeaufforderung mit Administratorrechten mit Rechtsklick auf das Windows-Icon links unten.
2. Geben Sie hier diesen Befehl ein:

```
bcdedit /enum /v
```

3. Suchen Sie in der so erzeugten Liste den Eintrag, bei dem in der Zeile *description* die Bezeichnung der richtigen Windows-Version steht (also beispielsweise *Windows 10*).
4. Notieren Sie sich bei diesem Eintrag den Wert der Zeile *Bezeichner*. Am besten aber kopieren Sie ihn mit [Strg]+[C] in die Zwischenablage.
5. Tippen Sie als Nächstes den folgenden Befehl ein. Für <*Bezeichner*> fügen Sie den in Schritt 4 gemerkten bzw. kopierten ID-Code ein. In den Anführungszeichen können Sie auch einen eigenen prägnanten Text verwenden.

```
bcdedit /copy <Bezeichner> /d↵
"Windows 10 - Abgesicherter Modus"
```

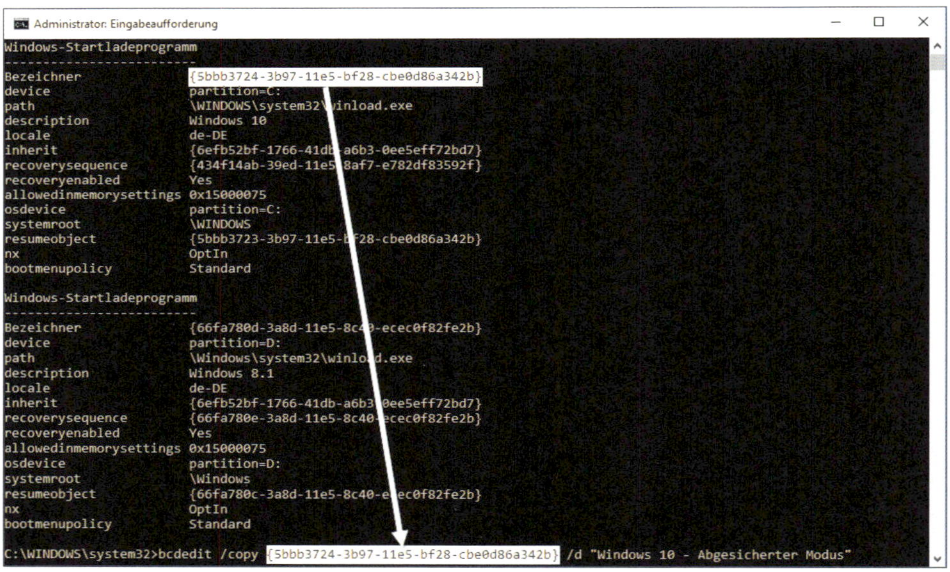

6. Schließen Sie die Eingabeaufforderung, und rufen Sie im Startmenü *msconfig* auf.
7. Wechseln Sie in die Kategorie *Start*, und markieren Sie den nun neu hinzugekommenen Eintrag mit der von Ihnen festgelegten Bezeichnung.
8. Wählen Sie im Bereich *Startoptionen* die Option *Abgesicherter Start* mit der Einstellung *Minimal*.

9. Klicken Sie unten auf *OK*, und bestätigen Sie auf Nachfrage mit *Neu starten*.

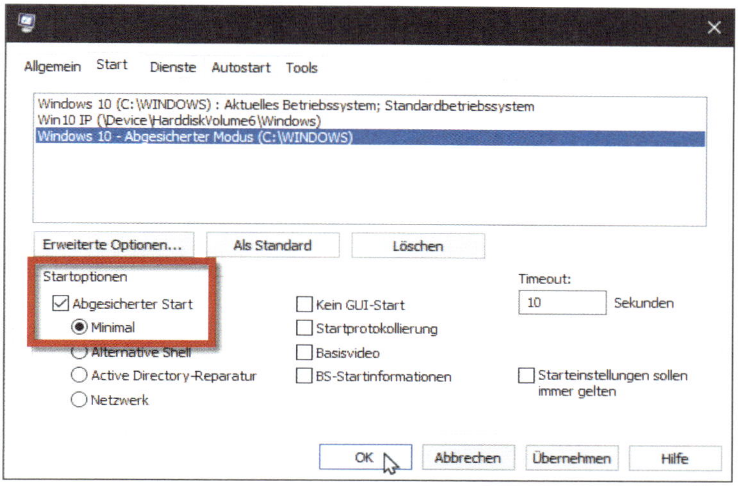

Der PC startet dann neu. Haben Sie mehr als ein Betriebssystem installiert, zeigt der Bootmanager Ihnen dabei eine Auswahlliste an, in der ab sofort auch der neu erstellte abgesicherte Modus zu finden ist. Haben Sie nur eine Windows-Version installiert, müssen Sie wie früher im richtigen Moment F8 drücken, um diese Auswahlliste auf den Bildschirm zu holen.

Die Betriebssystemauswahl verzögern

In der Rubrik *Start* (siehe oben) finden Sie rechts die Einstellung *Timeout*. Hier können Sie in Sekunden (zwischen 3 und 999) abgeben, wie lange der Auswahldialog beim Start des PCs angezeigt werden soll. Ganz auf 0 reduzieren können Sie die Zeit hier also nicht. Das geht aber in der Systemsteuerung unter *System*, dann links mit einem Klick auf *Erweiterte Systemeinstellungen* und im anschließenden Dialog im Abschnitt *Starten und Wiederherstellen* auf *Einstellungen*. Im so geöffneten Menü können Sie oben bei *Systemstart* das Standardbetriebssystem wählen sowie den Auswahldialog beim Start sowie dessen Anzeigedauer steuern.

16. Wichtige Werkzeuge für Wartung und Problemlösung

Ohne die richtigen Werkzeuge geht es nicht, und mit den richtigen Werkzeugen geht es auch nur, wenn man damit umgehen kann. Deshalb stelle ich Ihnen in diesem Kapitel einige wichtige Werkzeuge vor, auf die in diesem Buch an verschiedenen Stellen zurückgegriffen wird.

Falls Ihnen diese Programme und Funktionen noch nicht vertraut (genug) sind, können Sie sich hier in aller Ruhe einarbeiten. In den weiteren Kapiteln verweise ich dann jeweils nur kurz hierhin und beschränke mich ansonsten auf die wesentlichen Schritte.

16.1 Eingabeaufforderung vs. PowerShell

In diesem Buch finden Sie immer wieder die Aufforderung, eine Eingabeaufforderung (meist als Administrator) zu öffnen. Allerdings behandelt Microsoft diese Eingabeaufforderung zunehmend stiefmütterlich und tauscht sie an immer mehr Stellen durch die Windows PowerShell aus. Die kann auch vieles (und sogar einiges mehr), lässt sich aber häufig etwas umständlicher bedienen.

Deshalb an dieser Stelle einige Hinweise, wie Sie in jeder Situation schnell eine Eingabeaufforderung öffnen können.

Eingabeaufforderung im Startmenü

Ein recht kurzer Weg zur Eingabeaufforderung führt über das Kontextmenü des Windows-Symbols ganz links in der Taskleiste. Klicken Sie dieses mit der rechten Maustaste an (und nutzen das Tastenkürzel [Win]+[X]), öffnen Sie damit ein Menü mit vielen praktischen Abkürzungen zu verschiedenen Systemeinstellungen und -funktionen.

Ursprünglich fanden sich hier auch zwei Einträge für die Eingabeaufforderung (mit und ohne Administratorrechte), aber stattdessen hat inzwischen auch hier die PowerShell Einzug gehalten.

Das lässt sich aber leicht ändern:

1. Öffnen Sie die Einstellungen in der Kategorie *Personalisierung/Taskleiste*.

2. Suchen Sie hier im Abschnitt *Taskleiste fixieren* die Option *Beim Rechtsklick auf die Schaltfläche „Start" oder beim Drücken von Windows-Taste+X „Eingabeaufforderung" im Menü durch „Windows PowerShell" ersetzen*, und schalten Sie diese aus.

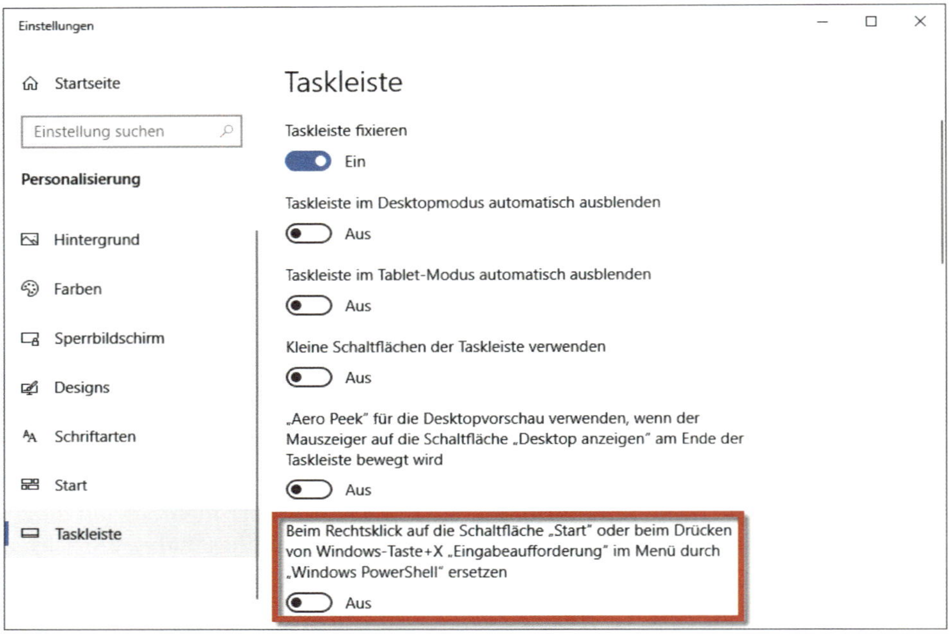

Danach werden im Kontextmenü der Taskleiste wieder die Einträge für die Eingabeaufforderung angezeigt.

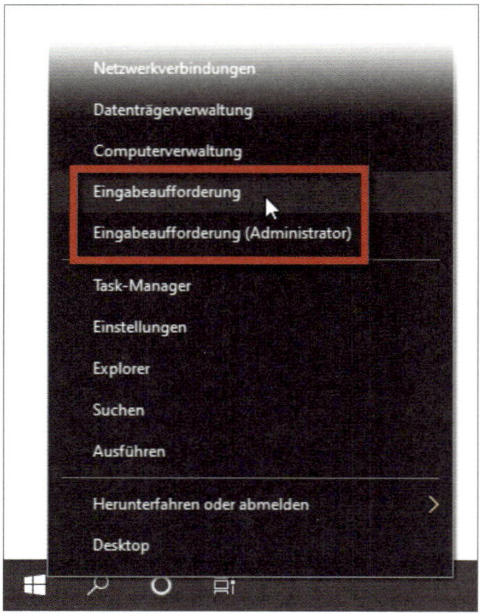

Eingabeaufforderung trotz PowerShell

Übrigens: Selbst wenn Ihnen irgendwo die PowerShell anstelle der Eingabeaufforderung begegnet, brauchen Sie sich davon nicht beeindrucken zu lassen. Geben Sie einfach in der PowerShell den Befehl *cmd* ein. Dann erhalten Sie innerhalb der PowerShell eine vollwertige Eingabeaufforderung im selben Ordner, wo Sie die Befehle ebenso eingeben können.

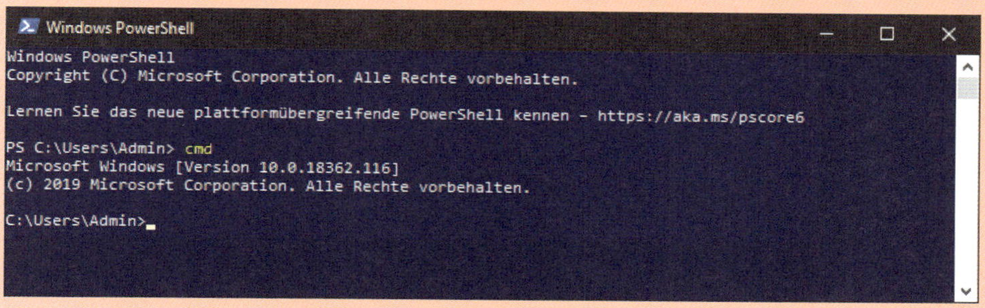

Eingabeaufforderung im Windows-Explorer zurückholen

Wenn Sie im Windows-Explorer bei gedrückter [⇧]-Taste die rechte Maustaste drücken, öffnen Sie damit das erweiterte Kontextmenü, in dem es im Vergleich zum einfachen Kontextmenü einige zusätzliche Einträge gibt. Mein Favorit darunter ist *Eingabeaufforderung hier öffnen*. Damit öffnet man eben eine Eingabeaufforderung direkt in dem Ordner, der gerade im Windows-Explorer angezeigt wird. Das ist praktisch, beispielsweise wenn Sie in diesem Ordner ein Kommandozeilenprogramm mit bestimmten Parametern ausführen möchten.

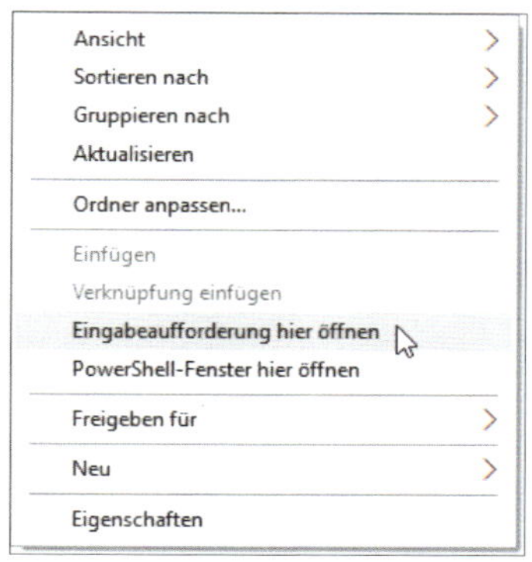

Leider ist genau dieser Eintrag seit dem Windows 10 Creators Update standardmäßig verschwunden und durch *PowerShell-Fenster hier öffnen* ersetzt worden. Über einen bestimmten Registry-Schlüssel können Sie ihn zurückholen und wahlweise anstelle oder parallel zum PowerShell-Eintrag anzeigen lassen. Leider ist dafür etwas Vorarbeit erforderlich.

1. Öffnen Sie den Registry-Editor (Grundlagen dazu finden Sie ab Seite 301).
2. Navigieren Sie zum Schlüssel *Computer\ HKEY_CLASSES_ROOT\ Directory\ Background\ shell*. Tipp: Der Registry-Editor hat eine bearbeitbare Adresszeile mit Autovervollständigung. Sie brauchen sich also nicht durch die Registry-Knoten zu klicken, sondern können den Pfad des Schlüssels auch eintippen.

3. Nun müssen Sie den Besitz dieses Schlüssels übernehmen, damit Sie Änderungen daran vornehmen können. Klicken Sie dazu mit der rechten Maustaste auf den Unterschlüssel *cmd*, und wählen Sie *Berechtigungen*.
4. Klicken Sie im anschließenden Dialog unten links auf *Erweitert*.
5. Nun klicken Sie oben bei *Besitzer* auf *Ändern*.
6. Tippen Sie im leeren Eingabefeld Ihren Benutzernamen ein. Sollten Sie unsicher sein, können Sie mit *Erweitert* und dann *Jetzt suchen* eine Suche nach dem genauen Namen durchführen.
7. Übernehmen Sie die Änderung mit *OK*, bis Sie zum Dialog mit den einfachen Berechtigungen zurückgelangen.
8. Wählen Sie dann in der oberen Liste den Eintrag *Administratoren* aus.
9. Aktivieren Sie dann für diese in der unteren Liste den *Vollzugriff*, und schließen Sie den Dialog mit *OK*.
10. Nach diesem »Vorgeplänkel« brauchen Sie nur noch auf der rechten Seite des Registry-Editors den Eintrag *HideBasedOnVelocityId* zu löschen.

    Alternativ können Sie ihn durch *ShowBasedOnVelocityId* ersetzen, was das spätere Wiederherstellen des Ausgangszustands etwas erleichtert. Das ist der entscheidende Schritt, der aber leider erst möglich ist, wenn Sie wie beschrieben den Besitz des Schlüssels übernommen und den Vollzugriff aktiviert haben.

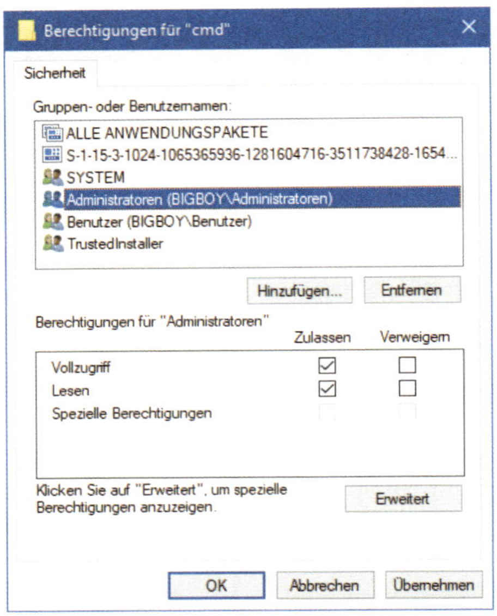

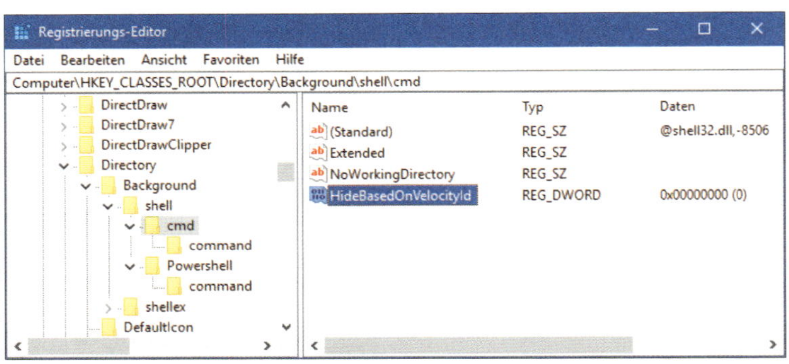

Das wars auch schon. Nach einem Neustart des Windows-Explorer wird der Eintrag *Eingabeaufforderung hier öffnen* wieder angezeigt. Der PowerShell-Eintrag bleibt bestehen, sodass Sie nun beides tun können, was ja an sich perfekt ist. Aber falls der PowerShell-

Eintrag Sie stört, können Sie diesen entfernen. Die Vorgehensweise dazu ist ähnlich, wie oben beschrieben: Öffnen Sie wiederum den Schlüssel *Computer\HKEY_CLASSES_ROOT\Directory\Background\shell\cmd*, übernehmen Sie nun aber den Besitz des Unterschlüssels *Powershell*, und ersetzen Sie dort dann den Eintrag *ShowBasedOnVelocityId* durch *HideBasedOnVelocityId*.

Eingabeaufforderung in einem bestimmten Pfad öffnen

Wenn Sie nur gelegentlich eine Eingabeaufforderung in einem bestimmten Ordner öffnen möchten, brauchen Sie nicht gleich Änderungen an der Registry vorzunehmen. Merken Sie sich stattdessen diesen einfachen Trick: Navigieren Sie mit dem Windows-Explorer in den gewünschten Ordner. Klicken Sie dann in die Adresszeile, und tippen Sie dort anstelle des Ordnerpfads einfach nur *cmd* ein. Dann wird eine Eingabeaufforderung im gerade geöffneten Ordner gestartet.

16.2 Systemdetails im Task-Manager analysieren

Der Task-Manager gehört schon seit den frühen Anfängen zum Windows-Betriebssystem und hat in all den Jahren nur relativ selten Neuerungen erfahren. Erst in seiner jetzigen Form ist er aber so richtig informativ und hilfreich und wird deshalb auch an mehreren Stellen in diesem Buch zur Analyse eingesetzt. Sollten Sie mit diesem wichtigen Werkzeug noch nicht vertraut sein, finden Sie hier eine kurze Einführung, wo Sie den Task-Manager finden und wie Sie ihn optimal nutzen können.

Den Task-Manager jederzeit schnell aufrufen

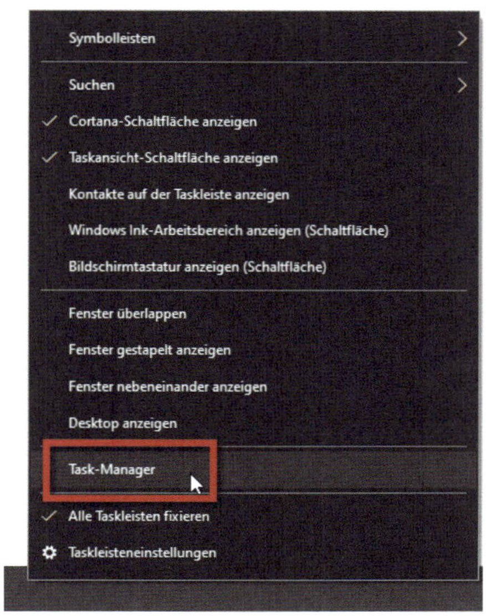

Wenn Sie von Windows XP kommen, sind Sie vielleicht noch an den traditionellen Windows-Griff [Strg]+[Alt]+[Entf] gewöhnt, um den Task-Manager zu starten. Der bringt aber schon seit Windows Vista »nur« einen Verwaltungsbildschirm hervor, auf dem Sie dann in einem zweiten Schritt (unter anderem) den Task-Manager auswählen können.

Schneller geht es auf anderen Wegen:

- Wenn Sie ein einprägsames Tastenkürzel bevorzugen, gewöhnen Sie sich an [Strg]+[⇧]+[Esc].

- Mit einem Rechtsklick auf einen freien Bereich der Startleiste können Sie *Task-Manager* im Kontextmenü auswählen.
- Tippen Sie im Startmenü *task* ein. Dann können Sie links *Task-Manager* auswählen.

Egal, welche Variante Sie wählen, der Task-Manager präsentiert sich beim ersten Start zunächst in seiner minimalistischen Variante, in der er einfach nur die laufenden Apps anzeigt, wobei Desktop- und Touch-Apps gleichberechtigt behandelt werden. Hier können Sie nur eine der Apps auswählen, beispielsweise wenn sie nicht mehr auf Eingaben reagiert, und mit der Schaltfläche unten rechts den dazugehörenden *Task beenden*.

Um alle Funktionen des Task-Managers nutzen zu können, klicken Sie am besten direkt nach dem (ersten) Start einmal unten links auf *Mehr Details*, damit der Task-Manager sich Ihnen in seiner vollen Pracht erschließt! Das Programm merkt sich diese Einstellung und startet ab dann immer in der Detailansicht, solange Sie dies nicht wieder ändern.

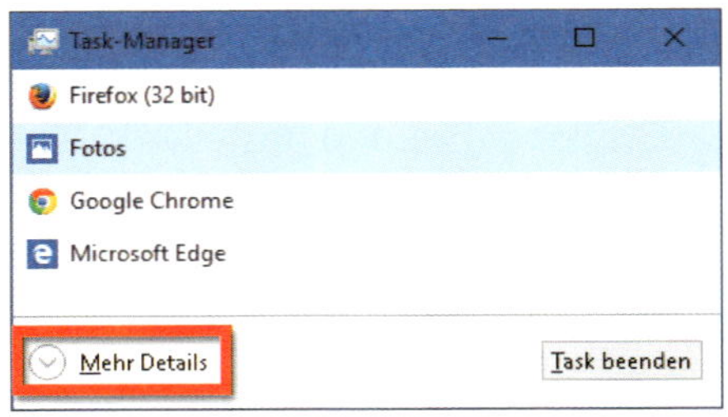

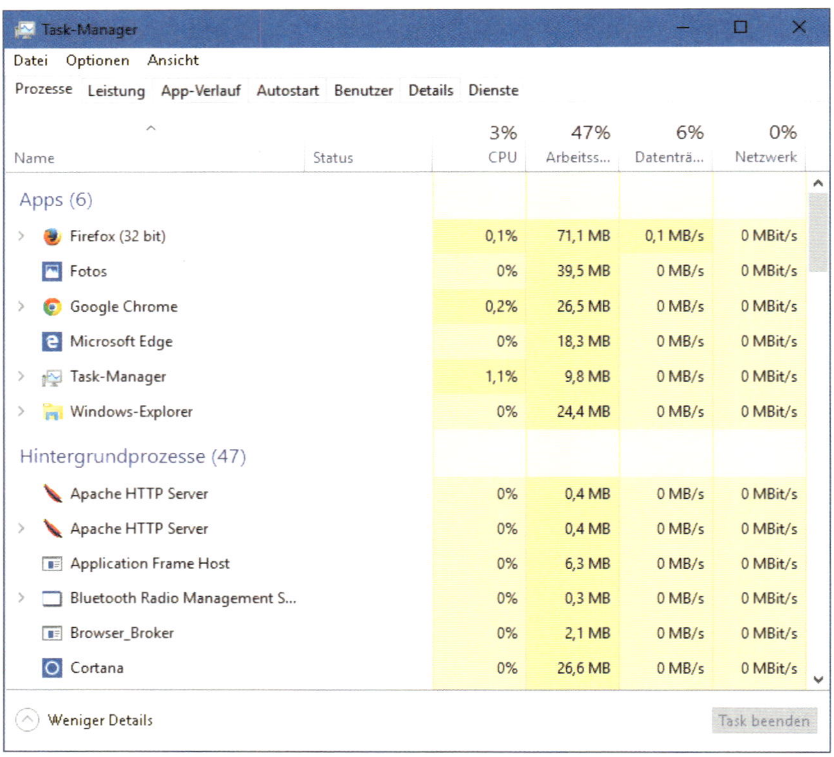

In der Variante mit vollen Details gibt sich der Task-Manager wesentlich informativer.

Task-Manager in der bevorzugten Registerkarte starten

Der Task-Manager kann eine ganze Reihe von Informationen sichtbar machen, die er in verschiedene Register unterteilt. Standardmäßig startet er – in der Variante für mehr Details – immer mit der Registerkarte *Prozesse*. Möchten Sie beispielsweise die Leistung von Prozessor, Speicher und Netzwerk untersuchen, müssen Sie immer erst ins entsprechende Register wechseln.

Wenn Sie meist eine ganz bestimmte Registerkarte des Task-Managers nutzen, können Sie nun einstellen, dass er beim Start stets automatisch dieses Register öffnen soll.

1. Klicken Sie im Task-Manager (in der Ansicht mit mehr Details) im Menü auf *Optionen/Standardregisterkarte festlegen*.
2. Im so geöffneten Untermenü finden Sie Einträge für jedes der Register des Task-Managers.
3. Klicken Sie einfach auf die Registerkarte, die der Task-Manager beim Öffnen standardmäßig anzeigen soll.

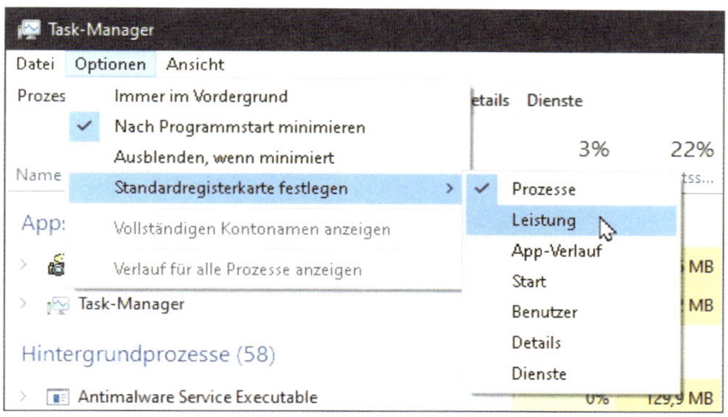

16.3 Windows-Registry sicher bearbeiten

Die Registrierungsdatenbank (im Folgenden kurz als Registry bezeichnet) ist die zentrale Konfigurationsdatenbank bei Windows-Betriebssystemen. Sie umfasst aber nicht nur die Informationen für Windows selbst, sondern auch für die meisten installierten Anwendungen. Während früher alle Einstellungen auf diverse Initialisierungsdateien verteilt wurden, werden all diese Daten inzwischen zentral erfasst und verwaltet. Deshalb finden sich für fast alle Programme, Funktionen und Parameter von Windows Einstellungen in der Registry, auch wenn diese auf »offiziellen« Wegen nicht verändert werden können.

Auf Websites, in Zeitschriften oder Büchern finden sich immer wieder Hinweise auf Registry-Einstellungen. Auch in diesem Buch haben wir an verschiedenen Stellen auf solche

Einstellungen verwiesen. In diesem Kapitel zeige ich Ihnen, wie Sie solche Einstellungen vornehmen können und worauf Sie beim Arbeiten mit dem Registry-Editor achten sollten.

Die Struktur der Registrierungsdatenbank

Die Registry besteht aus fünf Hauptkategorien, auf die alle Eigenschaften verteilt sind.

Diese Hauptkategorien spiegeln das grundlegende Konzept der Datenverwaltung bei Windows wider:

- *HKEY_CLASSES_ROOT* enthält die Verknüpfungen von Dateitypen mit Anwendungen und ist eigentlich ein Teil von *HKEY_LOCAL_MACHINE\Software*. In der Regel dürften hier keine Eingriffe notwendig sein, da sich diese Einstellungen komfortabler über den Windows-Explorer vornehmen lassen.
- *HKEY_CURRENT_USER* umfasst die benutzerspezifischen Einstellungen des aktuell angemeldeten Benutzers. Dabei handelt es sich streng genommen um einen Teil von *HKEY_USERS*, der bei der Anmeldung jeweils abhängig vom Benutzer erstellt wird.
- *HKEY_LOCAL_MACHINE* enthält alle Konfigurationsdaten des PCs, also alle Daten der installierten Hard- und Software.
- *HKEY_USERS* beherbergt die Profile aller auf dem Rechner registrierten Benutzer. Hier finden sich also alle benutzerspezifischen Daten.
- In *HKEY_CURRENT_CONFIG* finden sich die Informationen zum Hardwareprofil, mit dem der PC gestartet wurde. Dies ist insbesondere von Bedeutung, wenn für den Rechner mehrere Hardwareprofile vorliegen.

Detaileinstellungen in der Registry finden und bearbeiten

Mit dem Registry-Editor befindet sich im Lieferumfang von Windows ein einfaches Programm zum Bearbeiten der Registry-Optionen. Es ist zwar nicht besonders komfortabel, bietet dafür aber Zugriff auf wirklich alle Funktionen und Einstellungen von Windows und den meisten installierten Anwendungsprogrammen.

Den Registry-Editor starten

Der Registry-Editor versteckt sich zwar ein wenig, kann aber genau wie andere Systemtools einfach per Startbildschirm aufgerufen werden:

1. Um den Registry-Editor zu starten, öffnen Sie zunächst das Startmenü.
2. Tippen Sie hier den Befehl *regedit* ein.
3. Windows zeigt dann in der Regel ganz oben in der Trefferliste den Eintrag *regedit* an. Klicken Sie mit der linken Maustaste darauf, oder drücken Sie einfach [↵].

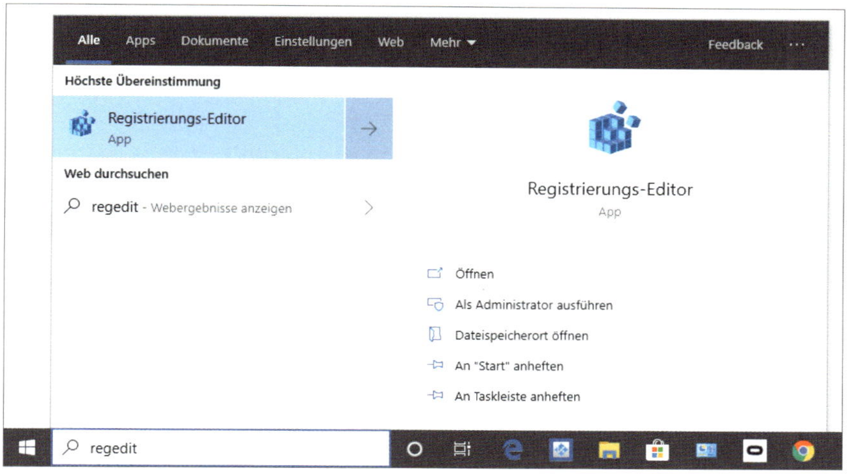

4. Da für Eingriffe an der Registry Administratorrechte benötigt werden, müssen Sie ggf. eine Rückfrage der Benutzerkontensteuerung beantworten. Dann startet der Registry-Editor.

In der Oberfläche des Registry-Editors navigieren

Der Registry-Editor ähnelt optisch und von der Bedienung her dem Windows-Explorer, sodass man sich schnell zurechtfinden kann. Dabei ist der Registry-Editor etwas einfacher gestrickt und bietet dementsprechend weniger Funktionen an.

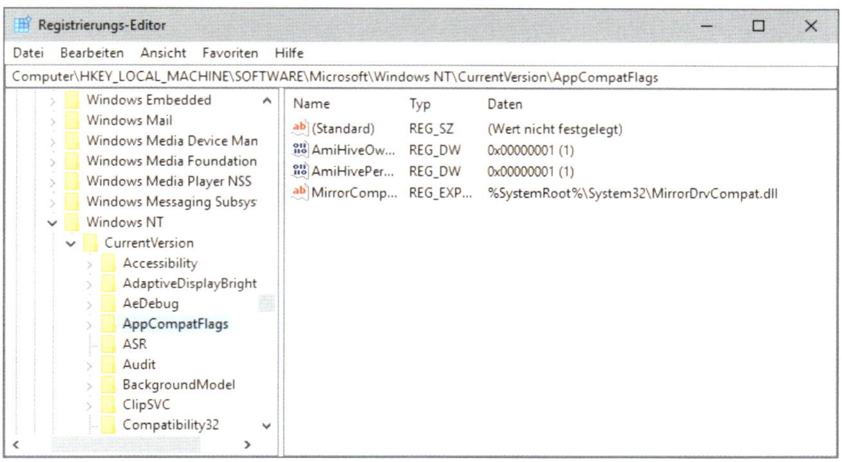

- In der linken Spalte finden Sie anstelle von Ordnern die Struktur der Registrierungsdatenbank wieder. Sie beginnt ganz oben mit *Computer* und zerfällt dann in fünf Hauptkategorien, die ihrerseits wiederum in zahlreiche Rubriken und Unterrubriken unterteilt sind.

- Um eine der Hauptkategorien oder eine der Rubriken darin zu öffnen, klicken Sie genau wie im Windows-Explorer auf das kleine Symbol davor, oder Sie doppelklicken auf den entsprechenden Eintrag. Der Editor öffnet daraufhin diese Unterrubrik und zeigt wiederum die darin enthaltenen Unterkategorien an.
- Genau wie ein Ordner im Windows-Explorer kann jede Rubrik ihrerseits Unterrubriken und Daten enthalten. Rubriken mit Unterkategorien erkennen Sie wie gewohnt am kleinen Symbol links daneben. Hat eine Rubrik kein solches Symbol, dann enthält sie nur Registry-Daten ohne weitere Verschachtelung.
- Den eigentlichen Inhalt einer Kategorie sehen Sie in der rechten Fensterhälfte. Im Unterschied zu den Dateien und Ordnern im Windows-Explorer werden hier aber nur die reinen Registry-Daten angezeigt, nicht die eventuell vorhandenen Unterrubriken, die sich nur in der linken Fensterspalte ablesen lassen.

Autovervollständigung im Registry-Editor

Das Adressfeld des Editors dient nicht nur der Anzeige des aktuell gewählten Registrierungsschlüssels. Sie können es auch verwenden, um dort einen Schlüssel einzugeben. Wenn Sie etwa einen Registrierungsschlüssel beispielsweise im Webbrowser in die Zwischenablage kopieren, können Sie ihn hier wieder einfügen und so direkt zu diesem Schlüssel navigieren. Oder Sie tippen den Schlüssel selbst ein und machen sich dabei die Funktion zur Autovervollständigung zunutze. Dabei schlägt der Editor Ihnen beim Tippen automatisch vor, welche Registry-Schlüssel infrage kommen könnten.

1. Starten Sie den Registry-Editor wie gewohnt beispielsweise durch Eingeben von *regedit* im Suchfeld der Taskleiste.
2. Um einen Registry-Schlüssel einzugeben, tippen Sie nun einfach drauflos.
3. Der Editor schlägt Ihnen dann in einer Auswahlliste unterhalb des Eingabefeldes jeweils die infrage kommenden Unterschlüssel vor.
4. Wählen Sie den gewünschten Unterschlüssel mit den Pfeiltasten aus. Er wird jeweils automatisch oben eingefügt.
5. Hängen Sie dann jeweils ein \ an, um den Schlüssel abzuschließen. Die Auswahlliste zeigt dann dessen Unterschlüssel an.

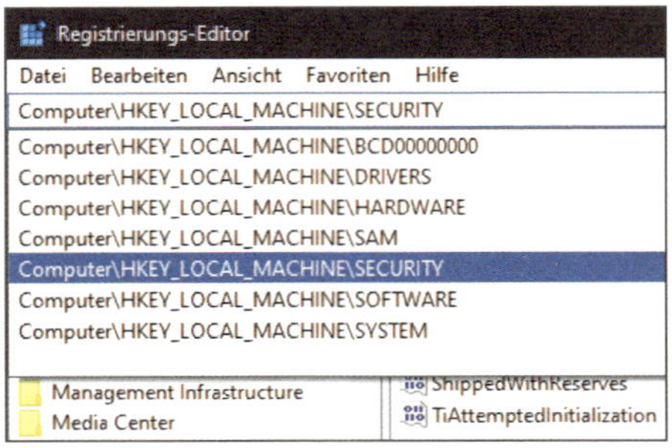

Auf diese Weise können Sie auch längere Registry-Schlüssel bequem auswählen, ohne viel eintippen zu müssen.

Mit der Suchfunktion beliebige Schlüssel schnell aufstöbern

Um einen bestimmten Registry-Eintrag zu finden, muss man seine genaue Position in der Hierarchie der Registry kennen, also den exakten Pfad vom Arbeitsplatz bis zu der Rubrik, in der dieser Eintrag gespeichert ist.

Es gibt als Alternative aber auch eine Suchfunktion. Hier können Sie die Bezeichnung eines Schlüssels oder Wertes oder aber auch nur einen Teil davon angeben und die Registrierungsdatenbank danach durchsuchen lassen.

1. Um die Registrierungsdatenbank zu durchsuchen, sollten Sie zunächst den Teil der Daten auswählen, in dem gesucht werden soll. Dazu markieren Sie in der linken Fensterhälfte eine Kategorie, die mit allen ihren Unterrubriken durchsucht wird. Um die gesamte Registry zu durchsuchen, wählen Sie die oberste Kategorie *Computer* aus. Sie können sich aber z. B. auch nur auf *HKEY_CURRENT_USER* beschränken, um nur in den Registry-Daten für den angemeldeten Benutzer zu suchen.

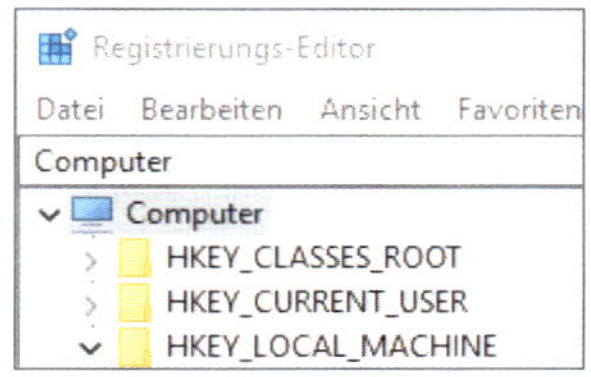

2. Wählen Sie dann die Menüfunktion *Bearbeiten/Suchen*, oder benutzen Sie das Tastenkürzel Strg+F, um den *Suchen*-Dialog anzuzeigen. Geben Sie im Feld *Suchen nach* den Suchbegriff an.

3. Unter *Suchoptionen* können Sie die Suche auf bestimmte Objekte in der Registry beschränken. Um nur Namen der Rubriken zu berücksichtigen, wählen Sie *Schlüssel*. *Werte* durchsucht die Bezeichnungen von konkreten Eigenschaften, während sich *Daten* auf deren Einstellung bezieht. Bei *Computer\HKEY_LOCAL_MACHINE\Software\Internet Explorer\Version=11.0* wäre also *Computer\HKEY_LOCAL_MACHINE\Software\Internet Explorer* der Schlüssel, *Version* der Wert und *11.0* dessen Dateneigenschaft.

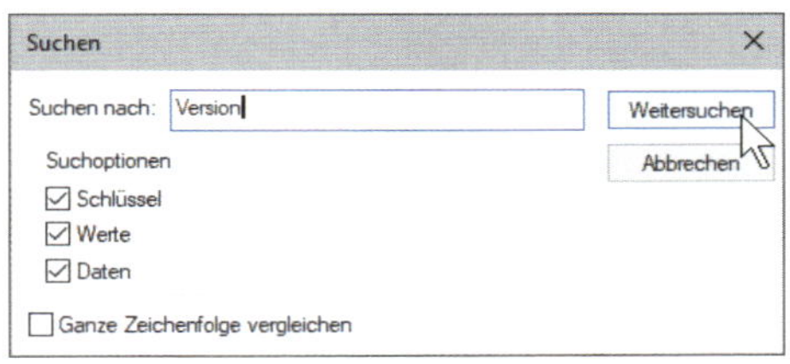

4. Mit der Option *Ganze Zeichenfolge vergleichen* können Sie außerdem vorgeben, dass nur solche Einträge gefunden werden, deren Bezeichnung mit dem Suchbegriff identisch ist und die diesen nicht nur als Teil enthalten.

5. Klicken Sie auf *Weitersuchen*, um die Suche zu starten. Der Registry-Editor beginnt daraufhin mit der Suche und springt an die erste Stelle in der Datenbank, an der er einen entsprechenden Eintrag entdeckt. Dazu wechselt er in die entsprechende Rubrik und zeigt diese an.

6. Wenn der gefundene Eintrag noch nicht der richtige ist, können Sie die Suche fortsetzen, indem Sie *Bearbeiten/Weitersuchen* wählen oder einfach direkt F3 drücken.

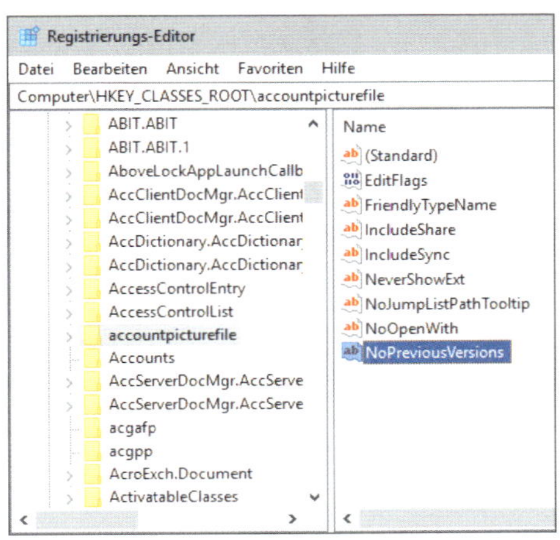

Dann setzt der Editor die Suche an der alten Stelle fort. Gelangt er ohne weitere Funde zum Ende der Registrierungsdatenbank, erhalten Sie die Meldung *Das Durchsuchen der Registrierung ist beendet*.

Häufig besuchte Schlüssel als Favoriten speichern

Häufig genutzte Registry-Einträge können Sie schneller wieder aufsuchen, wenn Sie sie als Favoriten speichern. Dazu verfügt der Registry-Editor über eine eigene Favoritenverwaltung, die ähnlich wie die des Internet Explorer funktioniert. Die beiden Sammlungen haben inhaltlich allerdings nichts miteinander zu tun. Die Favoriten des Registry-Editors tauchen also nicht im Internet Explorer auf und umgekehrt.

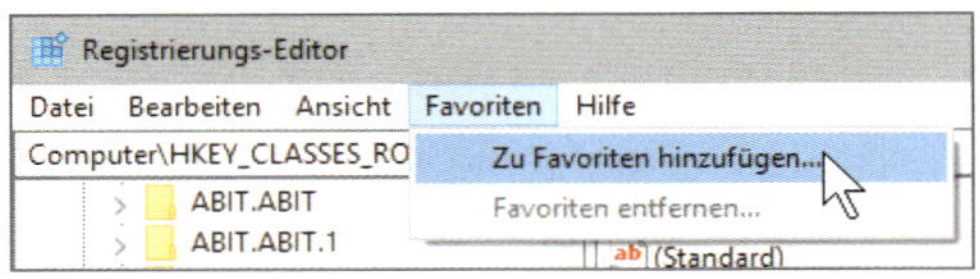

1. Um ein Lesezeichen anzulegen, wählen Sie im Registry-Editor entweder in der rechten Hälfte einen Dateneintrag oder in der linken einen Schlüssel aus.
2. Wählen Sie dann die Menüfunktion *Favoriten/Zu Favoriten hinzufügen*.
3. Der Editor zeigt daraufhin einen Dialog an, in dem Sie den Namen des Favoriten angeben. Wählen Sie hier eine beliebige Bezeichnung, durch die Sie den Eintrag in der Favoritenliste jederzeit eindeutig wiedererkennen können.

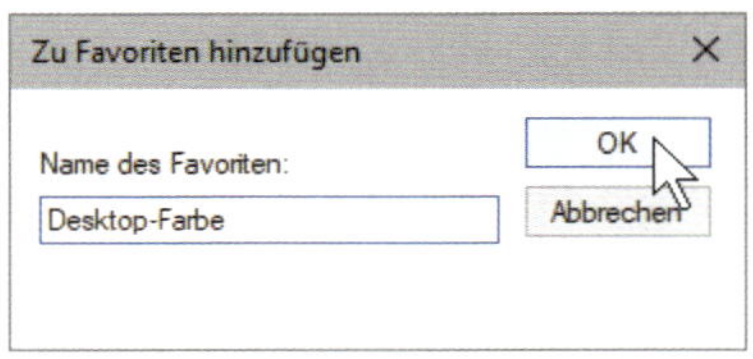

Die vorhandenen Favoriten werden ebenfalls im *Favoriten*-Menü aufgeführt und können dort jederzeit abgerufen werden. Wird ein Lesezeichen nicht mehr benötigt, können Sie es mit *Favoriten/Favoriten entfernen* löschen.

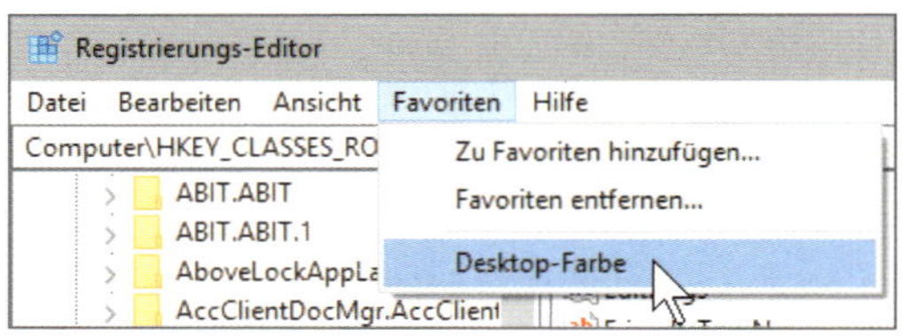

Die Einträge in der Registry bearbeiten

Die in der Registry vorhandenen Einträge können Sie weitestgehend bearbeiten und verändern und so die Einstellungen und Funktionen von Windows und den installierten Anwendungen beeinflussen. Dazu müssen Sie lediglich die Rubrik öffnen, in der sich der gewünschte Wert befindet.

1. Doppelklicken Sie dann mit der Maus auf den betreffenden Eintrag. Dadurch öffnen Sie einen Dialog zum Bearbeiten dieses Wertes. Ersetzen Sie dazu den Eintrag bei *Wert* durch die gewünschte neue Einstellung. Übernehmen Sie die neue Eigenschaft mit ⏎ oder mit einem Klick auf *OK*.

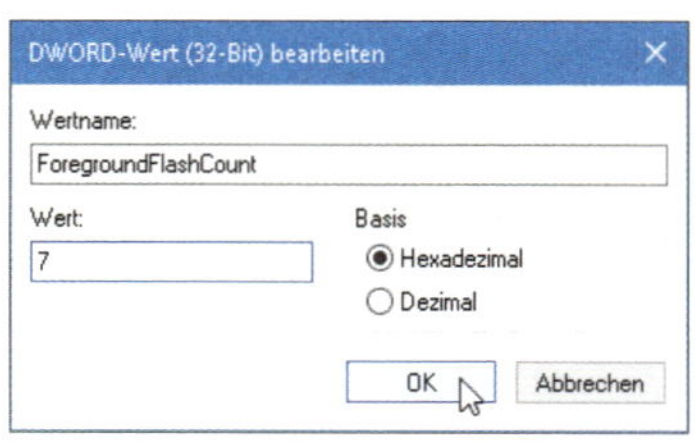

2. Auch die Bezeichnung einer Eigenschaft können Sie ändern. Klicken Sie dazu mit der rechten Maustaste auf diesen Namen, und wählen Sie im kontextabhängigen Menü die Funktion *Umbenennen*. Ähnlich wie im Windows-Explorer verwandelt sich der Name dann in ein Eingabefeld, in dem Sie die vorhandene Bezeichnung verändern oder durch eine eigene ersetzen können.
3. Schließlich ist es auch möglich, Eigenschaften aus der Registrierungsdatenbank zu entfernen. Auch dazu klicken Sie wiederum mit der rechten Maustaste auf den fraglichen Wert und wählen im Kontextmenü diesmal die Funktion *Löschen*. Um das versehentliche Entfernen wichtiger Eigenschaften zu verhindern, sichert sich der Registry-Editor mit einer Rückfrage ab, die Sie mit *Ja* bestätigen, um den gewählten Wert tatsächlich zu entfernen.

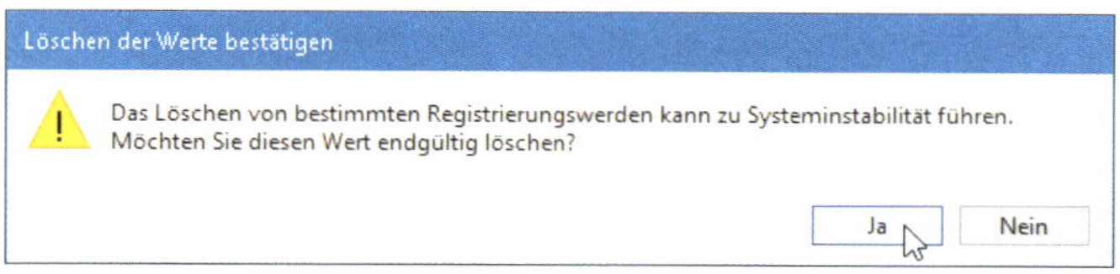

4. Auch die Schlüssel in der linken Fensterhälfte können bearbeitet werden. Dazu finden Sie in deren kontextabhängigem Menü die Befehle *Löschen* und *Umbenennen*. Allerdings verändern Sie mit solchen Schritten unter Umständen die grundlegende Struktur der Registrierungsdatenbank, deshalb sollten Sie in der Regel darauf verzichten.

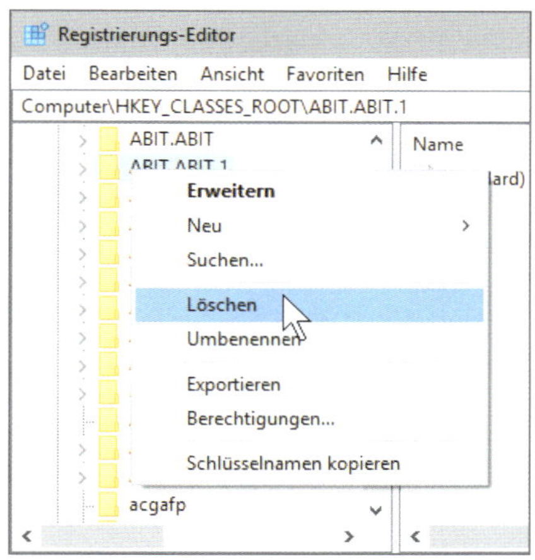

Neue Registry-Einträge erstellen

Bei vielen Registry-Tricks geht es nicht nur darum, bestehende Registry-Daten zu verändern, sondern auch darum, ganz neue Eigenschaften einzufügen. Dazu müssen Sie einen neuen Wert anlegen und mit einem Inhalt versehen.

1. Um eine neue Eigenschaft zu erstellen, navigieren Sie zunächst zu der Rubrik, in der dieser Wert stehen soll. Klicken Sie dann in der rechten Fensterhälfte auf eine freie Fläche, sodass das kontextabhängige Menü nur mit dem Befehl *Neu* angezeigt wird.

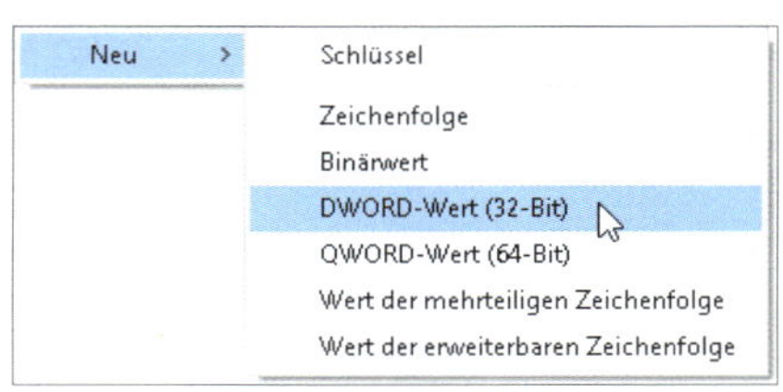

Wählen Sie im Untermenü die Art von Wert, die eingefügt werden soll.

2. Der Registry-Editor erstellt daraufhin einen neuen Wert mit einem provisorischen Namen (üblicherweise *Neuer Wert #1*). Ersetzen Sie diese Bezeichnung durch den erforderlichen Namen des Wertes. Übernehmen Sie die Bezeichnung mit ↵.

3. Nun können Sie den Wert markieren und mit ↵ oder einem Doppelklick öffnen. Dadurch öffnen Sie den gewohnten Dialog zum Bearbeiten, in dem Sie dem neuen Wert die erforderliche Eigenschaft mitgeben können.

Änderungen an der Registry aktivieren

Ein ausdrückliches Speichern der Registrierungsdatenbank ist nicht nötig, da neue oder geänderte Werte automatisch gesichert werden. Wann eine Veränderung in der Registry Auswirkungen zeigt, hängt von der geänderten Eigenschaft ab. Damit neue oder veränderte Werte erkannt werden, müssen sie zunächst neu eingelesen werden. Bei spezifischen Eigenschaften einzelner Programme reicht dazu meist ein neuer Start dieser Anwendung, da dann die Einstellungen neu aus der Registry eingelesen werden. Bei allen Änderungen in Bezug auf das Betriebssystem selbst oder auf die Hardwarekonfiguration kann es hingegen sein, dass Windows neu gestartet werden muss, damit die Änderung wirksam wird.

Den Zugriff der Benutzer auf die Registry einschränken

Windows bietet die Möglichkeit, den Zugriff bestimmter Benutzer auf die Registry einzuschränken. So können Sie als Verwalter von PCs mit mehreren Benutzern genau festlegen, wer welche Bereiche der Registrierungsdatenbank einsehen und verändern kann. Auf diese Weise lässt sich z. B. verhindern, dass der experimentierfreudige Nachwuchs den Rechner durch riskante Registry-Manipulationen unbrauchbar macht.

1. Um die Zugriffsberechtigungen für bestimmte Teile der Registry festzulegen, wählen Sie zunächst im Registry-Editor den gewünschten Bereich in der Struktur der Registrierungsdatenbank aus. Sie können dabei auf einer der obersten Ebenen (*HKEY_*) beginnen, aber auch weiter unten in der Baumstruktur, z. B. bei den Einstellungen für eine bestimmte Software.

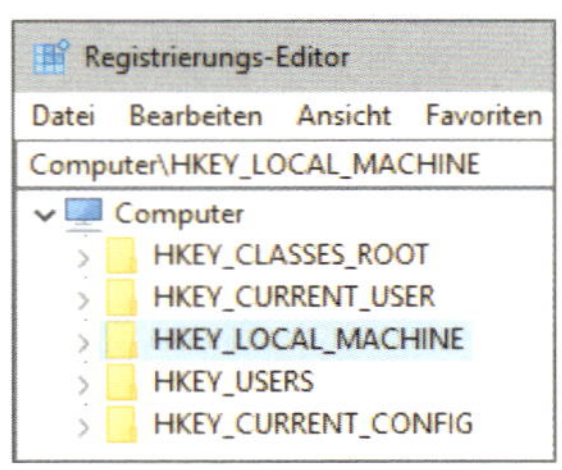

2. Klicken Sie dann mit der rechten Maustaste auf diesen Eintrag, und wählen Sie im kontextabhängigen Menü *Berechtigungen*.
3. Damit öffnen Sie das Menü für Registry-Berechtigungen. Hier finden Sie in der oberen Hälfte alle Benutzer und Gruppen, für die bislang Registry-Berechtigungen festgelegt sind.

4. Wenn Sie einen dieser Einträge auswählen, sehen Sie unten die Berechtigungen, die derzeit für diesen Benutzer bzw. diese Gruppe eingestellt sind. Dabei werden der Vollzugriff mit allen Bearbeitungsmöglichkeiten, der Zugriff nur zum Lesen sowie einige spezielle Berechtigungen unterschieden. Jede dieser Berechtigungen können Sie zulassen oder verweigern.

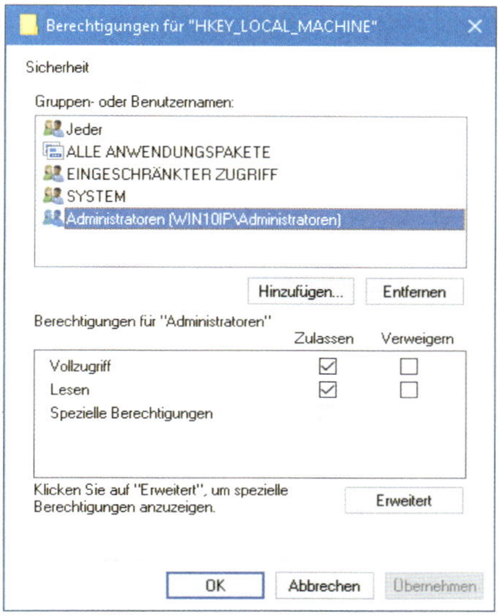

5. Wollen Sie es noch etwas genauer wissen, können Sie mit einem Klick auf *Erweitert* die detaillierten Berechtigungen einsehen und bearbeiten.

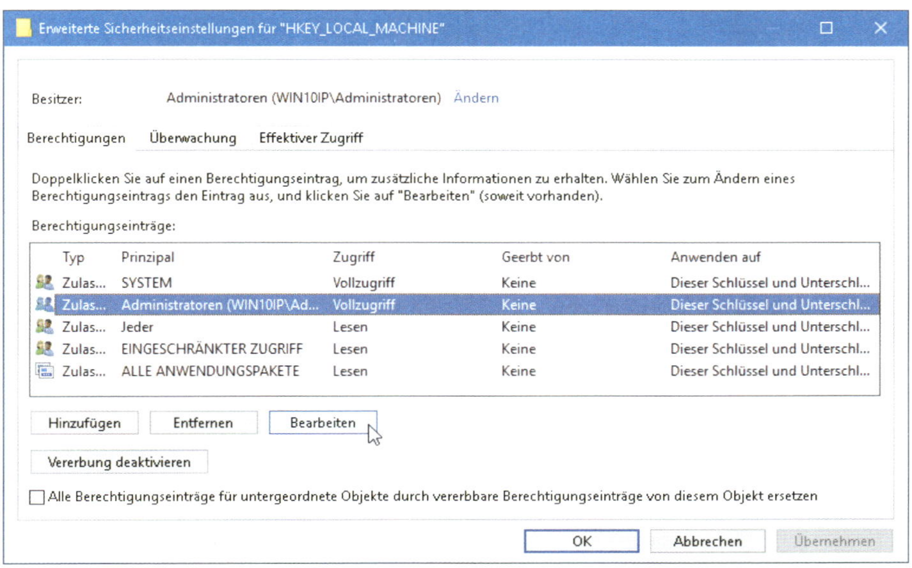

6. Dazu wählen Sie im anschließenden erweiterten Menü wiederum die Gruppe bzw. den Benutzer aus, dessen Einstellungen Sie verändern wollen. Klicken Sie dann auf *Bearbeiten*.
7. Daraufhin werden die detaillierten Berechtigungen für die ausgewählte Gruppe (bzw. für den ausgewählten Benutzer) angezeigt und können bearbeitet werden.

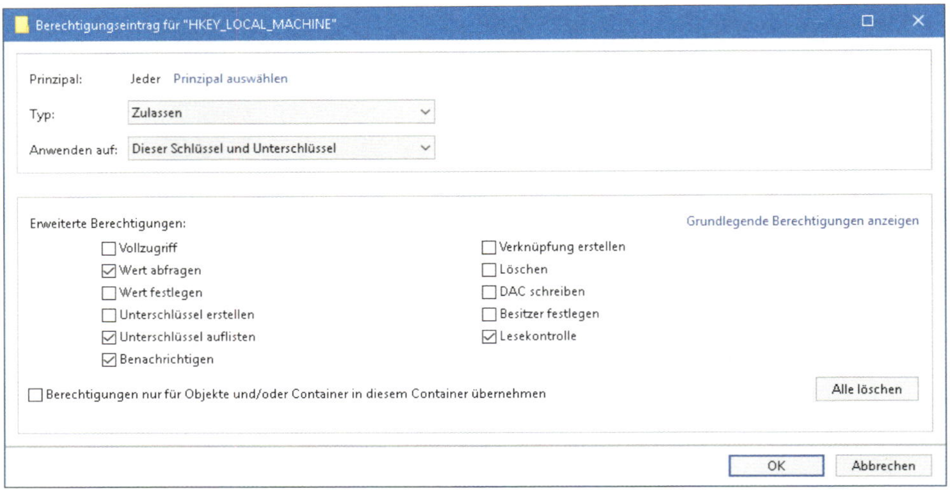

Weitere Gruppen und Benutzer in den Zugriffsschutz einbeziehen

Standardmäßig beziehen sich die Beschränkungen für den Registry-Zugriff nur auf einige wichtige Gruppen wie *Administratoren* und *SYSTEM*. Sie können aber für jede Gruppe und jeden einzelnen Benutzer individuelle Zugriffsregeln festlegen. Das gilt selbstverständlich auch für selbst angelegte Gruppen und Benutzer. Dazu müssen Sie diese lediglich in die Registry-Kontrolle mit aufnehmen.

1. Öffnen Sie dazu wiederum die Berechtigungen im Registry-Editor für einen bestimmten Schlüssel der Registry.
2. Klicken Sie dann auf die Schaltfläche *Hinzufügen* unterhalb des Bereichs *Gruppen- und Benutzernamen*.
3. Wenn Sie den genauen Objektnamen des gewünschten Benutzers bzw. der gewünschten Gruppe kennen, geben Sie ihn im anschließenden Menü im Eingabefeld ein. Ansonsten klicken Sie unten links auf *Erweitert*.

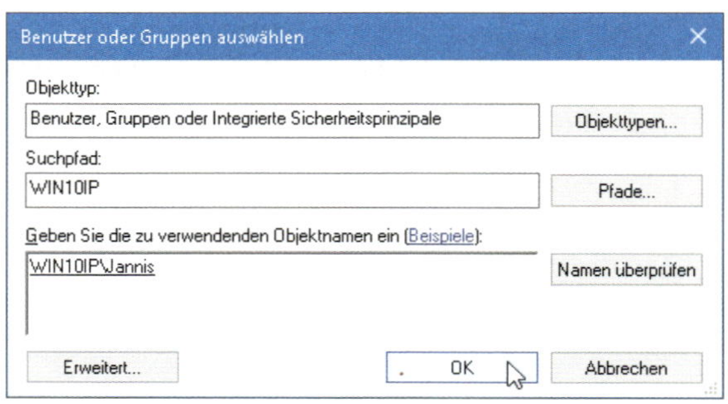

4. Klicken Sie dann im Auswahlmenü rechts auf die Schaltfläche *Jetzt suchen*. Daraufhin werden unten alle infrage kommenden Gruppen und Benutzer aufgeführt. Markieren Sie hier den gewünschten Eintrag, und klicken Sie zweimal auf *OK*.

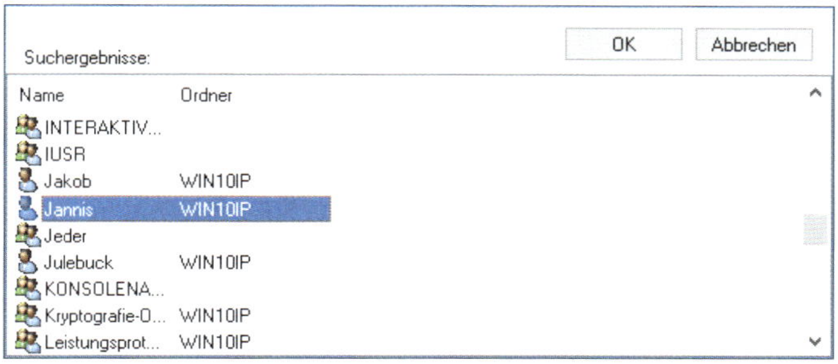

5. So gelangen Sie zurück ins Berechtigungsmenü und finden hier den neuen Gruppen- oder Benutzernamen in der Liste vor. Nun können Sie für diesen genau wie für alle anderen die allgemeinen oder auch die detaillierten Berechtigungen für den Zugriff auf die Registry festlegen.

Registry-Einstellungen sichern und wieder einspielen

Die Registry ist das Herzstück von Windows. Geht hier etwas schief, kann das fatale Folgen haben, die sich ggf. nur durch eine Neuinstallation beheben lassen. Umso wichtiger ist es, Vorsichtsmaßnahmen zu ergreifen. So lassen sich die Registry bzw. Teile davon sichern, bevor Sie Änderungen vornehmen. Sollte das Ergebnis anders als gewünscht ausfallen, können Sie auf diese Sicherungen zurückgreifen, um schnell wieder zum Ausgangszustand zurückzukehren.

Die komplette Registry per Systemwiederherstellung sichern

Eine Möglichkeit zum Sichern der Registry ist die Systemwiederherstellung von Windows. Sie speichert jeweils den kompletten Stand der Registry ab. Vor Änderungen an der Registrierungsdatenbank empfiehlt es sich deshalb, manuell einen Wiederherstellungspunkt anzulegen, den Sie am besten mit einer entsprechenden Bezeichnung versehen. Die Vorgehensweise dazu ist auf Seite 251 beschrieben.

Einzelne Registry-Bereiche vor dem Experimentieren als Datei speichern

Anstatt immer gleich die komplette Registry zu sichern, können Sie auch nur den Teil der Datenbank speichern, in dem Sie eine Änderung vornehmen möchten. Der Registry-Editor erlaubt es, die Inhalte der Registrierungsdatenbank komplett oder auch in einzelnen Teilen in ein spezielles Dateiformat zu exportieren. So lassen sich bestimmte Bereiche der Registry sichern und später wiederherstellen. Außerdem können spezielle Einstellungen so von einem PC auf einen anderen übertragen werden.

1. Um einen Teil der Registry zu sichern, wählen Sie in der linken Fensterhälfte des Registry-Editors zunächst die Rubrik aus, die exportiert werden soll. Sie können mit *Computer* die gesamte Registry auf einmal exportieren oder auch nur eine einzige, beliebig tief verschachtelte Unterrubrik auswählen. Es werden immer die markierte Rubrik sowie alle darin enthaltenen Unterrubriken und deren weitere Verästelungen gesichert.
2. Wählen Sie dann die Menüfunktion *Datei/Exportieren*. (Noch schneller geht es mit dem kontextabhängigen Menü der rechten Maustaste.)

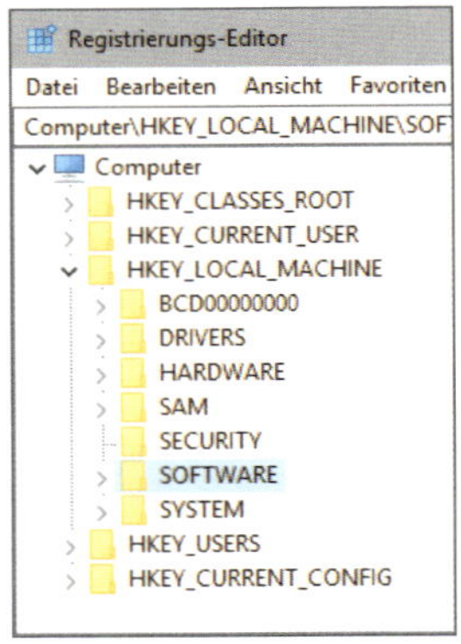

3. Im anschließenden Dialog *Registrierungsdatei exportieren* wählen Sie zunächst den Ordner und den Dateinamen aus, unter dem die Daten gespeichert werden sollen. Bei *Dateityp* sollten Sie es bei der Voreinstellung *Registrierungsdateien (*.reg)* belassen.
4. Ganz unten im *Exportbereich* überprüfen Sie, ob die Option *Ausgewählte Teilstruktur* aktiviert und die gewünschte Registry-Rubrik eingestellt ist. Klicken Sie dann auf *Speichern*, um die Registrierungsdatei zu erstellen. Der Registry-Editor erstellt daraufhin eine Datei mit der Endung *.reg* im vorgesehenen Ordner.

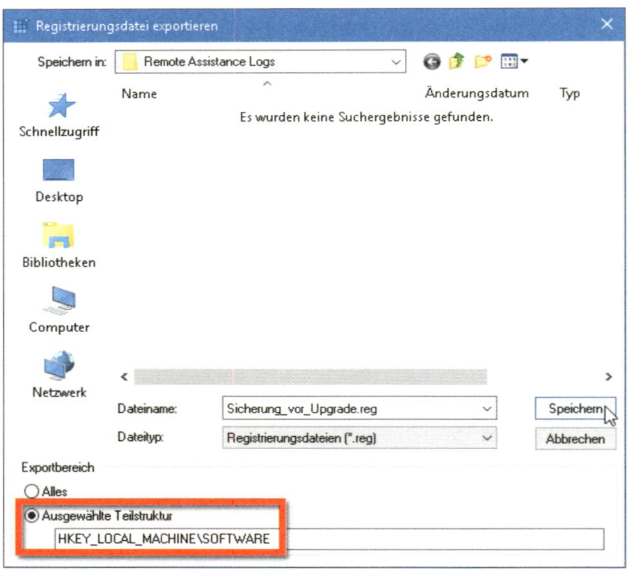

Gesicherte Registry-Dateien erneut einspielen

Einen auf diese Art gesicherten Teil können Sie jederzeit wieder in die Registrierungsdatenbank zurückspielen. Dabei wird der gesamte gesicherte Teil der Registry durch die zum Zeitpunkt der Sicherung vorhandenen Werte ersetzt. Zwischenzeitlich vorgenommene Änderungen lassen sich so rückgängig machen. Auch wenn dieser Registry-Bereich inzwischen ganz oder nur teilweise entfernt wurde, werden die fehlenden Rubriken automatisch wieder erstellt.

1. Um mit dem Registry-Editor eine gesicherte Registry-Datei erneut einzuspielen, wählen Sie *Datei/Importieren*.
2. Wählen Sie im anschließenden Dialog *Registrierungsdatei importieren* die Datei aus, die die wiederherzustellende Registry-Struktur enthält. Klicken Sie dann auf *Öffnen*.

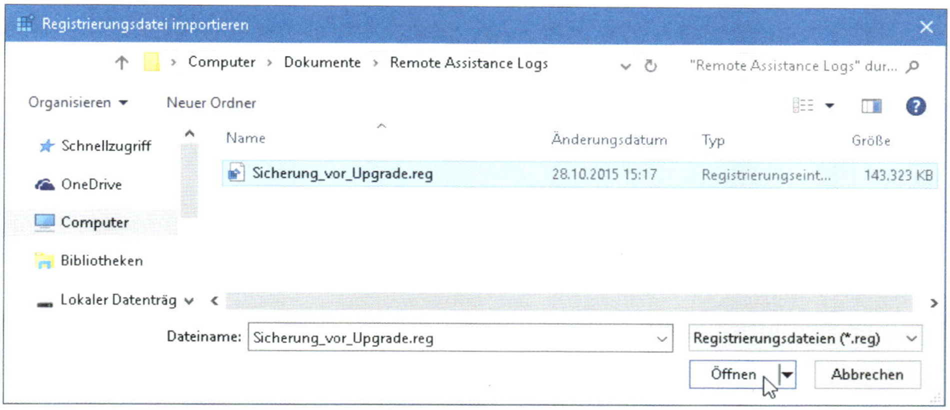

3. Der Registry-Editor fügt dann die Informationen aus der Datei in die Registry ein. Anschließend erhalten Sie eine Bestätigung über den Erfolg der Aktion.

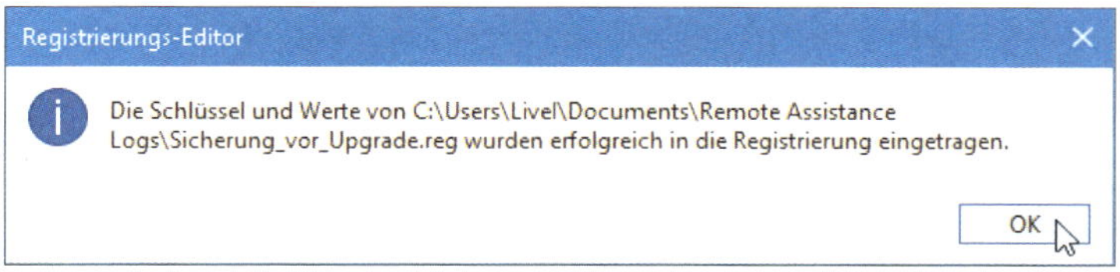

Fehlermeldung beim Wiederherstellen?

Es ist gar nicht so selten, dass sich der Registry-Editor beim Wiederherstellen von Sicherungen beschwert, weil er Daten nicht wiederherstellen kann, die gerade von Benutzern oder Prozessen geöffnet sind. Das Risiko können Sie minimieren, indem Sie immer nur einen sehr kleinen Teil der Registry sichern. Je weniger Daten, desto geringer die Wahrscheinlichkeit, dass diese beim Wiederherstellen gerade geöffnet sind. Wenn es dafür zu spät ist, ist der Start im abgesicherten Modus das Mittel der Wahl. Hier bleibt die Registry weitestgehend unangetastet. Die Sicherung kann eingespielt werden, und die wiederhergestellten Einstellungen stehen ab dem nächsten regulären Neustart zur Verfügung.

16.4 Sysinternals-Tools im Windows-Explorer bereitstellen

In diesem Buch werden an verschiedenen Stellen Hilfsprogramme aus der kostenlosen Sysinternals-Sammlung von Microsoft vorgestellt. Diese müssen im Bedarfsfall heruntergeladen sowie ggf. installiert werden. Nun könnten Sie im Prinzip auch die komplette Sammlung von vornherein herunterladen und installieren. Das würde aber sehr viel Speicherplatz verschwenden, denn üblicherweise benötigt man nur einen winzigen Bruchteil davon. Die clevere Alternative: Microsoft stellt die gesamte Sammlung als Netzlaufwerk im Internet bereit. Dieses Laufwerk können Sie direkt in den Windows-Explorer einbinden und so bei Bedarf jederzeit schnell und einfach auf ein benötigtes Programm aus der Sammlung zugreifen. Führen Sie dazu nur einmalig die folgenden Schritte aus:

1. Öffnen Sie in der Multifunktionsleiste des Windows-Explorer die Rubrik *Start*, und klicken Sie dort im Bereich *Neu* auf *Einfacher Zugriff*.
2. Klicken Sie im so geöffneten Untermenü auf den Eintrag *Als Laufwerk zuordnen*.
3. Wählen Sie im anschließenden Dialog einen beliebigen Laufwerkbuchstaben für das Netzlaufwerk aus. *S:* wie **S**ysinternals bietet sich an, vielleicht gefällt Ihnen aber *T:* für **T**ools besser.
4. Geben Sie im Feld *Ordner* dann die Adresse *\\live.sysinternals.com/tools* ein.
5. Wenn Sie nun unten auf *Fertig stellen* klicken, stellt der Windows-Explorer die Verbindung zu dieser Ressource her.

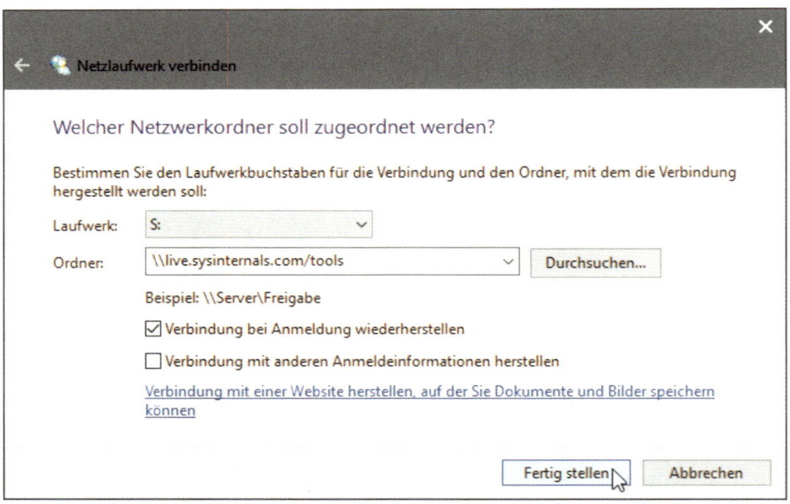

Ab sofort finden Sie ein neues Laufwerk im Windows-Explorer, mit dem Sie jederzeit auf die aktuellen Versionen der Sysinternals-Tools zugreifen und die Programme direkt von dort lokal auf Ihrem PC ausführen können. Der Zugriff dauert je nach Internetverbindung etwas länger als beim Laden direkt von der Festplatte. Aber da die meisten Hilfsprogramme nicht sehr groß sind, müssen Sie einfach nur einige Sekunden warten.

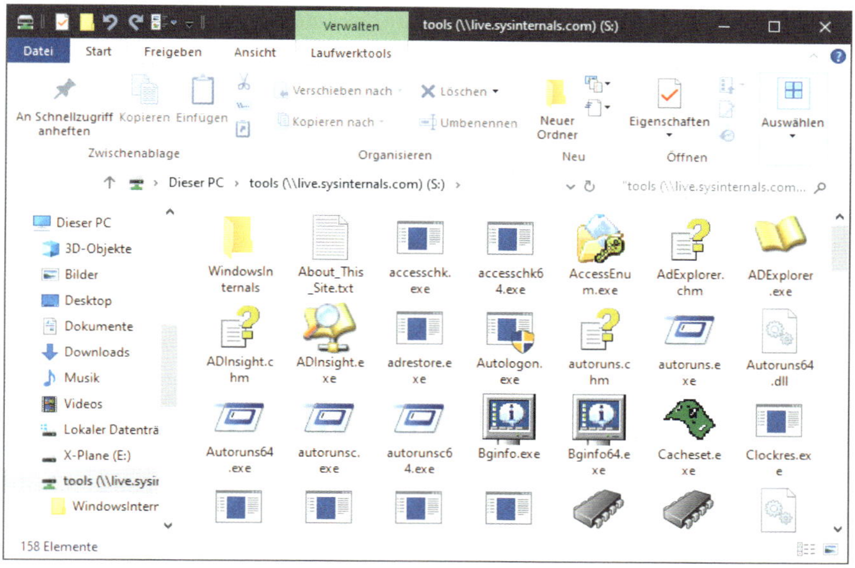

Sicherheitshinweis beim Starten

Wenn Sie Sysinternals-Programme auf diese Weise starten, warnt Windows Sie jeweils, dass sich diese Datei außerhalb des lokalen Dateisystems befindet und das Ausführen deshalb ein Risiko darstellt. Das ist normal und kein Grund zur Beunruhigung. Da diese Quelle direkt von Microsoft selbst zur Verfügung gestellt wird, ist sie nicht weniger sicher als lokale Programme aus dem Windows-Lieferumfang. Dies gilt allerdings nur für die hier verwendete Adresse live.sysinternals.com.

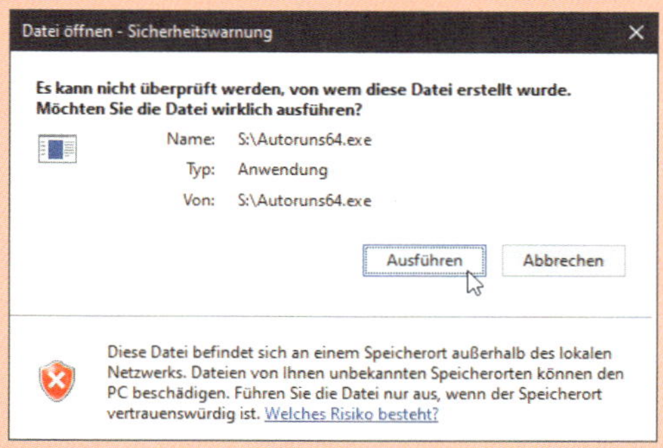

16.5 Bildschirmfotos zum Dokumentieren von Fehlern und Einstellungen

Wenn ein Fehler sich in einer Fehlermeldung oder einem bestimmten auf dem Bildschirm sichtbaren Fehlverhalten äußert, ist es hilfreich, den Bildschirminhalt festzuhalten. Ebenso kann es hilfreich sein, vor dem Ändern von Einstellungen den Ist-Zustand zu dokumentieren, um die Änderungen nachvollziehen und ggf. rückgängig machen zu können. Zu diesem Zweck können Sie das mitgelieferte Werkzeug für Bildschirmfotos verwenden, das nicht nur flexibel Abbilder erstellt, sondern darin auch Hervorhebungen und Anmerkungen erlaubt.

1. Um ein Bildschirmfoto zu erstellen, drücken Sie die Tastenkombination ⊞+⇧+S.
2. Der Bildschirm wird dann abgedunkelt, und am oberen Rand wird eine kleine Symbolleiste eingeblendet, in der Sie zwischen verschiedenen Aufnahmeformen wählen können.

   - Für eine Rechteckaufnahme bewegen Sie den Mauszeiger auf eine der gewünschten Ecken des Bereichs, halten die Maustaste gedrückt und ziehen dann zur gegenüberliegenden Ecke.
   - Für eine Freiformaufnahme beginnen Sie ebenfalls mit gedrückter Maustaste an einer Ecke und fahren dann die gewünschte Form ab.
   - Bei einer Fensteraufnahme bewegen Sie den Mauszeiger auf das gewünschte Fenster, bis dieses erhellt dargestellt wird, und klicken dann einfach.
   - Eine Vollbildaufnahme wird direkt beim Anklicken des Symbols erstellt, wobei die Symbolleiste selbst aber nicht auf dem so erstellten Bild sichtbar ist.
3. Nach der Aufnahme erhalten Sie eine Benachrichtigung im Infobereich. Mit einem Klick darauf öffnen Sie das Bild in der App *Ausschneiden und skizzieren*.
4. Hier finden Sie oben eine Symbolleiste mit verschiedenen Bearbeitungsmöglichkeiten wie Beschriftungen, Farbmarkern, Radierer oder Zuschneiden. Rechts oben können Sie das Bild in einer Datei speichern oder mit anderen teilen.

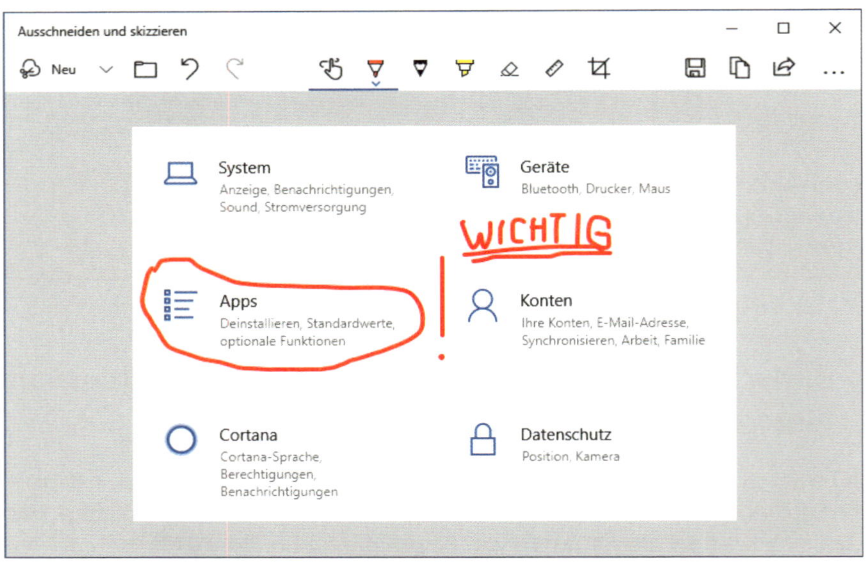